岳飛傳奇

马文 著

中国文史出版社
CHINA CULTURAL AND HISTORICAL PRESS

图书在版编目（CIP）数据

岳飞传奇 / 马文著 . — 北京 ： 中国文史出版社，
2023.12

ISBN 978-7-5205-4607-2

Ⅰ．①岳… Ⅱ．①马… Ⅲ．①岳飞（1103-1142）—
传记 Ⅳ．① K825.2

中国国家版本馆 CIP 数据核字（2023）第 257349 号

责任编辑：徐玉霞

出版发行：**中国文史出版社**

社　　址：北京市海淀区西八里庄路 69 号院　　邮编：100142
电　　话：010-81136606　　81136602　　81136603（发行部）
传　　真：010-81136655
印　　装：廊坊市海涛印刷有限公司
经　　销：全国新华书店
开　　本：787mm×1092mm　　1/16
印　　张：25
字　　数：450 千字
版　　次：2024 年 9 月第 1 版
印　　次：2024 年 9 月第 1 次印刷
定　　价：78.00 元

目 录 | CONTENTS

代 序

冯 杰

1

在北中原乡下，我们村里有几本书——《三国演义》《水浒传》《说岳全传》等，这些书一直在畅行，我们平时简称《三国》《水浒》《说岳》。

在这里，《红楼梦》是流行不开的。马厩里有言，"红楼梦里面打得不热闹"。

白天，我们谈论的是某某本领大，某某的丈八蛇矛不如的方天画戟，某某的双铜不如某某的双锤。常常因手段高低、武力强弱发生激烈争论，以致把当天的农活都耽搁了。

我小时候听姥爷讲《说岳全传》，在乡村黄昏的暮色或夜晚的月光里，那里有岳母刺字，金鹏转世。有一个少年的跃跃欲试的冲动。我姥爷说，岳飞的家乡就在滑县北面的汤阴县，离这儿不远。白天在村北割草时，我一直想去岳飞的故居看看。

我最早接触的"战争文学题材"书籍，大体是这样的古典通俗传统白话小说。

有一天，从村东流传到村西一本语文教材，里面的插图画得好，其中一篇课文《岳飞枪挑小梁王》，岳飞的画像是刘继卣画的插图。于是我开始临摹岳飞的画像——岳飞是我少年时代的战神。

后来学习书法，夏天赤膊上阵，我一个劲儿地写他的"还我河山""还我河山"。然后，接着写"怒发冲冠"。

我看书囵囵吞枣，始终不大明白，问我姥爷："岳飞为啥要枪挑小梁王？"

2

四十多年之后，我到临颍采风，特意去了杨再兴最后战死的小商河。

中原是岳飞戎马驰骋的疆场。

绍兴十年（1140），金军攻打宋国，岳飞派遣李宝、孙彦与金军战于曹州，又派遣杨再兴、牛皋领兵前去接应，大破二十万金军，金兀术败走，金军统帅大怒，不久集结大军进逼郾城，驻扎临颍。朝廷命岳飞前往救援，岳飞派遣张宪、杨再兴、牛皋分兵迎战，岳飞又派儿子岳云抵挡金军，两军激战数十回合，金军支撑不住，杨再兴单枪匹马冲入金军阵中，准备活捉完颜宗弼但没捉到，杀死金军数百人后返回，而后杨再兴率领三百名骑兵，分为两队，在临颍小商河同金军相遇，杨再兴与金军展开厮杀，杀死金兵两千多人，终因寡不敌众，被乱箭射死，金军找到他的尸体，焚烧后共得箭两升之多。

少年时代的乡村评书情景现场又一次复现在眼前。

这里有弦子、竹板、唏嘘。

不说杨再兴如何英雄，作为作家，我震撼于"箭两升之多"中"升"的量词，没有这一细节，就体现不出杨再兴最后一战的悲壮、惨烈、感人。

四十多年前在北中原，"升""斗"都是乡村盛粮的工具，我端着或捧着它们在乡间道路上行走，我知道升的圆周率。它容量之大，还能盛下箭和战争。

作家马文先生这一部《岳飞传奇》，给予我少年时代在乡村没有读过的一个岳飞，里面自有他的纸上风云、金戈铁马，如今，就立在我的案头。

希望读者通过《岳飞传奇》了解发生在河南的郾城大战和心意六合拳传奇。

权作代序。

2024 年 7 月 3 日
客居郑州所作

（冯杰，著名作家、诗人、文人画家。1964 年生于河南，现任河南作协副主席、文学院副院长。）

自 序

　　岳飞（1103年3月24日—1142年1月27日），男，字鹏举，相州汤阴（今河南省汤阴县）人。南宋时期抗金名将、军事家、战略家、民族英雄、书法家、诗人，位列南宋"中兴四将"之首。

　　岳飞从二十岁起，曾先后四次从军。自建炎二年（1128）遇宗泽至绍兴十一年（1141）止，先后参与、指挥大小战斗数百次。1142年1月，以"莫须有"的罪名，与长子岳云、部将张宪一同遇害。宋高宗当初需要岳飞保全其地位和性命时，曾不止一次下诏勉励岳飞，表示"朕非卿到，终不安心"，赞他"忠义之心，通于神明"，言辞之间是何等信任、何等恳切！后来，金太宗去世，岳飞率领的军队却势如破竹，即将打入开封。金军统领望风而逃，宋高宗却用十二道金牌连发班师诏，措辞严厉，要求岳飞即刻班师回朝，本人去临安朝见。岳飞愤惋泣下曰："十年之力，废于一旦！"岳飞回到临安，先被剥夺了军权，后被诬告谋反。秦桧及其党羽用尽手段、百般拷打，以"莫须有"的罪名将岳飞定为死罪，宋高宗收到奏状后即日批复"赐死"，然后将岳飞杀害在大理寺狱中。

　　宋孝宗时，平反昭雪，改葬于西湖畔栖霞岭，追谥武穆，后又追谥忠武，封鄂王。

　　岳飞是南宋最杰出的统帅，他重视人民抗金力量，缔造了"连结河朔"之谋，主张黄河以北的抗金义军和宋军互相配合，夹击金军，以收复失地。岳飞的文学才华也是将帅中少有的，他的不朽词作《满江红》，是千古传诵的爱国名篇。

　　文武双全、壮志难酬的岳飞从走出小山村开始，胸怀大志，学习兵法和武术，并在吸收先辈武术的基础上，创建了岳家拳——心意六合拳。在精彩纷呈而又错综复杂的战争中，在千难万险，九死一生中，岳家拳发挥了重大作用，逐渐精益求精，自成一体。

岳飞文韬武略的一生都在为精忠报国而奋斗，但现实却很无奈，昏君、奸臣与岳飞的忠心矛盾重重，是继续走自己精忠报国之路，还是顺应现实向权贵低头，放弃无用的抗争，他经历怎样的艰难、困苦和磨砺呀？但他精忠报国的精神始终不动摇。他的报效国家之路走得非常坎坷，一个又一个的矛盾和冲突成了小说中一个又一个的悬念，吸引着读者。当掩卷思考时，一个感人、热血、凄凉的故事，将淋漓尽致地展现在我们面前：岳飞人生之旅惊险、离奇、紧张而又悲壮，岳飞抗击外来侵略者的过程非常曲折、复杂、艰难而又危险，但智勇双全的岳飞为了一个目标，勇往直前，取得一个又一个的胜利。

此书根据在郾城、临颍、许昌、朱仙镇收集的资料，详细描写了岳飞抗击外来侵略经典之战——郾城大捷、临颍大捷、朱仙镇大捷。此三大战役歼灭了侵略者的大量有生力量，给侵略者以致命的打击。眼看要把金兵赶出中原，宋高宗和秦桧勾结连发十二道金牌，召回岳飞，并将其迫害致死，使取得的胜利毁于一旦。书中除描写了历史上流传的岳飞故事，还在河南郾城、临颍、许昌等一带大量收集了有关岳飞的新故事。还详细记载了岳家拳产生、发展、发挥的作用，拳谱被秦桧篡夺失而复得的过程。现在岳飞创造的心意六合拳（岳家拳）已被认定为国家非物质文化遗产。

第一回
好汉救人祸上身 深山相遇岳家人

第一节 勇拦惊马

　　小镇正开城隍庙大会，只见人山人海，热闹异常。山西拳师姬际可刚刚走进集市，就见前面人潮汹涌，惊呼狂奔，互相践踏，一片混乱。忙问附近的人："那厢出了什么事？"那人慌慌张张边跑边回答："一匹受惊的马，冲上市街，狂奔不已，后面的人拉不住缰绳，大声一吆喝，那马受了惊吓，又把那人摔了个跟头，马向人群冲来，赶快跑！"用手一指："看！就是那匹马！"其他人也看清了，叫道："不错，不错，就是这匹劣马，快跑！"

　　姬际可举目细看，不觉暗暗吃惊。只见它：红鬃飘飘，两眼赛铜铃，一声长嘶震苍穹。他不由得大声赞叹："好马，这明明是一匹神马。可惜惊了，在人群中横行霸道咧！"

　　突然他听到一声撕心裂肺的哭声，停下了脚步，扭头一看，只见站着个七八岁的女孩呆立在那里，惊慌失措，一身蓝裤褂，乌黑的小发髻上缠着白丝线，水汪汪的一双大眼满含恐怖，红润的小脸蛋上挂满泪滴。惊马正朝她冲去，眼看女孩就要命丧马蹄。

　　姬际可大喝一声："少撒野！待我来收拾你。"他一面喊，一面大步向那匹发疯似的马迎去。话音未落，只见那匹马听见喊声，四蹄腾空，如风似箭，直奔姬际可冲将过来。他沉着冷静，不慌不忙。等那匹马迎面跃起时，将身一闪，顺手抓住马鬃，脚尖一点，纵身跃上马背，双腿一夹，把这个狂暴的家伙牢牢地制于胯下。这匹马长嘶一声，前蹄竖起，一下子就想把姬际可给掀下去。但任它前扑后仰，左簸右颠，他稳坐马背，牢牢抓住缰绳，身体随马上下左右颠簸。那马怎肯认输，鬃毛直竖，四蹄飞扬，忽东忽西，狂奔不止，顺着长街，向北窜去。人们松了一口气，女孩妈妈急忙把女孩抱在怀中，说："丫丫，没吓着吧？"旁边的人关切地说："幸亏那个红脸壮汉，要不然孩子今天危险了。"

"妈，俺再也不离开你了！我要回家！"丫丫含泪道。

"回家？刚来就回家？"妈妈吃惊地问。

"回家。妈，俺要回咱岳家！去找岳爷爷和奶奶。"说罢扑在妈妈身上低下头哭了起来。

那马还在一路狂奔，旁边人见状大呼："大哥！小心哪！"正在这时，忽然一阵开道锣响，从西北角进来一簇人马。前面是鸣锣开道的，左右是护卫的衙役，中间一乘八抬大桥。原来是知县老爷赶会，为了显示威风，喝道的声音响彻云霄，铜锣敲得震耳欲聋。

那匹桀骜不驯的烈马，正在拼命奔跑，突然看见迎面来了一大群人，又敲锣，又吆喝，以为是要拦截它，就越发地疯狂起来。

街市口人挤路窄，惊马冲来，哪有躲闪的地方。只听"稀里哗啦，哐啷哎呀"！惊马一打趔，正好撞在官轿上。听见"哎呀"一声，知县大人从轿里滚出来了。摔了个狗啃泥，官帽也掉在一边。这匹马虽然那般肆虐，一旦闯了大祸，它倒安静下来了，低下头，乖乖地站在那儿一动不动。知县抬头一看，发现是姬际可便大叫："不要让骑马的跑了，快快抓住他！"

衙役看了一眼骑马人是姬际可，大叫："那不是反贼姬际可吗？他可是皇上下旨通缉的罪犯！"

明末清初时，山西拳师姬际可，因反清复明失败，被清军到处追杀。他只好东躲西藏，疲于奔命。一日夜里，淅淅沥沥下着小雨，他又饥又渴，想找个饭店，不想天明一看走入集市大会。为了救女孩，骑上这匹劣马，谁知偏偏撞到了官轿。

知县一见是姬际可大喜，喊道："快来！将这个狂囚拿了！"他一喊，衙役便一齐拥上，刀枪棍棒齐上。姬际可赤手空拳，如何对付这一片刀枪棍棒。于是，他顺手抄起旁边摊子上一根棍子，劈头盖脸砸倒几个。马步头领拿着两把钢刀，旋风般地杀来。姬际可左挡右遮，前砸后扫，毫无惧色。谁知清兵闻讯赶来，越来越多，将他团团围在中央，无奈他寡不敌众，只见他汗流浃背，气喘吁吁。正在危急时刻，忽听有人大呼："师父休慌，徒弟来也！"姬际可回头一看，原来是自己的徒弟张进华和赵保明二人，心中大喜。原来他二人追随师父姬际可多日，始终躲在暗中保护，看见姬际可进了街市，他俩就在旁边瞭望放风。后又看见他为了救女孩骑上劣马，想：糟了！师父会出事。本想出手，忽见师父制服了劣马，于是二人互递眼神，迅速潜伏起来，监视动静。不多时，劣马撞翻官轿，衙役和师父居然打起来了。张进华起身拔刀就要上前，被赵保明一把拉住。赵保明知道几个衙役根本不是师父的对手，所以打算先继续在暗中隐避，不动声色。等了一会儿，看见从外面涌进来大批兵丁，把师父围了个水泄不通。一看不妙，两人这才一齐杀了过去。

第二节 冲出重围

这个姬际可可不是一般人，清军南下，各地反清志士云集少林。姬际可素来敬仰岳飞精忠报国的精神，以反清复明为己任，遂与各路豪杰相商反清大计。他自幼习武，技勇绝伦，他站立飞马背，照样舞枪弄棒。同时精易理、通医道、善骑术。后当了拳师，教授岳家拳，手下弟子无数。这三人平素就喜欢武术，今日发起疯来，简直像虎入羊群。任你官兵人多势众，在这狭窄的街上，却不占优势。张、赵一杀进来，未经几个回合，清兵被杀得稀里哗啦，为首的将官就被一刀刺中臀部，痛得他惨叫一声，从马上栽出两丈多远。也是他命不该绝，前面不远，便是草垛。只见他就地一滚，一头栽在草垛上，没有丧命，爬起来逃命去了。剩下这些清兵，哪是他三人的对手，不多时，死的死，伤的伤，剩下几个，抱头鼠窜，连滚带爬逃去。突然，一阵铜锣响，许多兵丁，弓上弦，刀出鞘，把街道围了个水泄不通。原来是巡城兵马司闻讯率兵赶到。赵保明一看叫道："师父！杀吧！杀开一条血路，冲出去！"姬际可道："不行！清军正规军已到，我们已陷重围，以三人之力，是冲不出去的。"张进华道："杀一个赚一个，岂能束手就擒！"姬际可想了想说："硬拼不行。"赵保明道："依大哥之见呢？"姬际可沉思片刻道："依我之见，我骑马冲杀，拖住众官兵，你二人杀向左，冲出去距南山不远。你们只要跑进山区，循曲径，翻丘陵，进入树林，他们无人认识你们，即可完全逃脱！"张进华道："那师父你呢？"姬际可道："我自有主意！"赵保明道："不！你要我二人临阵脱逃！怎能置师父于不顾，岂不让天下人笑话。"

姬际可道："徒弟有所不知。咱虽是师徒关系，但与弟兄何异？如果三人一齐冲杀，必然一个也难逃生！"张进华道："那就拼个鱼死网破！"

姬际可道："鸿鹄岂能与燕雀同归于尽？乘大军未到，众兵一片混乱之际，你们徒步杀出重围逃走，我没有了包袱，便可骑马乘机逃走！"赵保明道："既有此打算，为何要我二人先逃？"姬际可说："清兵抓的是我，并不留意你二人，我骑马要杀出重围也容易，但又担心你二人被拿。"赵保明恍然大悟道："师父的心思我明白了。你要我二人先走，师父才没有顾虑。骑马冲出去。"姬际可道："然也。"

这时，夜已深了，风也大了，众官兵只顾追着姬际可厮杀，张进华、赵保明边杀边冲出重围，向南山跑去。

姬际可见二人逃走，心里没有了包袱，放心了，趁着这烟雾弥漫、天色黑暗、一片大乱之际夺了把宝剑，左冲右突，拍马杀出重围，走小巷，钻背街，向镇外逃去。

姬际可穿过两条小巷，已到西北镇墙角。他心中明白：现已夜深，寨门早已紧闭，何况巡城兵马司知道犯人在逃。今夜肯定严加戒备，明朝全镇搜捕，此乃意料中事。所以他每行一步，瞻前顾后，格外小心。突然两声锣响。姬际可闪身躲进一处破屋，看见巷口转弯处，两个巡更人走过，一人挑灯，一人敲锣，在又黑又冷的小巷里转悠。他一动也不动，待巡更人去远，才急忙向前，绕过城角处的一片苇塘，溜着寨墙根向西门骑马走去。他知道想从此门出去是困难的。不过，距寨门不远的地方，有一胡同，是上下寨墙之路，只要能从那里登上墙头，要逃出去就容易了。于是慢慢向胡同靠近。当他观察周围确实无人防范，照马屁股上拍了一巴掌，指了指寨门，任马跑去。然后两个箭步就上了甬道，一直跑到寨墙。他刚登上寨墙，迎面来了两个巡城小校。那小校大喝："谁？"姬际可道："我。"小校问道："在此做甚？"姬际可道："我要出城办事！"小校说："不行，上头说了，今天要拿罪犯姬际可，谁也不能出寨。"

姬际可无奈，随手一剑，刺伤了一个，那个刚要逃走，被姬际可又一剑穿过膀背。只听他惨叫一声，顺着胡同滚去了。北面不远处，巡城兵丁听到动静，举着灯笼火把，追赶过来。姬际可一晃，转身就往南逃。没跑多远，南面也有巡城兵丁，举着灯火，围了上来。姬际可一看，前无去路，后有追兵。真到了不是鱼死就是网破的时候了，于是大吼一声，挥动手中宝剑，向迎面前来的兵丁杀了过去。只见他：剑飞如雪片，影花不见人，碰着掉块肉，刺着成冤魂。

姬际可被巡城兵丁围在寨墙旁。虽然那兵卒死伤不少，但是，闻讯赶来的兵将越来越多。姬际可暗想：要杀到筋疲力尽，必然束手就擒，还是三十六计，走为上计。于是，他虚晃一剑，声东击西，把靠近寨墙的两个小校，一剑一个刺倒，飞身跃上寨墙，猛然一个倒挂金钟，翻下墙去了。巡城军校一齐放箭，但因夜深天黑，云低雾重，一霎时，就不见人影了。姬际可跳下墙来，涉过护镇河，一直往西，拼命奔跑，后面一阵喊杀声。直到东方微明，钻进一片树林，方放慢了脚步。他回头望去，追兵连一点影子也看不见了，不觉心头一阵酸楚，暗自想道：不料为了救一个小姑娘，却惹下一场大祸。不知徒弟眼下情况如何？再一想：大丈夫志在四方，在外面闯荡一番，再回来反清复明、杀奸除恶、报仇雪恨也就是了。姬际可决心已定，撒开大步，头也不回，直奔远去。

姬际可顺着上山的小路，一直往前走去。可是越往前走，越险峻难行。山高林密，坡陡路窄。遇到半边悬崖半边绝壁，必须侧身走过；有时，沟壑纵横山溪当路，还得攀葛附藤。姬际可眼看日色西斜，尚未见到一户人家，心中暗想："钻进这深山老林里，皇上的通缉也许来不到，但这里的狼虫虎豹，也很危险。山陡林密，人烟绝迹，三天出不了山，可能就要把我的肚子饿扁，后被野兽填满肚子，岂不比清军抓住更糟吗？"

第三节　岳飞后人

　　姬际可听人说，南边的山势平缓，于是向南山匆匆赶路。不多远果然地处丘陵，大道还比较平坦。路旁树木高大，只是不见清泉。他见附近并无村庄，于是加快了脚步。又走了一段路程，看见前方有一片树林、一条小溪，心想："溪鱼游见草花，森林密处有人家。"这里想必住有人家，前往讨杯茶吃，是当务之急。急走一阵，走到近前，只见坐北朝南有一深宅大院，朱红大门巍然立在路旁。但是双扇紧闭，无人看守。他走上前去，敲了一阵。那大门才"吱呀"一声开了半边。一个家郎模样的人，手扶门扇问道："你找哪个？"姬际可说："我是过路之人。经过贵地，腹内焦渴。前无村，后无店。因而敲门叨扰，想求碗茶吃。"那家郎道："快去！我们这里不卖茶！"说罢，随手就要闭门。姬际可忙用手把门推住，说道："纵然不卖，施上一碗解渴也好。"那家郎把眼一瞪道："要吃施茶，附近有个庙，你该到庙里去！这儿不施茶。"说罢，又要关门。姬际可心急火燎道："慢来，慢来！有话好讲……"那家郎道："你这个人，怎么这么难缠，谁知你是不是探子？我们这里既不卖茶，又不施茶，要喝茶你到别处去。还有啥话好讲？"说罢，又要关门。姬际可一听正要发作，忽听里面有一苍老的声音问道："外面谁在喧嚷？"那家郎道："是一个走路的，要讨茶吃。"老人道："让他进来！"那家郎应声："是！老太太让你进来，你就进来吧！"姬际可随着家郎走进大门。抬头看，一排五间翘脊出堂楼扇，两边翠竹掩回廊，中间一条青砖铺成的甬路，直通阶下。路两旁种着许多奇花异草，芬芳宜人。他心里想，看起来这是一大户人家，可又想为何在这深山老林建房盖屋。在这前无村、后无店的山脚下面，虽远离官家，岂能不受土匪祸害？

　　正在胡思乱想，已到楼屋门前。这时他才看清，屋里坐着一位老妇人，满头银发，慈眉善目，青衣白裙，手执龙头拐杖。她见姬际可已在门外道："请进吧！看座。"姬际可上前施礼道："老人家，打扰了！"老人道："不必客气，快请坐。"姬际可坐下。老人让丫鬟随即献上茶来。他接茶在手，不论热冷，一口气便饮干了，老人一见，忙叫丫鬟再端茶来，说道："适才老身闻听壮士在外面说话，却是山西口音，不知是也不是？"姬际可道："正是。晚辈正从山西而来。"

老人问："尊姓大名？"姬际可不便对善良的老人隐姓埋名，只好说："在下姓姬名际可。"老人一下站起来说："你就是那个到处被清军通缉的姬际可？"姬际可想这深山老林老人就是知晓也无所谓，于是朗声说："在下就是。"老人兴奋起来说："老身久闻大名，如雷贯耳，今日亲见，欢迎欢迎！"扭头说："丫鬟，你家奶奶秀兰在家没有？"丫鬟道："回老太太，我家奶奶昨日从会上回来，现正在后面桃园。"姥姥道："既未去远，你快去禀报，就说山西姬公子到此，叫她出来相见。"

丫鬟来到后院桃园禀道："少奶奶，咱们家来客人了！""哪里的客人？"丫鬟道："老太太说是山西的姬公子，说是路过此地，老太太叫请奶奶到客厅相见。"一个六七岁的小姑娘跑跑跳跳过来说："娘，哪里的客人，我也想见见。"娘说："丫丫，前天你被惊马吓着，刚刚好些，又要出去。好吧，咱走。"

小姑娘和秀兰一前一后走到老人跟前说："给母亲请安了。"老太太说："我以前不断提到的那个反清复明的英雄山西姬公子到此，你来认识一下。"秀兰正想答话，丫丫突然惊叫道："这位就是救我的叔叔。"秀兰仔细一看，果不其然，急忙拉着丫丫下跪："不知恩人到此，失礼了。"姬际可急忙拉起二人说："理当如此，何必客气。"老人莫名其妙说："你们认识？"秀兰把丫丫遇险，壮士相救的过程说了一遍。老人要躬身下拜，姬际可急忙扶住，说："小事一桩，不足挂齿。"老人对丫鬟说："快请大老爷，摆酒接客。"

丫鬟把大老爷喊来，一路上告诉了他经过。老人急忙进来，姬际可看清了老人的相貌：老爷子二目有神，两道寿星眉一寸有余，银髯撒胸前，满头白发，脸色红润，牙齿洁白，可谓鹤发童颜，仙风道骨。小姑娘抢着介绍：

"这是我岳爷爷。"老爷子躬身下拜说："恩人到此，有失远迎。"

姬际可急忙扶住说："不敢不敢，区区小事，何足挂齿。惊动大驾，愧不敢当。"老爷子吩咐说："马上摆酒接风。"

不一会儿，下人送上香茶，不久，又摆上筷子、酒壶和杯碟，接着先上凉盘，继之热炒，井然有序地送上来。老爷子和姬际可开始只是慢慢品酒，说着闲话，儿媳秀兰因有父母亲在座，比较拘谨，只有丫丫毫不在乎，只顾低头吃喝，谁也不看一眼。姬际可早已饥肠辘辘，那一盘牛肉摆在他面前，他就三口二口吃个盘底朝天，老爷子见了，不由叫好："真壮士也！这位壮士与众不同，哪里吃得这些精细小炒，去切五斤牛肉，大盆装了端来给他吃，也要用大碗筛酒，不用酒杯。我年过九旬，不胜酒力，就不相陪了，你大胆吃。"下人答应去了。不一会儿端上来，摆在姬际可面前。姬际可高兴得手舞足蹈，嘴里嚷道："还是老爷深知小子心！"说毕，也不客气，大杯碗喝酒，大口吃肉起来。只吃到日头偏西，五斤牛肉又被姬际可吃个精光。他拍着肚皮连称："过瘾，过瘾！"他突然想起，自己太没礼貌了，到现在还没问人家尊姓大名。于是欠身问："敢问老人尊姓大名？"老爷子笑道："鄙人姓岳，你称我岳大爷即可。"大家吃罢，收拾了桌面，又端上茶来消食，姬际可多吃了几杯酒，身上发热，便解开襟扣，说："我肚子已饱，想活动活动。"遂走进院子，拔剑起舞，但见：舞剑不见剑，笔直一条线，一式快一式，回风见落雁，秋风扫落叶，飞跃划弧线。老人拍手赞道："好剑法！"浅笑道："天下剑法分站剑、走剑和坐剑，难度递增，最终成就的高度却说不准。站剑和走剑我还有些心得，但坐剑尚欠火候。"姬际可大吃一惊："岳大爷，真看不出，你老年过九旬，剑术如此高超。"老人笑道："姬公子，想必你对其他器械也很精通。"随手扔给姬际可一根棍说："你练一下棍术如何？"姬际可接过棍说道："那就班门弄斧了。"只见他前扑、后翻、左纵、右跳，棒打一个点，棍扫一大片，拨棍、扫棍、抢棍、戳棍、劈棍、舞花……令人眼花缭乱，目不暇接。岳老爷子大声喝彩："好棍法。"随即叹道："老祖宗岳穆王的心意六合拳终于后继有人也，老祖宗，你可以在天上安息矣。"姬际可闻言大惊失色道："岳大爷是——？"老人说："实不相瞒，我是宋朝岳飞的十二代孙，老祖宗岳飞被害后，秦桧派人追杀岳家人，企图斩草除根，并想方设法企图霸占《岳穆王拳谱》，即岳飞创造的心意六合拳拳谱。岳家人不得不逃到深山老林躲藏，所以祖祖辈辈都在这人迹罕至的地方安家。公子既然德艺双馨，实不相瞒，岳家人逃跑时，后代人按照岳穆王的吩咐，把他老人家写的岳家拳谱《岳穆王拳谱》秘密保存下来，藏到一个人不知鬼不觉的山洞里。我平时练拳，是根据记忆。老祖宗曾经说过：'未遇到合适人，不要轻易相传，遇到合适人，可以将此拳谱无偿赠予，以便让岳家拳能够祖祖辈辈传承下去，造福大众。'今日碰见公子如此侠义豪爽，方才不自觉说出岳家拳——心意六合拳后继有人也。"

第四节　洞穴觅宝

　　天还未亮，老爷子把他领到一片荒山野岭。姬际可举目一看，只见荆棘丛生，葛藤缠绕，野蜂乱飞。在一个长满青苔的石壁上的不高处，有一个石洞，洞口很大。心中暗想，此石壁经年累月，并非一块自然形成的石块，而是由许多大石垒积起来的，上面生了绿苔。岳老爷子告诉他，你可以进洞去看看，里面有个岔洞，进去走一百米，有一个鹅黄色的小溶洞，一尺见宽，拳谱在里面放着，你把它拿出来，我在下面等你。于是在石壁上用剑插着缝隙攀爬。他忽然发现，快爬到洞口，才看到洞口被小石块垒住了。于是用剑把石块一点一点挪开。刚挪完，石洞地下露出一个大洞，不知道雨什么时候停了。他往洞里看了一眼，洞内一片漆黑，万籁俱寂。忽然听到洞里簌簌有声。仔细一看，从洞里窜出一个黑乎乎的猛兽，原来是一只猛虎，身上有黄黑相间的花纹，好像一件威风凛凛的皮袍，两边长长的胡须往上翘着，两只又大又圆的黑眼睛，炯炯有神，目光扫过来的时候，让人不由得心生畏惧。两只黄色的尖尖的耳朵，竖立在头顶两侧，一根长长的尾巴翘在身后。它看见姬际可，张开血盆大口，发出震耳欲聋的吼声。姬际可大喝一声："孽畜！哪里跑！"挥剑便刺。只见那恶虎把头一昂，对准姬际可迎面扑来。姬际可见其来势凶猛，不敢硬碰，一纵身跳离石洞，恶虎随即窜出，向姬际可扑来。他闪身躲过，一剑刺向虎背。那恶虎背上受伤，头一仰，张开血盆大口，大吼一声，向他扑来，姬际可一个倒翻落下，就地一滚躲过。那恶虎看见没有将姬际可咬住，将头一摇，连续翻滚。用那铁鞭般的尾巴，雨点般向他打来。姬际可哪敢怠慢，左窜、右跳、腾挪、飞跃，使那恶虎招招落空。就这样，一来一往，斗了半个时辰，天已透曙光，还未分出胜败。姬际可心中暗想，常言道：蛇打七寸，必须瞅准其脑后猛刺致它死命。于是，剑指要害，招招致命。那恶虎一看不好，窜进洞内，想要逃走。姬际可哪里肯舍，飞身进洞，一剑刺中虎屁股。那恶虎疼痛难忍，一纵身窜出洞外，平地掀起一阵狂风，霎时不见了踪影。姬际可紧跟跃出洞外，看见地上，鲜血淋漓，恶虎已不见踪迹。他已经筋疲力尽，想进洞找个地方休息一下。左寻右找，抬头观看，在石洞的壁上，发现一个岔洞，用小石块挡住洞口，他用剑一挑，垒石塌陷，露出一个石窟窿。里面大约三尺见方，往里一看，此洞非天然形成，好像被人雕琢，地面平整。洞口不大，但里面很宽阔。

天已大亮，一束阳光照过来，他弯腰钻进洞里，觉得虽然阴冷潮湿，但光线尚可看见，脚下又陡又滑，步步小心。可是，越往前走，洞穴越大，走起也越平坦。再往前走，四面石壁闪闪发光，钟乳石、荧光石混杂其间，虽然阳光已照不到，但能看得清清楚楚。他边走边看，环顾四周：颜色五彩缤纷；形状千姿百态。脚下流水潺潺，真可谓洞天仙境。心想怪不得被那该死的孽畜据有。

继而联想：天下事何尝不是如此。想那清兵入关，到处杀人放火，比那孽畜还要残酷狠毒，还不是为了侵占富饶的中原领土。而明朝太监却独霸朝政，残害忠良，致使明军节节败退，清军连连胜利，作为山西拳师，心有不甘，带领弟子，和清军殊死搏斗，但寡不敌众，经过浴血奋战，逃出重围，清军悬赏捉拿他，他只好东躲西藏。

他边想边走，沿着这岩洞曲折的通道，继续前进。向前不远，又到了一个地方。举目看，嗬！眼前洁白一片，一块玲珑巨石，斜横两壁中间，乍看像桥，再看像山。上挂石笋千条，如水似雪，下堆乳珠万担，晶莹璀璨。看到这么美丽的景色，他忘了疲劳，只顾观赏。突然间，他发现前方不远处，有一个鹅黄色的小溶洞，一尺见宽，那洞内金光闪烁。于是他走近观看，里面有一个金色匣子。取出匣子打开一看，原来是一本书，虽然已经陈旧，但字迹仍然清楚，封皮上书"岳武穆拳谱"五个大字。他真是喜出望外，惊讶不已，莫非此书是民间流传的岳飞创造的岳家拳谱？武林中虽有所闻，但孰真孰假，无人见到。民间习练心意拳的流派很多，都说自己是正宗的岳家拳，都在千方百计地寻找《岳武穆拳谱》。因为世间流传，此拳乃宋代名将岳飞所创，但谁也没见到真正的拳谱。清雍正年间，河南新安进士、心意拳师郑氏之徒王自成《拳论的质疑序》也证实了有《岳武穆拳谱》，但真正的拳谱在哪里，谁也说不清。于是各费尽心机，四处寻找，认为谁拿到《岳武穆拳谱》，谁就可以称自己是岳家拳的正宗流派。如今难道梦想成真！他迫不及待，从头至尾把拳谱粗翻了一遍，其中五行变化之原理，阴阳造化之枢机，起落进退虚实之奥妙，武技之精华尽集于此。他觉得这套拳法，比他练的拳法要高出百倍，其最大特点是：刚猛狠毒，长于格斗搏击，实战性强。心中暗想，看来民间所传果然不假。他想知道这套拳术的来历，擅长枪术的岳飞怎么突然想起创造此威力强大的拳术？他想老爷子是岳家后代，会告诉自己答案。回去把拳谱交给老爷子，并开始打听拳谱的来历，一问果不其然，在岳家庄园居住期间，老爷子陆陆续续把在打退金兀术的主要人物——尤其是关键战役——郾城大捷中岳家军众英雄的成长、立功、牺牲的经历给他娓娓道来，虽然岳家军的事迹气壮山河，但结局却让人黯然泪下。欲知后事如何，且听下回分解。

第二回
脱枪为拳创心意 英雄出世霄汉奇

第一节 脱枪为拳

老爷子首先把洞中的拳谱来历告诉了他：岳家军将士在郾城大战中经常持刀枪剑戟，甚至徒手与贼手拽厮劈，鏖战数十合，虽杀死贼兵遍野，不计其数，但由于金兵人高马大，出身猎户，野性十足，善于徒手搏斗，因此岳家军往往在徒手搏斗中落了下风，虽然以死相搏，但杀敌一千，自损八百。作为元帅的岳飞与其他将帅有个不一样的观点，有人认为，战争胜利取决于率兵领军的将领武艺高强。岳飞认为，将领的武艺高强固然重要，但士兵如一盘散沙，战斗力低下，可能造成全盘皆输。岳家军之所以能转败为胜，还在于大将可能战败了，士兵毫不退缩，井然有序，英勇顽强，让敌人望而生畏。所以士兵素质的高低才是决定胜负的关键。如何提高全军战斗力，打败金兵，岳飞经常苦苦思索对策。一日忽见一鹞子一翅膀拍落一飞鸟的头，不等其落下，又一个鹞子翻身，叼住往下落的鸟身翱翔而去。其狠准的翅膀拍击，其极快的俯冲及其敏捷的翻身动作，其情其境对岳飞触动很大。他经常在深山老林中认真观察其他动物相互搏击的动作，在心中反复推敲揣摩。亲眼见多种动物的激烈搏斗之场面，动物身法的矫健敏捷，搏斗动作的稳、疾、准、狠、毒，深深吸引了岳飞，于是他悄悄模仿动物动作操练，逐步形成轮廓，加之反复演练，总结归纳动物搏斗时有五形：鸡腿、龙身、鹰形、鹞膀、龙抱头，外加猿猴心。岳飞突发奇想，何不创一拳术？从何处着手呢？他又想岳家枪精湛的枪术技巧，不如结合枪术脱枪为拳。如"眼观六路，枪扎十方，迅雷不及掩耳之势"，可化为"远打一丈不为远，近打一寸间"。枪术中莫过于扎枪，一般为平扎、拦扎、拿扎、穿扎、回扎、翻扎、抖扎、拧扎、换手扎、反手扎等。而最基本最常见的是拦截扎，他暗暗模仿扎枪模式，改成穿拳把：练右式穿拳把时，左手随左肩外展，左扭腰，由下向后向上外旋，拧臂提至左脸旁，而后拂面掠腮，随着右扭腰里旋，拧臂翻掌，弧形下插于裆部，继而右腿一蹬，上左脚成左弓步，右手回勒，右拳乘上身前窜之势，猛力向前穿崩。把枪术中的动作成功地化为拳术中的"穿拳把"。他就这样把枪术中把式一个个琢磨成拳术。并借鉴动物搏击防守技术，此拳技击要求每手每式都含有鹰熊二意在内，这就是鹰在天，从上视下；熊在地，从下视上。鹰为进，熊为退；鹰为攻，熊为守；鹰为打，熊为顾。

　　他带领岳家军开始练习。他认识到内功的重要性，因此要求大家练拳时要做到："心到意到，意到气到，气到拳到。"即行拳和击技时要重心意，即以心行意、以意导气、以气运身。同时求六合，身一动要六合，即手与足合、肘与膝合、肩与胯合、心与意合、意与气合、气与力合。内外六合要以心意指挥，以神气贯通。此拳练起来，如猛虎下山、势如破竹，又如蛟龙出海，游刃有余。这套拳以实战为核心，心意拳的技击性很强，它能用头、肩、肘、手、胯、膝、足等部位击打敌方。

　　在修习心意拳的时候，有"外三合"和"内三合"的要求。所谓"外三合"是指"肩与胯合，肘与膝合，手与足合"，即身体各部分在运拳时都要互相配合；而"内三合"是指"心与意合，意与气合，气与力合"，即要内心的心情与拳招、力度等合一，方可发挥出威力。并且命名为心意六合拳。心意六合拳的演练路线是以直进直退为主，步法着重稳健坚实。心意六合拳的十大形是模仿龙、虎、马、猴、鸡、鹞、燕、蛇、熊、鹰的扑击、穿侧、捕食、闪躲等动作，具有明显的攻守意识，每一形皆有其独特含义。在招式方面多为单式，而套路仅四把捶一套，也有后人心得所创的二把半等。六合还指鸡腿、鹰捉、龙身、熊膀、虎抱头、雷声这六式相合。"打人如走路，看人如蒿草，胆上风吹响，起落似箭钻；遇敌要取胜，四梢要合全。""拳打三节不见形，若见形影不为能，拳去莫空回，空回非奇拳。"……岳飞的枪法是周侗所教，而周侗又是少林高僧谭正方的爱徒，岳飞早已将少林寺的三十六路擒拿手稍稍做了改变，选取了其中更实用的可以用来杀敌的招式，他多方尝试，居然将这套拳与一套精湛的枪法融会贯通，独创了这一套心意六合拳。心意六合拳又称"守洞尘技"。顾名思义，由于此拳术是由心生意，又由意转化为拳招，故又简称"心意拳"。

拳术虽重要，但实战中多用刀枪。岳飞想："战场上多用刀枪，用拳大部分是在失去武器时。"同时他除了创建心意六合拳，还要把自己的枪术进一步融入心意六合拳的心意与六合，改造成心意六合枪。岳飞在枪法上的造诣本来就表现得极有天分，又自创了一套心意六合枪。这套枪法动作古朴，招招制敌，讲究一击必杀，进攻有刺、戳、点、扫、挑；防守有格、拨、架、挡、淌。它的独特之处是把拳中的内功引进枪术，将防守和进攻结合内功融为一体，攻防一次完成；防中带攻，攻中设防，使敌人无还击之机。而最主要的是在马上与对方战斗的时候，这套枪法的优势就显露出来了，因为注意发挥内功的作用，战力大增，往往让对方来不及招架便命丧黄泉了。岳飞还博采众长，把其他枪术的特长也融会贯通。他曾经跟杨再兴习练过杨家枪三十六奇枪。当时杨再兴告诉他奇枪曰"五锁转连环"，一转身，中平枪为首，二转身十字枪当先，三转身剥枪为和，四转身安膝枪，五转身白牛转角。"又如十一一奇枪曰"金猫扑鼠，鹞子扑鹌鹑，燕子夺窝，凤凰单展翅，柳叶分眉，鲤鱼穿腮，倒杨家枪紫金冠，翻枪按枪双龙入洞……他吸收了杨家枪的优点融入心意六合枪中。心意六合拳和枪，到底哪个托生于哪个，还是同时配套产生。一本佚名的古拳谱序写道："当武穆童子时，受业于名师，精通枪法，脱枪当拳，自立一法，以教将佐，名曰艺（意）拳，神妙莫测，盖古来未有之技也。"说明拳源自岳飞枪术无疑，心意六合枪、刀术可能又融入了心意和六合。其中拳术"以六合为法，五行十形为拳"，故岳飞将自己创造的拳名之曰"心意六合拳"，常简称"心意拳"。对心意六合拳术，岳飞未经过实战，心里并没有谱。

一日他带牛皋到外面散心。见某村西头有一片开阔地，中央搭起一座擂台，足有一丈多高。台柱上贴着一副对联，上联写，拳打五岳猛虎；下联写，足踢四海蛟龙。顶上的横幅是"威镇八方"四个大字。岳飞心中暗想：这真是"世无英雄，竖子成名"，也许"天外有天，人外有人"。我今天倒要看看这擂台"威镇八方"的拳脚，究竟是何等厉害？这时台下已经挤满了人。台上一个好汉，紧身打扮，十分整齐，耀武扬威，大声宣称："我兄弟，今天摆擂，我是老大先开始。台下有哪位不怕死的，上台来较量一番。赢得我兄弟者，当有黄金三十两相送。有敢上台的没有？"岳飞举目一看，此人果非寻常之辈。只见他，年在三十开外，身高丈二，膀大腰圆，大鼻方口，剑眉环眼，面带杀气，威风凛然，看样子不愧称一方之霸。他一连喊叫几遍，台下连一点回音也没有。牛皋按捺不住了，走到台前，一纵身跳上台来。说道："小辈！休口出狂言，你牛爷爷是个不怕死的，是要尔的命来了。来吧！"

"好哇！终于有送死的来了。着打！"二人一交手，就是急风暴雨式的互相进击。老大跳起贯顶往下砸；牛皋使天王托塔硬相迎；老大黑虎掏心要尔命，牛皋用金蛇出洞刺双眼，老大用晴空霹雳打门牙；牛皋来个鹞子翻身攻身后，老大就鲤鱼穿沙忙避开……就这样一来一往，两人都使出浑身解数，仍分不出胜败输赢。只见台上拳来脚往，飞跃腾挪，打了个天昏地暗。足足打有半个时辰，还不分胜负。论实力，此人远不是牛皋的对手。可是，牛皋一来翻山越岭，未得休息。二来饥肠辘辘，无心恋战，只是听见小子狂妄自大，有些生气，想一个乡间野老，有什么本事，居然口出狂言，所以置气跳上台后，三拳两脚，比画两下，把对方威风打下去，谁知居然一时不分上下。正在这时，由于台板不甚平整，牛皋向后退时，不小心脚被绊了一下，仰面朝天，向后倒去。老大一见，满心欢喜，使了个饿虎扑食势来推牛皋。岳飞一看不好，飞身跃起，来了个喜鹊登枝，双足对准那人的胸脯蹬出。只见那人站立不稳，咚咚咚连退数步，仰面朝天跌下台去，同时伸手扶住摇摇欲坠的牛皋。老二一看老大败下擂台，随即大叫："两个打一个不算数，咱俩比比。"随即跳上台来。牛皋道："你们败了，请老老实实把赏金拿出来！"老二道："黑脸汉休得猖狂，你家二大爷三大爷还未打。只打一局怎知输赢，打罢一齐算账。着打！"牛皋正想出手。岳飞急忙拦住他说："由我来打擂。"牛皋大吃一惊小声说："无名小辈，怎能让元帅出手。"岳飞说："黑子，莫要声张，我要试试改进的心意拳是否有效。""我来也……"跳上台的老二身高有一米九几，体重差不多是岳飞的两倍，他卷起袖子来到场中粗声粗气地说："承让。"岳飞双脚分开，站稳下盘，双手一抱："请！"

那老二上前一个弓步，两只手一下子就伸了过来，和岳飞手掌抵住了，然后开始用力。高手相对，开始不是拳打脚踢，岳飞感到此人非一般人。老二以一个弓箭步的姿态抵住岳飞手掌发力，岳飞感到他一接手就有绵绵不绝的力量传来。那小子整个人如犁地的耕牛，低着头脚往后用力蹬着，身子往前顶，想要把岳飞顶下台去，而岳飞不骄不躁则把双手伸在胸腹之前用内力抵挡。他知道，对方的蛮力坚持不长。

"加油！""加油！""加油！"台下围观的群众开始大声地鼓动起来，场上的气氛瞬间就变得热烈。渐渐地，体格雄壮的老二的喘息声粗重了起来，脸色渐渐变红，额头也有了一层汗珠。岳飞感受着对方手上传来的力量，心中慢慢安定了起来，要是在一般人，绝对抵御不住这样的力量，但岳飞练习心意六合拳时，要求双腿就像打到地上的木桩一样，落地生根，下盘稳如泰山……老二见推不动对方，一拳照岳飞门面打来，岳飞借力打力，侧身闪过，用肘顶向对方胸脯，老二只好后退。

岳飞和老二打到了一起。没想到这老二拳术远胜他哥哥。打了半个时辰，竟然不分上下。岳飞决定用新创的心意拳和对方交手。于是他以退为进，"身如病郎一身疮，坐如秀女把身藏"。老二认为他不过是个白面书生、弱不禁风，于是猛击岳飞面部，全不顾自身暴露无遗。岳飞趁他麻痹大意，旋腰束身，周身劲力裹含，蓄而待发，目光猛转视对方，进右步直插对方中门；同时腰、肩、肘旋转而出，化解对方进攻，双掌翻手而出进攻对方胸部，"动如猛虎把人伤"。他后手催前手，岳飞用的是崩拳，有几百斤的力道，一拳之下，老二脚步噔噔地急退，一个趔趄，飞了出去，眼看要掉下台去，岳飞急忙箭步疾飞，一个鹰追抓回对方。心意六合拳打起来，三分是手法，七分是步法。打起来手如鹰爪，肩如熊膀，腰如龙身，腿如斗鸡，面如猛虎。有"十年太极不出门，心意一年打死人"之说，幸亏他只用了三分力，否则老二命悬一线。

牛皋大叫："元帅，叫他们拿黄金来！"兄弟一听牛皋叫元帅，忙问：

"黑脸汉，你怎么叫他元帅？"牛皋笑道："你这个乡巴佬儿，居然不知道眼前就是南征北战的抗金大元帅岳飞。"那兄弟一听，大惊失色，没想到这个隆长白脸，粗眉大眼，三绺微须，和颜悦色，膀大腰圆的中年汉子居然是岳元帅，于是带领众人急忙跪下说："不知元帅驾到，小人冒犯大人，罪该万死。"大家嘟囔道："元帅日理万机，怎么有空到我们穷乡僻壤。"岳飞一一扶起道："设擂比武是件好事，金兵来了，大家有了本事，才能保家卫国。"老大抱拳说："元帅如果有用得着我们的地方，定当效力。"众人异口同声说："我们听元帅的吩咐。"岳飞大喜："如果年轻人愿意为国效力，岳家军正在招兵买马，有自觉自愿参军的，本帅一定欢迎，条件是身体要好，有一定武功基础更好。"老二说："元帅，大家对岳家军向往已久，如果不弃，大家定会争先恐后报名参军。"岳飞笑道："好吧，我给大家说个地点，明天可以去报名。"

第二天，大家来到岳家军演兵场，只见好大一片广场足有十几亩，旗杆上帅旗招展，靠东摆了一座试台，上边由松柏枝扎成一个牌坊，牌坊中间有一根旗杆高耸，上边挂一面黄旗，中书斗大"招兵"二字。台上坐着几位武官，左右文案排列，台下卫兵成行，还列有兵器架子和马匹，正有人排队报名。在台下考试石担、石锁、弓箭骑术之类。入军后，参加岳家军的第一次训练就是学习心意六合拳。按程序逐步习练，开始训练基本功，然后学习心意把，接着习练十大形、拳术和器械套路。此拳动作简单，攻力无穷，定式为桩，动式为拳。心意把，一个动作为一把；十大形，一个动作为一形。操练时，要求周身动作高度协调，上虚下实，内外合一。周身上下，一动无有不动，一停无有不停，一合无有不合；在内要求"心与意合，意与气合，气与力合"。在外要求"手与足合，肘与膝合，肩与胯合"。身形六势要求：鸡腿、龙腰、熊膀、鹰捉、虎抱头、雷声，是要求初学者想象和体会一下自然界动物动作的意义。身法要求：沉肩坠肘，含胸拔背，腰塌劲，头顶功，收尾提肛，内气下沉，抿颌上顶，舌顶齿叩；要一身含五劲：踩、扑、裹、束、决，束身而起，长身而落，手随意发，力随声落，不能简单地比画动作，要深刻体会其博大精深的意义。要求起势如虎扑，落势如鹰捉，敏捷似豹奔。拳法灵活刚猛，势不可当。起式紧如收缩的弹簧，蓄而后发；手式如鹰抓熊掌，无坚不摧；落式如虎扑猫行，轻盈缥缈；脚出必踩中门，手发刚猛狠毒。长期以心行意，以气运身，灵敏度极高。灵敏到对方的力量稍微接触到皮肤，就会闪电般地回击。

第二节　岳飞避难

　　岳飞创造心意六合拳并非心血来潮，而是由来已久。若了解其始源，还要从岳飞的身世及形成的爱国情怀说起。

　　在抗金的紧张训练中，岳飞忽闻母亲身体欠佳，飞速返回岳家庄。岳飞平日至孝，因岳母久经患难，晚年多病，虽知妻子贤孝，照顾周到，仍是万分悬念。稍有空闲，必往陪侍。平时岳母害病，他更是亲奉汤药，衣不解带。平时岳母自知身体不佳，恐爱子担心，影响打仗，因此常常再三叮咛，说："我儿，人生终有尽时，现在强敌未灭。国家多难，我儿若真孝母，应以国家为重。"

　　岳飞回家时，岳母正抱着孙女玩耍，岳飞说担心母亲身体，连夜赶回，甚至要解甲奉母。岳母听了顿时神色速变，把脸一沉道："五郎，你若有志气，应以国家为重。上次从军，受了点小挫折回来，你便在家守了两三年，那次说是要终父丧，情有可原。这次回家，居然说出从此解甲奉母的话。我来问你，金兵如此凶恶，中原一失，国家不在，小家怎保？全家无论逃避到哪里，早晚也必落于敌手。你要解甲奉母，那老身就舍命到前线。休说我当娘的不会那样畏敌贪生，便是我那有志气的儿媳，也不会跟你留下。"岳飞从没见过母亲这样生气，暗忖："我日前还请皇帝不要作南迁打算，平日也常以'忠义'二字激励众兄弟，如何今日突然说出解甲奉母的话，怪不得母亲生气，我回去又如何与兄弟们解释？"想到此忙即跪下，说道："我娘，儿子原是一时昏聩，说出这没有志气的话。现蒙娘教诲，如梦初醒。娘莫生气，儿子改过，绝不再说此言了。"岳母见岳云也和父亲一起跪下，忙唤起来，再向岳飞正色道："这不是说不说的事，你如果有这类想法，就说明你心里没有国家，只有小家。你师父周老恩师当时对你说过，古来的英雄豪杰，哪一个不爱国，哪一个不为国经受险阻艰难，困苦磨折？你今年才到壮年，听说老身有病，便这样壮志消沉，非但对不起你那些共患难的弟兄，又有何面目会周老恩师于地下呢？"当初岳飞说起要应募投军之事。岳母早知金人残暴及百姓身受遭难之惨，心中愤恨，就支持儿子从军，巴不得爱子早日出去，为国杀敌，建立功名，以报答周侗的知遇之恩。便是岳妻李淑也觉丈夫文武全才，不应坐守家中，长此埋没。尽管婆媳二人心中有些惜别，但表面上丝毫不曾露出，反恐岳飞恋母念家，儿女情长，再三鼓动。想到此岳飞忙赔笑道："儿子错了！等儿子在家小住几天，母亲身体稍安，就去前方杀敌便了。"岳母笑道："你真能为我打算，可知我这老娘，如果年轻几岁，也想去精忠报国呢！"岳飞心中忧急，赔笑问道："这里与敌人相隔甚近，许多可虑。儿子这次往投宗留守，被赋予重任，绝不再有后退之念。娘若同去开封，可以稍尽子职，放心得多。"岳母道："我如不走，你保卫邦家之念更切，绝不肯听任家乡故土沦于敌手，必以全力去和敌人死斗。我若随你同去，再带上你的媳妇儿女，行军之际，你必多出顾虑。那许多受苦受难的百姓，谁无父母？谁无妻子？你怎么单为自己的身家打算呢？我决不怕敌，也决不会坐看敌人残杀！当你们这班中少年人都不能抗敌时，国家更难免于灭亡了。你媳妇、岳云自从近年你教他们心意拳，体力越强，已非寻常人可比。保我老小到时逃避，定办得到。在敌人未到以前，要我弃家逃亡，我婆媳决不会走！"岳飞知道母亲性情，哪里还敢再说？岳母跟着又问："五郎不必为母担忧，稍住几天即可起身，我婆媳好为你置酒饯行。"岳飞忙答："只要母亲无虞，听你吩咐，几时走都可以。"岳母的话更坚定了岳飞保家卫国的决心。

他在归队的一路上，想起自己经历的艰难的一生和从军抗金的经过：岳飞的老家在河南相州汤阴县永和乡孝悌里（今安阳市汤阴县城东 30 里的菜园镇程岗村）。父亲岳和是个忠厚老实的庄稼人，他家省吃俭用，常常用节省的粮食帮助饥民度过荒年。母亲是姚氏。二人年方四十，还没有孩子。

一个薄雾蒙蒙的清晨，一声洪亮嘤哭声从破旧而干净的农家小院传出，岳家的一个男婴呱呱坠地，小官人生得鼻直口方、顶高额阔。全家人喜不自禁。给娇儿起个什么名字好呢？就在这时，一群大雁从天空而过，岳和高兴地说："好，就起名岳飞吧。愿吾儿像这群大雁，飞得又高又远。"稍大时又赐字鹏举，希望他将来展翅高飞，鹏程万里。不幸的是出生这年，家乡突发洪水，岳和把安人（宋时把夫人称安人）姚氏和孩子安置在缸内。安人大哭道："这事怎处！"岳和叫声："安人！此乃天数难逃！我将此子托付于你，仗你保全岳氏一点血脉，我虽葬鱼腹，亦得瞑目！"话还未了，手略一松，啪的一声，缸随水漂流，不知去向了。那安人坐在缸中，随着水势，直淌到河北大名府内黄县水势变缓，水缸被冲到沙滩才停下。

却说离城三十里，有一村，名唤麒麟村。村中有个富户，姓王名明，安人何氏，夫妇同庚五十岁。这一日，外面震天喧嚷，王员外吃了一惊！便叫家人："王安，快到庄前去看来是怎么回事！"王安答应不及，飞一般赶将出来，看得明白，慌忙报与员外道："不知哪里水发，水口边淌着许多家伙物件。那些村里人都去抢夺，故此喧喧嚷嚷。"王员外听了这话，即同王安走出庄来观看，一步步行到水口边，只见那些众邻舍乱抢物件，王明叹息不已。王安远远望见浅水淌来一口水缸，王安走近一看指着对员外道："花缸内一个妇人抱着一个小厮。那众人只顾抢那箱笼物件，哪里还肯来救人！"王安叫道："员外，这不是贵人？"员外走近一看，便叫王安："一个半老妇人，怎么说是贵人？"王安道："他怀中抱着个孩子，漂流不死。古人云：'大难不死，必有厚禄。'长大必定做官，岂不是个贵人？"王明暗想："不知从何处漂流到此？"向花缸内问道："这位安人住居何处？姓甚名谁？"连问了数次，全不答应。王员外道："敢是耳聋的吗？"却不知这安人生产孩子才得三日，人是虚的；又遭此大难，在水面上团团转转，自然头晕眼花，故此问而不答。那王安道："待小人去问来。"即忙走到缸边喊道："这位奶奶的耳朵可是聋的？我家员外在此问你是何方人氏？怎么坐在缸内？"姚氏安人这才醒来，听得有人叫唤，方抬起头来一看，眼泪汪汪，说道："这里莫不是阴曹地府吗？"王安道："这个奶奶好笑！好好的人间，怎么说是阴曹地府！"王员外方晓得他是坐在缸内昏迷不醒，不是耳聋，忙叫王安向近村人家讨了一碗热汤与她吃了，便道："安人，我这里是河北大名府内黄县麒麟村。不知安人住居何处？"岳安人听了，不觉悲悲咽咽地道："妾身乃河南相州汤阴县孝弟里永和乡岳家庄人氏，因遭洪水泛涨，妾夫被水漂流，不知死活，人口田产尽行漂没。妾身命不该绝，抱着小儿坐在缸内，淌到此地来。"说罢，就放声大哭。王员外对王安道："许远路途，一直淌到这里，好生怕人！"王安道："员外做些好事，救他母子两个，留在家中，做些生活也是好的。"员外点头道："说得有理。"便对岳安人道："老汉姓王名明，舍下就在前面。安人若肯，到舍下权且住下，待我着人前去探听安人家下是否平定，再差人送安人回去，夫妻父子完聚，不知安人意下如何？"岳安人道："多谢恩公！若肯收留我母子二人，真乃重生父母。"王员外说："好说。"叫王安扶了岳安人出缸，对着那些乡里人说道："这母子二人你们无人抢了去，我就要了。"众人笑王员外是个呆子，东西不抢，反收留了两个吃饭的回去。王安先去报知王员外夫人何氏。这里岳安人姚氏慢慢地行到庄门前，何氏早已出庄迎接。岳安人进内，见过了礼，诉说一番夫妇分离之苦。何氏与丫鬟等听了亦觉伤心。当日吩咐妇女们打扫东首空房，安顿岳安人母子住下。那岳安人做人一团和气，上下众人无不尊敬。数日后王员外又差人往汤阴县探听，水势已平复，房屋财产皆冲干净，岳家人口也无下落，只有岳和还在，他知道母子落难河北，只好准备也到麒麟村来。岳安人听了家里一无所有，放声大哭。何氏再三劝解，方才收泪。自此，二人情同姊妹一般。一日闲话中间，说起员外无子，岳安人道："不孝有三，无后为大。这样大家财被别人得了，岂不可惜？不如纳一偏房，倘或生下一男半女，也不绝了王门一脉。"那个何氏本来有些醋意，却被岳安人劝转，即着媒人讨了一妾与王员外。到了第二年果然生下一子，取名王贵。王员外十分感激岳安人。不觉光阴易过，日月如梭，这岳飞眼看着长成七岁，那王贵已是六岁了。

第三节 习文练武

　　光阴似箭，日月如梭。王员外请来个训蒙先生，教两个孩子读书识字。村里有个汤员外和张员外，俱是王员外的好友，各将儿子汤怀、张显送来读书。这岳飞还肯用功，三个顽皮孩子只喜欢舞棒弄拳。岳飞也跟着他们学点武艺，但还是以学文为主。因为岳飞家里无钱买纸笔，便常常在沙上画画写字。那年春天，岳飞帮助父亲岳和做完了田里的事，又去砍柴，回来时，发现村侧柳林后面，开了一所学馆。因听老师书讲得非常好，向人一打听，才知老师周侗是山西人，是武术大师，年已六十多岁，人很精神，非但书教得好，还教学生骑马射箭和诸般武艺。王贵、汤怀、张显就恳求家长去周侗学馆学习，大人答应。那岳飞没有钱也想复读，便经常受到旁人的讥嘲，说他不自量力，家况寒苦，出不起学费钱。学中多是富家子弟，穿得好，吃得好，来去都有人接送，贫富悬殊，如何能与其为伍？复读之念虽被打消，可是在门外偷听了几次讲书之后，越听越爱，老是放它不下，一天不去，寝食不安。岳飞经常趴在墙头和树上听周侗先生讲课，被岳母知道了，未免担心。她对儿子说："你这样爬来爬去，万一有点儿差池，叫做娘的以后依靠何人？"岳飞连忙跪下道："娘，孩儿一心想求学，叫娘愁烦，实在对不起，以后孩儿小心就是了。"岳母说："我儿起来吧，母亲支持你学习。我以前在王员外家时，王夫人送我几本书，以后待娘亲自教你就是了。"岳飞起身说："谨依母命便了。"

　　从那一天，岳母将书展开，教岳飞读书。时间过得真快，一转眼过了三年，四岁的岳飞在母亲的教诲下，已经认识了不少字，而且还可以背诵唐诗宋词。这岳飞资质聪明，过目不忘。没隔多久，"四书""五经"便读得滚瓜烂熟，岳飞尤其喜读《左氏春秋》《孙子兵法》。母亲经常给他讲诸葛亮的故事，他对诸葛亮崇拜有加，曾抄写黄佐的诗句："诸葛大名垂宇宙，元戎小队出郊坰。"一日，岳母说："我儿，做娘的积攒了几钱银子，你可拿去买些纸笔来，学写书法。"岳飞说："娘，不必去买，孩儿自有纸笔。"岳母不信道："孩儿为了省银子，不必哄娘，纸笔在何处？"岳飞道："待孩儿取来。"即去取来一个簸箕，竟到河滩畚了满满一簸箕河沙，又折了几根杨柳枝，做成笔的模样。走回家，对岳母说："娘，这个纸笔不消银钱去买，再也用不完了。"岳母微微一笑道："到底我孩儿聪明，这倒也好。"就将沙铺在地上，岳母手把着手，教岳飞写字。岳飞从此乐此不疲，经常用沙子学字。

相传岳飞从小热爱武术，听说山里有个叫"搬不倒"的老人武功了得，老人有了不起的功夫，就是腿上功夫特别扎实，比他厉害的高手也无法把他打倒。岳飞就千方百计找他学习。但没想到老人开始并没有教他招式，而是让经常练腿功、腰功、肩功和桩功等基本动作，并要求他下盘具有稳定性，腿部具有灵活性；腰部具有柔韧性，要具有协调控制上下肢运动的能力和身法技巧的功夫；肩功要求的是肩关节灵活、具有力量爆发方面的功夫；桩功要求的是腿部有力量，与呼吸配合的功夫。每天就练习弓步、虚步、歇步、仆步、马步、丁步；或击步、插步、垫步、弧形步、扣腿平衡，仰身平衡，燕式平衡。腾空飞脚步，腾空外摆，旋风脚，旋子转体，旋子，侧空翻等。上身教他练冲拳、推掌、架拳、亮掌、格肘、顶肘等，就是不见师父教他技击招数。时间一长，岳飞不免有些不耐烦，老人看出来后，让他每天先种些树苗，过了三个月再让他去摇动树苗，小树苗纹丝不动，师父告诉他，要想学好武功，要像树苗一样，首先要一心一意扎住内劲，打好基础，否则功夫再好，也是无根之树，心意不牢就容易被别人打倒，这是岳飞第一次听到"心意"二字。从此他开始一心一意向师父学习练习武功的基本功。为后来创造独具一格的岳家拳打下了扎实的基础。

岳飞在学功时结识了几个师兄弟，有一年闹灾荒，因为没有饭吃，兄弟们商量要去拦路抢劫，他们来约岳飞。岳飞想到母亲平时的教导，没有答应，并且劝他们说："拦路抢劫，谋财害命的事儿，万万不能干！"众兄弟再三劝说，岳飞也没动心。岳母从外面回来，岳飞一五一十地把情况告诉了母亲，母亲高兴地说："孩子，你做得对，人穷志不穷，咱不能做那些伤天害理的事！"

前面说过，村里富户请了个关西大侠，梁山好汉林冲、卢俊义、武松的师父周侗当教师。岳飞久闻其名，因为家里穷，没条件上学就趴在墙上偷听周侗讲课。

周侗教书的方法也和寻常不同，除讲解外，师徒间的还互相问难。特别是对于兵法和行军打仗之学，讲起来有声有色，使人听而忘倦。

且说这日岳飞将凳子垫了脚，趴在墙头上听那周侗讲课。忽见先生出门。岳飞心想："先生既然不在，不妨进去看看。"遂走进书馆，王贵看见，就一把扯住说："汤哥哥，张弟弟，你们看，这个就是我说的岳飞，我爹爹常说他聪明。今日先生出了题目，要我们做，我们正发愁不会做，不如央他代做如何？"张、汤两个齐声道："有理，我们正要回去探望父母，岳哥代我们做了吧。"岳飞道："做出来恐怕不中先生意。"三人道："休要大谦，一定要拜烦了。"王贵恐岳飞逃走了，将书房门从外面锁了起来，临走时，对岳飞说："你肚里饥饿时，抽屉里有点心，尽你吃。"说罢，三人蹦蹦跳跳玩耍去了。

岳飞将三人平日做的卷子看了看，依照各人的口气做了三篇文章。放下笔，走到先生位上看了看周侗的文章，拍案叫绝："我岳飞若得此人训教，何虑日后不能成名！"立起身来，提着笔，蘸着墨，端来垫脚的小凳，站在上边，在那墙壁上挥笔写了几句话：

投笔由来献虎头，须叫谈笑觅封侯；
胸中豪气凌霄汉，腰下青萍射斗牛；
英雄自合调羹鼎，云龙凤虎自相投；
功名未遂男儿志，一在时人笑敝裘。

又在后面题上名字："七岁幼童岳飞抒怀。"

方才放下笔，只见王贵、汤怀、张显开门进来说："岳飞，快走，先生马上要回来了。"岳飞只得走出书房回家。

　　且说周侗回到馆中，见王贵等三人的卷子放在桌上，拿出来看了看，文理皆通，尽可成气，起初点头赞道："孺子可教也。"回头一想："不对呀，平时三人的文章词不达意，突然长进这么大，不正常呀。"周侗正在怀疑，猛抬头，看见墙上题诗，虽不甚合格律，但抱负不小，后面见题名岳飞，才明白今日文章不是王贵等所作，而是岳飞代作。这岳飞又是何人，我一定要找到他，这个人前途不可量呀。

　　周侗是当地几家财主费了许多心力聘请而来，学钱还在其次，最主要是老师的脾气很古怪，所收学生均要经过他的选择。如果看不上，不管学生的家长有多大财势，送他多少束脩（给老师的报酬），该辞退的就辞退，托谁也没有用。乡下的孩子不好好上学，是要帮助父兄下地的，王贵等富家子弟为了少干活，不得不勉强学习。因此，文科成绩虽说一般，但偏学武术。

　　岳飞几次偷听，听出周侗讲书是在清早和黄昏前，单日习文，双日习武。柳林以内就是演武场，还可暗中偷看，学些武艺。便把听读和砍柴下田做杂事的时间，仔细盘算。调配了一下，再和岳母说好，按时前往。于当年三月初便成了周家学馆门外的旁听生。

　　学馆靠近一片柳林，有十多间房、一个大院子，地势幽静。书房两面皆窗，旁边有一小门，学生皆由此出入。窗外花木扶疏，有松有石，岳飞借着它们掩盖，听得十分真切。每到双日的下午，众学生必往柳林习武射箭，岳飞便掩在树后偷看，暗中学练。先见众学生都是按时自习，老师从不在旁传授，心中奇怪。后才听说，周侗传授武艺，都是当日一清早，在书房后面的院子里，轻易不肯出门一步。

　　师座靠近里窗，平日只闻其声，不能见人。外面窗台又高，不便爬窗窥看。几次留心守候，想看看周侗是个什么样的人，均未如愿。刚起头的十多天，还常受到各家下人的呵斥。这日正与对方争论，窗内忽有一英俊少年将两个下人喊了进去，并呵斥他们，不得无礼。以后不要让窗外那孩子再受闲气。岳飞心里非常感谢这个少年，后来才知道，这个少年叫杨再兴。其实杨再兴早注意到一个穷孩子在偷听课，心里很感动。似这样秋去冬来，不觉到了年底，忽然连下了三天大雪。

　　岳飞先还想前去听读，岳和夫妇因天太冷，想起周家学馆里面炉火熊熊，温暖如春，学子们还有书童下人到时送饭添衣，服侍周到。自己的孩子只能在外面凛冽寒风中，冻手冻脚地颤抖着偷听人家读书，连门都不能进。这一门之隔，温暖酷寒，相去天地。稍不留意，这可怜的孩子还要受到人家的呵斥。都是人生父母养的孩子，只因为家贫，便隔着这么大的界限！心里一酸，泪水涌出，再三以温言抚慰，不让他去，岳飞一再力请方准。除了听课，还偷偷学习武艺，他虽然是门外生，其实比那些正规学生学得还认真。

一天晚上，他冒着寒风到门外扫雪，见雪不再下，好生高兴，进屋又向父母婉言求说去听课，得到允许。次日一早又去，把隔夜的冷麦饼吃了半块，便往周家学馆赶去。只管雪后天寒，那迎面吹来的雪风吹到脸上，和刀刮一样，刺得生疼，雪深路滑，又极难走，并没有挡住他求学的勇气。一路冲风疾驰，快要到达，眼前倏地一亮。

原来日边阴云业已全消，万里晴空，只有三两团白云，银絮似的，浮在空中飘动。阳光照在那一望无垠的积雪上面，真和银装素裹的世界一样。刚脱口喊得一声"好"，又是一阵狂风裹着大片雪沙，和暴雨一般劈面打来。当时只觉冷气攻心，周身血脉皆似冻凝，逼得岳飞连往后退了两步。忙把身子一扭，将背挡风，缓了缓势，再一鼓劲，用手捂着小脸，又往前跑。

路上岳飞想起快下雪的那天，听周老师讲用兵之法，讲的是十倍而围，五倍而攻；必胜始战，战必收其全功；见不能胜则退，退必保其全师。他把孙子兵法和他多少年来的苦心研究连起来讲，说得头头是道。后来又讲到以少胜多的战法，还没有讲完，天便黑透。跟着风雪交加，学生们也各放学回家。由于大雪接连三四天没来听，想兵法中最紧要的一段偏被错过，实在可惜，也不知以后还讲不讲？心正盘算，不觉到了周家门外。

岳飞见学馆门窗紧闭，静悄悄的一点声音也没有。怕人误会，不敢去到窗口窥探，在寒风中立了一会儿。刚觉出里面不像有人，忽然发现由旁边小门起，有一行脚印，像是去往柳林那边；众学生平日来往的两条路并无人迹，越往后越觉冷不可挡，又不便叩门打听，实在烦闷无奈，便往柳林走去。

柳林就在周家附近，林外有一小溪，溪水早已冰冻，上面布满了积雪，沿溪都是古柳高槐。本来寒林耸秀，只剩空枝，经过这场大雪，都成了玉树银花，缤纷耀眼。岳飞一面赏玩着雪景，信步前行；先以为这时候不会有人在林中练武，不过试看一下。走着走着，忽听金铁交鸣之声。忙掩向树后一看，原来林中亩许方圆的空地上，有两人正在比武，内中一个正是周侗之子周义。另一少年貌相英伟，关中口音，非常像呵斥下人的杨再兴。二人双枪并举，打了个胜败难分。正看到好处，忽听铮的一声，一条人影业已纵出丈许远，随听笑说："到底还是世弟，整天跟着老世叔，长进得多，再打下去，我就不是对手了。"

周义笑说："杨大哥，没有的话！我这套枪法刚学不久，如何能和你比？难得同学们都回家过年了，今天我还要随大哥再练一回呢。"跟着一看天色，又道，"原来天已不早，难怪大哥不愿再练了。"二人便收了兵器，互相说笑着往回走。

岳飞见二人又说又笑，十分亲热，方想："看他们多好，我就没有这样的朋友。"周义同杨再兴已由树旁走过。岳飞心中想事，忘了闪开，正好对面，互看了一眼。后见二人走在路上交头接耳，似在谈论自己。杨再兴忽然停步，把头一偏，看神气想要回身找岳飞，被周义拉住，又回望了一眼："现在不要与岳飞说话，我父亲要磨炼磨炼他。"然后一同走去。想起以前因在学馆门外偷听读书，两次受到下人的气，全仗杨再兴出来说话，除此无人过问。心中感激，想和他说话，他又装着没有看见一样，神情甚傲。似这样两次过去，也就不作交谈之想。今天杨再兴偏又被周义拦住，大概是看不起他。

正在气闷，忽听树枝上微响，一片雪花恰打在头上，冷冰冰的。抬头一看，树上还有一个鸟巢，里面伏着一只乌鸦，看神气已快冻僵。暗忖："你此时正和我一样，可是天气一暖，你便羽毛丰满，海阔天空，任你飞翔了，我呢？"心念才动，跟着又是一阵风来，又撒了一头碎雪，因学生们都已回家过年，听两少年的口气，饭后不会再来，只得没精打采地往回走。

离家还有半里多地，瞥见山坡上伏着两只山鸡，右边一只长尾巴上还附有冰雪。知道这时候的山鸡又肥又嫩，这东西最爱惜它的羽毛，尾巴上有雪便飞不快，正好都打回去孝敬父母。便把身边软弓竹箭取出，扣上弦，先朝左边一只射去，正好射中那只头部。只蹦起丈许高下，连翅膀都没张开，便落了下来。右边一只刚刚惊起，岳飞早打好了主意，头一箭刚发，第二箭也相继射出，当时穿胸而过，两只山鸡全被射中。忙赶过去，连鸡带箭全拾起来，往家飞跑。

到家一看，门前大片积雪已被父母扫光，只有两片平整的雪地未动，刚喊得一声："娘！我打的山鸡！"岳母已由里面赶出，将鸡接过，笑说："你脸都冻紫了，还不快到炕上去暖和一会儿！你看那两片雪地，想留给你写字，还舍不得扫呢。"

岳飞忙喊："娘！儿子不冷。今天人家放学，书没听成，正好练字。"说罢，就往屋里跑。放下弓箭，把平日画沙的笔取了出来。迎头遇见父亲岳和，递过一杯热水，笑说："外面太冷，明天再写吧。"岳母接口笑说："五郎不怕冷，趁这时候有太阳，就让他去写吧。"岳和微笑点头。因那山鸡格外肥大，不舍得立马吃，离年又近，想再打两只一起腌了过年。夫妻同到后面收拾去了。

岳飞拿了木笔画雪练字，连画了两个时辰。见日已偏西，正打算去到后面生火煮饭，忽听有人笑说："果然难得！"回头一看，身后站着一个年约五旬的老头，穿着一身粗衣布服，上下却极整洁。

岳飞幼承母教，谦和知礼，对于老人素来敬重，忙即站起，刚拱手为礼，笑喊了一声"老大爷"，忽听门内喊了一声"四哥"，岳和已赶了出来，先把人让到家中。再命岳飞上前拜见，笑说："这是你四大爷李正华，以前就在老家教馆，后来出门游学赶考，便无音讯。走的那年，你还未生呢。"

李正华笑道："你父亲和我是共贫贱同患难的知己。上月我带了你世妹，告老回来，一到就去寻你父亲。没想到那年一场大水，会把你们冲跑，也没找见。昨天往村里找房子，无意中听人谈起你家避难之事，才寻了来。你不是想读书习武吗？教武我不会，教书却是我的旧行当。我同你父亲分手后，在江南做了几年小官，虽然两袖清风，却带了十几箱书回来。等我安排好了家，你找我去。"

岳飞早听父亲常常念叨，有一同村好友李正华，为人正直而又善良，与父亲是拜把子兄弟，并还共过患难，可惜一别多年，杳无音信等。闻言大喜，忙即上前拜谢。双方良友重逢，都是依依不舍。岳和家无余粮，哪有酒菜待客？岳母只得把山鸡烧熟，连同仅有的一顿大麦饭，端了出来。先还觉着正华在江南鱼米之乡，为官多年，这类粗粝之物，恐难下咽。哪知正华吃得很香，仍和当年做穷秀才时一样。吃完谈到天黑了好一会儿，才由李家来人接走。行时送了岳和十两银子，岳和也没客套，照实收下。

第二天一早，李正华又令人送来好些粮、肉、布匹和江南的土物，还送了一些笔墨纸砚和十几套书与岳飞。这时岳家已快断粮，眼看明春绝难度过，不料多年良友雪里送炭，感激欣慰自不必说。岳飞有了书读，喜出望外。最高兴的是李正华常到岳家来看岳飞读书，殷勤指点，不厌其烦。岳飞所读断简残篇，也都补上，又常把岳飞唤到家中去讲解，一面仍令习武，不使中断。父亲告诉岳飞，正华和周侗是好友。

第四节 周侗传艺

正华常谈起周侗文武全才，收徒不论贫富，更不计较束脩，但求学的人天分要好，心志还要坚定，能耐劳苦。单学读书还有商量，若是兼带习武，必须吃苦耐劳，还要不废读书，才肯传授，上来先是耐心讲解，最后才教。平日功课，多由大的带小的，会的带不会的，老师从旁指点纠正。专一培养幼童的上进心，使从学的人都以不能学好为耻，好学用功，全出自愿，对于学生从无疾言厉色。因此，老师有时出游不在，学生照样用功长进，师徒之间，真比家人父子还亲。

岳飞几次向正华请求，要拜周侗为师。正华总是微笑点头，答应过些日子再说。听口气，李、周二人好像很熟，再一追问，答话又含糊起来。心中老大不解。岳飞每逢双日，仍往柳林偷习武艺，只是从开头起，所见到的都是一群学生，所向往的周侗，从未见过。平日一提起周侗，正华就拿话岔开，也不知人回来没有。

第二年春天，正华要出门访友，给岳飞上了些生书，便自别去。岳飞仍是每隔一天，往柳林去一趟。这时村中老百姓日子越发穷苦，岳家全仗李正华常常周济，加上本身勤苦耕作，才能度日。因正华行时再三嘱咐，要岳飞专心专意读书习武，没有叫他下地。

这日，岳飞去往野外练习弓箭，先赶上一伙由城里出来的富家子弟，拿了弹弓在那里打鸟玩，便躲了开去。无意中又走到了七里沟周家附近。柳林中设备齐全，单箭靶就有好几个，还有各种兵器陈列。岳飞恐引起对方不快，从来不曾拿人家的东西练习过。又知当天是不是练武的日子，正想另换一个地方，不料远空中飞来一行雁阵。一时技痒，想试试新练的连珠射法，忙取身后短箭，迎头射去。口中低喝："先射第二，再射第三，都要中头！"

随听树后有人接口笑说："可惜还差一米！"声才入耳，岳飞急忙调正一米，双雁业已带箭落地。忙赶过去拾起一看，箭都射中雁的头颈。心方一喜，瞥见来路桃花树后闪出一人，正朝自己含笑点头。正想方才射雁时曾听有人答话，不知说话的是他不是？那人业已缓步走来。岳飞见那人是个老者，慈眉善目，举止安详，衣冠朴素，从来不曾见过。心疑有事，便迎上前去。未容开口，来人已先笑问："你这娃的箭，是谁教的？"

岳飞方一迟疑，不愿说，说自己曾找一个老师学艺。老者接口又说："你头一箭还好，第二箭就差得多。若非那雁往侧群飞，自凑上来送死，你又顺风迎头而射，就射不中了。不信？你看，这第一只雁，你正中它的咽喉要害，射得颇准，这第二只雁，你就是由它左肩向上，斜穿头颈而出。这只能算是凑巧碰上，还不能算射中。心到意才能到，你知道吗？"

岳飞赔笑应"是"，这是岳飞第二次听到"心意"二字。岳飞想："看起来，无论什么功夫，缺乏心意不会成功。"岳飞忙将死雁提起一看，果然说得不差。暗忖："这一群雁飞得甚高，我初射时，这位老人家便在旁发话，说是差了一米，只这目力已是惊人，定是此中高手。"忙即恭恭敬敬上前求教，并问："老前辈贵姓？"

老者笑说："你先不必问我姓什么，也不谈别的，只问你有没有恒心，能不能下苦吧？"岳飞恭答："小子不怕吃苦，也有耐心。"

老者笑说："好！由明天起，你未明前起身，去到七里沟山坡无人之处，在相隔百步之内，挂一竹竿，上面挂着大小三个带有风叶的竹圈。你对着初升的太阳，朝那竹圈注视，看它随风的转动次数，每一个圈都要数到三百为止。竹圈大小不等，被风一吹，转动起来，有快有慢。除大风外，必须三个转数都要同时记清。稍微有点儿含糊，就得重数。等阳光射到脸上，你已睁不开眼睛时，再闭目养神。过一会儿回家，明早再来。隔四五天，你把竹竿移远两三步，直到三百步左右为止。这件事说起来并不稀奇，但非有恒心毅力不可！练过百日以后，不管风怎样吹，你能够在三百步远近，把这大小三个竹圈转数记清，才算是有了根基，再练下去就百发百中了。你这副弓箭，还不合用，到时我再给你出主意吧。"

岳飞闻言大喜，忙要行礼拜师，老者一手拉起，笑说："我还不一定教你呢，你忙什么，单学射箭，用处还不甚大，只要真能下苦功，没有学不成的事情。我这徒弟不容易收，你这师也不容易拜呢。”

岳飞觉着老者表面上言语温和，蔼然可亲，暗中好似别具一种威严，使人自生敬意。不敢多说，只得诺诺连声，恭敬称谢。

老者又对岳飞说：“你不必寻我，到了百日期满，我会寻你。”说罢，转身走去。

由此起，岳飞便照老者所说去练。未明前起身，寻到当地，把竹竿横插树上，挂上三个大小竹圈，面对阳光，定睛注视，一天也没断过。开头一个多月，感觉非常难耐，那三个竹圈的转动次数，首先数不过来。稍微一晃眼，觉着没有数对，便要重数，一回也没有数满，就到了无法睁眼的时候，风大时尤其麻烦。

四五月间的阳光，一天比一天强烈，岳飞用功又勤，每日不被阳光射得眼睛睁不开，绝不肯走。似这样循序渐进，有两个多月光景，老者始终不曾再见，两只眼睛却被阳光射得又红又肿，练的时间比初练时也增加了一倍以上。且喜父母不曾劝阻，依然坚持下去。

到了第三个月的下旬，心性越来越静，所定竹圈转动的次数，居然能够数完。两眼红肿逐渐消退，阳光也不像以前那样刺眼了。正想一百天的约会快到，眼看就有拜师之望；李正华忽然回家，将岳飞喊去，问知前事，笑说：“你不是要拜周侗为师吗？再过十来天，我领你去。”

岳飞虽然仰慕周侗已久，但因那日射雁时所遇的人曾经当面接谈，对他慰勉甚殷，看出是位高明人物。尤其是经过三个来月的苦练，有了成效，目力首先比以前强了许多，不由得心中感佩。眼看百日期满，正华引进去见周侗的日期，又正是那人所约的一百天头上。不答应不好，答应又恐失信，便和正华说，打算过了那人约会再作打算，以免辜负对方盛意。

正华道：“我已托人和周老师说好，就这一天见面，如果他看你是个材料，当时就可收你为徒。约好不去，此老脾气古怪，以后求他，恐怕难呢！”

岳飞慷慨答道：“侄儿因为家贫，无力从师，在周家门外偷听了一年，并无一人理我。偶因射雁，遇见这位素不相识的老人家，对侄儿那样殷勤指点，再三勉励，倘若失约，非但辜负老人家美意，侄儿当初所说的话，岂不成了假的？人生世上，重的是信义二字，伯父与周老师的约会，侄儿先并不知，并非有意失约。周老师知道此事，也必原谅侄儿求学苦心，未必见怪。还望叔叔成全，向周老师婉言相告，等侄儿向那位老人家学了射法，再去求见拜师吧。"

正华又说："这位周老师乃今之奇士，名满关西。拜他为师，并不容易，你不要错过机会。"

岳飞毅然又答："周老师文武全才，侄儿心中仰慕已非一日。不过侄儿觉着有志者事竟成，只要肯下苦功，终有学成之日。倘若周老师因为没有按照他所指定的日子前去，不肯收归门下，侄儿也决不敢失信于知己！"

正华笑道："你小小年纪，居然有此志气，我也不再勉强，只是改期的话，不大好说，暂时作罢，将来再打主意好了。"

岳飞听正华口气，以后再想拜师，绝非容易。心想："周老师虽然本领高强，如果气量这样狭小，也就不能算是一位真正高明的人了。"

到家之后，岳飞想学周侗的本领，又舍不得那位先生。心里很乱，拿着书也读不下去。可是怎么想也不应失信于人，决计先去赴约，学箭之后，看事而行，方始入睡。

第二天照旧到七里沟旁山坡之上，对着初升的太阳，苦练目力。到时，天还未亮，疏星残月，仍点缀着大片天空，只东方天边微微现出一点红影。跟着，日轮渐渐冒出地面，朝霞散绮，好看至极。

这正是夏天空气最清新也最凉爽的时候。岳飞照例蹲着一个骑马式，面对朝阳，默数那随风转动的竹圈。开头阳光一点也不刺眼，不消片刻，那轮红日由地平线上渐渐升起，放射出万丈光芒，映得东半天都成了红色。岳飞业已看惯，仍不怎样，那三个竹圈也早数过了三百。数到后来，那早伏天的太阳，仿佛亿万银针似的，斜射过来，光芒耀眼，强烈已极。岳飞经过多日苦练，有了经验，知道练时不能勉强，稍微觉着眼睛有些刺痛，便避免和太阳直对，或是合上眼睛一会儿再数；虽不像以前那样横来，但因百日期近，格外用心。等最后一次数完竹圈以后，觉着当天又有长进，打算少停再试一下。无意中把头一偏，先瞥见相隔不远的地面上，现出两个又长又大的人影，正往自己身前移动。抬头一看，由东面野地里走来两人，相隔还有十来丈。因是背着日光对面走来。太阳又刚升起不久，人还未到，人影已先投到了地上。目光到处，首先认出内中一人是李正华，另一人也似见过。揉了揉眼，定睛一看，不禁大喜，原来另一人竟是那日射雁时所遇的老者。忙即站起，待要迎上前去。忽又瞥见左侧人影一闪，一个身穿黄葛布裀的少年已由旁边崖坡上纵落，向来人飞驰而去，又是一个常见的熟人，随听正华高呼："贤侄快来！"

等到走近，刚刚行礼，还未开口，正华已先笑说："这位就是你朝夕盼望想要拜师的周侗老先生！"岳飞这一惊喜真非同小可，忙即跪倒，口称"老师"。周侗一手将岳飞拉起，连说："我见过你写的诗了，孺子可教也。"随令和那少年相见。岳飞早认出那是周侗之子周义。连忙行礼，叫了"师兄！"

周义笑说："师弟真肯下苦，我和杨再兴奉家父之命，见了你面，故意不理，前后一年多了，真怪不过意的，你千万不要见怪。"岳飞已然明白，非但周侗父子有意磨炼他的志气，最近半年，连正华也都参与在内。心中欢喜，感激不尽！急切间不知如何回答是好。

周侗对周义笑说："你同岳飞到家来，我有话说，你那些师弟还都等着跟他见面呢。"说罢，老少四人一同转身，顺崖坡绕过柳林，往周家走去。岳飞同周义跟在二老后面，走不几步，忽觉周义暗中拉了一下，刚一停步，想问何事。

周义低声悄说："岳师弟，你风雨无阻，连大雪寒天，也必去我家门外听读书习武，我们真恨不能把你当时接了进去。因家父说，他也注意到这个偷听的穷孩子，想到一个能成大事业的人，必先苦其心志，劳其筋骨，再多受一些挫折苦难，才能有望，这才迟了多半年。他老人家看似中年，实则年已六十五了。家父所收徒弟并不多，像你这样暗中考察最久才收的还是头一个。莫以为他老人家心肠狠，对一个未成年的少年全无怜惜；若非格外看重，想把平生所学，连文带武和他所知道的山川险要、关河形势，一齐传授给你，他也不会这样了。去年腊月底，我和杨再兴师兄柳林比枪，回去不多一会儿，家父便回了家。我们再三代你求说，家父知道你家贫苦，已打算和你见面，就便送些银米。李四叔恰在此时来访，二位老人家一商量，又改了主意。先由李四叔教你读书，随时考察你为人心性，等家父试验出你的恒心毅力，然后收你到门下来。我每天清早，也去那边崖上练功，不过练的方法不同，藏处你看不见罢了。你练得怎么样，我虽看不出来，只见你从来没有丝毫懈怠。有时看出你眼睛疼得厉害，又不便在这时候见面，心里真为你着急。回去又向家父说了。他老人家第二天一早便赶了来，一直看到你练完才走。我见他脸上神气很高兴，知道无妨，才放了心。家父教射箭，单是目力就要练习一年。这一百天只是头段，你居然忍受劳苦，不怕艰难，人还没有进门，就这短短不到一百天的工夫，先把那百步穿杨的目力练好，真叫人佩服极了。"

到书房后，岳飞对周侗深深地作了四个揖，站在一边，便道："适蒙先生呼唤，不知有何使令？"周侗命王贵取过一张椅子，请岳飞坐下，问道："这壁上的佳句，可是尊作吗？"岳飞红着脸道："小子年幼无知，一时狂妄，望老先生恕罪！"周侗又问岳飞："有表字吗？"岳飞应道："是先人命为'鹏举'二字。"周侗道："正好顾名思义。你的文字却是何师传授？"岳飞道："只因家道贫寒，无师传授，是家母教读的几句书，沙上学写的几个字。"周侗沉吟了一会儿，便道："你可去请令堂到此，有话相商。"岳飞道："家母是孀居，不便到馆来。"周侗道："是我失言了。"就向王贵道："你去对你母亲说，说先生要请岳安人去你家商议一事，特拜烦相陪。"王贵应声："晓得！"就到里边去了。周侗方对岳飞道："已请何院君相陪，你如今可去请令堂了。"岳飞应允回家，与母亲说知："先生要请母亲讲话，特请何姨相陪，不知母亲去与不去？"岳安人道："既有何院君相陪，待我走去，看是有何话说。"随即换了几件干净衣服，出来大门，锁了门，同岳飞走到庄门首。早有何院君带了丫鬟出来迎接，进内施礼坐定。王员外也来见过了礼，说道："周先生有甚话说，来请岳安人到舍，未知可容一见？"岳安人道："既如此，请来相见便了。"王员外即着王贵到书房中，与先生说知。不多时，王贵、岳飞随着周先生来至中堂，请岳安人见了礼。东边何院君陪着岳安人，西首王员外同周先生各个坐定。王贵同岳飞两个站在下首。周侗开言道："请岳安人到此，别无话说。只因见令郎十分聪俊用功，老汉我意欲螟蛉为子，特请安人到此相商。"岳安人听了，不觉两泪交流，说道："此子产下三日，就遭洪水之变。妾受其父临危重托，乘水缸流落到此，幸蒙恩公王员外夫妇收留，尚未报答。我并无三男两女，只有这一点骨血，只望接续岳氏一脉。此事实难从命，休得见怪！"周侗道："安人在上，老夫非是唐突。因见令郎题诗抱负，想后来必成大器。但无一个名师点拨，这叫作'玉不琢，不成器'，岂不可惜？老夫不是夸口，空有一身本事，传了几个高徒林冲、卢俊义、武松，俱被奸臣迫害。目下虽然教训着这些小学生，不该在王员外、安人面前说，哪里及得令郎这般英杰？那螟蛉之说非比过继，既不更名，又不改姓，只要权时认作父子称呼，以便老汉将平生本事，尽心传得一人。待老汉百年之后，只要令郎把我这几根老骨头掩埋在土，不致暴露，就是完局了。望安人慨允！"岳安人听了，尚未开言，岳飞道："既不更名改姓，请爹爹上坐，待孩儿拜见。"就走上前，朝着周侗跪下，深深地就是八拜。这不是岳飞不遵母命，就肯草草地拜认别人为父。只因久慕周先生的才学，要他教训诗书、传授武艺，故此拜他。谁知这八拜，竟拜出一个武昌开国公太子少保总督兵粮统属文武都督大元帅来。当时拜罢，又向着王员外、何院君行了礼，然后又向岳安人面前拜了几拜。岳安人半悲半喜，无可奈何。王员外吩咐安排筵席，差人请了张达、汤文仲，来与周侗贺喜。何院君陪岳安人自在后厅相叙。当晚酒散，各自回去。次日，岳飞进馆攻书。周侗见岳飞家道贫寒，就叫他四个徒弟结为兄弟。各人回去，与父亲说知，尽皆欢喜。从此以后，周侗将十八般武艺，尽数传授于岳飞。不觉光阴如箭，夏去秋来，岳飞已长成一十三岁。众兄弟一同在书房朝夕攻书。周侗教法精妙，他们四个不上几年，各人俱是能文善武。

　　自此以后，双日习文，单日习武。那周侗是那东京八十万禁军教头林冲的师父，又教授过河北大名府玉麒麟卢俊义，打虎英雄武松武艺也曾拜他为师，徒弟个个本事高强；收了岳飞这样勤学苦练的徒弟，自是高兴，恨不得把平生十八般武艺尽心传给他。那岳飞聪明过人，不仅刀枪剑戟各类兵器得心应手，而且文韬武略、历代兵法也记忆犹新。比林冲、卢俊义文武兼具，更胜一筹，马上更不用说武松了。

第五节 再兴授枪

一日周侗和王明等吃酒，叫了声岳飞，刚起立恭答一个"是"字。当时岳飞正想那日看再兴和周义比武情景，周侗忽命周义把再兴唤过来，随后对岳飞说："这是我的世侄，去冬由我故乡关西寻访到此，在我这里住了半年。他家传一套杨家枪很好，你这几天就跟他学学。他准备到京城参加状元争夺，快走了。"再兴已起立恭答："侄儿大后日就要起身，所学枪法，火候太差，恐怕来不及。最好和二弟同教岳师弟，老世叔从旁指点吧。"

周侗笑说："你当岳飞这娃是门外汉吗？他在你未来以前，早从你世弟他们那里偷学了许多，还自己找高手学过。只你家传的'乱点桃花''惊龙回首'的绝招不曾见过罢了。不过你可以先让岳飞开开眼界。"再兴诺诺连声。他从屋里取出一杆足足有一百斤重的长枪，来到庭院里，先拿住桩，站好弓步、马步，右手拿住枪掂量掂量，突然双手并用拿枪，只听得唰唰唰，枪头急转如同燕子翩跹，枪杆摆动犹如银蛇起舞；身子灵活而又进退自如，步履稳健而又收缩从容；忽上忽下、忽左忽右、忽前忽后，好比梨花带雨，浑似蛟龙出海。岳飞拍手叫好。大家也赞不绝口："好枪法！好枪法！杨家枪果然名不虚传。"岳飞看得入神，看到精妙之处，忍不住大声喝彩说："大哥，我能不能借你的枪用用？"杨再兴道："当然可以，都是自家兄弟了，难道连这点要求都不能满足？你拿去耍几招让我看看。"杨再兴把枪递给岳飞。岳飞拿在手上掂量掂量说道："好重！"说罢双手一前一后握着枪，上下、左右、前后，按照刚才看到的招式挥舞，虽然不熟练，但还是挥洒自如。"贤弟真是练武奇才，悟性极高，我才耍了一遍，你就学会招式了。"杨再兴夸赞道。王贵笑道："岂止一遍，他早就偷偷看你耍枪了，看过后，回去就模仿你的枪法偷偷练习。"杨再兴夸赞道："这枪一般人掂着都困难，你却挥舞自如，真是天生神力。"

酒席结束大人已走，周义忙说："这时候太阳当顶，凉棚底下还是有些烤人。我们快到房后凉亭里去，可以随便说笑，又凉快。"说完，领头先走。凉亭在一座二亩方圆的土山上，离地只三四丈，周围好些大树，亭内外设有竹制桌椅。弟兄们坐在那里又说又笑，非常亲热。岳飞见当地高柳鸣蝉，清风拂袖，大片浓荫，被风一吹，宛如满地碧云，往来流走。那由枝叶空隙中筛下来的日影，被风一吹，银鳞似的，不住闪动。方才暑气，不觉为之一消。笑说："这凉亭几时盖的，小弟常在门外走动，竟没有看出来。"

杨再兴接口笑说："这凉亭地势真好，由这里往外望，哪一面都可以看出老远。由外望内，全被树和房子挡住，休说远望，就到院子里头也看不出来。你平日只站门外头，自然就看不见了。"岳飞对杨再兴本来就有好感，又知双方只有三日之聚，少时还要向人家学那杨家枪，不由得比较亲热一些。王贵、汤怀、张显三人因在周侗门下日久，虽然还带着一点富家子弟的习气，对于岳飞却都看重，谈得很投机。

唯有徒弟吉青是穷孩子。吉青之父吉永祥是个贫农，因农村中难以度日，又不愿依靠亲戚，三年前去往江淮一带代人家运米。遇见押运"花石纲"的官差，将他硬抓了去，连受折磨，挨饿带冻死在野外，连尸首也不知下落。去年春天，周侗由外回来，见吉青在田岸上痛哭咒骂。上前一问，才知吉青每日与人家牧牛，受尽饥寒。又因细故，被主人责打，逃了出来。周侗心生怜悯，把他带到那家，问明是个无依靠的孤儿，被田主人诓去，为他牧牛看羊，并未立下什么卖身契约。周侗见吉青膀大腰圆，问清情况后，将吉青带回家去，想教他读书习武，但他不喜读书，练武却极肯下苦。他自来授徒，就是量才器使，因人而施，不拘常格，不强人所难，知吉青勇猛多力，便传授了他一对狼牙棒，不想这孩子日渐臻熟。弟子徐庆、霍锐都是当地农家之子，平日读书习武，均肯用功，还打得一手好连珠弩。杨再兴却是将门之后，父亲杨隆和周侗至好，屡立军功，被奸臣童贯陷害，几乎送命。好容易放归田里，不满一年，竟至气死。再兴三日后便要回家，准备前去投军，见岳飞年纪虽小，却聪明好学，也颇看重。周义聪明机警，文武两门都是家学渊源。因父亲轻易不到柳林中去，有时就自己指点武功要诀，都把师兄弟喊到里面去传授。平日读书习武，多由周义自己带头用功，师弟兄们都信服他。众人畅谈了一阵，不觉太阳偏西。周义说："客人此时已走，今天是练武日子，家父还要岳师弟和再兴对练一回枪术给大家看呢。恐怕岳师弟也偷偷学熟了再兴的杨家枪吧。"说完，哈哈大笑。

王贵笑道："岳师兄拜师不久，只在林外偷看了几个月，能行吗？"周义早看出王贵有些妒意，微笑答说："他看后，回家就自己琢磨，再说家父向来没有看错过人，我也不知道他的枪法学得怎么样了，到时再看吧。听说还要叫杨大哥再传他几招绝技呢。"王贵没有再开口。众人向柳林外一看，周侗、正华业已先到。上来便叫岳飞把平日所记的枪法先练一回。岳飞自知无师之学，以前连枪法名称都不知道，有点儿发慌，脸一红。周侗笑说："你不要怕，我的枪术和杨家枪法同一门路，你在背后练时，我暗中看过，你非但把看到的全学了去，还加了一些变化，杨贤侄幼承家学，也许比你强些；周义别的还好，杨家枪没用过功，就未必是你的对手了。"随令周义、杨再兴分别和岳飞先对上一趟枪。再兴让周义和岳飞先比，周义不肯，笑说："照我爹爹那样说法，非但我不是岳师弟的对手，就是大哥你也得留点神呢。比别的，我还将就奉陪，这套杨家枪，我实在太差，还是大哥和岳师弟对比得好，别叫我献丑了。"再兴未及回答，忽听周侗笑说："二娃子今日居然也有自知之明，知难而退了。"

再兴和周义世交弟兄，感情最好，闻言有些不服，口答："我先献丑也好。"随取过两支没有锋尖的枪，递了一支与岳飞。同到周、李二老面前，打了一拱，又朝岳飞说了一声"请"，便往场中心走去。岳飞早已听说杨家六合枪的威力，认定不是再兴的对手，但又不敢违抗师命，只得走向对面，躬身笑说："小弟学过不久，又从来没和人对过手，还望杨大哥多多指教，手下留情，若能把这套枪法学会，感谢不尽。"再兴见他谦恭和气，彬彬有礼，笑答："兄弟放心，你只管施展，我不会伤你的。"岳飞连声称谢，先在相隔十步之外，双手持枪齐眉，微微一举，横向走动了两步。

再兴见他目不转睛，望着自己，迟迟不进攻，神情又不像是十分紧张，连催动手，均答"不敢"，自以为岳飞着实欠火候，有些大意。侧顾周侗正和正华指点岳飞说笑，似在称赞，全不理会自己，心中又添了两分怀疑，不知岳飞迟迟不动手，是什么意思。见岳飞右手紧握着枪杆，枪尖微微下垂，望着自己，往来走动，好像不敢出手的神气。

再兴暗忖："这小孩虽不会是我的对手，看他脚底这样轻快，身法竟比王贵、徐庆稳得多，怪不得周世叔这么看重他，我先逗他一逗。"笑说，"兄弟这样谦虚，愚兄只得占先了。"说罢，连上两步，一个"凤凰三点头"，化为"长蛇出洞"的解数，朝岳飞一枪当胸刺去。

再兴这一枪，本是虚实兼用的招式，先打算手下留情，虚点一下，然后看事行事，等比过一阵再行施展，稍微占点上风就停。结果事情出人意料，见枪尖离岳飞左肩不过三四尺光景，转眼就非刺中不可；本心不愿伤他，还未来得及把势子收住。就这心念微微一动，瞬息之间，猛瞥见岳飞那双黑白分明的眼睛突闪精光，仿佛具有一种威力，自己连人带枪，已在人家目光笼罩之下。

再兴想起周侗平日所说岳飞善于后发制人，忙想收势，一团笋圈大的枪花已迎面飞来！刚暗道一声"不好"，手中一震，啪的一声，手中枪已被岳飞的枪震得虎口得生疼！枪被绞折尺余，岳飞的枪头也快断了。随听周侗笑说："这还不算，你们两个再比。周义快给他们换枪！"周义忙取了两支枪，分给岳、杨二人。

岳飞先未留意，正觉着原枪长短称手，经周义一指，才知再兴的枪虽被绞折，自己手中枪尽头处也快折断。忙将新枪接过，悄声问："我没想到把枪绞断了，杨大哥会怪我吗？"周义笑答："焉有此理？"周侗已把再兴喊到面前说："你二人力量差不多，论枪法还是你的高些。不过岳飞应战沉着，心意较重，目光敏锐。你被他全神照住，又轻看人家，太大意了，才吃了亏。这回再比，你要分外谨慎呢。"

再兴连声应诺，见岳飞红着张脸，忙说："我们兄弟时常比试，谁胜谁败，都没关系。我没想到你的手劲会那么大。这回再比，恐怕我还是要输呢。"岳飞忙答："大哥谦虚了，小弟如何比得上大哥？"话未说完，再兴已纵向对面，横枪相待，连说了两个"请"字；似乎仍不在乎，微闻周侗摇摇头叹了口气，也未理会。岳飞因再兴又在喊"请"，刚把手一拱，再兴已举枪刺来，岳飞只得一举手中枪，迎上前去。这两人一个是家传本领，人又好胜，先前一念轻敌，吃了一点亏，觉着丢人，一心想要挽回颜面；一个是聪明刻苦、肯下功夫，只管无师自通，一招一式都从平日细心体会苦练而来，又认定自己不是再兴对手，步步留心，枪无虚发，因此占了便宜。

二次上场，再兴先还在自信心盛；后见岳飞虽是守多攻少，实际上观察对方举动，用心琢磨对方会如何出招。只见再兴招数变化无穷，闻所未闻；岳飞所学虽是周侗传授，但私下里练习了杨家枪的招式，不拘一格，加以创新，自创了许多意想不到的解数，上下进退，使人莫测。对方稍一疏忽，便非吃亏不可。再兴心里一紧，比刚才小心谨慎多了，不过还有些麻痹，杨家枪是老前辈多年琢磨出来的，岂会让一个胎毛未退的少年破解。

二人打得难解难分，不分上下，不过再兴攻多守少，岳飞幸亏用心思考，有所防备，若稍一疏忽，就会落败，再兴技高一筹，岳飞见招破招。周侗见二人非常认真，在旁夸起好来。再兴见他只守不攻，心想，他的枪术不过如此。双方打到了半个多时辰。再兴见岳飞的枪风雨不透，自己用尽心力，想占一点上风，竟办不到。一时情急，虚晃一枪，倏地回身，双足一点，往斜刺里飞纵出去。本来这回马枪是杨枪家传杀手，敌人只要一近身，便非吃大亏不可。哪知人刚纵起，便听脑后风声！斜阳返照中，一条人影已跟着纵将过来，刚暗道一个"不好"字，待要回枪刺去，说时迟，那时快，再兴握手中枪转身侧刺，岳飞的枪业已到了身后，枪头往下一盖，嗒的一声，再兴枪头首先着地。如是真正临敌，敌人就势再一抬枪，便非受伤不可。再兴情知自己太小看岳飞，不料他见招拆招，居然破了自己的"回马枪"，胜败已明显，再兴只得红着一张脸，笑说："我真输了。"岳飞也红着一张脸答说："大哥让我。"

再兴走到周、李二老面前，喊了一声"世叔"。周侗面色微微一沉，说："再兴，你的枪法虽然比岳飞好，为什么占不了上风呢？是你过分自信，有点儿看不起他，所以粗心大意，总认为岳飞会中招。岳飞虽然技不如你，但留着心意，观察你如何出手，然后想法破招。"再兴连连点头道："没想到岳师弟只和师父学了没多久，居然把师父的枪法学到手了，杨家枪也略知一二，另外自己还有创新，可以称得上岳家枪了。如果他去夺状元，恐怕非他莫属了。"王贵说："他明着跟师父没多久，暗里却观察师父和你好久，已经偷偷学了好长时间。"

周侗随向众人说："按再兴枪法，差一点的人绝非他的对手，只是他求胜心切，气浮了些，缺少心意。岳飞虽未学全杨家六合枪法，但他心到意到，意到气到，气到力到，又能采用别的兵器之长，加以变化。最可喜的是始终气定神闲，目力敏锐，先占了不少便宜。这都是他平日勤敏用功，不怕苦，肯用心思而来，他的枪法别具一格，将来肯定会另创造一套枪法。刚拜门不久，我便叫他当众比试，就为的是让大家看看，天下无难事，只怕有心人！多用一分心力，便有一分的收成。无论何事，千万自恃不得。轻视旁人和粗心大意，都非给自己找麻烦不可。遇敌而骄，气已先浮，对方却以全力应付，专攻他的短处，他就有十成把握，也要打个对折。如果不知人家深浅，就要吃大亏了。知己知彼，才能百战百胜。兵法首先要有自知之明，连自己都不知道，如何能知道人家呢？老觉着自己差不多了，就很难上进：如果老觉着自己还差，事情又非办非学不可，才能临事不惧，好谋而成呢！无论多大的盆缸，都有一定的容量，满了稍微加一点水，就会溢出来，所以《尚书·大禹谟》《书》曰：'满招损，谦得益。'世间上所有的水，极大部分都往海里流，几时听见说海满到装不下水过？所以自满的人无异自绝于人，长进两个字更谈不到了。再兴的功力确实比岳飞强，他两次落了下风，都由于自以为是，轻敌自满所至。岳飞却让比赛如临大敌，唯恐有失，心意全神贯注于对方，见招变招，绝无侥幸求胜之念，加以再兴又粗心了些，没有看出岳飞那些解数是从哪一种兵器变化而来，虽然技高一筹，却休想取胜了。"

再兴恭答："周叔，岳贤弟真是一个奇才，他那心、眼、手、身、法、步无一不快，无一不稳。再比恐还不是对手，小侄情愿认输，将那套杨家六合枪绝技传授给他如何？"

周侗见岳飞恭立在旁，专心听话，小小年纪，两次不输杨再兴，非但没有丝毫骄矜之容，反倒带有警惕神气。又听再兴这等说法，微笑点头说："胜败常事，何况自家弟兄。我还是比你差，如果我们按师父的指教，和你再比一回，然后你再传授，彼此都有长进。"周侗点头称好。再兴不敢违抗师命，只得笑对岳飞说："我再陪兄弟走一回。"岳飞忙答："小弟遵命。"二人这次对手，与前不同；双方都怀着戒慎心理，并肩走到场中。各把手一拱，拉了个门户，然后再兴说一声"请"，便动起手来。表面上仿佛比头两次快，也没有那些客套，实际上再兴是听了周侗的话，业已知道了自己的短处，比平日对敌留心得多。岳飞也是加倍谨慎，一丝不乱。双方越打越快，打到急处，成了两团枪花裹着两条人影，在场中上下纵横，往来飞舞，真个紧张至极。

到了最后，再兴倏地一个"鹞子翻身"，迎头就是一枪杆。岳飞因已连胜两阵，不愿再占上风，又不愿意故意假败，连忙横枪一架。没想到再兴见他防御周密，难以进攻，故意用力抢枪。等岳飞一架，就势倒转枪柄，往上一挑，那手法之快，到了极点。岳飞万不料再兴有这一手，百忙中觉着自己的枪微微一虚，知道劲已被人卸去。刚暗道一声"不好"，想要往后纵退时，就这双足还未沾地的眨眼之间，一股极大的猛力，已贴着自己的枪杆，往上一挑！跟着连人飞起，甩出去丈许高远，只听嗖的一声，一股疾风过处，阳光斜照中，一条人影突由身后飞来，未容回顾，已被人轻轻抱住，落向地上。回头一看，正是再兴，笑说："多谢小弟承让！"岳飞也说："多谢大哥照顾，小弟败了。"再兴见岳飞满面笑容，神态天真，不由得心生喜爱，忙问："你受惊了吧？"岳飞方答"没有"，周、李二人业已走过。周侗问岳飞："为什么不撒手丢枪，反而被枪带起？"

岳飞答说："一来杨大哥来势太快，倘若冒失松手，稍微撑不住劲，便要翻倒。二来兵器乃是防身之物，不敢随便脱手。想借他那一点劲，把弟子带将出去，落地再说。没想到杨大哥身法那样神速。要是真个对敌，弟子就凶多吉少了。"

周侗将头微点，便命岳、杨二人暂停，吩咐周义、徐庆带头练习弓箭和"注坡"法（骑术）。一面指点与岳飞看，一面对再兴说："你来此半年，只有今日才是大有长进。年轻人好胜，原不稀奇，像你方才那样大意，以后是会吃亏的。"

再兴连声应"是"。等众人练完，又把整套六合枪绝技都传与岳飞，尤其是"乱点桃花""惊龙回首"等绝招，详细地传授给他。周义、徐庆等同学也跟着一起练。练完之后，岳飞才知以前所记不全，和再兴的家传枪法也有一些不同。因再兴三日后便起身回家，众弟子还要他传授杨家钩连枪，直练到再兴起身的头一天晚上才罢。

再兴走后，岳飞先是早来晚去，和众同学一齐读书习武。他琢磨，他和杨比枪时，虽然技不如人，但他凡深呼吸一下，以心行意、以意导气、以气运身时，就占上风；凡手忙脚乱，心慌意乱时就落下风，他感到不能只追求武艺高低，能否取胜与自己的心意有很大关系。他把再兴传授的杨家六合枪和周侗传授枪术反复习练，逐渐加以改进，并想将技巧和心意结合创造出一套别出心裁的岳家枪。后来他在抗金时，以枪化拳，果然琢磨出一套岳家拳——心意六合拳，又在心意六合拳的理论基础上创造出一套心意六合枪，比原来的枪术更胜一筹。

到了中秋节后，周侗又命岳飞搬到周家居住，传授他的兵法战阵之学。岳飞天资颖悟，一点就透，周侗对他十分喜爱，可是稍微有点儿错处，也绝不肯宽恕。岳飞对于周侗，自是又尊敬又感激，师徒二人亲如父子。周侗平日深居简出，和众学生家长极少来往。偶访李正华、岳和二人，都在夜间。可是每隔三数月，必要出门一次，一去总是一两个月，回时面上常带忧容，仿佛心思很沉重。常说：“国家正当多事之秋，金兵冒犯，不久兵祸已起，河北首当其冲，河南也难幸免。你们必须趁此时光，努力用功，学成本领以为国用。若是畏难苟安，使大好光阴平白度过，到时后悔就来不及了。”

周侗以前教学，本来文武并重，学馆中也极少外客登门。从岳飞到后第三年起，他看出岳飞诗文辞章造诣很深，渐渐不再过问，而且他觉得岳飞将来必定是个军事帅才，所以对于关河险要和行军布阵之法，却是再三讲解，力求详尽。骑射习武，也比以前格外着重。周侗对遇到考问时能自出新意，能融会贯通有发明心得的学生，定必喜动颜色，奖勉备至，这是周老先生喜欢岳飞的主要原因。闻名来访岳飞、交朋友的人也渐渐多了起来。来客多是一些少年壮士，登门都在放完夜学以后，至多住上一夜，次日一早必走。更有的来去匆匆，知岳飞不愿浪费时间，谈完了话便自别去。

这日因事回来，次日黄昏后方回学馆。刚进后院，便听得周侗道：“你一见此人就知道了。将来你们能在一起才好呢。”岳飞听出老师房中有了外客，刚想退走，又听周侗在唤“鹏举进来”，连忙应声走进。周侗笑指室中少年说：“他本是我忘年之交黄机密，偏要和你二师兄论平辈，你也以平辈之礼相见吧。”岳、黄二人礼见之后，周侗命坐，笑说：“机密要往太行访友，本来要走，我想让你们先见一面，留他小饮几杯。机密胸怀大志，虽系文人，但不是纸上谈兵的书生。你先向他请教，我写封信就来。"说罢走出。岳飞见机密年约二十，看去人颇稳练，说话有条有理，心思甚细。交谈之后，知他游历过的地方也很多。再说老师从来不轻易相交朋友，便也有了结交黄机密之意。双方正谈得投机，周义捧了酒菜进来。岳、黄二人连忙起接，刚摆好座位，周侗走进，将所写的信交予机密，然后同饮。老少四人边吃边谈，毫不拘束。周侗又劝黄机密明日一清早再走，黄机密应了。

岳飞听周、黄二人之言，才知太行山中聚着许多壮士；他们种着一些山田，以忠义安民为号，结寨自保，专与贪官恶霸作对。内有两个为首的，一名牛皋，一名梁兴，各自占据一个山头，本不相交。机密与牛皋觉着分开势单，知道梁兴是周侗徒弟，特意来与机密商量，想使二人合在一起。黄机密来找周侗请教。周侗早看出国家内忧外患越来越重，每一想起，便自忧急。平日专喜培养人才，结交志士，也是为国储才之意。听机密一说，当时答应。酒后又谈了一阵，方各入睡。次日天还不曾亮透，周义便送黄机密起身。岳飞也送了去。三人边谈边走，送出十里之外，方始殷勤握手而别。

第六节　初试武功

一日岳飞正和兄弟说话，忽见有人报说，由于金人到处杀人放火，逃来了大批难民，麒麟村王家恐受骚扰，已将庄门紧闭，戒备甚严。那些难民，多半衣不蔽体，面有菜色，还有好些负伤带病的人。各地正闹春荒，乡村百姓都非常穷苦。所过各州府县，又将城门紧闭，不许他们进城。开头人数少时，常受官军差役们的欺压凌辱，后来逃荒逃难的人到处都是，越聚越多。军差恐怕激变，欺压虽然好了一些，难民求食却更艰难，所受严寒困苦，惨不忍睹。众怒既深，民变易起，稍有数人登高一呼，几声怒吼，当时便结成一伙，专和官府富豪作对。于是年轻力壮一点的都成了官军的死对头，老弱妇孺便受尽严寒，流离道路，死无葬身之地。岳飞听说单麒麟村就聚集了一千多难民，传说后面还有一伙专一打抢富户的强盗也快赶来。官府正在调兵遣将，准备迎头堵截，把难民当作反叛全数剿灭，去向朝廷请功。知道王员外的儿子王贵和一些同学本领高强，附近这几家财主又养有不少壮丁，特地派人来寻他们商量，请这些财主大户帮助镇压难民，削平反乱。

岳飞听了越发有气，暗忖："这般难民，不是官府横征暴敛，刮田追粮，逼得他们到处逃亡，便是金兵侵犯国境，官将们不能尽守土之责，不战而逃，以致他们饱受敌人残杀之余，九死一生，逃了出来。再不，就是官府贪庸无能，逼得他们走投无路，激起民变。这都是内忧外患两下交迫所造成的惨状，如何还以暴力镇压：似这样把有用的兵力不去对付敌人，却用来残杀自己的穷苦百姓，依靠的又是那些专一欺压穷人的土豪大户。自来乱世人命不如鸡犬，官绅一气，只图贪功冒赏，定必多杀善良。这一来，双方仇恨越结越深，各地的民变越来越多，金人也必利用时机大举进攻，转眼便有国破家亡之祸，如何是了？"正越想越愤慨，猛一抬头，瞥见岳母满面愁容，倚门相待，忙赶过去，喊了几声"娘"，又问："爹呢？"

岳母苦笑道："你爹找人去了。听爹说，地方上来了许多难民，官府置之不问，我们这里还好一些，有的地方，硬说他们是盗贼，还要激起民变。我明知汤怀、张显、王贵他们家有大人，做不了主，无奈这般难民实在身受大惨，我们哪怕丢脸跪门，也要尽心尽力，设一粥棚，救他们一救。你张、汤两位世伯人较直爽，汤怀、张显又是他们心爱的独子，你先找汤怀、张显商量，再由他们去向大人劝说。内中只有一家点头，王明素来好名，就不会袖手旁观了。这和求人不同，受点闲气也不相干，你快去吧。"岳飞连声应"是"。

岳母又将他喊住道："方才听你爹说，官府招募一些壮士，与那些富豪大户合力，以防反贼作乱。王明是当地首富，唯恐难民去到他家求食，无法应付，又想借此代儿子谋个军功，听官府一说，当时答应。王贵竟想照顾你和徐庆，把你二人的名字也开了上去。你虽然文的武的俱学过，可惜家世寒微，无人引进，按说这倒是个进身机会，你的心意怎么样？"

岳飞气道："如果把一些穷苦的善良百姓当反贼，拿屠杀善良作为进身之阶。就是王家写了名字，儿子不去，他也无奈我何。若是招兵去打金兵，儿子情愿。"

岳母笑道："五郎真乖！我和你爹就怕你到了王家，碍不过小弟兄们情面，去当官府爪牙，做那伤天害理的事情，若招兵抗金，儿子再响应。我儿既然谨记恩师之命，再好不过，你快去吧。"

岳飞才知母亲有意试他，忙说："娘请放心，儿子绝不敢违背爹娘恩师的教训。"说罢，先往汤怀家中赶去。

汤怀之父汤永澄和张显之父张涛，都是老年退休的武将。家财虽没有王明豪富，也有不少田业。岳飞因为汤永澄很爱汤怀，以前虽因贫富悬殊，轻易不肯登门，周侗又不喜欢与这些富人来往，但永澄性情比较爽快，只要把他说动，事情就好办。见到汤怀，只一开口，定必点头，去向他父劝说，哪知汤怀尚在王家未回。心想："我真糊涂，怎会忘却他和张显都在王家复读！大批无衣无食的难民都在嗷嗷待哺，等他二人回来，岂不误事！若是先到王家，连王贵都可见到，这三个师兄弟也不会不听我的话，但最能出钱的还是王明。他若不答应，连张、汤两家也难免设词推托了。母亲那样细心的人，怎会忘了这两人此时不会回来？事若不成，非但于心不安，也对不起父母这番苦心。"两次想要直接去见汤永澄，俱因人微言轻，一遭拒绝，底下便难说话，欲行又止。

心正踌躇，忽见两人跑来，老远便高声急呼："快些紧闭庄门，难民来了！"关上大门，却不知祸不单行，难民背后强盗追来，开始抢夺财产，敢反抗者被刀砍枪扎，死伤无数。

岳飞正和兄弟们商量从军抗金的事，忽听外面哭喊声一片。岳飞等忙立起，到外面一看，强盗正抢夺难民财产，杀害难民。不由得怒火冲天，随手将周侗给他的铁胎弓拿起，冲出门，搭上两箭，朝难民群里正在行凶的强盗头目射去。那强盗正站在高岗上指挥，自恃本领高强，本就大意了些，又因贼人一门心思在发难民财，加之院落有半边被大树挡住，看不出来，正在探身往前张望，做梦也没想到会有这两支连珠箭突然飞来。等到瞥见两点寒星迎头射到，不禁大惊，连忙纵身闪躲，伸手想接。哪知弓强箭急，来势又猛又快。头支箭先没躲过，正由右颈透过，第二支箭将右中指射断，被手一带，钉向脸上。箭镞斜穿，直透后脑。强盗头子大叫一声，便自翻倒，整个尸首由土冈上翻滚而下，掉在下面泥塘里，溅得泥水四下飞射。

岳飞箭射强盗头目之后，正在查看是否有别的贼党隐伏；忽听几声响，好似有暗器射来。一股疾风由面前闪过，他急忙闪身躲过，忙将长弓放下，拔刀追出。门上钉着好些暗器。耳听铮铮连声，金铁交鸣，刀枪闪光。几个强盗倒地。耳听周义大喝："师弟留心暗算！"同时瞥见酒杯大一团寒光，迎面飞来。岳飞虽然初和敌人动手，但是目光敏锐，心灵手巧，早就防到。刚一横刀背，朝那暗器挡去，忽又听叮当两声，斜刺里又飞来两件暗器，正好将敌人的暗器打向一旁。那发暗器的强盗，就在树上往下纵。岳飞更不敢怠慢，忙将左手取出的铁莲子，用大中二指扣住，照准敌人猛力弹去。那贼脚还不曾沾地，便被打中印堂，深嵌入脑，翻跌在地。

岳飞见地上已倒着四五个；另外还有十来个盗贼，正和师兄弟周义、王贵、徐庆、汤怀、张显、吉青、霍锐等分头动手，打得甚是激烈。因见周义、徐庆都是以一敌二，敌人来势凶猛，唯恐轻身追敌，中了强盗暗算，心里一急，便把平日练着玩的十多粒铁莲子全取出来，照准群贼头上，一个接一个连珠打去，又连伤三个。

群贼见状大惊，纷纷怒吼，内中一贼，自恃身法轻快，连人带刀一齐飞来。岳飞用足右臂之力，横刀一挡，那贼手中刀先被磕飞，虎口也被震裂，刚惊呼一声，吃岳飞左手就势一铁莲子打中头上，再腾身一脚，踢出丈许远近，倒地身死。另一贼正往前赶，吃周义由后一镖，打了个透心穿。

就这转眼之间，贼党死伤了好几个，余下群贼多半胆寒起来。内一彪形大汉，首先呼哨一声，想要逃走，身才纵起，忽听迎面大喝："狗强盗休想活命！"岳飞带着一股疾风，已迎面赶来，手扬处，大汉凌空翻落，倒地不动。岳飞等兄弟初试武功，取得大胜，受到极大的鼓舞。

一日，周侗对岳飞等道："我有个老友志明长老，在沥泉山，我带你们去看望一下他。"五人信步向沥泉山走去，一路上，春光明媚，桃柳争妍，鸟鸣空山。正走着，突见一带茂密的树林现出两扇柴扉。周侗命岳飞叩门。只见一个小沙弥开出门来，问道："诸位何事？"周侗道："烦你通报师父一声，陕西周侗求见。"不多时，志明长老手挂拐杖，走了出来说道："不知大驾光临，蓬荜生辉。"遂把五人让进客厅，周侗与他握手言欢。四位少年，伺立两旁，谈了半日话。周侗介绍了自己的得意徒弟，尤其对岳飞赞不绝口。长老道："名师出高徒，你手下林冲、卢俊义等哪个不是顶天立地的好汉。"周侗道："我的爱徒岳飞已胜于他们，可谓青出于蓝胜于蓝。"长老大惊道："你把岳飞比林冲、卢俊义我已感到不解，要说高于他们，更让人不可思议。"周侗笑道："岂止武艺过人，而且满腹经纶。"志明长老叹口气道："老友，我已老矣，有一心事相托。老僧有一条丈八长蘸金枪，名'沥泉枪'，并兵书一册，内有传枪之法并行兵布阵妙用。正愁无人继承。今观岳飞身板清奇，眉长脸方，将来必成大器。今想赠予你爱徒岳飞如何？"周侗好生喜欢，叫岳飞上前跪下，一再感谢长老。

拜别下山后，王贵埋怨道："岳大哥有了得手武器，我们兄弟还没有得心应手的家伙，如何上阵杀敌。"周侗问："你喜欢使唤什么？"王贵道："妙不过大刀，一下砍去，少则三四人，多则五六人。"周侗又问汤怀："你喜欢使唤什么？"汤怀说："就学岳大哥使唤枪呗。"周侗问张显："你呢？"

张显说："枪虽好，倘然一枪戳去，敌人没死，不是白费力气，尚枪头上带个钩，再一拉不就成了。"周侗笑道："你说的是钩连枪，不仅钩人，还可以钩马腿。"周侗说："我先画张图，照此打造好，我再把各自的使法一一传授给你们。"弟子听了，皆大欢喜。欲知后事如何，且听下回分解。

第三回
完姻返乡做新人 训练有素岳家军

第一节 崭露头角

回来的次日，村里一个里长，前来见周侗施礼道："皇上为抗金已在招兵买马。昨日县里下牌来考，小人知你想让徒弟从军，已将你徒弟的名字报上。本月十五日要进城，请老先生早作打算。"

周侗走进书房，对众徒弟说："十五日县城考武，你们不妨先去一试。"岳飞说："徒儿有一事，难以应试，且待下科去罢。"周侗不解道："为国效力，这是个机会，为何不去？"岳飞禀道："师兄弟俱是富家子弟，俱可回家备弓马衣服。你看徒儿身上这般褴褛，哪有钱买弓马衣服，因此说等下科去呗。"周侗点头说："爱徒说的是，你随我来。"岳飞随周侗到了卧室。周侗开了箱子，取出一件半旧半新的素白袍、一块大红片锦、一条红鸾带，放在桌上，叫声："徒儿，这件衣服，与你令堂说，照你的身材改一件战袍，余下的改一条包巾。这一块大红片锦，做一件坎肩、一副扎袖。大红鸾带，拿来束上。"

次早，岳飞起身，岳和业已先走，正准备收拾完了衣甲，再去买马。忽见王贵带了两名庄丁，疾驰而来，后面还带着一匹鞍辔鲜明的白马，见面笑说，奉了父亲之命，送一匹马和一百两川资与岳师兄。因为昨日当着人不便多赠，今早特来补送等。

次日，周侗独坐书房看书，听得脚步声，抬头见汤怀进来道："先生拜揖。家父让先生看看，可是这般装束吗？"周侗看那汤怀，头戴一顶素白包巾，顶上绣着一朵大红牡丹花，身上穿一领素白绣花战袍，颈边披着大红绣绒坎肩，两边大红扎袖，腰间勒着银软带，脚蹬乌油粉底靴。周侗笑道："就是这等装束。"并约定校场见。汤怀刚去，张显又来，让师父看看自己的打扮妥否。他戴一顶绿缎子包巾，也绣着一朵牡丹花，穿一件绿缎绣花战袍，也是红坎肩，红扎袖，软金带勒腰，脚穿一双银底绿缎靴。周侗点头满意，亦约定校场见面。张显刚走，劈脚进来王贵，浑身打扮得火炭一般，配上他那张红脸，分明是关云长下凡。周侗笑道："好个大红战袍，大红包巾，大红坎肩，大红扎袖。你爹爹同意你去了？"王贵说："开始不同意，耐不住我软磨硬缠，只好同意了。"周侗说："明天校场见。"

次日，周侗和岳飞直至内黄县校场，见了徒弟和三个员外。校场旁人山人海，茶篷酒肆比比皆是。周侗拣了个洁净茶肆，把马拴在门口，进去吃茶。

不多时，各乡镇武童纷纷扰扰来到，想一显身手。突然大家压肩叠背张望，原来县主李春前呼后拥到校场下马。

李县主在演武厅坐定，书吏送上册籍。李春开始一个个点名，按次比箭和弓马。此时被点的武童个个精神抖擞，对着六十米外的靶子射箭，有叫好声，有惋惜声。忽听点："汤怀！"汤怀对县令行个礼说："求老爷把箭靶摆远些。"县令对手下嘱咐说："摆八十米呗。"汤怀说："再远点。"李县令说："那就一百米。"汤怀说："一百二十米吧。"李县令笑了笑，点头同意。汤怀这才拉弓射箭，只听嗖嗖响，箭箭中红心。顿时鼓声大作。接着张显上场，又接着王贵上场，同样箭无虚发。三人同上演武厅躬身行礼，李县令大喜，便问："你们的先生是谁？"王贵说："是师父。"李县令看他憨厚，笑道："我知道是师父，是问姓名。"汤怀说："家师是关西周侗。"李县令大惊："怪不得你们的箭术如此之好，到底是名师出高徒，周老先生是本县的好友，他在哪里？"汤怀说："在茶篷里。"

李县令忙差人去请，不多时，周侗带岳飞来到演武厅，李县令急忙下阶迎接，见了礼，分宾主坐下。李春道："大哥既住敝县设帐，不蒙赐顾，却是为何？"周侗说："非为本兄不来看顾，贤弟是知法人士，秉公判案，附近人知我与县主交好，必想到此次比武，贤弟会照顾情分，这就坏了国法，若不照顾，又伤了和气，故此不提前来看顾。"李春道："到底大哥考虑周到。"周侗道："别来甚久，不知膝下几位令郎？"李春道："先室已经去世，只留下一个小女，十五岁了。未知嫂嫂可好？"周侗道："也去世多年了。"李春道："可有令郎否？"周侗把手一招岳飞，叫声："我儿，可过来见过叔父。"岳飞应声上前，向李春行礼。李春看了此英俊少年笑道："大哥又来取笑小弟了，这样年轻一位令郎，是大哥几时生的？"周侗道："不瞒老弟说，令爱虽是你亲生，此子却是愚兄螟蛉之子，名唤岳飞。请贤弟看他弓箭如何？"李春道："令徒尚且如此，何况令郎乎？何须再看。"周侗正色道："此乃为国家选取英才，应该公事公办，况且要使大众心服，岂可草草了事。"李春道："既如此，叫从人还放到一百二十米处。"岳飞道："太近。"李春道："那就一百五十米处。"岳飞仍道："可再远些。"李春问周侗："令郎能射多远？"周侗道："小儿虽然年轻，却开得硬弓，恐要射到二百四十米。"李春口内称赞，心中怀疑，看着眼前精神抖擞的帅小伙满怀信心的样子，又不得不信，便吩咐道："把箭靶挪到二百四十米，常人恐怕连靶子都看不清。"岳飞的神臂弓是周侗传授的，能开三百余斤，并能左右射。有人可能说：其他徒弟不是都学了吗？为什么做不到。冰冻三尺非一日之寒，那岳飞早起晚睡，勤学苦练，不知拉断了多少弓，尤其是师父让他在阳光下练数竹圈转动，三百步外分毫不差，练出了一双神眼，所以只有岳飞能做到。只见他走下台阶，立定神，拈定弓，一连拉断了两张弓，李春不得不让手下几个人抬来一张三百余斤的大弓。岳飞搭上箭，眯上眼，嗖嗖连发九支箭，直到第九支射出，才住手。只听得胜鼓"咚咚"大作。那边厢看考的众人齐声喝好，各乡镇的武童都惊呆了。只见从人拿着带着泥块的九支箭，连跑带颠，气喘吁吁地喊道："大人，这位相公不得了了，九支箭从一个孔里射出。"

第二节　制服劣马

且说手下报喜称箭中红心，李春大喜，看了看小伙，隆长白面，浓眉大眼，膀大腰圆，英俊潇洒，对周侗道："莫非真有后羿再生？令郎青春几合？曾毕姻否？"周侗道："虚度二八，尚未定亲。"李春吞吞吐吐，欲言又止，周侗道："李大人莫非有什么话要说，如有指示，请只管吩咐。"

李县令憋不住了，终于把心里话说了出来："老夫有一小女，天生丽质，琴棋书画样样都会，只是小女选相公眼高手低，一般的人不放在眼里。今天，老夫看到令徒岳飞仪表堂堂，举止落落大方，谈吐不凡，而且功夫独一无二。老夫小女，相貌尚可，有意将岳飞招为东床，又恐令徒拒绝，所以想和你商量商量，还请你从中说说话，撮合这段美好姻缘。大哥若不嫌弃，未识尊意允否？"

"原来李大人选中了我的螟蛉之子做东床，那是好事呀，我没什么意见，只要他们双方你情我愿就可以了。"周侗说道。

岳飞听了，脸涨得通红。

"恭喜岳大哥，贺喜岳大哥，我们将有嫂夫人了。"张显、汤怀、王贵一个个脸上乐开了花。

"你们——你们休要胡言乱语，八字还没一撇。岳飞家道贫寒，不懂礼数，怎敢玷污了李小姐的芳名？再说岳飞年纪尚小，一事无成，怎敢让李小姐跟着我受苦受累？大人，你的好意岳飞心领了，岳飞实在不配当你家姑爷。"岳飞一本正经地说。李春听了，以为岳飞不同意，心里有点儿不太高兴。周侗看到李春沉下脸急忙斥责岳飞："飞儿，在李大人面前说话要注意分寸，千万不要信口雌黄。李大人愿意将自己的宝贝闺女许配给你，那是看得起你、抬举你，你别不识好歹。"周侗一脸严肃地道。

岳飞看到干爹和李大人两个都不高兴，就知道他们误解自己的意思了，急忙说："李大人，不是我不乐意，而是我不敢有非分之想。令千金出身官宦人家，而我却是一个一无所有寄居在麒麟村的穷小子，如果令千金嫁给我，一定会遭罪的，我不想连累令千金。"岳飞解释。李春道："寄居麒麟村是怎么回事？"周侗道："现小儿无家，寄人篱下。恐怕高攀不起。"李春大吃一惊道："你说现在的内黄县麒麟村不是令郎祖籍？"周侗叹口气道："令郎原籍河南相州汤阴县，因发大水躲灾到河北大名府内黄县麒麟村王员外家寄住，现寄人篱下，没有自己的家，如何娶亲。"李春说："洪水过后，如何不返乡？"周侗无可奈何地说："大水过后，岳家被冲得一干二净，如何回去？"李春明白了道："我与汤阴县县主是好友，我差人把银子送去，叫他再建岳家房屋，这有何难？"周侗大喜说："如此叫贤弟破费了。"李春说："哪里话，既成一家，理所应当。"周侗道："如此甚妙。"又转头对岳飞说："只要你点一下头你就是李大人的女婿，以后就是一家人。"李春也说："一家人就应该相互帮助，你家有什么困难我会帮你们解决的，你不用担心。只要你对小女一心一意就行。"

"是呀，飞儿，李大人真心诚意地招你做女婿，你就答应吧。我知道，你是个孝子，没有父母之命媒妁之言，你是不敢答应的。你放心好了，老夫愿做个保媒，你母亲那里你不用担心，我会替你去解释的。"周侗说道。岳飞听了干爹的话，脸上泛起了红晕，心里甜丝丝的，说道："李大人，既然我干爹愿做个保媒，那岳飞就只能高攀了。你放心，只要小姐愿意嫁给我，我一定会好好待她，决不会让小姐在我们岳家受委屈。各位弟兄和在场的长辈们，今后替岳飞做个见证，如果岳飞欺负李小姐，那就是不忠不孝不仁不义之人，你们都可以戳我的脊梁骨骂我。"岳飞当着师父和众人的面做了保证。李春看到岳飞答应了，满心欢喜，吩咐下人摆开酒宴庆贺。周侗提醒道："飞儿，还不拜谢岳父大人！"岳飞来到李县令面前，恭恭敬敬地行了一个跪拜礼道："岳父大人在上，请受小婿一拜。"李县令笑得合不拢嘴，赶紧扶起岳飞。周侗忙说："李大哥，既然双方同意了，我们回去就送聘礼。"

李春道："小弟也一言为定。明日将小女庚帖送去，择个和合吉日，下礼为定，一诺无辞，财礼并不计较。他日嫁送，无论家之有无，各不责备便了。"周侗谢了。酒宴散后，周侗叫岳飞再拜谢岳父。岳飞立即上来拜谢岳父。周侗暗暗欢喜，起身作别道："另日再来奉拜。"李春道："不敢，他日容大哥奉屈来衙一叙。"周侗躬身道："领教。"遂别了李春，到篷内与众员外说了，皆大欢喜。

岳飞回到家，与父母说知，甚是欢喜。且说那李知县公事已毕，回至衙中。到了次日，将小姐的庚帖写好，差个书吏送到周侗馆中去。书吏领命，来到了麒麟村。庄丁进来报与周侗，周侗忙叫请进。那书吏进到书房，见了周侗，行礼坐定，便道："奉家老爷之命，特送小姐庚帖到此，请老相公收了。"周侗大喜，便递与岳飞道："这李小姐的庚帖，可拿回去，供在家堂上。"岳飞答应，双手接了，回到家中，与母亲说知。岳安人大喜，拜过家堂祖宗，然后观看小姐的年庚。说也奇异，却与岳飞同年同月同日同时生的，岂不是"天缘奇遇"。这边周侗封了一封礼物，送与书吏道："有劳尊兄远来，无物可敬，莫嫌轻亵！"书吏道声："不敢！"收了礼物，称谢告别回去。岳飞复到馆内，周侗吩咐："明日早些同我到县里去谢了丈人，并下聘礼。三位员外知道你无钱购礼，各备了一份礼物送来。"岳飞感谢不尽。

次日天明，师徒二人来到县门首，将谢帖在宅门上投进。李春闻知，立即开门迎接。接入内衙，岳飞向丈人丈母行礼。李春二人回了半礼，叙坐谈心。少停，摆上筵席，三人坐饮了一会儿，从人将下席搬出去。周侗道："我两个走着来的，备得薄礼，请不辞笑纳。"李春道："贤婿到此，无礼回赠。愿赠好马一匹，不知意下如何？"周侗道："小儿习武，正少好马一骑，若承厚赐，感激不尽。"李春道："不如先去选马，回来饮酒如何？"周侗道："如此甚好。"

三人到马房，李春吩咐马夫："取套杆，伺候挑马。"马夫答应一声。周侗便悄悄对岳飞道："你可放出眼力，仔细挑选，不必客套。挑好以后，不便退换。"岳飞道："孩儿晓得。"就走近马棚，详细观看。他喜欢白马，找到想要的颜色，把手按住马背一使劲，那马长嘶一声，矮了下去，马蹄乱蹬。连挑数匹都是一样。岳飞摇了摇头。李春道："难道这些马都不中意吗？"岳飞答："这些马并非无用，只适合富家子弟配上华丽鞍辔，游春玩景，代步而已。门婿想挑一匹能上阵打仗的，将来能驮着孩儿冲锋陷阵才好。"李春赞道："你果然有志气，但马棚的马就这些了，只好先找匹代步好了。"正说话期间，忽听隔壁高亢的马嘶声，岳飞大喜道："听叫声，这是匹好马，不知在何处？"李春道："你未见马，只听叫声，如何知道是好马？"岳飞说："此马叫声洪亮震耳，必然身高力大。"李春道："贤侄果然识马，此马是家人在北方发现的，它身强力壮，四肢强劲，谁知买回后，见有人骑，乱踢乱咬，无人降伏，卖出去几次，都被退了回来。只得把它锁在隔壁墙里。"岳飞道："何不同小婿一看？"李春道："只怕贤婿降不住它，若降得住，就相赠便了。"便走到隔壁，叫马夫开门，装着喂食，一把抓住笼头，牵到院子。马夫叫道："岳公子，须小心，这马遇到生人是会咬人的。"岳飞把马相了相，便把身上海青褪掉，走上前来，那马见有生人来，不等岳飞靠近，就长嘶一声，举起蹄子乱踢。岳飞才把身子一闪，那马又回转身来乱咬。岳飞往后一闪，趁势一把抓住鬃毛背，双腿一夹，把这个狂暴的家伙牢牢地制于胯下。

那马发了疯似的，四蹄腾空，如风似箭，冲出院子，狂奔起来，前蹄竖起，一下子就想把岳飞给掀下去。但任它前扑后仰，左簸右颠，岳飞稳坐马背，牢牢抓住缰绳，身体随马上下左右颠簸。岳飞见马不肯降伏，举起铁拳，照马头上狠狠打了几拳，那马负疼，终于安静下来。岳飞跳下马，仔细打量了一下马。那马从头到尾足有一丈余，自蹄至背约高八尺，头如搏兔，眼似铜铃，耳小蹄圆，尾轻胸阔，但一动，肌肉隆起。岳飞脱口而出："好马！"那匹千里马今天终于遇到伯乐，岳飞拍拍马的脖颈说："我终于遇到你了。"那马像明白岳飞的意思，抬起前蹄把地面震得咯咯作响，引颈长嘶，声音洪亮，如大钟石磬，直上云霄，乖乖地任由岳飞抚摩。岳飞见马瘦得不成样子，说道："可惜可惜！折磨成这样。"马夫道："这马喂一次很费劲，不仅挑食，而且夜里非嚼一些黑豆方休，否则闹得你鸡飞狗跳。"岳飞道："如此好马，你怎么能随便打发。你看浑身上下脏兮兮的，不知是什么颜色？"马夫道："这马脾气怪异，不让刷洗。"岳飞说："不妨，我拿住在此，你可上来，用力刷洗。"马夫道："姑爷须抓紧了，待我将笼头给它上了，然后刷洗。"马夫走上前，把笼头戴上，那马看看岳飞，任由他摆布。李春看呆了道："贤婿，这马好像会看你的眼色。看起来上了战场，也会听你指挥。"马夫把它牵到附近水池，刷洗得干干净净。岳飞一看，此马浑身上下一片雪白，无一根杂毛，好生喜欢。他穿好衣服，上前拜谢岳父赠马之恩。李春道："区区一匹马，何足道哉。我正发愁此马无法处置，没想到贤婿制服了它。"又命家人取出一副好鞍辔，备好放在马背上。高徒有了好马，周侗也赞叹不已。

第三节 铲除奸细

回来后，周侗见岳飞得了匹好马，对徒弟笑着说："昨天高兴，回来时骑马狂奔，出了身汗，又受了点寒，有点发烧。在屋里枯坐了几天休息，实在闷得难受。此时太阳偏西，你们到厨房去弄点酒菜来。好在天还不算很冷，我师徒同到后面小山凉亭里饮上几杯。你们把旧鞋穿上，在附近泥水地里跑上几回，试试近日的轻身本领有没有长进。晚饭后大家再谈兵法。"

众徒弟同声应诺。王贵当先跑去，准备饭菜。随后学生周义、吉青、徐庆、霍锐、汤怀、张显等六人，想和师父解烦，都往外跑，岳飞也想跟去。

周侗见岳飞两眼红肿，伸手一挡，说："你先莫忙，我还有话要问你。"岳飞连忙应声立住。

周侗问道："令尊令堂身体好吗？他种那几亩薄田，租粮越来越重，这日子恐怕不好过吧？"岳飞恭答："家父家母精神尚好，仗着平日勤俭，等徒儿媳妇过门后，又多了一双人手。我父所送银子，除交租粮外，还剩一些，足可度过今冬了，多谢恩师挂念。"

周侗笑道："你我师徒情如父子，休看我手头紧，身边没有多的钱，仗着那几家富户送的学费多，像你家那几口人，我还可以贴补一时。别把我当作外人，我知你家中已无隔宿之粮，我虽然授徒挣了几两银子，被官差强逼了部分纳税，尚有节余。你父子情愿咬牙忍受，偏不肯和我说，若顶不过去，我想救济你。"岳飞恭答："徒儿的家境如真为难时，定求师父接济就是。"

周侗拉着岳飞的手，笑道："三个多月没有仔细考问你们功课了。我教的轻功都学会了吗？"

岳飞忙答："这几日相亲，每日忙乱，未多用功，多半没有长进呢。"

周侗道："我要不是方才看出你脚底下长了功夫，还不会问呢。心到意到，意到气到，我还要看看你气提得匀不匀，到底提着气能走多远？少时你穿上藤鞋，由柳林后面穿过那片松林土坡，绕到土山后面再来见我。这条路平日无人往来，中间还隔着两个水塘、一条溪流，大雨之后。泥坑更多，轻功差一点便过不来。我先在山亭上看你怎么走法，等路干透，再去查看你的脚印，就知你的功夫深浅了。"

岳飞觉着所练轻功尚难自信，连声应诺试试。

周义同王贵走进来，见岳飞拿了一双藤鞋要往外走，笑问："酒菜业已备好，岳师弟往哪里去？"

周侗接口说："我要考查他的轻功呢。我们都到凉亭上等他去。"说罢，起身先走。岳飞觉着冬日天短，唯恐少时不及传授，忙往柳林赶去。

周侗带了众学生，由房后走上土山一看，凉亭内的酒菜杯盘均已摆好，旁边还有大小两个火炉，一个温茶，一个烫酒。笑说："我本意等岳飞回来同饮，酒菜既已摆上，不妨先吃起来。等他到后，你们再轮流到亭外练一回给我看吧。"

众学生见周侗兴致勃勃，和方才沉闷神气大不相同，预料老师当日必有传授，全都兴奋起来，便请周侗入座。周侗吩咐热菜先慢点上。刚喝了三杯，忽然起立，走向亭外，众人也忙起立，打算跟去。

周侗回顾笑说："你们吃你们的，不要拘束。我到外面看一看野景。等上热菜时，再进来。"众人看出周侗要等岳飞回来同饮，又知老师脾气，不敢违背，忙应声归座。

这时正是十一月中旬的天气。土山在柳林的东北面。这一大片地方，到处都是古柳高槐，林木甚多。周侗站在亭外假山石上，先往四处一看，寒林耸秀，败叶摇风。斜阳影里，分外萧飒。走近田野里，都是一块接一块的黄土地。虽然是雨过天晴，但空中云层甚多，遮得那一轮斜日时隐时现。一阵接一阵的寒风，吹得那些衰柳寒松飞舞如潮，飒飒乱响。分散在平野上的农家，都是柴门紧闭，鸡犬无声。几条通往乡村的小路上，也极少有人来往。看去全是一片萧条景象。

周侗心想："朝廷无道，专一横征暴敛，加上年景又差，不是旱灾就是水灾。官府只知搜刮民财，全不管老百姓的死活，以致庄稼人的日子越过越苦，到处都是呻吟悲叹之声。金国又在虎视眈眈，意图吞并我大好山河。照这样下去，将来不知怎了。"愁闷了一阵，估计岳飞快由柳林赶回，便朝柳林那面仔细观看。方觉出由柳林往山后侧面绕来这一条路，平日多被草木挡住，此时居高临下，却是看得逼真。忽听耳际疾风，知道有人暗算，忙把身子微偏，左手微抬。紧跟着嗖嗖嗖接连几声过处，来人的三支小梭镖，已被周侗从容接住。

凉厅里，周义正端起酒杯正要和徐庆对饮，猛瞥见斜阳光中有几点寒星，由斜刺里朝周侗飞来，不禁大惊，连话也顾不得说，忙往外奔。大家想敌人都知老师是武术大侠，培养的高手众多，金国知道要想占领中原，不除掉这样的人，早晚是祸害。因此，格外担心。

见徒弟出来，周侗低喝："你们回去，不许妄动！"一面把身子侧转，朝着斜对凉亭的土冈上笑道："你们今天来，想除掉我，恐怕是痴心妄想。"

随听对面土冈上有人喝道："姓周的不必夸口！我受金国委托，要除掉你。方才三支追风燕子梭，只是给你报个喜讯，你当是暗放冷箭吗？"

周侗笑道："没想到你们已投靠金国。你们既不愿意光明正大登门求见，我也不便强作主人了。什么时候，什么地方比武，你们说吧。"

土冈上又答话道："今天十四，月亮正好。我们在离此十五里的关王庙备下薄酒，等你光临呢。"

周侗闻言，两道长眉微微一扬，冷笑道："我明早天明前，准来拜访如何？"

说时，土冈树石后面闪出了四人。为首是个寻常身材的老头儿，旁边一个彪形大汉，一个头陀，还有一个年约二十的矮子。老头儿听周侗把话说完，答了一个"好"字，便同退去。转眼之间便到了冈旁溪边，快得出奇。

周侗手里却托着三支形似箭链、后带燕尾的小钢梭，上来神态十分从容，对头去后，周侗忽然冷笑了一声，全神贯注盯着对头的去路，一言不发。

王贵说："岳飞正由这条路来，莫与对头撞上。我和诸位师兄弟前去接应如何？"

周侗把面色一沉，低语道："岳飞不知对方虚实来意，没问明我前，绝不会与人动手。若说对一个素昧平生的小娃下那毒手，金贼虽然万恶，对小孩子还是看不起，因此除掉岳飞，这种丢人的事，不到万不得已，是人还做不出来呢。"

入席后，众人见到周侗只喝闷酒，不再发话，又曾听说过那大对头名叫"独霸山东铁臂苍猿"吴耀祖，本是一个坐地分赃的恶霸，平日奸淫掳抢，无恶不作。因强抢民妇，被周侗撞上，恶斗不胜，带了几个心腹同党负伤逃走。由此，好些年不知下落。年前才听说老贼隐藏在鲁山人迹不到之区，在神前发下重誓，非报此仇不可。谁知这伙人已投靠金国。看今日来势，老贼必有准备。都盼岳飞回来，好听老师作何打算，以便同去助阵，将这一伙恶贼除去。谁知相隔不过一里多路的柳林，岳飞竟去了半个多时辰不见回转。又不敢问，正在担心。

周侗忽然停杯起立道："按说岳飞就遇见对头，也不妨事，何况看老贼来路和约会的地方，也绝不会遇上。怎么这时候还不来呢？"末句话刚说完，霍锐坐处正对山上的坡道，忽然惊喜道："岳师兄来了！"众人忙起观看，见岳飞已三步并作两步急匆匆跑了上来。周侗含笑朝岳飞看了一眼，便命入座。一面催炒热菜，连饭一齐端来，对于方才之事，一字不提。岳飞知道老师性情，又看出众人紧张神情，也未开口。

霍锐急于想知就里，又和岳飞坐在一起，忍不住悄问："岳师兄为何来得这样晚？"岳飞因事紧急，心中忧愁，又恐周侗听了不快，忙把霍锐的衣襟偷偷拉了一下。

周侗笑说："你两个不必这样，等我打好主意，就对你们说了。"说时正好端上热饭，周侗仍和往常一样，把余下的酒饮完，然后吃饭，始终未动声色。吃完，天已黄昏。

王贵正抢着去点灯，周侗说："灯不用了，到我屋谈一会儿去。"随后众人一同回到卧室里面，谈了一阵闲话，忽然笑道："你们睡吧，天明前我还要到关王庙去赴人约会，打算养养神。"

周义喊了声"爹"，底下的话未问出口，周侗把手微微一摆。周义、岳飞首先会意，忙邀众弟兄同往厢房走去。进门，周义先打了一个手势，众人便将外屋刀剑和镖弩之类暗器暗中带上。

周义看了看天色，故意笑说："索性大家都早点睡，天明前起来，到关王庙看热闹去。"众人同声赞好。周义又用手比了几下。王贵、霍锐、汤怀便同往炕上卧倒。周义随引岳飞、张显。吉青由后面小门走出，贴着走廊，绕往东厢房平日练功的室内，贴窗埋伏起来。

吉青人较粗鲁，悄悄问周义："对头已约老师在关王庙相见，难道还会来吗？"周义附耳悄语："事情还拿不定，但是不可不防。对头今天一上来就打算行刺，已然看出情虚；所发三支追风燕子梭，又全被爹爹接去，更难免于气馁。爹爹平日料事如神，看方才的意思多半料到老贼和他的党羽，打算出其不意，给我们来个先发制人，比武很可能是个幌子……"话未说完，嘴忽被人按住，随听耳边低喝："不许开口，不到万不得已，谁也不许出去。我料对头会来，也必先叫两个能手来窥探我们的强弱虚实。老贼心毒手黑，须防他暗算呢。"

众人听出是周侗的口音，忙即回头，周侗已拉岳飞走去。周侗把岳飞领到了正房东里间。岳飞见外屋师父榻上好似睡着一人，也没有问。到了里屋，周侗早把后面一排窗户打开，令岳飞掩向一旁，悄问："你路上遇见的人多吗？"

岳飞答说："先只四人，弟子见他们形迹可疑，来路又是凉亭土冈后面，便在暗中跟了下去。走不多远，又来两人，腰间都凸起一块，好像藏有兵器，口气均极凶横，公然明说，在关王庙埋伏下许多人，要引恩师天明前入伏报仇等语。"周侗说："果然不出我所料，你知对头的用意吗？"

岳飞悄答："我料群贼恐还藏有诡计。明天约会，凶多吉少。"

周侗笑道："所料不差，快到时候了。你看出他们身上带的凶器，目力比我还强，你看土冈一带有什么动静没有？"

这时，天已将近三鼓，月明如昼，照得后面院子树木和浸在水里一样，恍恍惚惚。屋子里灯光早熄，屋里正背月光，一片漆黑。窗外本是一亩多来的一片菜园，西面通往土山凉亭。东北面对着那一列土冈，中间还隔着土山、凉亭和一些树木。两下相去有十多丈，冈上尽是矮树荆棘和一些大小石头。岳飞照着周侗所说，朝前一看，悄答："冈上好像有几个人呢！"

周侗低声："方才我已看出老贼诡计多端，恐还有诈，你再看看。"

岳飞悄答："我已看出那几处埋伏的人都是假的，真的只有一个藏在树旁山石之后，好像是个头陀。"

周侗拉紧岳飞的手，笑说："你真是个好孩子，看得一点不差；今晚最厉害的对头，大概只有两个。我料老贼原想引我天明前入伏，倚众行凶。现在又想出其不意，提前行刺，能将我杀死更好。否则便诱我师徒追往土冈，等发现上面净是一些衣帽装的假人，稍一疏神，真埋伏的能手却突然出现，猛下毒手，对我暗算。以为我一倒地，你们绝非其敌，没想到会被我看破。去年听说有一头戴金簪、身材高大，借卖春药为由，专与金国往来，外号'快活菩萨'法广的凶僧，乃金邦派来的奸细，正与这头陀打扮身材一般无二。相隔才十多丈，何不先赏他两箭试试？"

岳飞立起，将周侗事前放在一旁的铁胎弓拿起，搭上两箭，朝土冈上射去。那凶僧隐伏冈上，自恃本领高强，本就大意了些，又因贼党已将发难，前面院落有半边被大树挡住，看不出来，正在探身往前张望，做梦也没想到会有这两支连珠箭突然飞来。等到瞥见两点寒星迎头射到，不禁大惊，连忙纵身闪躲，伸手想接。哪知弓强箭急，来势又猛又快。头支箭先没躲过，正由右颈透过，第二支箭将右中指射断，吃手一带，射向脸上。箭镞斜穿，直透后脑。凶僧只怒吼一声，便自翻倒，整个尸首由土冈上翻滚而下，掉在下面泥塘里，溅得泥水四下飞射。

岳飞箭射凶僧之后，正在查看冈上是否有别的贼党隐伏；忽听外屋"噗噗"几响，好似有什么东西钉向榻上。紧跟着一个人影带着一股疾风由面前闪过。知有变故，忙将长弓放下，拔刀追出。月光正由前窗外照进，被中无人，装扮得似人躺着，床头和被褥上钉着好些暗器，周侗不知去向。岳飞耳听院中铮铮连声，金铁交鸣。一时情急，连忙越窗而过，还未落地，耳听周义大喝："师弟留心暗算！"同时瞥见酒杯大一团寒光，隐约飞来。

岳飞虽然初和敌人动手，但是心到意到，意到气到，气到力到，目光敏锐，心灵手巧，早就防到。刚一横刀背，朝那暗器挡去，忽又听叮当两声，斜刺里又飞来几件暗器，岳飞用刀将敌人的暗器打向一旁。那发暗器的贼党，就在对面房上正往下纵。岳飞更不敢怠慢，忙将左手取出来铁莲子，用大中二指扣住，照准敌人猛力弹去。那贼脚还不曾沾地，便被打中印堂，深嵌入脑，翻跌在地。

正在这时，赶来一人。岳飞一见，十分惊喜，急呼："是恩师！"群贼都知周侗威名，哪里还敢应战，当时一阵大乱，分头往房上蹿去。众人正要追击，周侗已由房上纵落，将众人止住，缓步走向房中坐下。

周义正在查看倒地诸贼死活，见状大惊，忙赶进房去，悄声问："老贼可曾除去？爹爹怎样了？"岳飞等见周义神情紧张，心中惊疑，忙同赶进，也问了两声。

周侗神色如常，只是停有半盏茶时不曾开口。王贵忙端了杯茶过来，周义把手一挡，低声说："此时还不能喝。"众人见状，情知不妙，全都提着一颗心，面面相觑，作声不得。

又停了一会儿，周侗才微笑道："你们不要慌，这没有什么。今夜总算把金帮混进我大宋的一群大害除去了，岳飞又把那个最得力的奸细射死，真乃快事。我方才与老贼拼斗，将其除去，那老贼武艺高强，搏斗中我也伤了一点真气，我还要坐上一会儿才能安睡。岳飞、周义你二人赶紧到土冈下面，将凶僧的尸首搜查一下，要是搜出腰牌地图和机密信件，好好保存，交给官家，将来有用。王贵速寻里正，就说有金贼明火来犯，令速报官。好在官府和你家都有来往，肯定会相信。徐庆带了众师兄弟，速往关王庙探看余党是否逃走。我方才下来时，又遇老贼同党赛霸王曹蛟，此贼武艺高强，到处杀人放火，为害民间，又是金贼的死党、凶僧的徒弟，自然容他不得。我和他搏斗一番，虽然将他一掌打死，但也受了内伤，此时已不能再多说话。我等你们回来才睡，快些分头行事去吧。"说完，闭目养神，不再说话。

周义、岳飞等同门均料凶多吉少，心中一酸，几乎流下泪来，都想探询周侗是否内伤甚重，周侗已把双眼闭上。周义知道父亲正在闭气养神，不宜惊扰，只得朝众人把手一挥，轻轻退了出来。

这时天还未交四鼓，岳飞见王贵、汤怀等早已分头走去，为防万一，悄告周义说："你去搜那凶僧的尸首，小弟在此等你如何？"

周义本不放心父亲一人留在屋内，也是恐怕室中无人，万一贼党又来行刺，无人抵挡，正在为难。一听岳飞这等说法，正合心意。忙答："此时真还不能离人。师弟守在这里，再好不过，我到后面去去就来。"说罢，匆匆走去。

岳飞悄悄守在门外，想起这几年来师徒的情分，万一恩师有个好歹，岂不抱恨终身，心正难受，忽又想起方才受伤倒地的那些敌人，忙乱中不曾细看，是不是还有缓醒过来的，心念微动，朝前一看，院子里所躺贼尸并无动静，只仿佛少了一个。暗忖："先前我由窗内纵出时，分明看见一个手使月牙护手钩的矮贼，被周大哥打伤左膀，纵到旁边。刚巧霍锐因避敌人暗器，也往旁纵。正好撞上，就势一棍打倒，便没有见再起来。矮贼身法十分轻快，并且早有逃意，不是霍锐这一棍打得巧，非逃走不可。记得此贼倒在那旁树下，怎会连人带兵器都没有了影子？被他逃走，已难免于后患，再要藏在附近，少时又来行刺，岂不更可虑？"

想到这里，便往院中走去。本意是想查看群贼尸首是否有先前所见矮贼在内，只要把那一对奇形兵器月牙护手钩寻到，也可放一点心。

那院落甚是宽大，四面都是走廊和四五尺高的台阶，正房台阶下还有四株大海棠树，岳飞因恐惊动周侗，正轻悄悄顺着台阶往下走，忽听左侧树枝微微一响。这时夜风甚大，空中云层又多，被风一吹，宛如潮涌。那高悬空中的明月，星丸跳掷似的，不住地在云隙中往前乱穿，月光明灭，时隐时现。地面的月光也时明时暗，风又响个不停，稍微大意一点的人，必当作风吹树枝的声音，忽略过去。岳飞却是耳目灵敏，心细如发，一听便知有异，忙回转脸一看，当时醒悟，更不怠慢，倏地转身，双足一点，一个"蜻蜓掠水"的身法；朝左侧第二株海棠树下飞纵过去。

原来树底下一人，双手拿着一柄月牙护手钩，正是方才所见矮贼，脸朝上躺在那里，和死了一样。岳飞暗骂："猾贼！只顾装死，也不想想中间还隔着两株海棠树，你怎会由前院倒到树后头来？我先叫你吃点苦头也好。"念头一转，左脚便朝那贼的右手腕踏去。

矮贼名叫陶文，最是狡猾，本领又高。当夜一到便看出主人有了准备，又恐于周侗的威名，早就想溜，不料稍微疏忽，左膀被人打伤，又挨了一铁棍。知道对头厉害，想逃不易，忽然急中生智，就势倒地不起，一面暗中偷看，正打逃走主意。忽见周侗由房上纵落，只一掌便将赛霸王曹蛟打死，不由心胆皆寒，正暗中叫苦不迭。自周侗师徒回到正面房内，听所说口气，老贼吴耀祖虽被打死，周侗也似受了很重的内伤，心中暗喜。因想上房逃走，稍将对头惊动，追将出来，休想活命。看出正房侧面有一月亮门，先打算掩到里面翻墙逃走。刚轻悄悄掩到正房台阶底下，暗中查听动静，忽见众人分头走去。暗忖："周侗关中大侠，名满天下，他受内伤之事并无人知，若能将他人头带走，真是多么露脸的事！"心中只顾打着如意算盘，并没想到周义和岳飞分手时，语声极低，一句也没听出。直到岳飞走下两级台阶，方始警觉，看出来人正是方才用连珠暗器连伤好几名同党的少年。知道厉害，只得把身子往地下一顺，打算卧地装死，再相机行事。

岳飞先并没有留意台阶两侧，陶文想逃，并非不能办到，只为心毒手黑，老打着害周侗的主意，倒地时微一疏忽，左手月牙护手钩将海棠枝微微带了一下，心方一惊，便见岳飞转身寻来。情知不妙，表面装死，暗中紧握双钩，准备冷不防突然暴起，先将岳飞杀死，再往卧室之中行刺周侗。不料来的少年非但练有一身惊人本领，应敌之际更是机警灵巧。他这里心念才动，左膀已被人一脚踏住穴位，半身全麻！当时负痛情急，忙起右手想要迎敌，又吃岳飞连打了两下重的，内中一粒铁莲子，竟将手背骨打碎了两根！当时痛彻心扉，怒吼一声，待由地上挣起；猛又觉眼前一暗，头上好似中了一下铁锤，就此晕死过去。

岳飞见矮贼头巾落向一旁，里面似有金光一闪。拾起拆开，乃是骨牌大小一块金牌，上面刻着似篆非篆的一团花纹，牌后还刻着"陶文"二字。再就着光仔细一看，那形似篆字聚成的一朵小团花，正是恩师周侗曾经写出给大家看过的金邦文字。正集中精力看时，忽听一声断喝，同时瞥见两点寒星由身旁飞过，跟着又是一声："哎呀！"

目光所到处，矮贼刚由地上挺身坐起，左手好似拿着一样东西，准备趁岳飞不注意，将其杀死。不料那两点寒星已先打中他的头上，一声惨号，重又倒地。

随见周义由台阶上纵落，右手拿着三支燕尾梭，见面笑道："刚才他想暗下杀手。我向他发了一支燕尾梭，这类毒药暗器，最是凶毒，我先拿这狗贼试一试手。"

岳飞见矮贼已被周义打死，只得笑说："此贼十分狡猾！我以为他已死，将他头巾踢落，发现这形似帽花的金牌，上刻一朵团花，很像金邦的文字，背面还有'陶文'二字……"

　　周义瞥见岳飞手里拿着那块长方形的金牌，忙接口道："这矮贼就是陶文吗，我真粗心大意，只见他要用兵器打你，我手上正拿着由凶僧身上搜出来的燕尾梭，随手赏了他两支，活该被我打死。听爹爹说，此贼和凶僧都是金邦最得力的奸细，金牌是他们的机密信符，休说外人，恐怕今夜来的这些贼党，都未必全见到过。我也由凶僧身上搜出好几张地图和探报我国兵力虚实的信，还有一块小金牌藏在束发金箍后面。我料此贼身上也许还有别的东西。我们快搜一搜，少了一个活口，没法问他口供，真个可惜。"说罢，二人一同动手。

　　矮贼果有一道绢手札和两封机密文件，贴身收藏。再翻院中群贼的尸首，除随身兵器外，只有一些散碎银子。

　　周义说："有了这两面敌人的金牌信符，今后可以再多杀几个强盗……"话未说完，忽听有人接口道："你两个快到这里来，我有话说。"

　　二人闻声回头，正是周侗站在台阶上面，语声比起平日似显微弱，不禁大惊！忙即走上。岳飞首问："恩师好些了吗？"

　　周侗微笑了笑，转对周义说："如今到处都有金邦派来的奸细，好些贪官污吏、土豪恶霸正和敌人勾结，想自找无趣，干些亲者痛、仇者快的勾当。快将搜出来的那些东西收藏起来。见了里正公差，就说群贼都是山东路上的响马，路过此地，见我房多整齐高大，以为是家财主，明火打抢，被我师徒打死了几个，余贼保了负伤的一同逃去。别的话都不用说，谁保险其中没有坏人。以后用得着时，再拿出来。"

　　周义连声答应，忙将搜出来的地图信符之类拿进房去收起。周侗又对岳飞说："你到里面端把椅子出来，把你新悟出的那套枪法，练一回我看看。"

　　岳飞闻言，心中一酸，不敢说周侗受伤之后不宜多劳，强笑答道："徒儿初次临敌，连经恶斗，不知怎的有些疲乏，明日再练给师父看吧。"

　　周侗见岳飞说时，一双大眼泪花乱转，明白他的心意，哈哈笑道："你今天怎么这样软弱？我不愿人对我说假话，快取枪来，练给我看！"

　　岳飞不敢违抗，只得依言行事，端来椅子，请周侗坐好，就在院中练将起来。这套枪法乃是周侗师徒近半年互相切磋研究发明出来，比杨再兴的六合枪更多变化。岳飞明已看出周侗神情和所说的口气不妙，仍不得不强忍悲伤，打起精神，将那一套新练成的九连枪施展开来。练时，偷看周侗正和周义手指自己低声说话，周义满脸都是忧急之容。岳飞正恨不能把这一百二十八式九连枪赶紧练完，上前探问，周侗忽命停手。岳飞忙收枪赶过。

周侗笑说："你真能下苦，居然半年光景就练到了火候。你听鸡声报晓，转眼王贵他们快来，不必练了。"

岳飞两次想问周侗伤势可好一些，均被周义暗中摇手止住。想起师门恩义，忧心如焚。后来实在忍不住，刚开口喊得一声："恩师……"周侗笑说："有的话我已对你二哥说了。这没有什么。你一个少年人，要放刚强一些。"岳飞越听口气越觉不妙，心方一紧，王贵已陪了王明，还有许多庄丁长工，持兵器火把赶到。

原来王明得信之后，仗着自己是个大绅士，和官府有交往，一面写信命人报官，一面命人去喊里正。然后带了庄丁，亲自赶来，说是昨夜强盗是来抢他，全仗周侗师徒相助，将强盗打死了几个，余党逃走。

周侗听完来意，微笑点头，连说两个"好"字。跟着徐庆也率众人赶回，报说关王庙中已无余贼，和尚并不知情。周侗听完，忽朝左右看了一眼，两膀微微抖了一抖。岳飞、周义先见王明刚到来，周侗坐在那里，身体颤抖，语声又是那么细微，早担着心，忙同上前，将周侗扶向卧室榻上，靠着枕头坐定。

停了不多一会儿，周侗朝众人看了一眼道："你们有话问老二吧。"又朝岳飞笑说："你要好好看重自己，不久国家就要重用你呢！"又指着众徒弟说："岳飞少有大志，智勇双全，将来定是国家栋梁，你们要扶助他精忠报国。"说完微微喘了口气，又略停了停，然后笑对王明说："这些年来，多谢你们了。"说罢，双目一闭，手朝岳飞一伸。岳飞忙将左手伸过，周侗一把握住。周义便将周侗身后枕头抽去，扶他轻轻卧倒；二人一试周侗鼻孔，已无气息。当时心神一震，不由得同声哭喊起来。

周义扑上身去，哭喊了一声"爹爹"，几乎昏倒。岳飞万分悲痛中，猛觉手被周侗握得更紧了些，比初握时的气力大得多，以为还有生机，忙喊："诸位师兄且慢，恩师还有气力呢！"

　　众人忙同止住悲号，仔细查看周侗神色，一个个都存了希冀之心，当时便静了下来，室中毫无一点声息。岳飞觉着周侗手劲很大，更是目不转睛，盯在周侗脸上，连口大气也不敢出。

　　似这样静悄悄地停有半盏茶时，周侗面色转红，两眼似睁非睁地望着岳飞道："你不许这样软弱，那扎马刀功有用，金人善于用马。你……"周侗双手颤抖着打开包裹，把兵书交给岳飞，叮咛一番，岳飞点头答应。周侗又拿出了剑谱交给岳飞道："飞儿，这是一本剑谱，是为师几十年心血的总结，现在把剑谱交给你，你要好好练功，报效国家。"岳飞接过剑谱，涕泪交加。

　　"张显，你喜欢使钩镰枪，为师就送你一本《钩镰枪法大全》，你自己好心参悟。"周侗把枪法大全交给张显，张显也感激得热泪盈眶。

　　"汤怀，你也是使枪之人，为师也送你一本《枪法大全》，你自己好好练习。"周侗把书交给汤怀，汤怀也是感激不尽。王贵看到三位哥哥都有礼物，心里琢磨，不知师父会给我送什么礼物。

　　"王贵，你也过来，你喜欢使刀，为师就送你一本《刀法精髓要诀》，你要勤加练习。"周侗把《刀法精髓要诀》交给王贵，王贵自然高兴不已。

　　"这是为师根据你们各自的实力和兴趣编纂而成，是为师穷毕生之心血归纳的，虽然算不上什么珍贵的礼物，但也是为师的一点心意，礼轻情意重，你们兄弟四个日后好好练习，争取更上一层楼。为师一生漂泊，身无长物，就这些东西留给你们，希望你们发扬光大。三位员外，这些年承蒙你们收留，周侗在这里谢谢你们。我死之后，不必张扬，草草料理后事就可，千万不要传到金狗的耳里。最近，金国奸细潜入我国，对汴京虎视眈眈，京师危在旦夕，你们兄弟一定要练好功夫，报效朝廷。这样，为师死也瞑目了。"三位员外答应了周侗的要求，四个徒弟也点头答应了。周侗看到一张张难过的脸，灰白的脸上掠过一丝笑容，气息微弱地说道："几位贤弟，若要……孩子们……日后……光宗耀祖，必须……跟随岳飞……一起……建功立业。他们兄弟……离不开……岳飞，希望……希望……你……好好……成全……他们。"周侗说到这里，一口痰涌上喉咙，双眼一闭，岳飞觉着手上一松，忙和周义仔细一查看，周侗心脉已停，渐渐手足冰凉。几个徒弟忍不住扑向周侗身上，哭叫一声"恩师——"，岳飞叫了声："爹爹——"急晕过去。众人自然哭成一片。周侗撒手离开尘寰时是宣和十七年（1135）九月十四日，享年七十九岁。话说周侗离开人世，岳飞哭得肝肠寸断，众人也无不哀伤。

岳飞刚刚醒转，里正来报官府验尸，周义便要出迎。王明说："老贤侄好好保重，你们不要管，都有我呢。"说罢，同里正出迎验尸官。

周义万分悲痛中，想起父亲遗嘱，见众同门多半哭得声嘶力竭，伤心已极，忙劝住。跟着，王明走进，说："事已如此，无可奈何，大家不要过分悲伤，还要遵照师父的嘱咐，帮助官府追捕余贼呢。"便和众人商计后事，买了棺木成殓，设灵上祭，照周侗遗嘱，准备葬在永和乡附近，并不扶柩回籍。王员外吩咐家丁把檀香棺木抬出来，那是给他老母准备的，现在，周侗突然离世，他只好将就一用。张达忙着准备死者衣冠，汤文仲忙着请和尚、道士前来做道场。

李春听说周侗病情突然恶化，急忙来探看，但想不到周侗突然去世，不由得痛哭流涕，对王员外说："王员外，周老英雄生前嘱托我一件事，要我替他办成，现在周老英雄撒手尘寰，我不得不趁着他魂魄未去，和你说了。周老英雄和我回麒麟村的路上，途经沥泉山，他指着沥泉山那块高地对我说，他死后要葬在那里，他想看着他的四个徒弟是怎样走出麒麟村，又是怎样风风光光回麒麟村的。这样，他死也瞑目了。他说，那块高地是你家的，要我在他离世后再跟你提及这件事，不知你肯否答应？"

王员外爽快地说："既然是老英雄临终遗嘱，我何乐而不为？大宋第一英雄豪杰能够葬在沥泉山，那是我王家的荣耀。李县令，你放心，老英雄想在那个地方落枕，我绝对依从。"王员外爽快地答应了。

"那我先告辞，等到老英雄登山那一天，你们派人通知我一声，我再来送他一程。"李春说罢来到岳飞跟前，扶起岳飞，劝说道："贤婿，人死不能复生，节哀顺变吧！我知道，你和周老英雄父子情深，舍不得他离开，我们大家谁又舍得他离开呢？俗话说'阎王要你三更死，绝不留你到五更'，这也是无可奈何的事。"

"岳父，我知道你是一片好心，只是干爹去得这样匆忙，怎叫我不伤心呢？这几年来，干爹对我关爱有加，传我武艺，教我做人的道理，积劳成疾，回想起这一切，岂不叫我痛心疾首？"岳飞泪流满面地说道。李县主与大家告辞了。

一日亥时，众员外准备好衣衾帮周侗沐浴入棺，灵柩停在王家庄内。在庄内设下了道场，请了四个和尚、两个道士做了七七四十九天法事，然后请来李县主，共同将灵柩送往沥泉山那块高地。

殡葬之后，众人纷纷离开，只有岳飞兄弟四人仍然留在墓地。三位员外明白孩子们的心理，也不好横加阻拦，只好让他们随着岳飞。岳飞在墓地搭了一个简易的草棚，在草棚里待着守墓。张显、汤怀、王贵看到大哥一心一意替师父守墓，也只好留下来陪伴他。一连过了七七四十九天，已经进入隆冬，几位员外爷心疼儿子，相继把他们接走了。墓地里只剩下岳飞，他说什么也不肯离开。

却说冬去春来，转眼到了二月清明时节。众员外爷带着孩子们来上坟，一来祭奠周侗，二来劝说岳飞回家："鹏举，你老母老父在堂，无人侍奉，不宜久居此地，你最好收拾一下，跟我们一块儿返回麒麟村。"岳飞一口回绝，还说要守孝三年。王贵等说："爹，你不要劝他了。岳大哥就是一根筋，他决定了的事情，谁也无法改变。还是让我们先把这个棚子拆了，看他住在哪里。"王贵说罢就动手。张显、汤怀见了，拍手称快。他们也走过来，帮助王贵一起动手。兄弟们三下五去二，不一会儿，就把草棚拆得一干二净。都是自家兄弟，当着各位员外爷，岳飞又不好冲他们发脾气，只好跪在师父坟前大哭一场。兄弟们说："员外爷，你们先回去吧！我们三位弟弟再多陪陪师父。"岳飞回头先谢了三位员外，然后答应了他们停一会儿回去。

"爹，你们回去吧！我们再陪陪师父。"王贵说道。

"好吧！你们一定要带着你岳大哥一起回来。"王员外叮嘱一声坐着轿子回去了。张达、汤文仲两位员外也乘着轿子各自回家了。

兄弟四个捡了一个山嘴坐下，这里可以看到沥泉山的美丽景色，也可以看到麒麟村的袅袅炊烟。张显、汤怀、王贵吩咐家丁将果盒打开，端出供果、酒食，兄弟四个把酒临风，祭奠师父。汤怀端起酒杯，喝了一小口，说道："岳大哥，老伯母独自一人在家，无人照看，岂不凄惨？今天你和我们一块儿回去，伯母不知有多高兴。"

"大哥，自从在山上守墓，小弟的文字武艺都生疏了，将来怎么去夺取功名？这回你下山，一定要好好教我。"张显说道。

"三位贤弟，自从义父去世之后，这功名之事我不挂在心上。人生一世草生一秋，功名利禄对我来说，已经不那么重要了。"岳飞淡淡地说道。

"大哥，你要是这么想的话，那我们日后建功立业、光宗耀祖之事就更加没希望了。"王贵说道。

"大哥，你难道忘了师父他老人家临终之前是怎么交代你的吗？难道你忘了师父的遗愿吗？你的责任感哪里去了？"张显问道。

"是呀，大哥，师父的恩情固然难忘，可是师父的教诲我们不能不听。眼下，国难当头，如果大哥不振臂一呼，那我们又怎么去报效朝廷呢？大哥，振作起来吧！"汤怀也从旁劝说。

岳飞听了三位义弟的一番话，默然无语，他的心里也在想着师父生前说的每一句话，思想慢慢转到抗金报国上。

突然，身后的草丛里传来了窸窸窣窣的声音。"谁？出来！"岳飞回过头来冲草丛里大喝一声。"大王饶命、大王饶命……"喝声过后，从草丛里钻出一个中年男人，脸色苍白，浑身颤抖，嘴里一迭声叫道。

"大哥，不要怕，我们都是好人。我们在此祭奠师父，顺便喝杯酒聊聊天。我们并不是什么山大王，你为什么叫我们大王？难道你见过什么山大王？"岳飞好奇地问道。中年男子说："有一个黑面大汉见了我们，说话粗鲁，说：'呔，此山是我开，此树是我栽，要想从此过，把礼送过来。'小的没有搭理他，他居然挥拳打来，小的连滚带爬，跑到这里藏了起来。"

第四节 初识牛皋

正说着，忽远远见乱草岗转来一大汉，面如黑漆，身躯长大，头戴一顶镔铁盔，身穿一副镔铁锁子连环甲，内衬一件皂罗袍，紧束着勒甲绦；骑一匹乌骓马，手提两条四棱镔铁铜。中年男子指着说："就是他！"

王贵道："常说此处有强盗装束与此人相同，加之这人模样如凶神恶煞，肯定是山上下来的强盗。"汤怀道："我们前去拿了强盗，为民除害。"张显说："正好看看我们的武艺怎么样？不过赤手空拳，怕打不过这贼。"正说着，那莽汉走来说："呔，你们在此干什么？莫非想打劫牛老爷，可不知牛老爷原来是山大王，专门打劫富户的，你们今天可是鸡蛋碰石头，今天老爷走投无路，正缺银子，你们拿来便了，不然有来无回。"三人看黑大汉说话粗鲁，断定就是强盗。正欲动手，岳飞忙制止他们。三人忙说："此大汉是大家常说的强盗，今日居然想打劫我们。可是我们手里没有家伙，正发愁呢。"岳飞道："无妨，我看此人是个粗鲁之人，可以智取，不可硬拼。我不带家伙说明我的诚意，同时也可以放松他的警惕。我先好言相劝，看他是不是能够弃恶从善；如果他不听劝告，一意孤行，到时候再动手也不迟。如果我实在敌不过他，到时候你们三个再一起上来。"岳飞走上前去，笑着说道："朋友，为兄向你求个情，先放过他们吧！他们也都是穷苦人出身，够可怜的。"黑脸大汉打眼一望岳飞，只见他眉清目秀、器宇轩昂，说话一脸和气，好奇地问道："你是何人？为何管这闲事？本大爷需要银子送礼物，难道你是给本大爷送礼的？"岳飞和颜悦色地道："当然，俗话说：靠山吃山靠水吃水，你干这营生，自然也是为了糊口。但是要分个对象，穷老百姓哪里有钱给你！"黑大汉说："我不管，我要给投奔人送见面礼，没有银子。正好遇到他们，不仅不给银子，还跑了。"

岳飞道："我是富商公子，我家的伙计和马车都在后面，这些人都是小本买卖，没有什么油水可捞，你就放了他们，他们那份我来出。"黑脸大汉听了，觉得颇有道理，于是说道："你这娃娃，倒也通情达理。看在这位公子面子上，饶了你们，你们走吧。"众人爬起来，千恩万谢地离开了。

"小子，现在总可以替他们把礼物送上来了吧！"黑脸大汉说道。

"我虽然答应了，可是，我的两个伙计不会答应。"岳飞平静地说道。岳飞说着把两个拳头扬了一扬道："喂，黑大汉，你要打劫，敢和我的两个伙计比武吗？你要打不赢，就要把马匹盔甲留下，从此再也不许打劫。"黑大汉说："你的伙计在哪里？"岳飞举举拳头说："这就是我的两个伙计。"黑大汉大怒叫道："谅你何本事，敢来捋虎须。但你只一双拳头，我拿着铁铜，赢了你算不得好汉。也罢，我也用拳头打你呗。"说着，把双铜挂在马鞍上，跳下马，举起拳头向岳飞打来。只见岳飞不慌不忙，躲过拳头，把身子一闪，反闪到那汉身后，飞起一脚，借他前冲的力量，轻轻地点在他屁股上，那汉站立不稳，摔了个嘴啃泥。那汉一骨碌爬起来，大叫一声："气煞我也。"遂在腰间拔出佩剑，就要自刎。岳飞慌忙一把拦腰抱住，叫道："好汉，何至如此。"黑汉子说："我牛皋一路走来，只有我打倒人家，头一次被人家打倒。我有何面目去见周大侠。"岳飞说："我又没有和你交手，是你自己鞋底打滑摔倒的。你若因此自尽，岂不滑天下之大稽。"那汉喃喃地说："是我自己滑倒的？我怎么感觉有人点了我一下。大概是你踢了我一下，好大的力气，牛爷爷还从来没有被踢倒过。请问小白脸尊姓大名？"岳飞道："在下姓岳名飞，在附近麒麟村住。"那黑汉子问："既在麒麟村住，可知有个周侗师父吗？"岳飞说："他是我义父，也是我师父。"黑汉子道："我输给你不丢人，原来你是周侗的弟子，又是他的令郎，何不早说，使小弟得罪了。"

几个人便坐在草地聊了起来，牛皋道："在下也是陕西人，姓牛名皋，和周侗师父是同乡。家父也是行伍出身，对周侗师父非常敬佩。父亲临终前有遗言，要我一定找到周侗师父，拜他为师，学习武功，将来报效朝廷。因为父亲的遗愿，所以我们母子二人变卖家产背井离乡一路找来。来到相州，听说周侗师父在内黄县，于是我们就来到内黄打听。最后听说周侗师父住在麒麟村，故此来到这里。路上盘缠用尽，我们母子俩难以生存，途经乱草岗，又遇到了一伙山贼拦住去路，我失手将他打死，夺了他的这副盔甲鞍马和兵器，赶走了众喽啰。我想，我们母子身无分文，生活无以为继，不如在此打劫几个往来客商，得些钱财，一来养活老母，二来找到周侗师父之后做些见面礼。于是，我把老母安置在后山的山洞里，也当起了山大王，出来干这行当。今天，不想在这里遇见了周侗师父的令郎，真是老天有眼。"黑脸大汉说到这里，扑通跪下，说道："我牛皋今天败在周侗师父的传人手下，不丢脸。大哥，请带我去见周师父吧！"

岳飞将牛皋扶了起来，并介绍说："这是我的三位结拜兄弟，张显、汤怀、王贵，我们兄弟四人都是周侗师父的徒弟。"牛皋和他们兄弟三人一一打招呼问好。牛皋道："岳大哥，我母亲就在后山山坳里，路不远，你们一起去吧！我老母要是听了周侗的徒弟来了，一定高兴得不得了。"

"既然如此，我们就去看看伯母。请前头带路。"岳飞说道。牛皋欣欣然走在前面，兄弟四个随后跟着，走了没多久，来到了山坳里，山坳里有一个山洞，外面用柴扉遮着，甚是隐秘。牛皋揭开柴扉，带着岳飞等人走了进去，高兴地叫道："娘，我把周侗师父的四位徒弟请来了。"牛母听说是周侗的徒弟，自然满心欢喜。她乐呵呵地招呼客人坐下，然后将先夫遗命投奔周侗之事说了一遍。岳飞听了老人的一番话，垂泪答道："义父不幸于去年九月离开了人世，他去得非常匆忙，连我们也没想到他老人家会去得如此之快。"老人听了，一脸的失望，一脸的悲哀，说道："老身受先夫所托，不远千里带着儿子寻找周侗师父，没想到周侗师父如今已作古人，从此我儿失教，功名无望，你叫我情何以堪？老身白白浪费了这么多光阴，回家也无望了。"老人说罢，痛哭起来。岳飞安慰道："伯母不必伤心，家师虽然去了，还有小侄在，本领虽然不及先父，也学到了不少东西，我这三个义弟也是家师的徒弟，也有一些本事，你们如今已经到了这里，不如跟我们一起回去居住。让牛兄也跟我们一起练武，你看这样行吗？"牛皋道："娘，这位岳飞兄弟功夫非常了得，不如我们随他们一起去吧！"牛皋母亲见儿子这么说，知道岳飞本领高强，于是道："好吧！既然你们如此厚待我们母子，那是我们的福气，只是太麻烦你们了。"老人揩干脸上的泪水。张显、汤怀、王贵一同说道："伯母，我们欢迎你们的到来。"牛皋道："岳大哥，如果你不嫌弃，我牛皋愿意做你的小弟，日后我们兄弟五人一起练武，一起闯天下，花开五朵，你看行吗？"张显、汤怀、王贵连声叫好："好啊！我们又多了一个好兄弟。"岳飞也点头答应了。

牛皋见岳飞答应了，欣喜若狂，牛母也非常高兴。岳飞说："伯母，收拾细软随我们一起回麒麟村。"母子俩赶紧收拾，完毕，牛皋把母亲扶上马背，牵着马随着岳飞等人一起来到了王家庄。到了庄门口，牛皋扶着老母亲下了马，到岳飞家里，见了岳安人，将事情始末说了一遍。岳安人吩咐岳飞把三位员外请来，牛皋一一拜见，又将事情原委说与三位员外。三位员外大喜，当日在王员外家里设宴，与牛皋母子接风洗尘。至此，牛母和岳安人同居做伴，牛皋和岳飞住在周侗师父的书斋。选了一个良辰吉日，兄弟五个正式结拜了兄弟。

牛皋虽然与几个小兄弟结拜为生死兄弟，只可惜没有见到周侗大侠，只好跟着岳飞等切磋学艺。王员外为了让牛皋和岳飞就近来往，就安置牛皋母子在自家附近空房居住。

第五节 内忧外患

　　岳飞和穷师弟徐庆经常同榻而眠。这一日见他闭着眼睛，仿佛睡得很香，脑海里盘算未来的事，便蒙眬睡去。隔了一会儿，忽被徐庆摇醒，徐庆附耳说道："你先不要开口，我有要紧话对你说。休看都是同门师兄弟，情分也都不差，但富贵人家子弟到底和我们两样，有的话还不能让他们听见。"随把来意说了。

　　原来徐庆愤恨朝廷无道，民不聊生，到处流离失所，朝不保夕。再见金兵压境，虎视眈眈，边境上的良民不时受到敌人的侵害，一班有志之士和许多受苦不过的人，不是去往军前投效，打算为国杀敌，便是率领那些苦难的百姓起义造反，想把昏君和手下奸贼除去。听说汤阴聚集了许多难民，后面还有好几起也要陆续赶到，他认为这是一个极好机会，想把这三家财主说动，帮助起义。有他们的财力相助，容易成事。如果员外怕惹事置身事外，我们可以一面鼓动难民，一面把他们儿子王贵等三人拉在一起。先把相州各县占据，然后招纳流亡，共图大事。那时木已成舟，这三家财主都只一个独子，断无不从之理。因自己和岳飞同门至交，特此商计。

　　岳飞听完，呆了一呆，悄悄问道："此事关系重大，明天我再回话如何？"

　　徐庆拉紧岳飞的手，急道："你平日不是和我一样的心思吗？怎么今天受到财主人家一点款待，心就活动了？"

　　岳飞笑说："你太轻看我岳飞了。休说以前，就是现在，我也和你心思一样。我也知道，各处的民变都是官逼民反，并不是百姓的错处。但是国有内忧，必来外患，内乱越多，越使敌人多出进攻的机会。我们国力本就凋敝，再若自相残杀，使那虎狼一般的强敌乘虚而入，万一造成国破家亡之祸，我们岂不成了千古的罪人吗？休看朝廷无道，各路兵将不会全是饭桶。兵力虽有强弱之分，如能善用，也是力量；而这些起事的难民，多半是年轻力壮之人，动起手来，非常勇猛。但容易人心涣散。若能晓以大义，加入官兵，引着他们同御外侮，定必人人奋勇，个个争先。这力量比官军要大得多！我们不把这些力量用来对付敌人，却用来同室操戈，使敌人坐收渔人之利，我们因此当了亡国奴，岂不冤哉？"

徐庆苦笑道："你话倒说得对。只是你我弟兄空有一身本领，眼望着贪官污吏、土豪恶霸倚势横行和百姓流离，眼睁睁看着老百姓受苦受难，就不过问了吗？"

岳飞道："时日易丧，冰山易倒；社鼠城狐，转眼消亡。若是内乱纷起，敌人得志，国如不保，民将焉归？到时老百姓更难生存。此时只应全力对外，先保全了国家，再救百姓才是要紧。轻举妄动，万来不得！"

徐庆又问："如今奸臣当道。我们弟兄出身寒微，既没有人援引，又没有建功立业的机会。难道就永远受苦受难，老死荒野不成？"

岳飞笑道："自古以来，埋没的英雄豪杰虽然很多，那都是在国家无事的时候。今当国家多事之秋，正是我们出力之时。只遇到一点机会，便能为国尽忠，为民除害，外抗强敌，内去权奸；本身功业也必因此成就。周恩师曾说，到什么时候，说什么话，办什么事，我们只把形势认清，看准再做，不愁没有出头之日。"

徐庆道："我越听你的话越有理。只是师兄弟已先走一步，吉青、霍锐业在太行山占了山头，专和官军对抗。我这次便是受他二人来信之托，想把这些难民鼓动起来。等到占了汤阴，再把相州十八里岗两个坐地分赃的恶霸除去，夺了他的粮马兵器，就此起事，算计得很好。照你这样说法，这封信怎么回呢？"

岳飞大惊问道："师父归天不久，和他们分手不多天的工夫，吉青、霍锐就占山落草了吗？"

徐庆答说："你看，这是他们的来信。"

岳飞见对榻王贵业已朝里睡熟，便轻轻走向灯前，把信看了两遍，想了又想，回对徐庆说："照他们来信所说，轻举妄动，万万不可。不过留这一支人力，可为后用。这封信等我日内和你一同回复吧。为了国家大局，我们从长计议那才好呢。"

徐庆笑道："你亲自回信，再好不过，我们先睡。"

第六节 岳家军雏形

第二日一早，岳飞众小弟兄六人往村外赈济难民，快到中午时分，忽见一员差官带了两名旗牌，骑了三匹快马，直往庄中汤家驰来。来人向兄弟六个作了一个揖，说道："小人乃是这里的新任里长，昨日，相州节度使刘大人行文到了县衙，说希望各地武童为了抗金，全都上相州参加考试，考取了才能上京应试。县令大人知道各位武功超群，特意派我来通知各位。"岳飞听了说道："有劳了，烦请回去禀报岳丈大人，就说岳飞知道了。"里长领命而去。岳飞、牛皋、汤怀、王贵、张显、张涛听了，喜不自禁，知道这是岳飞夺状元，大家上京投军的好机会。

次日，岳飞骑马进城，来到内黄县衙门内，拜见了岳父，便道："小婿要到相州院考，特来拜别，还有一个结义兄弟叫牛皋，也要去应试，只因前日未曾小考，要求岳父大人附册送考。"李春当即答应道："你的老家汤阴县就在河南相州，你正好回家探望。我有一个同年在汤阴县做县令，叫徐仁，已托付他把岳家庄祖籍重修。徐仁为人正直，颇有名声，就是刘都院也很敬重他。"并一面吩咐衙中摆席，一面写信一封交予岳飞道："贤婿可带着这封信，给徐县令看了，这补考诸事就好办了。你捎带看看岳家庄建得怎么样了。"岳飞收好信，吃了酒席，拜谢出来。

回到家中，汤怀、张涛和众乡绅富户均在王家，商议给难民发放衣粮之事，和来人谈有半个多时辰，方始送走。跟着汤永澄便命人将岳飞等小弟兄请到里面，先朝岳飞笑说："岳贤侄，我们知道你们快要出去建功立业了。请放心，家中之事不用操心，你们一心保家卫国好了。"

原来真定宣抚使刘韬乃是老将宗泽的旧部。日前接到宗泽一封密函，说童贯等奸贼误国，甘受金人屈辱，又为辽兵所败，致启金人野心："以为我国穷民困，兵力单薄，不久定要大举来犯，我军必须早为防备。我已奏请朝廷，招募武勇忠义之士，以作边防防敌之用。河北、河南各州与敌接近，最关紧要。当朝命未下以前，速在当地招募忠义敢战之士，暗中训练起来。万一此时为奸臣所阻，便将原有老弱无用的州兵裁去，将新募勇士补上；内中若有才勇过人的，必须当时提拔，使为国用，千万大意不得。"过了些日，朝廷降诏，命照宗泽所请行事。刘韬本就日夜担心金人南犯，忙密令所辖各州县招募敢战之士。因和内黄县汤永澄旧日同僚，知关中大侠周侗大名，培养了一批武童，常带徒弟和许多庄丁练习弓马，儿子汤怀又是其门下。为此派了二名州将，拿了亲笔书信，一方面请知县公开招募；另一方面来请永澄相助物色人才，代为推荐招募。

永澄不愿靠自己的情面来推荐众小弟兄，当时回了封信，说："今当国家多事之秋，稍有血性的男儿，都愿从军杀敌。只要真心选拔真才，便不愁没有人才前来应募。若是事前荐举，老弟有了先入之见，既难免于偏爱，又使其他寒素之士，有无人援引的容易产生埋没之感。我二人都是行伍出身，深知此中况味，既承重命，到时必有人来应募。兄弟定会全力以赴，绝不辜负老弟所望。"

写完信，又对来人说："你回复刘宣抚，说我一定照他所说行事，非但我所知道的人，他们都会自去应募，别的州县，定还有不少被埋没的人才。请他挑选时千万留心物色，对那真正有本领的不要放过。"

永澄送走来人之后，忙请岳飞众小弟兄商议，并说："有的官府准备联合富家壮丁镇压难民之事，已被刘韬严令阻止，金人不久必要南侵。你们正当少年，又有一身本领，为国杀敌，义不容辞。我不愿你们做人情货，初去时全是当兵，凭自己真刀真枪来建功立业。只是开头难免受苦，连我的儿子也不勉强。谁愿意去？说话。"

岳飞闻言正合心意，先朝徐庆看了一眼，起立答道："小侄愿往。"徐庆跟着忙说："我和岳师弟一同去。"汤怀、张显也说："我们都去。"

王贵刚要开口，王明忙抢口说道："既然四位贤侄都去，等这里放赈事办完，小儿也去便了。"王贵见父亲暗中示意，没敢再说。

永澄笑道："这是关系个人一生事业和安危成败的事。此去应募，全出自愿。休说令郎，我和张贤弟想挑百把名庄丁前去协助应募，也都要问过本人才定呢。"王明微笑了笑，没有答话。张涛接口笑说："看刘韬来信甚急，这班人几时起身呢？"永澄道："好在救济难民的事，岳贤侄业已办得井井有条。再来难民时，照他所说去做，绝可无事。何况他父亲又是一个能干热心的人，一样可以把事办好呢。这和我们当年从军一样，当兵的人不用多带行李，说走就走。先让他们歇息一半日，岳贤侄也回家去和他父母亲谈一谈。如无话说，明日来此，就准备起身的事吧。"岳和在旁忙接口道："内人早就想令小儿建立功名，断无不愿之理。"张涛笑说："弟妹贤德，我早听人说过。休看我和汤大哥每人都只有一个儿子，平日有些娇生惯养，但这是关系他一生前程的事，我弟兄绝不姑息。天已不早，你父子全家明天就要分手，这里有一百两银子，是我和张大哥送给岳贤侄安家和做路费的，请拿了一同回去，明天再见吧。"

岳和父子再三辞谢，不肯收那银子。永澄故意把脸一沉，对岳飞道："我是粗人，没读过什么书，但我也听读书人说过，好像孔夫子有这么两句话，老年人要给年轻人东西，年轻人不收，就是失礼呢。"

王贵接口道："那原文是'长者赐，不敢辞'。"永澄笑说："好像是这么两句话，我记不清了。不管孔夫子怎么说吧，我要送人东西，人家不要，就是看不起我，我可要急了。"

岳飞还想婉言辞谢，岳和早看出永澄豪爽，没有什么虚假，若再推辞，恐其不快，略一寻思，便命岳飞收下。岳飞只得上前拜谢，告辞先回。

岳和因同岳飞回转。汤怀、张显知道徐庆家也贫，又各禀知父亲，各人送了几十两银子，作为川资和购买衣甲马匹之费。徐庆因正等用，并未推辞。

岳和父子走到路上。岳飞笑问："周老恩师所赠衣甲兵器全都现成；张、汤二位世伯所赠银两，是否收得多了一些？"岳和说："此银我本来不想收。一来张、汤二老盛情难却；二来这次救济难民，都因汤世伯和你谈得投机而起，否则绝没有这样方便。人家一番好心，若再坚拒，他一不高兴，连原有的情分也伤了。此银你可带走一些，其余留在家中救济用吧。"

岳飞到家见了母亲，说起要往真定应募投军之事。岳母早知金人残暴及遭难百姓身受之惨，心中愤恨。再想到周侗对岳飞所说的话，固然是巴不得爱子早日出去，为国杀敌，建立功名，以报答周侗的知遇之恩。

岳飞见慈母是那么殷殷慰勉，喜笑颜开，才放了心。岳母因明早爱子就要起身，天黑不久便命早睡。岳飞觉着真定离家虽不算远，此去身入军籍，再想回家探母，恐非容易。

岳和却因年老多病，爱子一去，不知何年才回，口里不说，心中不舍，笑说："吾郎天性素厚，明日一早就要分别，容他多谈一会儿也好。"

次早，岳飞起身，岳和业已先走。正准备收拾完了衣甲，再去买鞍，忽见王贵带了两名庄丁，疾驰而来，后面还带着鞍辔，见面笑说，奉了父亲之命，送一副马鞍和一百两银子与岳师兄。因为昨日当着人不便多赠，今早特来补送等语。

岳飞知道王明心意，碍着王贵同门情面，只得禀告母亲收下。送走王贵之后，岳飞陪着岳母谈到傍午，方始拿了行李、兵器赶往汤家。见徐庆也是刚到，另外还有一百二十名庄丁，都是汤、张二老挑选出来的壮士。当日还要等做衣服，演习武艺，明日才走。

张涛和汤永澄商量，特在自己家中备下十几桌酒宴，为这一百二十四人饯行。岳飞一到，便即同去入席。

那一百二十名壮士都曾习练过岳家拳，拳棒弓马俱都来得。众人吃完饯行酒，便同去平日练习弓马的广场。张涛先对众人道："我和汤大哥年都老迈，只盼你们能为国家出力，为乡里争光了。你们此去，都是当兵，前程大小，全靠自己的为人和本领。不过本领有大有小，蛇无头而不行。你们这一百多人，也得有人为首才好。如命汤怀、张显为首，我两家的庄丁，自然没有话说。我原本也有这个意思，后因汤老员外说，此去投军不比在家里，谁的本领高，谁就当头，才合情理。昨天报名之后，你们的弓马刀枪也还不曾试过，我和汤老员外的意思，连你们和岳飞、牛皋、徐庆、汤怀、张显五人，全在一起，考较一回拳棒弓马，选出两人带领，不管他是什么人，只本领最高，就是当头人。你们以为如何？"

众人同声应诺。汤、张二老又送给壮士们每人十两银子作盘费，命众人先比弓马，再考拳棒。于是，一百多条好汉先后比试过弓马拳棒。这班年轻的壮士俱喜习武，平日常听汤怀、张显夸过岳飞的本领，于是找他学过岳家拳。这次赈济难民又由岳飞主持，都觉得他有才干。等到一比弓马武艺，更是比谁都强，不由得个个赞服，同声喝彩。汤永澄对众人说："岳飞文武全才，理应选他为首。你们兄弟外出也要有个名分，称岳家军如何？"众人全都喜诺。永澄随命岳飞先领众人演习步伐。

岳飞早看出汤、张二老对他的一番盛意，但知道两位老将家居纳福，壮心未已，平日专以兵法部勒手下丁壮。自己虽然学过兵法，到底不曾实地练习，先还恐教得不对，有些顾虑。后一想，天下事都从不会当中学来。这两位世伯都是身经百战的老将，难得对我这样热心，正好照着恩师所传，当面演习，以求得他们一些指教，如何临场气馁起来？念头一转，先谦谢了几句，便将这一百二十人分成四个小队，分交张显、汤怀、徐庆、牛皋四人率领，照着周侗所传步伐进退、战阵攻守之法，连教带演习了半日。因为这些丁壮平日受过训练，岳飞所教虽有不同，经过训练，也全学会。

张、汤二老见岳飞指挥着这一小队人，纵横变化，无一处没有呼应。牛皋、汤怀、张显、徐庆四人，也都能照着岳飞所说，做得一丝不乱。自己虽在军中数十年，像这样整齐严肃、动作神速的行军攻守之法，却是从未所见。问知全是周侗教授，而岳飞又所得最多，也最精熟，逐渐自成一体，创建岳家拳——心意六合拳，不禁大为惊服，称赞不已。为求熟练，又在高兴头上，一面准备夜宴，为这班投军的岳家军少年人预祝成功；一面命人去请众绅富来看演武。一直演到日头偏西。

岳飞经汤怀、徐庆怂恿，又将师传跃马"注坡"（骑术）之法传与众人。四小弟兄带队演习一回。汤、张二老固然连声夸好，众绅富也是赞不绝口。只有王贵一人，因乃父王明唯恐爱子受苦，另有打算，在旁观阵，十分技痒。

王明看出爱子心意，笑说："贵儿！你不是和我说，周老师教过你的兵法么？何不也到下面练上一回，请二位老世伯指教，长点见识？"

王贵受过周侗指教，知道军旅之事森严如山，就是随便演习，也丝毫轻忽不得；再见岳飞手持令旗，全神贯注场上众人的动作，神态严肃，如临大敌之状，知他平日对人虽极谦和，遇到正事，却是丝毫不肯迁就。父亲所说，岳飞不表态，恐难答应，心正为难。

永澄冷笑道："王员外！兵家之事非同儿戏。我知令郎是周老先生的高足，本领料不在他们四小兄弟之下。不过这班立志从军、为国杀敌的少年人，刚把队伍成立起来，最要紧的是军规！他们还没有经过战阵，若还当作庄丁看待，一开头就乱了他们的章法，就不好了。请恕我的口直，改日我们同去贵庄，再请令郎当众施展着玩如何？"

王明闹了一个无趣，知永澄性情刚直，只得舍着一张脸，赔着笑说："汤老大哥说得对。改天我奉请诸位，再叫小儿表演吧。"永澄没有答话。王贵见父亲窘状，好生难过。岳飞操演岳家军完毕，永澄便命摆席，众人一同尽欢而散。

当晚，几个小弟兄都非常兴奋，哪里肯睡！王贵向众人说："我本想随诸位岳家军师兄弟前去投军，爹爹偏叫我后去，也不知什么意思。这一分手，不知将来能否和你们在一起呢？"

岳飞见王贵愁容惜别，正在劝慰，忽然想起一事，便将昨晚所写的信暗中交给徐庆，又嘱咐了几句。徐庆说："昨日见你事情太忙，以为无暇及此，因此已照你的意思说与来人，打发走了。这封信比我所说详细得多，我再把信亲自送去。好在你已先往应募，我晚去数日无妨，上路时我自打主意便了。"张显知岳、徐两人家贫，忙问道："两位师兄有什么为难的事吗？"徐庆接口忙编个理由答道："我与人合伙贩药材，还有一些未了之事，想请诸位先走，再赶去呢。"汤怀、张显都不愿徐庆单走，岳飞笑说："无妨，只匀出一匹快马给他，至多晚来几天而已。受人之托，忠人之事，让他后来，也是一样。"跟着又谈一阵，方始安歇。

次日一早，众人便辞别汤、张、岳和三老及王贵等，起身往真定赶去。岳飞见一百二十名弟兄全是步行，便和汤、张、牛三人说好，将四人的马都用来驮干粮，人全步行上路。由此无论打尖宿店，都是岳飞抢先安置，设想又极为周到，众人更加心悦诚服。岳飞看出众人都是互相关切，情同手足，又和牛、汤、张三人商议，按照兵法行军。一路上，晓行夜宿，说说笑笑，不觉来到汤阴县衙门。却说徐县令正升堂理事，门役来报："河北内黄县有几个武士，口称：'李春老爷有封信转交徐老爷'。"徐县令吩咐："快快请他们进来。"几人来到公堂，将信承上。徐老爷细细看了道："都院我央人照应，明日候考便了。"

众人全都喜诺，小小一队岳家军人马，行列非常整齐。刚到真定境内，便听路上人说，刘宣抚招募新军，已来了不少应募的壮士。过了一夜，次日，五个人齐至辕门，来见中军。岳飞上前禀道："岳飞等五人求大老爷看阅弓马，相烦引见。"中军洪先听了，回转头来，问家将道："他们可有常例（礼物）送来么？"家将禀道："不曾送来。"岳飞听见，便上前禀道："武生等不知这里规矩，不曾带得来，待回家着人送来罢！"洪先道："岳飞！你不知，大老爷今日不考弓马，你停三日再来吧。"岳飞只得答应，转身出来，上马回寓。一路众兄弟议论纷纷："这个中军因为我们没有送银子，故意刁难？"

忽见徐县主乘着四人暖轿，众衙役左右跟定。将到面前，五人一齐下马，候立道旁。县主在轿中见了，吩咐住了轿，便道："我正要去见洪中军，托他周全考事，不道贤契们回来得恁快，不知考得怎样了？"岳飞禀道："那中军因不曾送得常例与他，叫我们过了三日再去。"徐仁大怒道："胡说！难道有他这中军，才考得；没有他这中军，就不考了么？贤契们可随我来！"五人答应一声，各自上马，跟着徐县主来到辕门，投了手本。传宣官出来一声："传汤阴县进见！"两边呼喝声响。徐仁进了角门，踏边而上，来至大堂跪下。刘都院说声："请起。"徐仁立起，打了一拱道："卑职禀上大人，今有大名府内黄县武生五名，求大人考试弓马。"刘都院就吩咐传进来。旗牌官领命，将五人传入，到丹墀跪下。刘公看那五个人的相貌，个个魁伟雄壮，心中好生欢喜。只见中军洪先走上厅来禀道："这五个人的弓马甚是平常，中军已经见过，叫他们回去温习，下科再来，怎么又来触犯大老爷？"徐仁又上前禀道："这中军因未曾送得常例与他，故此诳禀。这些武生三年一望，望大人成全！"洪先又道："我早上明明见过他的武艺低微，如何反说我诳禀？若不信，敢与我比比武艺么？"岳飞禀道："若大老爷出令，就与你比试何妨？"刘都院听了各人言语，说："也罢！就命你二人比试武艺与本都院看。"二人领命下去，就在甬道上各自占个地步。洪先叫家人取过一柄三股托天叉来，使个门户，只听得索郎朗的叉盘声响，使个"饿虎擒羊"势，叫道："小子，你敢来么？"岳飞却不慌不忙，取过沥泉枪，轻轻地吐个旗鼓，叫作"丹凤朝天"势，但见那冷嗖嗖乱舞雪花飞，说声："恕我无礼了！"

那洪先恨不得一叉，把岳飞就叉个不活，举起叉，望岳飞劈头盖将下来。这岳飞把头一侧，让过叉，心中暗想："我和他并无大仇，何苦害他性命？"这洪先又一叉，向岳飞劈面飞将过来。那岳飞把头一低，侧身躲过，拽回步，拖枪而走。洪先只道他输了，抢步赶将入来，望岳飞当背一叉。岳飞忽转过身来，把枪向上一隔，将洪先的叉掀过一边，趁势倒转枪杆，在洪先背上轻轻地一捺。这洪先站不住脚头，扑的一跤，跌倒在地，那股叉也丢在一边了。厅上厅下这些人禁不住喝声彩："果然好武艺！"那刘都院大怒，叫洪先上去，喝道："你这样的本事，哪里做的中军官！"叫左右："与我叉出辕门去！"左右答应一声，将洪先赶下丹墀。洪先满面羞惭，抱头鼠窜地去了。刘都院说："明日院试，你们来吧。"岳飞等随徐知县告退。岳飞初露锋芒，赢得了一片喝彩声。徐大人和刘都院对岳飞寄予厚望，说道："五位小英雄，你们既然来到了相州参加考试，规矩不能失，先考弓马，再考兵器武艺。"兄弟五人上前施礼，齐声说道："一切但凭大人做主，我等一切照办就是。"

"那好，徐大人，你带五位英雄去校场，我随后就到，我们一起见识一下周老英雄的徒弟功夫如何？"刘都院说道。

刚到校场，跟着便见一名中军手持令旗，骑马跑来，到了众人面前，下马笑问："诸位壮士哪里来的？都是应募的吗？带头的是哪一位？"汤怀忙指岳飞说了来路。

中军笑说："诸位来得正巧，刘宣抚今日午后要在校场挑选新军，随我一同去吧。"岳飞请他上马，中军笑说："诸位都是步行，我一人骑马，没有这个道理。"

众人再三劝说，见中军只是推辞，说话神情十分谦和。想起昨日洪中军那样强横霸道的情景，大出意料，均觉刘韬礼贤下士，长于治军，投在他的手下，为国立功，必有指望。

岳飞暗中留意，见大街之上，到处贴有招募壮士的告示，应募之人来往不断。都是三人、五人、十人、八人一伙的多，并无人管。心方一动，又见一名旗牌飞驰而来，和中军见面略谈了几句，朝众人看了两眼，重又飞驰而去。

校场在南门外。大片广场，当中一座将台，旁边环绕着好些营房。众人被安置在新搭的十几间帐篷之内，每十人一间，午后便要校阅。众人连日行路，未免疲劳，等中军走后，刚想吃些干粮，歇息片刻，忽见几名兵士抬了开水和馒头饭菜，来请饮食。只当是照例如此，也未在意。吃完，歇了一会儿，便听将台擂鼓。

岳飞正命众人准备听点，先前中军也赶了来，说宣抚一会儿就到。随领众人去至将台侧面等候。校场附近营房内的兵校，也都排成队伍，走了出来。

张显悄说："怎么这些兵老弱全有，行列也不整齐？"岳飞低嘱众人且听选拔，不要多口。不多一会儿，刘韬带了一队比较整齐的人马走进。到了将台，随来人马自向两边分列。只刘韬只带了几员将校走上台去，向众发话说："今天专为选拔应募入伍的新兵，已在场中备下枪刀弓矢战马之类，有何本领，只管施展。如有奇才异能之士，必定重用。"

军吏便照花名册传点，将人分成七八起演习，均有刘韬专派的将官分头指挥查看。一时枪刀并举，骑射飞驰，看去十分热闹。徐仁带着岳飞等来到校场，稍息片刻，刘都院带着几位考察员前来观阵。校场上还有来自其他县里的武生，人才济济。

"各位武生，你们都是各县选拔的精英，欢迎你们来相州参加武考。比赛之前，我先把比赛的规则向大家说明一下。此次比赛，进行全能考核。比赛开始，先比骑马射箭，再比马上厮杀，然后比地面作战，以各项比赛获得的总成绩论优劣。首先进行第一项考核，骑马射箭。每个人跑马射十箭，射中靶心五箭以上者可以录取参加下一轮比赛。跑马的范围不能超出石灰线，谁超出石灰线就算犯规扣一分。时间只有一刻钟，请大家务必抓紧时间，抓住机遇。下面第一轮比赛正式开始，汤阴县武生做好准备。"刘都院站在赛台上大声说道。汤阴县武生骑在马上做好了准备。"比赛——开始——"刘都院一声令下，汤阴武生策马向前。八仙过海各显神通。大家一边跑马，一边射箭，每个人的箭上都写着自己的名字。谁的箭中靶多，一看名字就知道。比赛进行得很顺利，各地武生的成绩都还不错。岳飞等人看到各地武生上阵生龙活虎的样子，起先还有点儿担心，当他们比试完之后，心中窃喜。"最后一组，内黄县武生做好准备。"刘都院大声宣布。张显、汤怀、王贵、牛皋骑在马上做好了准备。比赛开始了，兄弟四个大显身手，在场的人看到他们兄弟几个弓马熟练，旗鼓相当，不停喝彩。岳飞依旧是最后一个参加比试。他既是内黄县人，又是汤阴县人，他不想和众兄弟比高低。

"最后一位武生——内黄县武生岳飞上场。"刘都院大声说道。岳飞骑在马上做好了准备。刘都院一声令下，岳飞扬鞭策马绕场走了一圈。一圈之后，岳飞策马来到距离最远的位置，突然张弓搭箭，连发十箭，箭箭中靶。在场的人喝彩声一浪高过一浪。刘都院宣布了比赛结果，内黄县五位武生全部过关，岳飞名列第一。

"各位武生，下面进行第二项考试，以武功高低论输赢。录取前十名可以上京参加金科殿试。"刘都院站在台上大声喊道。各地武生听了，纷纷上场，跃跃欲试。

"各位，我再说明一点，各人使用兵器不限，点到即止。谁身上的石灰点多，谁就算输。"刘都院补充道。

经过一轮一轮的比试，优胜者继续比试，落败者下科再考。内黄县岳飞兄弟五人崭露头角。岳飞最后一个比试，无论是他的弓马之术还是武艺兵器，门门都是第一。接着又比赛远距离射箭，这五小弟兄都是周侗的嫡传，当然与众不同，牛皋也跟兄弟们学习功夫。岳飞更是弓强箭急，远射三百步外，接连九支全中红心。休说刘韬喜出望外，连声夸好，连旁观的军校和新招募的人们也都暗中敬佩，赞不绝口。

比赛刚完，刘韬又特命岳飞带领同来的一百二十名壮士演习阵法。岳飞仍和牛皋、汤怀、张显把人分成三小队，将行军步伍分合攻守之法演习了两遍。刘韬看完大喜，传令所有新兵全准入伍，听候甄拔。只汤阴县来的这一起新兵，仍住原处待命。随传岳飞、牛皋、汤怀、张显四人到府衙进见，仍是先前中军引路。

四人到了宣抚衙内，等了不多一会儿，刘韬便唤四人去到里面，见面笑说："你们未来以前，便听人报，有百余名壮士由内黄来此应募，个个精神抖擞，与众不同。不愧是周侗的弟子，本领既高，又通兵法。像这样英年有志之士，定能为国家出力，建立功名了。目下贤契可回去收拾，本都院着人送书进京，与你等料理功名是了。为了师出有名，知道大家是周侗的弟子，岳飞的武艺最高，现在先命岳飞暂为小队长，牛皋、汤怀、张显为副，进京赶考，莫要辜负我的期望。"刘都院看到岳飞本领高强，心里非常喜欢。他把岳飞叫到跟前，问道："岳飞，你的祖居是内黄县吗？"岳飞答："启禀大人，岳飞祖居汤阴县永和乡孝悌里。只因七岁那年，家乡遭遇水灾之后，颗粒无收；后来逃到了内黄县麒麟村。王员外看到我们母子可怜，收留了我们，不久又有幸相遇周侗师父。他收我做义子，在王家庄住下来，教我们兄弟几个文字武功。"岳飞说到这里，停了下来。刘都军赞叹不已："本院一直对周侗师父非常仰慕，只是无缘相见。不知令师如今身在何处？是不是还在麒麟村？"岳飞道："家师去年秋天已经作古。"刘都军叹道："唉——可惜了，老夫失之交臂。周侗师父一身正气，一生忧国忧民，朝廷几次想请他入朝为官，他都拒绝了，他不耻与奸邪之辈为伍，可钦可敬。"刘都院对周侗一向来非常敬重，只不过只闻其名，未见其人罢了。他又说："岳飞，本官看你弓马娴熟，枪法独具一格，此次考试，独占鳌头。本官有意封你做中军，不知意下如何？"刘都院征询道。岳飞婉言谢绝："承蒙大人抬爱，岳飞何德何能？怎能当此重任？还请大人三思。"徐仁劝道："岳飞，刘大人欣赏你，那是你的福分，你还不谢谢刘大人的知遇之恩。你少年当此重任，那是你岳家的荣耀，也是我汤阴县的荣耀。"岳飞看到徐大人如此说来，觉得颇有道理，只好权且答应："岳飞叩谢大人的知遇之恩，只是岳飞兄弟五人曾经有过盟誓，有福同享有难同当，生死与共，永不分离；如果我撇下他们不顾，岂不成了不仁不义的小人？区区之心，还请大人明鉴。"岳飞言辞恳切地说道。刘都院见岳飞重情重义，去意已决，不好挽留，只好吩咐汤阴县主徐仁到岳飞的老家去调查一下情况，给岳家重新盖房，欢迎岳家人重返故里。岳飞听了刘都院的一番话感激涕零。岳飞道："大人，有劳你给我们兄弟赏一批册，好进京参加科考。倘若考取功名，日后也好衣锦还乡。"

"这个自然，你们兄弟几个稍候片刻。"刘都院说罢就去取批册。兄弟五个拿到批册，再次叩谢刘都院，然后拜谢辞出。岳飞回来对兄弟们说，既然叫"岳家军"，我们无论走到哪里，都要严格遵守纪律，宁可自己忍受饥饿，也不敢打扰老百姓；晚上，如果借住在民家或饭店，天一亮就起来，为主人打扫卫生，清洗餐具后方再离去。久而久之，就能取得老百姓的信任。兄弟们点头称是。

第七节　完姻还乡

　　众人回到徐知县衙内，说了院考已过，徐知县大喜，设宴款待。徐知县对岳飞道："我这里已按李春好友安排，与贤契已收拾好岳家庄，随时可以居住，房屋很多，足够几百人住。你可回内黄，接令堂前来居住。"

　　次日，别了徐知县，日夜兼程，回到内黄县麒麟村，与母亲说了汤阴老家已收拾好，可以回去了。岳母自是喜不自禁。几个兄弟回家与各自父母说了岳大哥归宗之事，众员外好生不忍，兄弟们也嚷着要随大哥到岳家庄去。

　　岳飞去看望岳父，李知县对他道："老夫自从丧偶未娶，小女无人照看，令堂正堪做伴。我且不留你，你速速回去与令堂说明，明日正是黄道吉日，老夫亲自送小女过门成亲，一同与你归宗便了。"岳飞禀道："岳父大人在上，小婿家寒，一无所备，这些迎亲之礼，一时仓促，哪里来得及。望大人稍停，待小婿进京回来，再来迎亲便了。"李县主道："不是这等说。你今离得远了，我又年老无儿，等你迁去之后，又费一番跋涉。不如趁此归宗时候将就完姻，也可了我心中一件事体。你不必多言，快些回去。我也好与小女收拾收拾，明日准期送来。"岳飞见岳父打定主意，只得辞别出街，上马回转麒麟村来。适值众员外都在堂前议论起身之事，见了岳飞回来，便问："你已辞过你岳父了吗？"岳飞道："家岳听说小侄归宗，他说家母无人侍奉，明日就要亲送小姐过来成亲。这件事怎么处理？"众员外道："这是极妙的喜事了！"岳飞又道："老叔伯们是晓得的，小侄这等家寒，如此仓促，哪里办得这些事来？"王员外道："贤侄放心。我们哪一样没有现成的？就是你那边，恐怕房屋窄小，我这里空屋颇多。况一墙之隔，连夜叫人打通了，只要请你令堂自来拣两间，收拾做新房便了。"岳飞谢了，回去告禀了母亲，岳安人自然欢喜，不消说得。这里王家庄上准备筵席，挂红结彩，唤集了傧相乐人，热热闹闹，专等明日吉期。到了次日，李县主预先叫从役家人抬了箱笼物件、粗细嫁妆，送到王家庄大厅上，两边排列。随后两乘大轿，李县主送亲到来。众员外接进中堂，各施礼毕。一众乐人做起乐来，两个喜娘扶小姐出轿，与岳飞参拜天地，做过花烛，遂入洞房，然后再出来拜谢了岳丈，与众员外见过了礼，请李县主入席饮宴。县主吃了三杯，起身道："小婿小女年少，全仗各位员外提携。因我县中有事，不得亲送贤婿回乡了，就此拜别。"众员外再三相留不住，只得送出大门，李县令回县。那众人回至中堂，欢呼畅饮，尽醉方休。次日，岳飞要去谢亲，就同众兄弟一齐进县辞行。见了岳父，行礼已毕，众弟兄亦上前见过礼。李老爷就命设席款待，众兄弟饮过三杯，随即告辞。李县主道："贤婿与贤契们同往东京，老夫在此，专待捷音！"众弟兄谢了，拜别回来。各家打点车马，收拾行装。过了三朝，齐集在王家庄上，五姓男女共有百余口，细软车子百余辆，骡马挑夫，离了麒麟村，闹哄哄往汤阴县进发。

在路不止一日，看看到了相州，就在城外寻个宿店，安顿了家眷和行李马匹。过了一夜，小弟兄五个先进城来，到得汤阴县前下马，与门吏说知。门吏进去禀过县主，出来请列位相公进见。岳飞同众弟兄一齐进到内衙，拜见了徐县主。徐仁命坐，左右奉上茶来。岳飞就把李县尊送女成亲，众员外迁来同居之事细细禀明。徐县主道："难得，难得！但是下官不知众位到来，这刘大人为了建好岳家庄，又拨了银两，如果嫌小，可以再建一些房屋。"众门生谢道："有劳大人操心，早晚间待门生们添造罢了！"徐县主道："既如此，此时且不敢款留，下官先同贤契们去安顿了家眷，同去谢了都院大人，再与贤契们接风罢！"众人连称："不敢！"徐县主即时备马，同岳飞等众好汉一齐出了衙门，到城外歇店门首。岳飞先去报知众员外得知，行礼已毕，先同了岳飞一路往孝弟里永和乡来。徐县主在马上指向岳飞道："下官查出这一带是岳氏基地。都院大人发下银两，回赎出来，连同你岳父送的银子造这许多房，与贤契居住。你可料理搬进去便了。"岳飞再三称谢，县主随即回衙。

岳飞当日即吩咐，唤家人到新屋内收拾停当，请各家家眷搬进去。并在门前挂了块大大的匾额："岳家庄。"姚氏安人想起旧时家业，现在何等富丽，不觉两泪交流。媳妇和众位院君劝解岳母道："母亲不必悲伤。目下房屋虽小权且安居，等待早晚再造几间大的，也是容易的。"遂命摆酒，合家庆贺。

第八节 出奇制胜

到第二日，岳飞同众弟兄进城来，拜谢徐县尊。徐县主随即引了这兄弟五个，同到节度衙门。传宣官随即进去禀道："今有汤阴县率领岳飞等求见。"刘公吩咐："传进来。"传宣官出来道："大老爷传你们进见。"众人答应一声。岳飞回头对众弟兄说："须小心！"传宣官引众人来到大堂跪下。徐知县先参见了，将众弟兄同来居住之事说了一遍，然后岳飞叩谢："大老爷拨银天高地厚之恩，门生等怎能补报！"刘公道："贤契们不忍分离，迁到这里同居，真是难得。贵县先请回行，且留贤契们在此盘桓片刻。"徐知县打躬告退回衙。这里刘公就吩咐："掩门。"两旁答应一声："呵！"刘公又问："贤契们何日起身上东京去赴考？"岳飞禀道："谢过了大恩，回去收拾收拾，过几日就要起身。"刘公道："本院有一事相求。"岳飞道："大人有事只管吩咐。"

刘大人讲道，原来相州有两名恶霸，一名陶和，一名贾进，一向勾结盗贼，坐地分赃，无恶不作。近年招纳一些散兵溃卒，声势越大，又与金人勾结，到处剽掠县镇，杀人放火。官军屡次向他所占山寨进攻，均被打败。成为心腹之患，特召岳飞商议，问他有无破敌之法。

岳飞一听，正是徐庆所说的两个恶霸，想了想答道："此贼声势虽然猖狂，但他们生性残暴，又伙同金兵欺压老百姓，远近百姓都痛恨，此已必败。近因屡胜官军，越发心骄气浮，自命无敌。休看人多，破他容易。只是目前各地叛乱四起，好些善良百姓饥寒交迫，铤而走险，乃迫不得已。今当国家用人之际，小校是否可以相机而行，对那些无知胁从的贼党加以招抚，对于那些结寨自保、杀敌有心、进身无路的忠义之士，引使来归，练成劲旅，以为防边御敌之用，还望宣抚示下。"

刘韬笑道："你真个有胆有识，无奈此事还有好些难处。听说朝廷听信奸臣之言，连这次招募边防敢战之士，恐怕都要变卦。再要招纳各地山寇，恐更艰难。你先把陶、贾二贼平了再说吧。二贼所据十八里岗，地方甚大，形势险峻，手下人马甚多。你用多少人呢？"

岳飞答道："兵贵精而不贵多，只要事前想好破敌之策，就以小校所部岳家军百余轻骑出其不意，将为首二贼除去，众贼立可瓦解。倘若多派兵将，容易走漏风声，被贼党得知，一有防备，便难取胜了。"

刘韬见他辞色既厉，所说也极有理，笑说："你能以少胜多，再好没有！但你部下只有一百人，实在太少，把本府亲兵挑上一些去吧。"岳飞不便坚持，只得应诺。并请事前不可张扬。当下只挑了 100 名亲兵，先和本队的 100 名兵一同演习；一面命人探敌，查看地理形势。等众弟兄演习熟练，再以轻骑进攻。徐庆忽然赶到，说岳飞以前写的信，业已面交吉青、霍锐。二人只恨奸贼当道，不到时机，不肯降顺官军，将来和金人交战，却是百死不辞。岳飞听了，自然高兴，便令徐庆带了三十名弟兄，先扮作散兵溃卒，往投陶、贾贼巢，以为内应。早晚还是操演人马、讲解兵法，声色不动。

这日接到徐庆密函，说陶、贾二贼因见他和去的人都有本领，业已全数收容，甚是信任。岳飞知道时机成熟，暗中禀明刘韬，带了那两百多名弟兄，往贼巢掩去。到时，天已夜半，先命汤怀、张显带了一半弟兄埋伏山下树林之中，自和牛皋带七八十名轻骑，直扑陶、贾二贼的山寨。因是出其不意，把守山口的贼党，都没有想到往日被打散的官兵竟会突如其来。岳飞所领这一伙壮士，又似生龙活虎一般，所到之处，势如破竹，锐不可当。

陶、贾二贼正在寨中饮酒作乐，等接到信息，五层口子已被冲破了三层。始而又惊又怒，等率群贼蜂拥而出，发现来的官兵不满百人，越发胆大气粗，喊杀上前，声势十分猛恶。岳飞知道山路狭险，贼党虽众，有力难施。一味诱敌，且战且退，不时把师传连珠箭朝那些贼头射去，都是应弦而倒。群贼越被激怒，同声咒骂，紧追不舍。

岳飞等群贼追到山下，一声信号，牛皋、汤怀、张显立时率领伏兵，两路杀来。这时正是月末，天色昏黑，陶、贾二贼见伏兵突起，不知官军来了多少，本就心疑中计，又见远近树林之中，隐隐有灯火闪动，越发气馁。正下令暂退回山，明天再和官军决一死战。话未说完，岳飞已单人独骑回马冲来。

贾进想起方才有两个亲信头目被他射死，若不是前面有同党挡住，自己几乎也送命，不禁大怒。刚一晃手中刀，忽听"哎呀"一声，百忙中瞥见徐庆等由贼党中突然暴起，将大寨主陶和从马上擒去，另外好些同党，也在倒戈相向，以为敌人的内应不知还有多少！不由得心里一慌，待要回马逃走，已自无及，吃岳飞一枪杆打落马下，张显连忙上前绑起。

为首二贼一被擒，凶悍一点的头目又被众人枪挑箭射，生擒打倒了好些，吓得余贼四散奔逃，走投无路。岳飞等忙率众人飞马赶上，喝令投降，放下兵器免死。众人也照岳飞所说，骑着快马往来飞驰，连声喝喊。自来兵败如山倒，何况这些乌合之众，一听投降免死，全都放下兵器，照着众人所说，聚在一处，听候发落。

岳飞再把附近有家的贼党和一些散兵溃卒，分列开来，一点人数，除逃贼外，共有九百多名，便向那些被迫从贼和被陶、贾二贼掳去的贼党告诫了一阵，命其少时随到山寨，有亲属的带亲属，没有亲属的也各人取了自己的衣服财物自寻生计，下余数百名残兵溃卒等候少时遣散；然后直扑山寨。一些留守的贼党已然得信，打算抢了财物逃走，岳飞等正好赶到，除把内中几个穷凶极恶的头目绑上之外，均按方才所说办理。

陶、贾二贼本来就是当地恶霸，庄中粮食器械堆积如山，还有两座银库。岳飞略一巡视，命人将先前那些降贼押来，分别问明来历去向，给了些银米，令各自还乡，另谋生业；只将数十名凶恶之徒，暂禁庄中。

忙到第二日夜里，见一切都有了头绪；因恐散贼又去为害民间，都是零散遣走，有的并还分人押送出境，庄中财物粮械也都记上了赃物簿，便向牛皋、徐庆、张显、汤怀嘱咐了几句，然后骑上快马，连夜赶回。见了刘韬，说明平贼经过。再说所带人少，因见贼党势众，既恐照顾不过来，又知内中多是穷苦无告的老百姓，因此擅作主张，给资遣散，特来请罪。

刘韬事前虽和岳飞商量过，但对岳飞这样专断，先还是有些不快，后一想，陶、贾二贼乃是相州一个大害，官军屡次劳师动众，均为所败，岳飞只带二百名骑兵就将二贼生擒，又杀了那么多的贼党，还得了大量财物粮械。这样智勇双全的人才，实在难得！连忙笑说："你刚入伍不久，便立此奇功，事又非此不可，哪有怪罪之理！"跟着，便发动一千人马，随同岳飞相助善后，搬运赃物。

岳飞得胜之后，刘韬赞不绝口。刘公又问："两贼已灭，押入大牢，秋后问斩。贤契们何日起身上东京去赴考？"岳飞禀道："谢过了大恩，回去收拾收拾，明日就要起身。"刘公一想，又唤岳飞近前，悄悄地说道："我前已修书寄与宗留守，嘱他照应你考事，恐怕他因朝事烦冗将此事丢在一边。我如今再写一封书与你带去，亲自到那里当面投递。他若见了，必有好处。"随即取过文房四宝，修了一封书。又命随从取过白银五十两来，付与岳飞道："此银贤契收下，权为路费。"岳飞再三称谢，收了书札银两，与众兄弟一同拜别。出了辕门上马回到县中，谢别县尊。县主道："本县穷官，无物相赠。但是贤契家事都在我身上，贤契们不必挂念！"岳飞等五人拜谢出街，回到家中，与众员外说知赴考之话。员外问道："几时动身？"岳飞道："明日是吉日，侄儿们就要动身。"众员外便叫："挑选几名能干些的庄丁随去服侍。"众弟兄道："我们不要！我们不要！我们自去，要他们去做什么？"次日，大家忙忙碌碌，各自去收拾盘缠行李包裹，捎在马上，拜别众员外安人。岳飞又与李小姐作别，吩咐了几句话。众人送出大门，看着五人上马而去。欲知后事如何，且听下回分解。

第四回
夺状元枪挑梁王　救岳飞群雄造反

第一节　慧眼识人

当下岳飞、汤怀、张显、牛皋、王贵、徐庆共是六骑马，往汴京进发。一路上免不得晓行夜宿，渴饮饥餐。不止一日，看看早已望见都城，岳飞叫声："贤弟们！我们进城须把旧时性子收拾些。此乃京都，却比不得在家里。"牛皋道："难道京里人都是吃人的吗？"岳飞道："你哪里晓得！这京城内非比荒村小县，那些九卿、四相、公子、王孙，来往的多得很。倘若行为粗鲁，惹出事来，有谁解救？"王贵道："这不妨！我们进了城都不开口，闭着嘴就是了。"汤怀道："不是这等说，大哥是好话，我们凡事让人些便是了。"五个在马上说说笑笑，不觉早已进了小南门。行不到半里多路，忽然一个人气喘吁吁在后边赶上来，把岳飞马上缰绳一把拖住，叫道："岳大爷！你把我害了，怎不照顾我！"岳飞回头一看，叫声："啊呀！你却缘何在此？"话说岳飞在马上回头看那人时，却是相州开客店的老乡江振子。江振子道："不瞒大爷说，自从你起身之后，相州的强盗残渣余孽说是刘都院大老爷叫岳飞消灭了他们。便统领了许多人暗地来寻你算账。因你等住过小人店，他们找到小人，打听你的去向，小人回他说已回去了两日，不知道去哪里了。他怪小的留了大爷们，寻事把小人家中砸得粉碎，说不许容留小人在那里开店。小人无奈，只得搬到汴京南门内，仍旧开个客寓。方才小二来报说，大爷们几匹马打此过去了，故此小人赶上来，请大爷们仍到小店去歇罢。"岳飞欢喜道："这真是他乡遇故知了！"忙叫："兄弟们转来！"四人听见，各自回转马头。岳飞细说："老乡江振子在此开店，我们住他那里好了。"四人亦各自欢喜。

一同回到江振子店前下马，江振子忙叫小二把相公们的行李搬上楼去，把马牵到后槽上料，送茶送水，忙个不停。岳飞问江振子道："你先到京城，可晓得宗留守的衙门在哪里吗？"江振子道："此是大衙门，哪个不晓？此间往北一直大路有四五里，极其好认的。"岳飞道："此时想已坐过堂了。"江振子道："早得很哩！这位老爷官拜护国大元帅，留守汴京，上马管军，下马管民。这时候还在朝中办事未回，要到午时过后，方坐堂哩！"岳飞说声："承教了。"随即走上楼来，取了刘都院的书，打点下楼。汤怀问道："哥哥要往哪里去？"岳飞说："兄弟，你有所不知，前日刘都院有书一封，叫我到宗留守处当面投递。我听见主人家说，宗留守是个清官，在朝中甚有威信。待愚兄今去下了这封书，若有意思，愚兄想法通过他从军，兄弟们都有好处。"牛皋道："既如此，兄弟同你去。"岳飞道："使不得！什么地方，倘然你闯出祸来，岂不连累了我们？"牛皋道："我不开口，我在街门前等你就是。"岳飞执意不肯。王贵道："哥哥好人！我们一齐同去，认认这留守衙门，不许牛兄弟生事便了。"岳飞无可奈何，便道："即是你们再三要去，只是要小心，不要做将出来！"五人道："包无事便了。"说罢，就将房门锁好，下楼对江振子道："相烦主人照应门户，我们到留守衙门去去就来。"江振子道："小人薄治水酒一杯，替大爷们接风，望大爷们早些回来。"六位兄弟应声："多谢！不劳费心。"出了店门，一同步行，一直到了留守衙门，果然雄壮。站了一会儿，只见一个军健从东首辕门边茶馆内走将出来。岳飞就上前把手一拱，叫声："将爷，借问一声，大老爷可曾坐过堂吗？"那军健道："大老爷今早入朝，尚未回来。"岳飞道："承教了。"转身回来对众兄弟道："此时尚未回来，等到几时？我们不如回寓，明日再来罢！"众弟兄道："悉听大哥。"六个人转身，行不得半里多路，只见行路的人都两边立定，说是："宗大老爷回来了！"众弟兄也在就人家屋檐下站定了。少刻，但见许多执事众军校随着，宗留守坐着大轿，威威武武，一路而来。

岳飞同四人跟在后边观看，直至大堂下轿。进去不多时，只听得三梆升堂鼓，两边衙役军校，一片吆喝声。宗留守就升坐公案，吩咐旗牌官："将一应文书陆续呈缴批阅。倘有汤阴县武生岳飞来，可着他进来。"旗牌官应一声："哦！"你道宗大老爷为何晓得岳飞要来？只因那相州节度刘光世先有一书送与宗留守，说那岳飞人间少有，盖世无双，文武全才，真乃国家之栋梁，必要宗留守提拔。所以宗留守日日想那岳飞："也不知果是真才实学，还是岳飞个大财主，刘节度得了他的贿赂，买情嘱托？"疑惑未定，且等他到来，亲见便知。

且说岳飞等在外面，见那宗留守果是威风，真正像个阎罗天子一般，好生害怕。汤怀道："怎的宗留守回来就坐堂？"岳飞道："我也在此想，他五更上朝，此时回来也该歇息歇息，吃些东西，才坐堂理事。大约有什么紧急之事，故此这般急促。"正说间，但见那旗牌官一起将外府外县文书递进。岳飞道："我也好去投书了，只是我身上穿的衣服是白色，恐怕不吉利。"张显道："大哥说得极是，你可暂与我换一换。"当下两个把衣服换转。岳飞又道："我进去，倘有机缘，连兄弟们都有好处；若有山高水低，贤弟们只好在外噤声安待，切不可发恼鼓噪。莫说为兄的，连贤弟们的性命也难保了！"汤怀道："哥哥既如此怕，我等临场有自家的本事，何必要下这封书？就得了功名，旁人也只道是借着刘节度的帮衬。"岳飞道："我自有主意，不必阻挡我。"竟自一个进了辕门，来见旗牌禀说："汤阴县武生岳飞求见。"旗牌道："你就叫岳飞吗？"岳飞应声道："是！"旗牌道："大老爷正要见你，你且候着。"那旗牌进去禀道："汤阴县武生岳飞，在外求见。"宗泽道："唤他进来。"旗牌答应，走出叫声："岳飞！大老爷唤你，可随我来，要小心些呀！"岳飞应声："晓得！"随着旗牌直至大堂上，双膝跪下，口称："大老爷在上，汤阴县武生岳飞叩头。"宗爷望下一看，微微一笑，自言自语："我说那岳飞必是个财主，试看他身上如此华丽！"便问岳飞："你几时来的？"岳飞道："武生是今日才到。"即将刘节度的这封书双手呈上。宗泽拆开看了，把案一拍，喝声："岳飞！你这封书札出了多少财帛买来的？从实讲上来便罢，若有半句虚词，看夹棍伺候！"两边行役吆喝一声。早惊动辕门外这几个小弟兄，听得里边吆喝，牛皋就道：

"不好了！待我打进去，抢了大哥出来罢。"汤怀道："动也动不得！且看他怎样发落，再作道理。"那弟兄五个指手画脚，在外头探听消息。

这里岳飞见宗留守发怒，却不慌不忙，徐徐地禀道："武生是汤阴县人氏，先父岳和，生下武生三日就遭黄河水发。武生赖得母亲抱了，坐于花缸之内，淌至内黄县，得遇王明恩公收养，家业日产尽行漂没。武生长大，拜了陕西周侗为义父，学成武艺。因在相州院考，蒙刘大老爷恩义，着汤阴县徐公，查出武生旧时基业，又发银盖造房屋，命我母子归宗。临行又赠银五十两为进京路费，着武生到此讨个出身，以图建功立业，抗击金兵。武生一贫如洗，哪有银钱送与刘大老爷？平时我全家均穿粗布衣服，内人李氏有次穿了件绸衣，我还劝道：'皇后与众王妃在北方（靖康之难时被金兵俘虏）过着艰苦的生活，你既然与我同甘共苦，就不要穿绸布衣了。'自此内人再不着绫罗。今日见老爷我穿一身白，恐不吉利，和兄弟换了一身绸缎，实非小人的打扮。"宗泽听了这一番言语，心中想道："我久闻有个周侗，本事高强，不肯做官。既是他的义子，或者果有些才学，也未可定。"向岳飞道："也罢！你随我到箭厅上来。"说了一声，一众军校簇拥着宗爷，带了岳飞来到箭厅。宗泽坐定，遂叫岳飞："你自去拣一张弓来，射与我看。"岳飞领命，走到旁边弓架上，取过一张弓来试一试，嫌软；再取一张来，也是如此。一连取过几张，俱是一样。遂上前跪下道："禀上大老爷，这些弓太软，恐射得不远。"宗爷道："你平昔用多少力的弓？"岳大爷谦虚，禀道："武生开得二百余斤，射得二百余步。"宗爷道："既如此，叫军校取过我的神臂弓来，只是有三百斤，不知能扯得动否？"岳飞道："且请来试一试看。"不一时，军校将宗爷自用的神臂弓并一壶雕翎箭，摆列在阶下。岳飞下阶取将起来一拽，叫声："好！"搭上箭，嗖嗖嗖一连九支，支支中在红心。放下弓，上厅来见宗爷。宗爷大喜，便问："你惯用什么军器？"岳飞禀道："武生各件俱晓得些，用惯的却是枪。"宗爷道："好。"叫军校："取我的枪来。"军校答应一声，便有两个人将宗爷自用那管点钢枪抬将出来。宗爷命岳飞："使与我看。"岳飞应了一声，提枪在手，仍然下阶，在箭场上把枪摆一摆，横行直步，直步横行，里勾外挑，埋头献钻，使出三十六翻身、七十二变化。宗爷看了，不觉连声道：

"好！"左右齐齐地喝彩不住，岳飞使完了，面色不红，喉气不喘，轻轻地把枪倚在一边，上厅打躬跪下。宗爷道："我看你果是英雄，倘然朝廷用你为将，那用兵之道如何？"岳飞道："武生之志，倘能进步，只愿：令行阃外摇山岳，队伍端严赏罚明。将在谋献不在勇，高防困守下防坑。身先士卒常施爱，计重生灵不为名。获献元戎恢土地，指日高歌定升平。"宗留守听了大喜，便吩咐："掩门。"随走下座来，双手扶起道："贤契请起。我只道是贿赂求进，哪知你果有真才实学。"叫左右："看座来！"岳飞道："大老爷在上，武生何等之人，擅敢僭坐。"留守道："不必谦逊，坐了好讲。"岳飞打了一躬，告坐了。左右送上茶来吃过，宗爷便开口道："贤契武艺超群，堪为大将，但是那些行兵布阵之法，也曾温习否？"岳飞道："按图布阵，乃是固执之法，亦不必深究。"宗爷听了这句话，心上觉得不悦，便道："据你这等说，古人这些兵书阵法都不必用了？"岳飞道："排了阵，然后交战，此乃兵家之常，但不可执死不变。古时与今时不同，战场有广、狭、险、易，岂可用一定的阵图？夫用兵大要，须出奇，使那敌人不能测度我之虚实，方可取胜。倘然贼人仓促而来，或四面围困，那时怎得工夫排布了阵势，再与他厮杀吗？用兵之妙，只要以权济变，全在一心也。"宗爷听了这一番议论道："真乃国家栋梁！刘节度可谓识人。但是贤契早来三年固好，迟来三年也好，此时真正不凑巧！"岳飞道："不知大老爷何故忽发此言？"宗爷道："贤契不知，只因现有个藩王，姓柴名桂，乃是柴世宗嫡派子孙，在滇南南宁州，封为小梁王。因来朝贺当今天子，不知听了何人言语，今科要在此夺取状元。不想圣上点了四个大主考：一个是丞相张邦昌，一个是兵部大堂王铎，一个是右军都督张俊，一个就是下官。那柴桂送进四封书、四份礼物来了。张丞相收了一份，就把今科状元许了他了；王兵部与张都督也收了；只有老夫未曾收他的。如今他三个做主，要中他做状元，所以说不凑巧。"岳飞道："此事还求大老爷做主！"宗爷道："为国求贤，自然要取真才，但此事有些周折。今日本该相留贤契再坐一谈，只恐耳目招摇不便。且请回寓，待到临场之时再作道理便了。"却说当时岳飞拜谢了，就出辕门来。众弟兄接见道："你在里边好时候不出来，连累我们好生牵挂。为甚你面上有些愁眉不展？想必受了那留守的气了？"

岳飞道："不要胡说，他把为兄的敬重得了不得，有什么气受？且回寓去细说。"弟兄六个急急赶回寓来，已是黄昏时候。岳飞与张显将衣服换转了，说："换转你的衣服，几乎误事。"遂把经过说了一遍。大家一笑了之。

江振子着人送将酒席上来，摆在桌子上，叫声："各位大爷们！水酒蔬肴不中吃的，请大爷们慢慢地饮一杯，小人要照应前后客人，不便奉陪。"说罢，自下楼去了。这里弟兄五人坐下饮酒。岳飞只把宗留守看验演武之事说了一遍，并不敢提那柴王之话，但是心头暗暗纳闷。众弟兄哪知他的就里，当晚无话。到了次日上午，只见江振子上来，悄悄地说道："留守衙门差人抬了五席酒肴，说是不便相请到行，特送到此，与岳飞们接风的。怎么对付他？"岳飞道："既如此，拿上楼来。"当下封了二两银子，打发了来人。主人家江振子叫小二相帮把酒菜送上楼来摆好，就去下边烫酒，着小二来服侍。岳飞道："既如此，将酒烫好了来，我们自会斟饮，不劳你服侍罢。"牛皋道："主人家的酒，不好白吃他的。既是衙门里送来，不要回席的，落得吃他了！"也不谦逊，坐下来，低着头乱吃。吃了一会儿，王贵道："这样吃得不高兴，须行个令来吃方妙。"汤怀道："不错，就是你起令。"王贵道："不是这样说，本该是岳大哥做令官。今日这酒席，乃是宗留守看在岳大哥面上送来的，岳大哥算是主人，不便做令官，收令好了。论年龄这令官该是张大哥做。"汤怀说道："妙啊，就是张大哥来。"张显道："我也不会行什么令，只要说一个古人吃酒，要吃得英雄。说不出的就罚三杯。"众人齐声道："好！"当时王贵就满满地斟了一杯，奉与张显。张显接来一口吃干，说道："我说的是关云长单刀赴会，岂不是英雄饮酒？"汤怀道："果然是英雄，我们各敬一杯。"吃完，张显就斟了一杯，奉与汤怀道："如今该是贤弟了。"汤怀也接来喝干了，道："我说的是刘季子醉后斩蛇，可算得英雄吗？"众人齐道："好！我们也各敬一杯。"第三轮到王贵自家，也喝了一杯道："我说的是霸王赴鸿门宴，可算得英雄吃酒吗？"张显道："霸王虽则英雄，但此时不杀了刘季，以致有后来之败，尚有不足之处。要罚一杯。如今该轮到牛兄弟了。"牛皋道："我不晓得这些古董！只是我吃他几碗，不皱眉头，就算我是个英雄吃酒了！"五人听了大笑道："也罢，也罢，牛兄弟竟喝了三杯罢！"牛皋道："我也不耐烦这么三杯两杯，竟拿大碗来喝两碗就是！"当下牛皋取过大碗，自喝了两碗。众人齐道："如今该岳大哥收令了。"岳飞也斟了一杯喝干，道："各位贤弟俱说的是魏汉三国的人，我如今只说一个本朝真宗皇帝天禧年间的事。乃是曹彬之子曹玮，张乐宴请群僚。那曹玮在席间吃酒，霎时不见，一会儿就将敌人之头掷于筵前。这不是英雄吗？"众兄弟道："大哥说得爽快，我们各敬一杯。"牛皋道："你们是文绉绉地说今道古，我哪里省得？竟是猜谜吃酒罢。"王贵道："就是，你起。"牛皋也不推辞，竟与众人猜谜，一连输了几碗，众人亦喝了好些。这弟兄五个欢呼畅饮，喝个尽兴。独有那岳飞心中有事，想："这武状元若被王子占去，我们的功名就出于人下，哪能讨得个出身？"一时酒涌上心头，坐不住，不觉靠在桌上，竟睡着了。张、汤两个见了，说道："往常同大哥喝酒，讲文论武，何等高兴！今日只是不言不语，不知为着甚事？"那两个心上好生不快活，立起身来，向旁边榻上也去睡了。王贵已多喝了两杯，歪着身子，靠在椅上亦睡着了。

第二节　牛皋遭戏

只剩牛皋一个，独自拿着大碗，尚喝个不住，抬起头来，只见两个睡着在桌上，另外两个不知哪里去了，心中想道："他们都睡了，我何不趁此时到街上去看看景致，有何不可？"遂轻轻地走下楼来，对主人道："他们多喝了一杯，都睡着了，不可去惊动他。我却去出个恭就来。"店主人道："既如此，这里往东去一条胡同内，有大空地宽畅好出恭。"牛皋道："我自晓得。"出了店门，向东走去，京师不愧是繁华之地，街上人来人往，川流不息。商贩的叫卖声不绝于耳，市民的穿着打扮比其他城市都要讲究，而且还有大辽、西夏、大金、吐蕃、回鹘等地商贩出没，真可谓：五行八作样样有，天南地北芸芸在。牛皋看着一路上挨挨挤挤，果然热闹。不觉到三岔路口，就立住了脚，想道："不知往哪一条路去好要？"忽见对面走来两个人来：一个浑身穿白，身长九尺，圆白脸；一个浑身穿红，身长八尺，淡红脸。两个手拉着手，说说笑笑而来。牛皋侧耳听见，那穿红的说道："哥哥，我久闻这里大相国寺甚是热闹，我们去走走。"那个穿白的道："贤弟高兴，愚兄奉陪就是。"牛皋听见，心想："我也闻得东京有个大相国寺是有名的，我何不跟了他们去游玩游玩，有何不可？"打定了主意，跟了他两个转东过西，到了相国寺前。但见三教九流，做买卖赶趁的，好不热闹。牛皋道："好所在！连大哥也未必晓得有这样好地方哩！"又跟着那两个走进天王殿来，只见那东一堆人，西一堆人，都围裹着。那穿红的将两只手向人丛中一拉，叫道："让一让！"那众人看见他来得凶，就大家让开一条路来。牛皋也随了进去。却说牛皋跟了那两个人走进围场里来，举目看时，却是一个说评话的摆着一个书场，聚了许多人，坐在那里听他说评话。那先生看见三个人进来，慌忙立起身来，说道："三位相公请坐。"那两个人也不谦逊，竟朝上坐下。牛皋也就在肩下坐定，听他说评话。却说的是北宋金枪倒马传的故事。正说道："太宗皇帝驾幸五台山进香，被潘仁美引诱观看透灵牌，照见塞北幽州天庆梁王的萧太后娘娘的梳妆楼，但见楼上放出五色毫光。太宗说：'朕要去看看那梳妆楼，不知可去得否？'潘仁美奏道：'贵为天子，富有四海，何况幽州？可令潘龙赍旨，去叫萧邦暂且搬移出去，待主公去看便了。'当下闪出那开宋金刀老令公杨业，出班奏道：'去不得。陛下乃万乘之尊，岂可轻入虎狼之域？倘有疏虞，干系不小！'太宗道：'朕取太原，辽人心胆已寒，谅不妨事。'潘仁美乘势奏道：'杨业擅阻圣驾，应将他父子监禁，待等回来再行议罪！'太宗准奏，即将杨家父子拘禁。传旨着潘龙来到萧邦，天庆梁王接旨，就与军师撒里马达计议。撒里马达奏道：'狼主可将计就计，调齐七十二岛人马，凑成百万，四面埋伏，待等宋太宗来时，将幽州围困，不怕南朝天下不是狼主的。'梁王大喜，依计而行。款待潘龙，搬移出去，恭迎天驾往临。潘龙复旨，太宗就同一众大臣离了五台山，来到幽州。梁王接驾进城，尚未坐定，一声炮响，伏兵齐起，将幽州城围得水泄不通。幸亏得八百里净山王呼必显藏旨出来，会见天庆梁王，只说：回京去取玉玺来献，把中原让你！呼必显骗出重围，来到雄州，召杨令公父子九人，领兵来到幽州解围。此叫作七狼八虎闯幽州，来搭救太宗，此是杨家将的故事。欲知后事如何，且听下回分解。"说到那里就不说了，准备收钱。那穿白的去身边取出银包打开来，将两锭银子递与说书的道："道友，我们是路过的，送轻莫怪。"那说书的道："多谢相公们！"二人转身就走，牛皋也跟了出来。那说书的只认他是三个同来的，哪晓得是听白书的。牛皋心里还想："这厮不知捣他娘什么鬼？还送他两锭银子。"那穿红的道："大哥，方才这两锭银子，在大哥也不为多。只是这里本京人看了，只说大哥是乡下人，有点儿傻。"那穿白的道："兄弟，你不曾听见说我杨家的先祖父子九人，百万军中没有敌手？莫说两锭，十锭也值！"穿红的道："原来如此。"牛皋暗想："原来为祖宗之事。倘然说着我的祖宗，拿什么与他？"只见那穿白的道："大哥，这一堆人，且去看看。"穿红的道："小弟当得奉陪。"两个走进人丛里，穿白的叫一声："列位！我们是远方来的，让一让。"众人听见，闪开一条路，让他两个进去。那牛皋仍旧跟了进来，看又是做什么的。原来与对门一样说书的。这道友见他三个进来，也叫声："请坐。"那三个坐定，听他说的是兴唐传。正说道："秦王李世民在枷锁山赴五龙会，内有一员大将，天下数他是第七条好汉，姓罗名成，奉军师将令，独自一人拿洛阳王王世充、楚州南阳王朱灿、湘州白御王高谈圣、明州夏明王窦建德、曹州宋义王孟海公。"正说道："罗成独要成功，把住山口。"说到此处停了停，正准备继续说。这穿红的也向身边拿出四锭银子来，叫声："朋友！我们是过路的，不曾多带得，莫要嫌轻。"说书的连称："多谢！"三个人出来，牛皋想道："又是他祖宗了。"这半日在牛皋眼睛里，只晓得一个穿红的，一个穿白的，不晓得他姓张姓李。实际上那个穿白的，姓杨名再兴，乃是山后杨令公的子孙。这个穿红的，是唐朝罗成的子孙，叫作罗延庆。当下杨再兴道："兄弟，你怎么就与了他四锭银子？"罗延庆道："哥哥，你不听见他说我的祖宗狠吗？独自一个在牛口谷锁住五龙，不比大哥的祖宗，九个保一个皇帝，尚不能周全性命。算起来，我的祖宗狠过你的祖宗，故此多送他两锭银子。"杨再兴道："你欺我的祖宗吗？"罗延庆道："不是欺哥哥的祖宗，其实是我的祖宗狠些。"杨再兴道："也罢，我与你回寓去，披挂上马，往小校场比比武艺看。若是胜的，在此抢状元；若是武艺丑的，竟回去，下科再来考罢！"罗延庆道："说得有理。"两个争争嚷嚷去了。牛皋道："还好哩！有我在此听见。若不然，状元被这两个狗头抢去了！"牛皋忙忙地赶回寓来，上楼去，只见他们还睡着没有醒，心中想道："不要通知他们，且等我去抢了状元来，送与大哥罢！"遂将双股铜藏了，下楼对主人家道："你把我的马牵来，我要牵它去饮饮水，将鞍辔好生备上。"主人听了，就去备好，牵出门来。牛皋便上了马，往前竟走，却不认得路，见两个老者坐在篱笆门口天南海北地讲古话。牛皋在马上叫道："哒！老头儿，爷问你，小校场往哪里去的？"那老者听了，气得目瞪口呆！只看着牛皋，不作声。牛皋道："快讲我听！"那老者只是不应。牛皋道："晦气！撞着一个哑子。若在家里，惹我老爷性起，就打他。"那一个老者道："冒失鬼！京城地面容得你撒野？幸亏是我两个老人家，若撞着后生，也不和你作对，只要你走七八个转回哩。这里投东转南去，就是小校场了。"牛皋道："老杀才，早替爷说明就是，有这许多噜苏。若不看大哥面上，就一铜打死你！"

说罢，拍马加鞭去了。那两个老者肚皮都气破了，说道："天下哪有这样蠢人！"

却说牛皋一马跑到小校场门首，只听得叫道："好枪！"牛皋着了急，忙进校场，看那二人走马舞枪，正在酣战，就大叫一声："状元是俺大哥的！你两个敢在此夺吗？看爷的铜罢！"耍的就是一铜，望那杨再兴顶梁上打来。杨再兴把枪一抬，觉得有些斤两，便道："兄弟，不知哪里走出这个野人来？你我原是弟兄，比甚武艺，倒不如将他来取笑取笑！"罗延庆道："说得有理。"遂把手中枪紧一紧，往牛皋心窝戳来。牛皋才架过一边，那杨再兴也一枪戳来。牛皋将两根银铜盘头护顶，架隔遮拦，后来看看有些招架不住了。你想牛皋出门以来，未曾逢着好汉。况且杨再兴英雄无敌，这杆烂银枪，有酒杯粗细；罗延庆力大无穷，使一杆錾金枪，犹如天神一般。牛皋哪里是二人的对手。幸是京城之内，二人不敢伤他的性命，只逼住他在此作乐。只听得牛皋大叫道："大哥若再不来，状元被别人抢去了！"杨、罗二人听了，又好笑，又好气："这个呆子叫什么大哥、大哥？必定有个有本事的在那里，且等他来，会他一会看。"故此越把牛皋逼住，不放他走脱了。

且说那客店楼上，岳飞睡醒来，看见三个人都睡着，只不见了牛皋，便叫醒了三人，问道："牛兄弟呢？"三人道："你我俱睡着了，哪里晓得？"岳飞便同了三个人忙下楼来，问主人家。主人家道："牛大爷备了马去饮水了。"岳飞道："去了几时了？"店上人道："有一个时辰了。"岳飞便叫："王兄弟，你可去看他的兵器在吗？"王贵便上楼去，看了下来道："他的双铜是挂在壁上的，如今却不见了。"岳飞听了，吓得面如土色，叫声："不好！主人家快将我们的马备来。兄弟们各把兵器来端正好了，若无事便罢，倘若惹出祸来，只好逃命罢了！"弟兄们上楼去扎缚好了，各将器械拿下楼来。主人家已将四匹马备好在门前了。岳飞又问江振子道："你见牛大爷往哪条路去的吗？"江振子道："往东首去的。"那弟兄四人上了马，向东而行，来到了三岔路口，不知他往哪条路上去的。却见篱笆门口，有两个老人家坐着拍手拍脚，不知说些什么。岳飞就下了马，走上前把手一拱道："不敢动问老丈，方才可曾见一个黑大汉，坐一匹黑马的，往那条路上去的？望乞指示。"那老者道："这黑汉是尊驾何人？"岳飞道："是晚生的兄弟。"那老者道："尊驾何以这等斯文，你那个令弟怎么这般粗蠢？"就把问路情状说了一遍，道："幸是遇着老汉，若是别人，不知指引他哪里去了！他如今说往小校场去，尊驾若要寻他，可投东转南，就望见小校场了。"岳飞道："多承指教了。"遂上马而行，只听得牛皋在那里大叫："哥哥若再不来，状元被别人抢去了！"岳飞忙进内去，但见牛皋面容失色，口中白沫乱喷。又见一个穿白衣服的骑着一匹白马，使一杆烂银枪；一个穿红衣服的骑一匹红马，使一杆錾金枪，犹如天将一般。一盘一旋，缠住牛皋，牛皋哪里招架得住。

岳飞看得亲切，叫声："众兄弟不可上前，待愚兄前去救他。"说罢，就拍马上来，大叫一声："休得伤了我的兄弟！"杨、罗二人见了，即丢了牛皋，两杆枪一齐挑出。岳飞把枪往下一掷，只听得一声响，二人的枪头着地，左手打开，右手拿住枪钻上边。这个武艺名为"败枪"，不易救的。二人大惊，把岳飞看了看，杨再兴对罗延庆说道："我在周侗处见过他，他叫岳飞。今科状元必是他了，我们去罢。"遂拍马而走。岳飞随后赶来，大叫："二位好汉慢行，请留尊姓大名！"杨再兴回转头来，叫道："岳飞，你不认识我了，我乃山后杨再兴，他是湖广罗延庆。"岳飞道："杨兄怎么也在这里？"杨再兴叫道："我们也是来夺状元的，有你在此，今科状元权且让你，日后再得相会细说。"说罢，拍马径自去了。岳飞无奈，回转马头，来到小校场，看见牛皋喘气未定，便道："你为何与他相杀起来？"牛皋道："你说得好笑！我在此与他相杀，无非要夺状元与大哥。不想这厮凶狠得紧，杀他不过。亏得哥哥赢了他，这状元一定是哥哥的了。"岳飞笑道："多承兄弟美意。这状元是要与天下英雄比武，无人胜得才为状元，哪里有和两三个人私抢的道理？"牛皋道："若是这等说起来，我倒白白地同他两个空杀这半天了。"岳飞道："他二人不愿伤你，不然你早就找阎王去了。"众弟兄大笑，各自上马，同回寓中。且说杨再兴、罗延庆两人回到寓处，收拾行李，竟回去了。

第三节 岳飞识剑

再说岳飞次日起来，用过早饭，汤怀与张显、王贵道："小弟们早要买一口剑来挂挂，昨日见那两个蛮子都有的，牛兄弟也自有的。我们没有剑挂，觉得不好看相，今日烦兄弟同去，各人买一口，何如？"岳飞道："这原是少不得的，我因没有余钱，故而不曾提起。"王贵道："不妨，哥哥也买一口，我有银子在此。"岳飞道："既如此，我们同去便了。"当时各人俱带了些银两，嘱咐店家看管门户，一同出门。来到大街上走了一回，看着那些刀店内挂着的都是些平常的货色，并无好钢火的，况且那些来往行人拥挤得很。岳飞道："我们不如往小街去看看，或者倒有好的，也未可定。"就同众兄弟转进一条小胡同内来，见有好些店面，也有热闹的，也有清淡的。看到一家店内摆着几件古董，壁上挂着名人书画与五六口刀剑。岳飞走进店中，那店主就连忙站起身来拱手道："众位相公请坐，敢问是要赐顾些什么东西？"岳飞道："我们非买别物，若有好刀或是好剑，乞借一观。"店主道："有，有，有！"即忙取下一口剑来，揩抹干净送将过来。岳飞接在手中，把剑匣一看，然后把剑抽将出来一看，便道："此等剑却用不着，若有好的取来看。"店主又取下一把剑来，也不中意。一连看了数口，总是一样。岳飞道："若有好的，可拿出来；若没有，就告辞了，不必费手。"店主心上好生不悦，便道："尊驾看了这几口剑，还是哪一样不好？倒要请教。"岳飞道："若是卖与王孙公子富宦之家，希图好看，怎说得不好？在下们买去，却是要上阵防身、安邦定国的，如何用得？如果有好的，悉凭尊价便是。"牛皋接口道："凭你要多少银子，绝不少你的，可拿出来看，不要这等寒酸的。"那店主又举眼将众兄弟看了一看；便道："果然要好的，只有一口，却是在舍下。待我叫舍弟出来，引相公们到寒舍去看，何如？"岳飞道："到府上有多少路？"店主道："不多远，就在前面。"岳飞道："既有好剑，便走几步也不妨。"主人便叫小使："你进去请二相公出来。"小使答应进去。不多时，里边走出一个人来，叫道："哥哥，有何吩咐？"店主道："这几位相公要买剑，看过好几口都不中意，谅来是个识货的。你可陪众位到家中去，看那一口。"那人答应一声，便向众人把手一拱说："列位相公请同步。"岳飞也说一声："请前。"遂别了店主，一同出门行走。岳飞细看那人时，只见：头戴一顶晋阳巾，面前是一块羊脂白玉；身穿一领蓝道袍，脚蹬一双大红朱履。手执湘妃金扇，风流俊雅超然。行来却有二里多路，来到一座庄门，门外一带俱是垂柳，低低石墙，两扇篱门。那人轻轻把门叩了一下，里边走出一个小童，把门开了，就请众位进入草堂，行礼坐下。小童就送出茶来，用过了。岳飞道："敢问先生尊姓？"那人道："先请教列位尊姓大名，贵乡何处？"岳飞道："在下相州汤阴县人氏，姓岳名飞，字鹏举。"那人道："久仰，久仰！"岳飞又道："这位乃大名府内黄县汤怀，这位姓张名显，这位姓王名贵，都是同乡好友。"牛皋接口道："我叫牛皋，陕西人氏。我自家有嘴的，无须大哥代说。"岳飞道："先生休要见怪！我这兄弟性子虽然暴躁，最好相与的。"那人道："这也难得。"岳飞正要问那人的姓名，那人却让大爷抬头观看，说道："此乃好古之家，才有这古画挂着。"又看到两旁对联，便道："这个人原来姓周。"汤怀道："一路同哥哥到此，并未问他姓名，何以知他姓周？"岳飞道："你看对联就明白了。"众人一齐看了道："并没有个'周'字在上边呀！"岳飞道："你们只看那上联是'柳营春试马'，下联是'虎将夜谈兵'。如今不论营伍中皆贴着此对，却不知此乃是唐朝李晋王赠予周德威的，故此我说他是姓周。"牛皋道："管他姓周不姓周，等他出来问他，便知道了。"正说间，只见那人取了一口宝剑走将出来，放在桌上，复身坐下道："失陪，有罪了！"岳飞道："岂敢！请教先生尊姓贵表？"那人道："在下姓周，贱字三畏。"众皆吃惊道："原来大哥真个是高人！"三畏起身道："请岳兄看剑。"岳飞就立起身来，接剑在手，左手拿定，右手把剑锋抽出才三四寸，觉得寒气逼人。再抽出细看了一看，连忙推进，便道："周先生，请收了进去罢！"三畏道："岳兄既然看了，为何不还价钱？难道还未中意吗？"岳飞道："周先生，此乃府上之宝，价值连城。谅小子安敢妄想，休得取笑！"三畏接剑，仍放在桌上，叫声："请坐。"岳飞道："不消，要告辞了。"三畏道："岳兄既识此剑，还要请教，哪有辞行之理？"岳飞无奈，只得坐下。三畏道："学生祖上原系世代武职，故遗下此剑。今学生已经三代改习文学，此剑并无甚用。祖父曾嘱咐子孙道：'若后人有识得此剑出处者，便可将此剑赠之，分文不可取受。'今岳兄既知是宝剑，必须请教，或是此剑之主，亦未可定。"岳飞道："小生意下却疑是此剑，但说来又恐不是，岂不贻笑大方？今先生必要下问，倘若错了，幸勿见笑。"三畏道："幸请见教，学生洗耳恭听！"

却说周三畏必要请教岳飞此剑的出处，当下岳飞道："小弟当初曾听得周侗先师说：'凡剑之利者，水断蛟龙，陆砍犀象。有龙泉、太阿、白虹、紫电、镆铘、干将、鱼肠、巨阙诸名，俱有出处。'此剑出鞘即有寒气侵人。乃是春秋之时，楚王欲霸诸侯，闻得韩国七里山中有个欧阳冶善，善能铸剑，遂命使宣召进朝。这欧阳冶善来到朝中，朝见已毕，楚王道：'孤家召你到此，非为别事，要命你铸造二剑。'冶善道：'不知大王要造何剑？'楚王道：'要造雌雄二剑，俱要能飞起杀人，你可会造吗？'欧阳冶善心下一想：'楚王乃强暴之君，若不允他，必不肯饶我。'遂奏道：'剑是会造，恐大王等不得。'楚王道：'却是为何？'欧阳冶善道：'要造此剑，须得三载工夫，方能成就。'楚王道：'孤家就限你三年便了。'随后赐了金帛彩缎。冶善谢恩出朝，回到家中，与妻子说知其事，将金帛留在家中，自去山中铸剑。却另外又造了一口，共是三口。到了三年，果然造就，回家与妻子说道：'我今前往楚国献剑。楚王有了此剑，恐我又造与别人，必然要杀我，以绝后患。今我想来，总是一死，不如将雄剑留埋此地，只将那二剑送去。其剑不能飞起，必然杀吾。你若闻知凶信，切莫悲啼。待你腹中之孕十月满足，生下女儿，只就罢了。倘若生下男来，你好中抚养他成人，将雄剑交付与他，好叫他代父报仇，我自在阴间护佑。'说罢分别，来至楚国。楚王听得冶善前来献剑，遂领文武大臣到校场试剑。果然不能飞起，空等了三年。楚王一时大怒，把冶善杀了。冶善的妻子在家得知了凶信，果然不敢悲啼。守至十月，产下一子，用心抚养。到了七岁，送在学堂攻书。一日，同那馆中学生争闹，那学生骂他是无父之种。他就哭转家中，与娘讨父。那妇人看见儿子要父，不觉痛哭起来，就与儿子说知前事。无父儿要讨剑看，其母只得掘开泥土，取出此剑。无父儿就把剑背着，拜谢了母亲养育之恩，要往楚国与父报仇。其母道：'我儿年纪尚小，如何去得？'自家懊悔说得早了，以致如此，遂自缢而死。那无父儿把房屋烧毁，火葬其母，独自背了此剑，行到七里山下，不认得路途，日夜啼哭。哭到第三日，眼中流出血来，忽见山上走下一个道人，问道：'你这孩子，为何眼中流血？'无父儿将要报仇之话诉说一遍。那道人道：'你这小小年纪，如何报得仇来？那楚王前遮后拥，你怎能近他？不如吾代汝一往，但是要向你取件东西。'无父儿道：'就要我的头，也是情愿的！'道人道：'正要你的头。'无父儿听了，便跪下道：'若报得父仇，情愿奉献！'就对道人拜了几拜，起来自刎。道人把头取了，将剑佩了，前往楚国，在午门之外大笑三声、大哭三声。军士报进朝中，楚王差官出来查问。道人说：'笑三声者，笑世人不识我宝；哭三声者，哭空负此宝不遇识者。我乃是送长生不老丹的。'军士回奏楚王。楚王道：'宣他进来。'道人进入朝中，取出孩子头来。楚王一见便道：'此乃人头，何为长生不老丹？'道人说：'可取油锅一口，把头放下去。油滚一刻，此头愈觉唇红齿白；煎至二刻，口眼皆动；若煎三刻，拿起来供在桌上，能知满朝文武姓名，都叫出来；煎到四刻，人头上长出荷叶，开出花来；五刻工夫，结成莲房；六刻结成莲子，吃了一颗，寿可活一百二十岁。'楚王遂命左右取出油锅，命道人照他行之。果然六刻工夫，结成莲子。满朝文武无不喝彩。道人遂请大王亲自来摘取长生不老丹。楚王下殿来取，不防道人拔出剑来，一剑将楚王之头砍落于油锅之内。众臣见了，来捉道人，道人亦自刎其首于锅内。众臣连忙捞起来，三个一样的光头，不知哪一个是楚王的。只得用绳穿了，一齐下棺而葬。古言楚有'三头墓'即此之谓。此剑名曰'湛卢'，唐朝薛仁贵曾得之，如今不知何故落于先生之手，亦未知是此剑否？"三畏听了这一席话，不觉欣然笑道："岳兄果然博古，一点不差。"遂起身在桌上取剑，双手递与岳飞道："此剑埋没数世，今日方遇其主。请岳兄收起！他日定当为国家之栋梁，也不负我先祖遗言。"岳飞道："他人之宝，我焉敢擅取？绝无此理。"三畏道："此乃祖命，小弟焉敢违背？"岳飞再三再四推辞不掉，只得收了，佩在腰间，拜谢了相赠之德，告辞回去。三畏送出门外，珍重而别，兄弟们也各选了自己如意的剑挎上。路上牛皋问此事真假，岳飞道："此乃古人传说，不必考究其真假。"

第四节 枪挑小梁王

次日众弟兄即起身来梳洗。吃饭已毕，各各端正披挂。但见汤怀白袍银甲，插箭弯弓；张显绿袍金甲，挂剑悬鞭；王贵红袍金甲，浑如一团火炭；牛皋铁盔铁甲，好似一朵乌云；只有岳飞，还是考武举时的旧战袍。你看他兄弟几个，袍甲索叮当地响，一同下楼来。到店门外各人上马。只见店主人在牛皋马后摸摸索索了一会儿。又一个走堂的小二，拿着一盏灯笼，高高地擎起送考。众人正待起身，只见又一个小二，左手托个糖果盒，右手提着一大壶酒。主人便叫："各位相公，请吃上马杯，好抢个状元回去！"每人吃了三大杯，然后一齐拍马往校场而来。到得校场门首，那拿灯笼的店小二道："列位爷们，小人不送进去了。"岳飞谢了一声，店小二自回店去。

且说众弟兄一齐进了校场，只见各省举子先来的、后到的，人山人海，拥挤不堪。岳飞道："此处人多，不如到略静些的地方去站站。"就走过演武厅后首，站了多时。牛皋想起："出门的时候，看见店主人在我马后拴挂什么东西，待我看一看。"就往马后边一看，只见鞍后挂着一个口袋，就伸手向袋内一摸，却是数十个馒头、许多牛肉在内。这是店主人的规例，凡是考时，恐他们来得早，等得饥饿，特送他们做点心的。牛皋道："妙啊！停一会儿比武，哪里有工夫吃，不若此时吃了，省得这马累。"就取将出来，都吃个干净。不意停了一会儿，王贵道："牛兄弟，我们肚中有些饥了，主人家送我们吃的点心，拿出来大家吃些。"牛皋道："你没有的吗？"王贵道："一总挂在你马后。"牛皋道："这又晦气了！我只道你们大家都有的，故此才把这些点心牛肉狠命地都吃完了，把个肚皮撑得饱胀不过。哪里晓得你们是没有的。"王贵道："你倒吃饱了，怎叫别人在此挨饿？"牛皋道："如今吃已吃完了，这怎么办？"岳飞听见了，便叫："王兄弟，不要说了，倘若别人听见了，觉得不雅相。牛兄弟，你本不该是这等样，就是吃东西，无论别人有没有，也该问一声。竟自吃完了，这个如何使得？"牛皋道："知道了！下次若有东西，大家同吃便了。"正在闲争闲讲，忽听得有人叫道："岳相公在哪里？"牛皋听得，便喊道："在这里！"岳飞道："你又在此招惹是非了。"牛皋道："有人在那里叫你，便答应他一声，有甚大事？"说未了，只见一个军士在前，后边两个人抬了食箩，寻来说道："岳相公如何站在这里？叫小人寻得好苦。小人是留守衙门里来的，奉大老爷之命，特送酒饭来，为相公们充饥。"众人一齐下马来谢，就来吃酒饭。牛皋道："如今让你们吃，我自不吃了。"王贵道："谅你也吃不下了。"众人用完酒饭，军士与从人收拾了食箩，抬回去了。

看看天色渐明，那九省四郡的好汉俱已到齐。只见张邦昌、王铎、张俊三位主考，一齐进了校场，到演武厅坐下。不多时，宗泽也到了，上了演武厅，与三人行礼毕，坐着用过了茶。张邦昌开言道："宗大人的贵门生，竟请填上了榜罢！"宗泽道："哪有什么敝门生，张大人如何这等说？"邦昌道："汤阴县的岳飞，岂不是贵门生吗？"那日众弟兄在留守衙门前，岂无人晓得？况且留守帅爷抬了许多酒席送来，怎么瞒得众人耳目？兼之这三位主考受了梁王礼物，岂不留心？张邦昌说出了"岳飞"两字，倒弄得宗泽脸红心跳，半晌没个道理回复这句话来，便道："此乃国家大典，岂容你我私自检择？如今必须对神立誓，表明心迹，方可考试。"即叫左右："过来，与我摆列香案。"立起身来，先拜了天地，再跪下祷告过往神灵："信官宗泽，浙江金华府义乌县人氏。蒙圣恩考试武生，自当诚心秉公，拔取贤才，为朝廷出力。若存一点欺君卖法、误国求财之念，必死于刀箭之下。"誓毕起来，就请张邦昌过来立誓。邦昌暗想："这个老头儿好混账！如何立起誓来？"到此已无法推托，没奈何也只得跪下道："信官张邦昌，乃湖广黄州人氏。蒙圣恩同考武试，若有欺君卖法、受贿遗贤，今生就在外国为猪，死于刀下。"你道这个誓，也从来没有听见过的，是他心里想出来："我这样大官，怎能得到外国？就到番邦，如何变猪？岂不是个牙疼咒？"自以为得计。宗泽是个诚实君子，只要表明自己的心迹，也不来管他立誓轻重。王铎见邦昌立誓，亦来跪下道："信官王铎，与邦昌是同乡人氏。若有欺心，他既为猪，弟子即变为羊，一同死法。"誓毕起来，心中也在暗想："你会奸，我也会刁。难道就学你不来？"暗暗笑个不止。谁知这张俊在旁看得清，听得明，暗想："这两人立得好巧誓，叫我怎么好？"也只得跪下道："信官张俊，乃南直隶顺州人氏。如有欺君之心，当死于万人之口。"却不道后来岳武穆王墓顶褒封时，竟应了此誓。

却说这四位主考立誓已毕，仍到演武厅上一拱而坐。宗爷心里暗想："他三人主意已定，这状元必然要中梁王。不如传他上来，先考他一考。"便叫旗牌："传那南宁州的举子柴桂上来。"旗牌答应一声："是！"就走下来，大叫一声："得！宗大老爷有令，传南宁州举子柴桂上厅听令。"那梁王答应一声，随后走上演武厅来，向上作了一揖，站在一边听令。宗爷道："你就是柴桂吗？"梁王道："是！"宗爷道："你既来考试，为何参见不跪，如此托大吗？自古道做此官，行此礼。你若不考，原是一家藩王，自然请你上坐。今既来考试，就降做举子了。哪有举子见了主考不跪之理？你好端端一个王位不要做，不知听信哪一个奸臣的言语，反自弃大就小，来夺状元，有什么好处？况且今日天下英雄俱齐集于此，内中岂无高强手段，倍胜于你？怎能稳稳状元到手？你不如休了此心，仍回本郡，完全名节，岂不为美？快去想来！"梁王被宗爷一顿发作，无可奈何，只得低头跪下，开口不得。这梁王为着何事，现放着一人之下、万人之上的王位不做，反来夺取状元，受此羞辱吗？事出有因，只因梁王来朝贺天子，在太行山经过，那山上有一位大王，使一口金背砍山刀，江湖上都称他为"金刀大王"。此人姓王名善，有万夫不当之勇。手下有勇将马保、何六、何仁等，左右军师邓武、田奇，足智多谋。聚集着喽啰有五万余人，霸占着太行山，打家劫舍，官兵不敢奈何他。他久欲谋夺宋室江山，却少个内应。那日打听得梁王入朝，即与军师商议，定下计策，扎营在山下，等那梁王经过，被喽啰截住，邀请上山。到帐中坐定，献茶已过，田奇道："昔日南唐时，虽然衰坏，天下安宁，被赵匡胤设谋，诈言陈桥兵变，篡了帝位，把天下谋去直到如今。主公反只得一个挂名藩王空位，受他管辖，臣等心上实不甘服！臣等现今兵精粮足，大王何不进京结纳奸臣，趁着今岁开科，谋夺了武状元到手，把这三百六十个同年进士交结，收为心腹内应。那时写书知会山寨，臣等即刻发兵前来，帮助主公恢复了旧日江山，岂不为美？"这一席话，原是王善与军师定下的计策。借那梁王做个内应，夺了宋朝天下，怕不是王善的？哪知这梁王被他所惑，大悦，便道："难得卿家有此忠心，孤家进京即时办此事，若得成功，愿与卿等富贵共享之。"王善当时摆设筵宴款待，饮了一会儿，就送梁王下山。一路进京，就去结识这几位主考。这三个奸臣受了贿赂，要将武状元卖与梁王。哪知这宗泽是赤心为国的，明知这三位受贿，故将梁王数说几句。梁王一时回答不来。那张邦昌看见，急得好生焦躁："也罢！待我也叫他的门生上来，骂他一场，好出出气。"便叫："旗牌过来。"旗牌答应上来道："大老爷有何吩咐？"张邦昌道："你去传那汤阴县的举子岳飞上来。"旗牌答应一声，就走将下来，叫一声："汤阴县岳飞上厅听令。"岳飞听见，连忙答应上厅，看见柴王跪在宗爷面前，他就跪在张邦昌面前叩头。邦昌道："你就是岳飞吗？"岳飞应声道："是。"邦昌道："看你这般人不出众，貌不惊人，有何本事，要想做状元吗？"岳飞道："小人怎敢妄想做状元。但今科场中，有几千举子都来考试，哪一个不想做状元？其实状元只有一个，那千余人哪能个个状元到手？武举也不过随例应试，怎敢妄想？"张邦昌本待要骂他一顿，不道被岳飞回出这几句话来，怎么骂得出口？便道："也罢！先考你二人的本事如何，再考别人。且问你用的是什么兵器？"岳飞道："是枪。"邦昌又问梁王："用何兵器？"梁王道："是刀。"邦昌就命岳飞做"枪论"，梁王做"刀论"。

二人领命下来，就在演武厅两旁摆列桌子纸笔，各去做论。若论柴桂才学，原是好的，因被宗泽发作了一场，气得昏头耷脑，下笔写了一个"刀"字，不觉出了头，竟像个"力"字。自觉心中着急，只得描上几笔，弄得刀不成刀，力不成力，只好涂去另写几行。不期岳飞早已上来交卷，梁王谅来不妥当，也只得上来交卷。邦昌先将梁王的卷子一看，就笼在袖里；再看岳飞的文字，吃惊道："此人之文才，比我还好，怪不得宗老头儿爱他！"乃故意喝道："这样文字，也来抢状元！"把卷子往下一掷，喝一声："又出去！"左右呼的一声拥将上来，正待动手，宗爷吆喝一声："不许动手，且住着！"左右人役见宗大老爷吆喝，谁敢违令？便一齐站住听宗老爷吩咐："把岳飞的卷子取上来我看。"左右又怕张太师发作，面面相觑，都不敢去拾。

岳飞只得自己取了卷子，呈上宗爷。宗爷接来放于桌上，展开细看，果然是：句句比金石，字字赛珠玑，暗想："这奸贼如此轻才重利。"也把卷子笼在袖里，便道："岳飞！你这样才能，怎能取得功名到手？你岂不晓得苏秦献的'万言书'、温庭筠代作的《南花赋》吗？"你道这两句是什么出典？只因当初苏秦，到秦邦上那万言策，秦相商鞅忌他才高，恐他后来夺他的权柄，乃不中苏秦，只中张仪。这温庭筠是晋国丞相桓文的故事。晋王宣桓文进御花园赏南花，那南花就是铁梗海棠也。当时晋王命桓文作《南花赋》，桓文奏道："容臣明日早朝献上。"晋王准奏。辞朝回来，哪里作得出？却央家中代笔先生温庭筠代作了一篇。桓文看了，大吃一惊，暗想："若是晋王知道他有此才华，必然重用，岂不夺了我权柄？"即将温庭筠药死，将《南花赋》抄写献上。这都是妒贤嫉能的故事。张邦昌听了，不觉勃然大怒！

话说张邦昌听得宗爷说出那两桩故事，明知是骂他妒贤嫉能，却又有些心虚，发不出话来，真个是敢怒而不敢言，便道："岳飞，且不要说你的文字不好，今问你敢与梁王比箭吗？"岳飞道："老爷有令，谁敢不遵？"宗爷心中暗喜："若说比箭，此贼就上了当！"便叫左右："把箭垛摆列在一百数十步之外。"梁王看见靶子甚远，就向张邦昌禀道："柴桂弓软，先让岳飞射罢。"邦昌遂叫岳飞下阶先射，又暗暗地叫亲随人去将靶子移到二百四十步，令岳飞不敢射，正好将他赶出去。谁知这岳飞却不慌不忙，立定了身，当天下英雄之面，开弓搭箭，真个是弓开如满月，箭发似流星，嗖嗖地一连射了九支。只见那摇旗的摇个不住，擂鼓的擂得个手酸。方才射完了，那监箭官将九支箭，连那射透的箭靶，一齐搬上厅来，跪着。张邦昌是个近视眼，看那九支箭和那靶子一起摆在地下，不知是什么东西。只听得那官儿禀道："这举子箭法出众，九支箭俱从一孔而出。"张邦昌等不得他说完，就大喝一声："胡说！还不快拿下去！"那梁王自想："箭是比他不过了，不若与他比武，以便将言语打动他，令他诈输，让这状元与我。若不依从，趁势把他砍死，不怕他要我偿命。"算计已定，就禀道："岳飞之箭皆中，倘然柴桂也中了，何以分别高下？不若与他比武罢。"邦昌听了，就命岳飞与梁王比武。梁王听了，随即走下厅来，整鞍上马，手提着一柄金背大砍刀，拍马先自往校场中间站定，使开一个门户，叫声："岳飞！快上来，看孤家的刀罢！"这岳飞虽然武艺高强，怕他是个王子，怎好交手，不觉心里有些踌躇。勉强上了马，倒提着枪，慢腾腾地懒得上前。那校场中来考的、看的，有千千万万，见岳飞这般光景，俱道："这个举子哪里是梁王的对手？一定要输的了！"就是宗爷也只道："他是临场胆怯，是个没用的，枉费了我一番心血！"且说梁王见岳飞来到面前，便轻轻道："岳飞，孤家有一句话与你讲，你若肯诈败下去，成就了孤家大事，就重重地赏你；若不依从，恐你性命难保！"岳飞道："千岁吩咐，本该从命，但今日在此考的，不独岳飞一人。你看天下英雄，聚集不少，哪一个不是十载寒窗，苦心习学，只望到此博个功名，荣宗耀祖？今千岁乃是堂堂一国藩王，富贵已极，何苦要占夺一个武状元，反丢却藩王之位，与这些寒士争名？岂不上负圣主求贤之意，下屈英雄报国之心？窃为千岁不取，请自三思！不如让这些众举子考罢。"梁王听了，大怒道："好狗头！孤家好意劝你，你若顺了孤家，岂愁富贵？反是这等胡言乱语。不中抬举的狗才！看刀罢！"说罢，当的一刀，往岳飞顶门上砍来。岳飞把枪往左首一隔，架开了刀。梁王又一刀拦腰砍来。岳飞将枪杆横倒，往右边架住。这原是"鹞子大翻身"的家数，但是不曾使全。恼得那梁王心头火起，举起刀来，当当当，一连六七刀。岳飞使个解数，叫作"童子抱心势"，东来东架，西来西架，哪里会被他砍着？梁王收刀回马，转演武厅来。岳飞亦随后跟来，看他怎样。

　　只见梁王下马上厅来，禀张邦昌道："岳飞武艺平常，怎能上阵交锋？"邦昌道："我亦见他武艺不及千岁。"宗爷见岳飞跪在梁王后头，便唤上前来道："你这样武艺，怎么也想来争功名？"岳飞禀道："武举非是武艺不精，只为与梁王有尊卑之分，不敢交手。"宗爷道："既如此说，你就不该来考了。"岳飞道："三年一望，怎肯不考？但是往常考试，不过跑马射箭，舞剑抢刀，以品优劣。如今与梁王刀枪相向，走马交锋，岂无失误？他是藩王尊位，倘然把武举伤了，武举白送了性命；设或武举偶然失手，伤了梁王，梁王怎肯甘休？不但武举性命难保，还要拖累别人。如今只要求各位大老爷做主，令梁王与武举各立下一张生死文书。不论哪个失手，伤了性命，大家不要偿命。武举才敢交手。"宗爷道："这话也说得是。自古道壮士临阵，不死也要带伤，哪里保得定？柴桂你愿不愿呢？"梁王尚在踌躇，张邦昌便道："这岳飞好一张利嘴！看你有甚本事，说得这等决绝？千岁可就同他立下生死文书，倘他伤了性命，好叫众举子心服，免得别有话说。"梁王无奈，只得各人把文书写定，大家画了花押，呈上四位主考，各按了手印，梁王的交与岳飞，岳飞的交与梁王。梁王就把文书交与张邦昌，张邦昌接来收好。岳飞看见，也将文书来交与宗泽。宗爷道："这与你自家的性命攸关，自然自家收着，与我何涉，却来交与我收？还不下去！"岳飞连声道："是，是，是！"两个一齐下厅来，岳飞跨上白马，叫声："千岁，你的文书交与张太师了。我的文书宗老爷却不肯收，且等我去交与一个朋友后就来。"一面说，一面去寻着了众弟兄，便叫声："汤兄弟，倘若停一会儿梁王输了，你可与牛兄弟守住他的帐房门首，恐他们有人出来打攒盘，好照应照应。"又向张显道："贤弟，你看帐房后边尽是他的家将，倘若动手帮助，你可在那里拦挡些。王贤弟、徐贤弟，你们可整顿兵器，在校场门首等候，我若是被梁王砍死了，可收拾我的尸首。若是败下来，你便把校场门砍开，等我好逃命。这一张生死文书，与我好生收着。倘然失去，我命休矣！"吩咐已毕，转身来到校场中间。那时节，这些来考的众举子，和那看的人，真个成千上万，挨挨挤挤，压肩叠背，四面如打着围墙一般站着，要看他二人比武艺。

且说那梁王与岳飞立了生死文书，心里就有些慌张了，急忙回到帐房之中。诸位，这又不是出征上阵，只不过考武，为什么回到帐房来呢？一则，他是一家藩王，与众不同；二来，已经买服奸臣，纵容他胡为，不去管他；三来，他是心怀不善，埋伏家将虞候在内，以备防护。故此搭下这三座大帐房，自己与门客在中间，两旁是家将虞候和那些亲随诸色人等。这梁王来到中间帐房坐定，即唤集家将虞候人等齐集面前，便道："本藩今日来此考武，稳稳要夺个状元。不期偏偏遇着这个岳飞，要与本藩比试，立了生死文书，不是我伤他，定是他伤我。你们有何主见赢得他？"众家将道："这岳飞有几个头，敢伤千岁？他若差不多些就罢；若是恃强，我们众人一拥而出，把他乱刀砍死。朝中自有张太师等做主，怕他怎的？"梁王听了大喜，重新整理好了，披挂上马，来到校场中间，刚好岳飞重新骑马来到校场当中。看那梁王抬头看：岳飞雄赳赳，气昂昂，不比前番胆怯光景，心中着实有些胆怯，叫声："岳举子，依着孤家好！你若肯把状元让与我，少不得榜眼、探花也有你的份儿，日后自然还有好处与你，今日何苦要与孤家作对呢？"岳飞道："王爷听禀，举子十载寒窗，所为何事？自古说：'学成文武艺，原是要货与帝王家的。'但愿千岁胜了举子，举子心悦诚服。若以威势相逼，不要说是举子一人，还有天下许多举子在此，都是不肯服的！"梁王听了大怒，提起金背刀，照岳飞顶梁上就是一刀。岳飞把沥泉枪抬手一架。那梁王震得两臂酸麻，叫声："不好！"不由心慌意乱，再一刀砍来。岳飞又把枪轻轻一举，将梁王的刀挡过一边。梁王见岳飞不还手，只认他是不敢还手，就胆大了，使开金背刀，就上三下四，左五右六，往岳飞顶梁颈脖上只顾砍来。小梁王挥舞着金背大砍刀呼呼生风地向岳飞砍来，岳飞不慌不忙地举枪相迎。两个人刀来枪往，真可谓棋逢对手将遇良才，打了几十个回合不分上下。小梁王看到一时不能将岳飞打败，便收刀假装败走，岳飞看到小梁王诈败，知道他又要耍诡计伤人，便抓住缰绳停了下来，把枪一横哂笑着说道："小王爷，人人都说你有万夫不当之勇，怎么今天刚打了几十个回合就败阵了？是不敢比还是不想比？当着天下英雄的面，小梁王难道就这么认输了？"小梁王听了，气急败坏地说道："岳飞休要放肆，本王不是怕你，而是本王的马匹不如你的，交起锋来体力不够，本王先换了马匹再说。"岳飞道："那好，你看什么马合适，你自己去选一匹吧！我在这里等你。"小梁王听了，下马来到了在场的一个家丁身边，和他耳语了几句，家丁领命而去，不到一盏茶的工夫，家丁牵了一匹好马过来，这匹马上家丁事先安好了机关，专等岳飞近身，便将机关打开，毒箭齐发，只要岳飞中箭，顷刻之间就会工力尽失。小梁王骑上马，在马上耀武扬威，不可一世。岳飞见小梁王那副得意扬扬的样子，不知道小梁王葫芦里卖的什么药，只好小心应付。小梁王道："岳飞，有种的放马过来，今天我们俩好好比试比试，看看谁的本事大？"见小梁王站立马上，一副威严的样子。岳飞无奈，只好提枪过来。小梁王照旧抡起大刀片子上下翻飞，招招对岳飞痛下杀手。岳飞看到小梁王一而再，再而三地对他痛下杀手，忍无可忍，他提起沥泉枪抖起先耍了一通，耍得变幻莫测，看得小梁王眼花缭乱。张显等人带头吆喝起来，众武生一起呐喊。岳飞本想借此机会让小梁王知难而退，谁知小梁王心里想着自己的千秋大业，不愿就此罢手，他依仗着自己马上藏着的暗器，硬着头皮与岳飞交锋，双方又激战了几十个回合，岳飞越战越勇，小梁王渐渐不支。岳飞左让他砍，右让他砍，砍得岳飞性起，叫声："柴桂！你好不自量力。差不多全你一个体面，早些去罢了，不要倒了霉呀！"梁王听见叫他名字，怒发冲冠，骂声："岳飞好狗头！本藩抬举你，称你一声举子，你擅敢冒犯本藩的名讳吗？不要走，吃我一刀！"提起金背刀，照着岳飞顶梁上呼的一声砍将下来。这岳飞不慌不忙，举枪一架，挡开了刀，耍的一枪，往梁王心窝里刺来。梁王见来得厉害，把身子一偏，正中肋甲绦，差点儿将其挑下马。岳飞劝道："小梁王，算了吧！我不想伤你，你还是回去继续做你的王爷，不要和我们这些平民百姓争夺状元。"小梁王听了，非但没有住手，反而变本加厉，他挥起大砍刀趁岳飞没注意猛然一刀砍来。宗泽见了，心里一紧，他以为岳飞一定会挨了这一刀。谁知大砍刀离面门仅仅一线之隔，岳飞将头一低轻轻躲过，策马来到小梁王右侧，单手握着沥泉枪朝小梁王拿刀的手一拨，好大的劲道，小梁王的手腕一麻，大砍刀顿时击落在地。岳飞看到小梁王的大砍刀落地了，说道："王爷，回去吧！我不想痛下杀手。"说罢，掉转马头向演武厅走去。小梁王看到机会来了，顾不上拾起大砍刀，掉转马头随后赶来，暗示手下发毒箭，五步之隔，嗖嗖嗖，冷箭发来。岳飞何等人，他听到背后声响，急忙镫里藏身，躲过一难。岳飞没想到小梁王居然暗箭伤人，火冒三丈，他快速躲过暗箭后，双手握紧沥泉枪，回头一枪，不偏不倚，正好扎在小梁王的心窝，小梁王哎呀一声倒在马下，血流如注，顷刻之间，命丧黄泉。岳飞做梦也没想到，小梁王仅仅中了一枪就一命呜呼。只听得合校场中众举子和那些看的人，齐齐地喝一声彩。急坏了左右巡场官，那些护卫兵丁军夜班等，俱吓得面面相觑。巡场官当下吩咐众护兵："看住了岳飞，不要让他走了！"

那岳飞神色不变，下了马，把枪插在地上，就把马拴在枪杆之上等令。只见那巡场官飞奔报上演武厅来道："众位大老爷在上，梁王被岳飞挑死了，请令定夺。"宗爷听了，面色虽然不改，心里却也有些惊慌。张邦昌听了大惊失色，喝道："快与我把这厮绑起来！"两旁刀斧手答应一声："得令！"飞奔地下来，将岳飞捆绑了，推到将台边来忽听得张邦昌传令："将岳飞斩首号令！"左右方才答应，早有宗大老爷喝一声："住手！"急忙出位来，一手扯了张邦昌的手，一手搀住王铎的手，说道："这岳飞是杀不得的！他两人已立下生死文书，各不偿命，你我俱有印信落在他处。若杀了他，恐这些举子不服，你我俱有性命之忧。此事必须奏明圣上，请旨定夺才是。"邦昌道："岳飞乃是一介武生，敢将藩王挑死，乃是个无父无君之人。古言乱臣贼子，人人得而诛之，何必再为启奏？"喝叫："刀斧手，快去斩讫报来！"左右才应得一声："得令……"宗泽站起来说道："太宰大人，双方都已经立下了生死文书，讲明了生死各安天命。小梁王之死是他咎由自取，岳飞已经几次饶他，他还是不甘心。小梁王刀已离手，已经输了。岳飞也已经收枪回转，谁知小梁王心怀叵测，暗箭伤人。如果小梁王没有追上去暗箭伤人，又怎会落得如此下场？在场的各位英雄全都看得清清楚楚、明明白白。岳飞只是自卫防身，何罪之有？"张邦昌又大叫："岳飞，你好大的胆子，居然敢杀害小梁王。来人啦！把岳飞给我绑了，格杀勿论。"张邦昌一声令下，左右军汉如狼似虎涌来。岳飞不躲不闪，听凭处治。

梁王手下这些家将，各执兵器抢出帐房来，想要与梁王报仇。汤怀在马上把烂银枪一摆，牛皋也舞起双锏，齐声大叫道："岳飞挑死梁王，自有公论。尔等若是恃强，我们天下英雄，有张打抱不平的口！岂容胡作非为！"那些家将看见风色不好，回头打探帐后人的消息，才待出来，早被张显把钩连枪，将一座帐房扯去了半边，大声吆喝道："你们谁敢擅自动手，休要惹我们众好汉动起手来，顷刻间叫你们性命休想留了半个！"当时这些看的人有笑的，有高声附和的，吓得这些人等怎敢上前？况且看见刀斧手已将岳飞绑上去了，谅来张太师不肯放他，只得齐齐地立定，不敢出头。

牛皋看见绑了岳大哥，急得上天无路！正在惊慌，忽听"格杀勿论"四个字，牛皋顿时火冒三丈，大声喊道："呔！天下多少英雄来考，哪一个不想功名？今岳飞武艺高强，挑死了梁王，不能够做状元，反要将他斩首，我等实是不服！不如先杀了这瘟试官，再去与皇帝老子算账罢！"便把双锏一摆，往那大纛旗杆上"当"的一声。两条锏一齐下，不打紧，把个旗杆打折，轰隆一声响倒将下来。再是众武举齐声喊叫："我们三年一望，前来应试，谁人不望功名？今梁王倚势要强占状元，屈害贤才，我们反了罢！"这一声喊，趁着大旗又倒下，犹如天崩地裂一般。宗爷将两手一放，叫声："老太师！可听见吗？如此悉听老太师去杀他罢了。"张邦昌与那王铎、张俊三人，看见众举子这般光景，慌得手足无措，一齐扯住了宗爷的衣服道："老元戎，你我四人乃是同朝为官的，怎说出这般话来？还仗老元戎调处安顿方好。"宗爷道："且叫旗牌传令，叫众武举休得啰唣，有犯国法，且听本帅裁处！"旗牌得令，走至滴水檐前，高声大叫道："众武举听着，宗大老爷有令，叫你们休得啰唣，有犯国法，且静听大老爷裁处。"底下众人听得宗大老爷有令，齐齐地拥满了一阶，竟有好些直挤到演武厅上来七舌八嘴的。

当下张邦昌便对着宗爷道："此事还请教老元戎如何发放呢？"宗爷道："你看人情汹汹，众心不服，奏闻一事也来不及。不如先将岳飞放了，先解了眼前之危，再作道理。"三人齐声道："老元戎所见不差。"吩咐："把岳飞放了绑！"左右答应一声"得令"，忙将岳飞放了。岳飞得了性命，也不上前去叩谢，竟去取了兵器，跳上了马，往外飞跑。牛皋引了众弟兄随后赶上。王贵在外边看见，忙将校场门砍开，六个弟兄一同逃出。这些来考的众武举见了这个光景，谅考不成了，大家一哄而散。这里众家将且把梁王尸首收拾盛殓，然后众主考一齐入朝进奏。

话说岳飞弟兄五个逃出了校场门，一起来到留守府衙门前，一齐下马，对着辕门大哭一场，拜了四拜起来，对那把门巡捕官说道："烦老爷多多拜上大老爷，说我岳飞等今生不能补报，待转世来效犬马之力罢！"说完，就上马回到寓所，收拾了行李，捎在马上，与主人算清了账，作别出门，上马回乡。

且说众官见武生已散，吩咐梁王的家将收拾尸首，然后一同来到午门。早有张邦昌奏道："今科武场，被宗泽门生岳飞挑死了梁王，以致武生俱各散去。"一肩儿都卸在宗泽身上。幸亏宗泽是两朝大臣，朝廷虽然不悦，不好定罪，只将宗泽削职闲居。各官谢恩退出。宗爷回到衙中，早有把门巡捕跪下禀道："方才有岳飞等人，到辕门哭拜说，只好来生补报大老爷的洪恩。特着小官禀上。"宗爷听了，叹气不绝道："可惜！可惜！"吩咐家将："快到里边抬了我的卷箱出来，同我前去追赶。"家将道："他们已经去远了，大老爷何故要赶他？"宗爷道："尔等哪里晓得？昔日萧何月下追韩信，成就了汉家四百年天下。今岳飞之才不弱于韩信，况国家用人之际，岂可失此

栋梁？故我要赶上他，吩咐他几句话。"当时家将忙去把卷箱抬出来，宗爷
又取些银两，带领着众从人一路赶来。

　　且说岳飞等出了城门，拍马快加鞭，急急而行。牛皋道："到了此外
还怕他怎的。要如此急急忙忙地走？"岳飞道："兄弟，你有所不知，方
才那奸臣怎肯轻放了我？只因恩师做主，众人喧嚷，恐有不测，将我放了！
我们若不急走，倘那奸贼又生出别端来，再有意外之虞，岂不悔之晚矣？"
众人齐声道："大哥说得不差，我们快走！"一路说，一路行，不多时，早
已金乌西坠，玉兔东升。众人乘着月色，离城将有二十余里距离，忽听得后
面马嘶人喊，追风般赶来。岳飞道："何如？后面必定是梁王的家将们追将
来了。"王贵道："哥哥，我们不要行，等他来，索性叫他做个断根绝命罢！"
牛皋大叫道："众哥哥不要慌，我们都转去，杀进城去，先把奸臣杀了，夺
了汴京，岳大哥就做了皇帝，我们四个都做了大将军，岂不是好？还要受他
们什么鸟气！还要考什么武状元！"岳飞大怒，喝道："胡说！你敢是疯
了吗？快闭了嘴！"牛皋努着嘴道："就不开口，等他们兵马赶来时，手也
不要动，伸长了颈脖子，等他砍了就是。"汤怀道："牛兄弟，你忙做什么？
我们且勒住了马，停一停，不要走，看他们来时，文来文对，武来武挡。终
不然，难道怕了他吗？"

　　正说间，只见一骑马如飞般跑来，大叫道："岳相公慢行，宗大老爷来
了！"岳飞道："原来是恩师赶来，不知何故？"不多时，只见宗爷引了从
人赶来。众兄弟连忙下马，迎上马前，跪拜于地。宗爷连忙下马，双手扶起。
岳飞道："门生等蒙恩师救命之恩，未能报答，今日逃命心急，故此不及面
辞。不知恩师赶来有何吩咐？"宗爷道："因为你们之事，被张邦昌等劾奏
一本，圣上旨下，将老夫削职闲居，因此特来一会。"众人听了，再三请罪，
甚觉不安。宗爷道："贤契们不必介怀，只恐朝廷放不下我。若能休致，老
夫倒得个安闲自在。"遂问家将："此处可有什么所在？借他一宿。"家将
禀道："前去不下半里，乃是谏议李大老爷的花园，可以借宿得。"宗爷听
说，便同众人上马前行。走不多路，已到花园，园公出来跪接。宗大老爷同
小弟兄等一齐下马，进入园中，到花厅坐下，就问园公道："我们都是空腹，
此地可有所在备办酒肴吗？"园公禀道："此去一里多路就是昭丰镇，有名

的大市镇，随你要买什么东西，也有厨司替人整备。"宗爷就命亲随带了银两，速到镇上去购办酒肴，就带个厨司来整备。一面叫人抬过卷箱，交与岳飞，说道："老夫无甚物件，只有一副盔甲衣袍赠予贤契，以表老夫薄意。"岳飞正少的是盔甲，不觉大喜，叩头谢了。宗爷又道："贤契们，目下虽是功名不遂，日后自会腾达，不可以一跌就灰了心。倘若奸臣败露，老夫必当申奏朝廷，力保贤契们重用。那时如鱼得水，自然日近天颜。如今取不得个忠字，且回家去侍奉父母，尽个孝字。文章武艺，亦须时时讲论，不可因不遇便荒疏了，误了终身大事。"众弟兄齐声应道："大老爷这般教训，门生等敢不努力！"说未了，酒宴已备就送来，摆了六席。众人告过坐，一齐坐定。自有从人服侍斟酒，共谈时事，并讲论些兵法。那王贵、牛皋是坐在下席。他自五鼓吃了饭，在校场守了这一日，直到此处肚中正在饥饿，见了这些酒肴，也不听他们谈天说地，好似渴龙见水，如狼似虎地吃个精光，方才住手。不道那厨司因晚了，手脚忙乱，菜蔬内多搁了些盐。牛皋、王贵这两个吃得嘴咸了，只管讨茶吃。那茶夫叫道："伙计，你看不出上边几席上，斯斯文文的；这两席上的二位，粗粗蠢蠢，不是个吃细茶的人。你只管把小杯热茶送去，不讨好；你且把那大碗的冷茶送上去，保管合适。"那人听了，真个把冷茶大碗的选将上去。王贵好不快活，一连吃了五六碗，说道："好爽快！"方才住了手。重新再饮。说说笑笑，不觉天色黎明。岳飞等拜别了宗爷，宗爷又叫从人："有那骑来的牲口，让一匹与岳飞驮了卷箱。"岳飞又谢了，辞别上路，这里宗爷亦带领从人回城不表。

第五节　搭救宗泽

且说岳飞等五人一路走，一路在马上说起宗泽的恩义："真是难得！为了我们反累他削了职，不知何日方能报答他？"正说间，忽然王贵在马上大叫一声，跌下马来。顷刻间面如土色，牙关紧闭。众皆大惊，连忙下马来，扶的扶，叫的叫，吓得岳飞大哭，叫道："贤弟呀！休得如此，快些苏醒！"连叫数声，总不见答应。岳飞哭声："贤弟呀！你功名未遂，空手归乡已是不幸。若再有三长两短，叫为兄的回去，怎生见你令尊令堂之面？"说罢，又痛哭不止。众人也俱慌张。牛皋道："你们且不要哭，我自有个主意。若是一哭，就弄得我没主意了。"岳飞便住了哭，问道："贤弟有甚主意，快些说来！"牛皋道："你们不知王哥原没有病的，想是昨夜吃了些东西，灌下几碗冷茶，肚里发起胀来。待我来替他医医看。"便将手在王贵肚皮揉了一会儿，只听得王贵肚里边咕噜噜的，犹如雷鸣一般，响了一会儿，忽然放了许多臭水出来。再揉几揉，竟撒出粪来，臭不可当。王贵微微苏醒，呻吟不绝。众人忙将衣服与他换了。岳飞道："我们且在此暂息片刻。汤兄弟，可先到昭丰镇上去，端正了安歇的地方，以便调理。"

汤怀答应上马，来到镇上，但见人烟热闹，有几个客店挂着灯笼。左首一个店主人，看见汤怀在马上东张西望，便上前招接道："客官莫非要打中火吗？"汤怀便跳下马来，把手一拱道："请问店主贵姓？"店主道："小人姓方，这里昭丰镇上有名的方老实，从不欺人的。"汤怀道："我们有弟兄五个，是进武场的，因有一个兄弟伤了些风寒，不能行走，要借歇几天，养病好了方去，可使得吗？"方老实道："小人开的是歇店，这又何妨？家里净有干净房屋，只管请来就是。若是要请太医，我这镇上也有，不必进城去请的。"汤怀道："如此甚好，我去邀了同来。"遂上马回转，与众兄弟说了，便搀扶了王贵上马，慢慢地行到镇上，在方家客寓住下。当日就烦方老实去请了个医生来看。医生说是饮食伤脾，又感了些寒气，只要散寒消食，不妨事，就可好的。遂开了两副煎剂。岳飞封了一钱银子谢了，太医自去。众弟兄等就安心歇下，调理王贵。

却说这昭丰镇上，王贵病体略好些，想要茶吃。岳飞叫："汤怀兄弟，你可到外边去，与主人家讨杯热茶来，与王兄弟吃。"汤怀答应了一声，走到外边来，连叫了几声，并没个人答应。只得自己到炉子边去烧了一壶，等得滚了，泡了一碗茶。方欲转身，只听得推门响，汤怀回头看时，却是店主人同着小二两个慌慌张张地进来。汤怀道："你们哪里去了？使我叫了这半天，也不见个影儿。"店主人道："正要与相公说知：今有太行山大盗起兵来抢都城，逢村抢村，遇镇抢镇。这贼是太行山金刀王善，听到梁王被岳飞挑死，下圣旨将宗泽削职归农，认为是好机会，遂召集了邓成诸将、军师田奇并一众喽啰，意欲趁此时兴兵入汴，夺取宋室江山。满朝文武，却选不出大将领兵，徽宗只得三番五次请宗老爷出马，但奸臣却只拨五千人马，怎能杀退这四五万喽啰？这宗留守不忍让众人送死，单身独骑去蹿贼营，贼兵一重一重，越杀越多；一层一层，如今被围得水泄不通，危在旦夕。"

原来王善的先锋马宝率人马日夜兼程，向京城进发，因为穿着官兵衣服，一路上畅通无阻。来到南薰门外五十里晚，马宝下令放炮安营扎寨。守城的官兵听到城外炮响，看到黑压压的官兵，不知何故，慌忙派人打听，得知来人是太行山的贼寇，惊慌不已。京城守备一面下令紧闭城门，一面增派士兵把守。守备号令众将士弓弩火石准备，誓与汴京共存亡。汴京城除了御林军之外，守城的官兵只有几千人，分散在各个城门，一旦大军压境，难以力敌。事关京师安危，守备不敢怠慢，赶紧上朝启奏少帝钦宗，钦宗惊慌失措，拿不定主意，只好上达父皇徽宗，这徽宗只对女人、书画感兴趣，后宫里养了一万妃子，每天忙得不亦乐乎，早已不临朝，把皇位让给儿子钦宗，自己落个悠闲自在。但此关系到自己的命运，徽宗听了，只好亲自坐朝，召集文武百官商讨大计："各位爱卿，今有太行山贼寇兵临城下，京师危在旦夕，卿家都是朝廷的中流砥柱，谁愿意带兵退贼？"徽宗问道。众大臣你看看我，我看看你，没有一人敢答应。徽宗大怒，对太宰张邦昌说道："古语有云：

养兵千日，用兵一时，朝廷养你们这么多年，现在国家有难，你们一个个贪生怕死，不敢答应。岂不辜负朝廷对你们的培养之恩？你们还有什么脸面站在朝堂之上？"张邦昌听了涨得满脸通红，其他大臣也一个个噤若寒蝉。谏议大夫李刚见状，出班奏道："太行山贼寇贼首王善有万夫不当之勇，他手下有喽啰五万余众，军师田奇人称'赛诸葛'，善于用兵。先锋马宝是一员悍将。如今王善兵强将勇，粮草充实，他久有谋逆之心，只因惧怕宗泽，故不敢轻举妄动。今贼寇出其不意来到汴京是因为他们都穿着宋军的衣服，一路上蒙混过关。皇上，要退贼寇，非宗留守不可。"徽宗皇帝听了，龙颜大悦："李刚，朕派你前去宗府宣召宗泽入朝，领兵退贼。""微臣遵旨。"李刚答应一声出了朝堂，马不停蹄地奔宗泽府中，请来宗泽。皇上起用宗泽后，张邦昌看到徽宗如此看重宗泽，心里有点儿忌妒，但又不敢表示出来。他在心里盘算着：宗泽如今威风八面，如不杀杀他的威风，他定不把老夫放在眼里。我得想个法子整整他。于是奏道："启奏皇上，王善乃乌合之众，以下犯上，失去民心，宗留守乃是奉召讨贼，一呼百应。再说宗留守威震八方，我相信，只要宗留守一上阵，贼兵就会望风而逃。依我看，陛下只需派宗留守带五千人马前去剿灭，便可大功告成。"徽宗听了大喜，立刻准奏。宗泽本想再多要一点兵马，见张邦昌抢先把话说了，皇上准奏，只好勉为其难。他相信，万一不敌，还有岳飞兄弟在望京，这次正是他们扬名立功的好机会。

李刚见宗泽一直在沉思，也没有提出异议，只好作罢，他心里明白，这是张邦昌故意为难宗泽。圣旨下："张爱卿，速命兵部拨五千人马与宗留守，不得有误。"张邦昌一脸虔诚地说道："微臣遵旨，恭送皇上。"徽宗皇帝说罢，卷帘退朝。

宗泽和李刚退出朝堂，张邦昌随后跟来得意地说："宗留守，稍后到兵部去点齐五千兵马上阵退贼。"张邦昌趾高气扬地说罢直接去了兵部。俗话说，官大一级压死人。宗泽心里虽然有满腹牢骚也不敢发泄出来；权衡利弊，只好打落牙齿往肚子里咽。宗泽无奈地对李纲说道："李大人，老夫打虎不着反被虎伤，这该如何是好？"李纲安慰说："事已至此，老元戎不必担忧，先领兵前去探探虚实，待我明日上朝奏请朝廷请求增兵接应就是。"宗泽苦笑着点头说道："李大人一片好心宗泽心领了，只是，朝廷有张邦昌一帮人，他们是不会同意增兵的。我看还是不要说了，免得自讨没趣。"分手之后各自回府。

宗泽回到家里，不敢怠慢，他立即修书一封去请岳飞，派家将宗丁连夜出城，赶往望京。宗丁出城之后，绕过了贼兵营地之后飞驰而去。

次日清早，宗泽带着家将和儿子宗方来到校场上点齐人马出了南薰门，直奔牟驼冈。来到牟驼冈，宗泽命令就地扎营。知己知彼百战百胜，为了摸清情况，宗泽带着宗方、宗藩来到土坡上，远远望去，只见对面到处都是贼寇，足足有四五万人马。家将宗藩暗道："贼兵并非泛泛之辈，而且人多势众，我们只有五千人马，如何力敌？"宗泽传令大家在冈上扎营。儿子宗方问道："贼兵人多，我们人少，倘若他们将牟驼冈围困，我们如何解救？"

宗泽苦笑道："此乃兵家之大忌，为父岂能不知？然而贼兵人多，我们在平地与他们厮杀，岂不是羊入虎口？我们扎营山上居高临下死守，等待援兵到来，两面夹击，或许还有一线希望？"宗方好奇地问道："爹爹不是说朝廷只给我们五千人马退敌？哪来的援兵？"宗泽道："只有全凭天意。孩子，为父在朝廷累次被挤对，老皇帝是个只听好话的人，对张邦昌特别倚重，钦宗皇帝少不更事，遇事拿不定主意。朝廷大事在张邦昌之流手上，张邦昌只拨五千人马，而且都是一些老弱病残，他的用意就是想借贼寇的手除掉为父。孩子，你和宗藩带着人马守在冈上，不要轻举妄动。为父单枪匹马杀入贼营，取王善首级，王善一死，贼兵就会不攻自破。如果我侥幸成功，你们就可以趁势杀下来呐喊助威；如果我不幸战死，你们也不要恋战，带着五千兵马速速回城，然后带着家眷回归故土，不要再入朝为官。切记切记！"宗泽吩咐已毕，单枪匹马下了冈。众将士见主帅一人出战，纷纷跟了过来。宗泽看到众将士跟了过来，勒住马喝道："你们要到哪里去？快回去，这是命令。"宗泽平日里爱惜军士，爱惜人才，他不想让众将士陪他一起丧命。众将士说道："大人，贼兵人多势大，你一个人独闯虎穴，我们哪里放心，不如让我们随你一起过去杀个痛快。"宗泽道："不必了。我一个人去进退可以自如，要是你们去了，我不能放开手脚跟敌人厮杀，反而误了大事。万一我不行，也可以杀杀他们的威风。你们休要多说，我主意已定。"宗泽说罢提枪冲入贼营，直奔金刀王善的营帐。众贼兵看到一个须发皆白的老人手里提着枪前来踹营，忍不住哈哈大笑。宗泽大喝一声："贼寇休要张狂，宗泽来也。挡我者死，避我者生。"宗泽手提铁杆枪上下翻飞，人逢着即刻身亡，马碰着立时毙命。众喽啰看到宗泽好似天神降临，一个个吓得屁滚尿流，拼命地逃往中军帐。王善问道："怎么回事？"偏将何六慌慌张张地说道："启禀大王，大事不好，宋朝的宗泽前来踹营了。他十分厉害，无人能挡，还请大王速速定夺。"王善问道："多少人马？"何六回道："单枪匹马前来。"王善听了，说道："区区一个宗泽就把你们吓成这样，传令下去，大小三军，将宗泽团团围住，务必把他擒住。"何六答应一声："得令。"出了营帐，立马传达大王的指示。王善对军师田奇说道："宗泽乃宋朝名将，又是一个忠臣，他单枪匹马杀进营来，想必是遭到算计。这样的人才不可多得，我若是能够招降他，何愁大宋江山不到手？"田奇说道："大王，宗泽倔强，恐难顺服，将其斩首，已断大宋顶梁柱。如能将其降服，夺取江山易如反掌。大王围而不杀有其道理。"正因为王善不打算杀掉宗泽，所以任他左冲右突，杀敌无数，虽包围得里三层外三层，也没有丧命。

　　且说岳飞听说后对众兄弟道："宗留守是我的大恩人，我等现在不去救他，更待何时？汤、张二位兄弟随我出征，牛皋留下，照顾王贵。"汤、张二人听了，好不欢喜。牛皋就叫将起来道："王哥哥的病已好了，留我在此做什么？"岳飞道："虽然好了，没有独自丢他一个在此的。为兄的前去相助恩师，只当与贤弟同去一样。"牛皋再要开言，王贵将手暗暗地在牛皋腿上掐了一把。牛皋便道："什么一样不一样，不要我去就罢！"正说之间岳飞已走远。店小二送进饭来。王贵本不吃饭，牛皋赌气也不吃。各自披挂了，提着兵器，准备出店门上马而去！这里牛皋便问："王哥哥，你方才掐我一把做什么？"王贵道："你这呆子！大哥既不要你去，说也徒然。你晓得我为何生起病来？"牛皋道："我不晓得。"王贵道："我对你说了罢，只因我那日在校场中不曾杀得一个人，故此生出病来。你不听，如今太行山强盗去抢夺京城，必然人都在那里。我掐你这一把，叫你等他三个先去，我和你随后赶去，不要叫大哥晓得，杀他一个畅快，只当是我病后吃一剂大补药，自然全好了。你道我该去不该去？"牛皋拍手道："该去！该去！"于是二人回来也把饭来吃了，披挂端正，托店主人照应行李："我们去杀退了贼兵就来。"出门上马，提着兵器，亦往南薰门而来。且说岳飞三人先来到牟驼冈，抬头观看，果然是宗泽的旗号。岳飞叫声："哎哟！恩师精通兵法的，怎么扎营在冈上？此乃不祥之兆。我们且上同去，看是如何。"三人乘马上冈。早有小校报知宗公子，下冈相迎，接进营中。岳飞便问："令尊大人素练兵术，精通阵法，却为何结营险地？倘被贼兵团围住，如何是好？"宗方泪流两颊，便将被奸臣陷害，不肯发兵。老爷满拼一死，以报朝廷，故而驻兵于高地，单枪匹马已踹入贼营去了，说与岳飞知道。岳飞道："既如此，公子可速为接应！待我愚弟兄下去，杀入贼营内，救出恩师便了。"便叫："汤兄弟可从左边杀进，张兄弟可从右边杀进，愚兄从中央冲入，如有哪个先见恩师的，即算头功。"汤怀道："大哥，你看这许多贼兵，一时哪里杀得尽？"岳飞道："贤弟，我和你只要擒拿贼首，救出恩师，以酬素志，何必虑那贼兵之多寡？"二人便道："大哥说得是！"你看他吼一声，三个人奋勇当先。汤怀舞动这杆烂银枪，从左边杀进去！犹如是毒龙出海，浑似那恶虎离山。冲进营中，那些喽啰怎能抵挡得住？这张显把手中钩连枪摆开，从右边杀进去，横冲直撞，只见半空中大鹏展翅，斜刺里狮子摇头。杀得那些喽啰人仰马翻，鬼哭狼嚎。那岳飞：头戴着烂银盔，身披着锁子甲。银鬃马，正似白龙戏水；沥泉枪，犹如风舞梨花。浑身雪白，遍体银装。马似掀天狮子，人如立地金刚。枪来处，人人命丧；马到时，个个身亡。真是斩坚入阵救忠良，贼将当锋尽灭亡。成功未上凌烟阁，岳侯名望至今响。岳飞摆动手中这杆沥泉枪，冲入营中，大叫一声："岳飞来也！"万人丛中如入无人之地。这宗留守被众贼困在中央，杀得气喘不住，但听得那些贼兵口中声声只叫："宗泽，俺家大王有令，要你归降，快快下马，免你一死！"正在危急之际，猛听得一片声齐叫道："枪挑小梁王的岳飞杀进来了！"宗老爷暗想："这岳飞已回去，难道是梦里不成？"正在疑惑，只听得一声呐喊，果然岳飞杀到面前。宗泽大喜，高叫："贤契，老夫在这里！"岳飞上前叫声："恩师，门生来迟，望乞恕罪！"说声未绝，只见汤怀从左边杀来，张显从右边杀来。岳飞便叫："二位兄弟，恩师在此，且并力杀出营去！"宗爷此时好生欢喜，四个人并在一起，逢人便杀，好似砍瓜切菜一般。不道那牛皋、王贵，恐怕那些贼兵被他三个杀完了，因此急急赶来。将到营门，抬头一望，满心欢喜，说道："还有！还有！"王贵道："牛兄弟，承让，且慢些上来，等我先上去吃两剂补药，补补精神看！"牛皋道："王哥，且让我先上去燥燥脾胃！"你看他拍着乌骓马，舞动双铁锏，狠似张飞再世；那王贵骑着红马，使开大刀，猛如关帝临凡。一齐杀入营来，真个是人逢人倒，马遇马伤。那些喽啰忙报与王善道："启上大王爷，不好了！前营杀进三个人来，十分厉害！不道背后又有一个红人，一个黑人杀进来，凶恶得紧！无人抵敌，请今定夺。"王善听了大怒，叫："备马来！待孤家亲自去拿他。"左右答应一声："得令！"带马的带马，抬刀的抬刀。王善急急上马，提刀冲出营中。喽啰吆喝一声："大王来了！"王贵看见，便道："妙呀！大哥常说射人先射马，擒贼必擒王。"就一马当先，径奔王善。牛皋大叫："王哥哥，不要动手，这剂补药我要吃的！"这一声喊，犹如半空里起个霹雳。王善吃了一惊，手中金刀松得一松，早被王贵一刀，连肩带背砍于马上。王贵下马取了首级，挂在腰间，看见王善这口金刀好不中意，就把自己的刀撇下，取了金刀，跳上马来。牛皋见了，急得心头火起，便想："我也要寻一个这样的杀杀，才好出气！"便舞开双锏，逢着便打。正在发疯，早被岳飞看见，心中暗想："难道他撇了王贵，竟自前来不成？"正要上前来问，忽见王贵腰间挂着人头，从斜刺里将贼将邓成追将下来。正遇岳飞马到，手起一枪，邓成翻身落马；复一枪，结果了性命。田奇举起方天画戟正待来救，被牛皋左手一锏，挑开了画戟，右手一锏，把田奇的脑盖打得粉碎，跌下马来，眼见得不活了。那些众贼兵看见主帅、军师、大将已死，料难抵挡，大溃奔逃。山顶上宗方公子看见贼营已乱，领军冲下，直抵贼营乱杀。众贼乞降者万余，杀死者不计其数，逃生者不上千人。宗泽吩咐鸣金收军，收拾遗弃的旗帐衣服、兵器粮食，不计其数。又下令将降兵另行扎营住下，自己择地安营，等待次日进城。

岳飞等拜辞宗泽，即欲起身回去。宗泽道："贤契等有此大功，岂宜就去？待老夫明日进朝奏过天子，自有好音。"岳飞应允，就在营中歇了一夜。到了次日，宗爷带领兄弟五人来到午门。宗爷入朝，俯伏金阶启奏道："臣宗泽奉命领兵杀贼，被贼兵围困不能冲出。幸得汤阴县岳飞等弟兄五人杀入重围，救了臣命，又诛了贼首王善，并杀了贼将军师邓成、田奇等，俱有首级报功。降兵一万余人。收得车马粮草兵械，不计其数，候旨发落。"徽宗听奏大喜，传旨命宗泽平身，宣岳飞等五人上殿见驾。五人俱俯伏，三呼已毕。徽宗就问张邦昌："岳飞等五人如此大功，当封何职？"邦昌遂奏道："若论破贼，该封大官。只因武场有罪，可将功折罪，权封为承信郎，俟日后再有功劳，另行升赏。"徽宗准奏。传下旨来，岳飞谢恩退出。又命户部收点粮草，兵部安贮降兵。其余器械财帛，尽行入库。各官散班退朝。宗泽心中大怒，暗骂："奸贼！如此妒贤嫉能，天下怎得太平！"你道这承信郎是什么前程？就是如今千把总之类的小官，故此宗爷十分懊恼。但是圣上听了奸臣之话已经传旨，亦不好再奏，只得随着众官散朝，含怒回府。只见岳飞等俱在辕门首伺候，宗泽忙下马，用手相携，同进辕门，到了大堂坐定。宗泽道："老夫本欲力荐大用，不期被奸臣阻挠。我看此时非是求功名的时候，贤契等不如暂请回乡，再图机会罢了！老夫本欲屈留贤契居住几日，只是自觉赧颜。"岳飞道："恩师大德，门生等没齿不忘。今承台谕，就此拜别。"宗爷虽如此说，心中原是不舍。只因奸臣当道，若留他在京，恐怕别生祸端，只得再三珍重嘱咐，送出辕门。

第六节 义结金兰

岳飞弟兄五人辞了宗爷，回到昭丰镇上，收拾行李，别了店主人，一路往汤阴县而来。有诗曰：浩气冲霄贯斗牛，萍踪梗迹叹淹留。奇才大用知何日？李广谁怜不拜侯！岳飞弟兄五个在路上谈论奸臣当道，难取功名。牛皋道："虽不得功名，也吃我杀得爽快！有日把那些朝内奸臣，也是这样杀杀才好！"岳飞道："休得胡说！"王贵接口道："若不是大哥，我们在朝内就把那个什么张邦昌揪将下来，一顿拳头打死了！不然叫他杀了我的头，又把我充了军去。"汤怀道："你这冒失鬼！若是外头打杀了人，将一命抵一命。皇帝金殿上打了人，就是欺君的罪名，好不厉害哩！"且说五个人你一句、我一句正在路闲讲，忽见前面一伙客人，有十多个，慌张无措，踉跄而来。见那五个人在马上说说笑笑的走路，内中一人便喊道："前边去不得，你们快往别处走罢！"一面说，一面就走。张显就下马赶回来，一把扯住了一个道："你且说说，如何前边去不得？"那人苦挣不脱，着了急，便道："前边红罗山下有强盗阻路，我们的行李都被抢去了，走得快，逃了性命！我好意通你个信，你反扯住我做什么？"张显道："原来有强盗，有什么大惊小怪？"把手一放，那个人扑地一跤，爬起来飞奔去了！张显便向岳飞道："说前面有个把小强盗，没甚大事。"牛皋大喜道："快活，快活！又有好买卖到了！"岳飞道："休得如此，也要小心为妙。汤兄弟可打前去先探听，我们随后就来。"遂一齐披挂好了。

汤怀一马当先，来到一座山边。只见山下一人，坐一匹红砂马，手抢大刀，拦住喝道："拿买路钱来！"汤怀道："你要买路钱呀？什么大事，只问我伙计要便了。"那人道："你伙计在哪里？"汤怀把手中烂银枪一摆，说道："这就是我的伙计！"那人大怒，举起大刀，照着汤怀顶门上砍来。汤怀把枪一举，架开刀，分心刺来。那人在马上把身子一闪，还刀就砍。刀来枪架，枪去刀迎，战有一二十个回合，真是对手，没个高下。恰好岳飞等四个人一齐赶到，看见汤怀战那人不下，张显把钩连枪一摆，喝道："我来也！"话声未绝，山上一人红战袍，金铠甲，手提点钢枪，拍马下山，接住张显厮杀。王贵举起金刀，上前助战。山上又跑下一人，但见他面如黄土，遍体金装，坐下黄骠马，手把三股托天叉，接住王贵大战。牛皋看得火起，舞动双锏打来。只见一人生得青面獠牙，颔下无须，坐着青鬃马，手舞狼牙棒，抵住牛皋接战。

岳飞想道："看他四对人相杀，没甚高低，怎么都用周侗义父的本领，我若不去，如何分解？"便把雪花鬃一拍，却待向前，只听得山上鸾铃响，一个人戴一顶烂银盔，穿一副白铠甲，坐下白战马，手执一支画杆烂银戟，大声喝道："我来也！"不分青红皂白，往岳飞举戟就刺。岳飞把枪一逼，搭上兵器。不上五六个照面、七八个回合，那人把马一拍，跳出圈子，叫道："少歇，有话问你！"岳飞把枪收住，便道："有话说来。"那人道："我看你有些面善，武艺高强，不知从哪里来？一时想不起，你且说是姓甚名谁？从哪里而来？"岳飞道："我等是汤阴县举子岳飞，在武场不第而回，哪里认得你们这班强盗！"那人道："莫不是枪挑小梁王的岳飞吗？"岳飞道："然也！"那人听了，慌忙下马来，插了戟，连忙行礼道："穿了盔甲，一时间认不出，多多得罪了！"岳飞亦下马来，扶住道："好汉请起，为何认得小弟？"那人道："且待小弟唤那几个兄弟来，再说便了。"却说那人上前一步，高声叫道："列位兄弟，休得动手，都来说话。"那四个人正战到好处，忽听得那人叫，便一齐收住兵器，上前来道："我们正要捉拿那厮，不知大哥为何呼唤小弟们？"那人指着岳飞道："此位正是枪挑梁王的岳飞，我们的大哥！"四人听见，便一齐下马，来与岳飞行礼。岳飞亦叫汤怀众兄弟一齐过来见了礼，便问那用戟的道："请问众位好汉尊姓大名？"那人道："小弟姓施名全，这用刀的兄弟唤作赵云，那使枪的兄弟叫作周青，拿叉的叫梁兴，用狼牙棒的名吉青，我们五个是结义弟兄，都跟周侗学过艺。因来抢武状元，不意被大哥挑死梁王，散了武场，小弟等欲待回家，怎奈囊中羞涩，思量又无家小，不如投奔大哥。来到红罗山下，恰遇着一班毛贼拦路，被我们杀了，众人留我为主，因此在此胡乱取些金银财帛，以作进见之礼。不想在此相遇，适才冒犯，幸勿介意。"岳飞大喜，方才看出师弟吉青。施全等忙请众位上山，摆了香案，一齐结为兄弟。各各收拾行李，跟随岳飞一齐回转汤阴居住，加入岳家军，终日修文演武，讲论战法。欲知后事如何，且听下回分解。

第五回
岳母刺字牢记心 精忠报国岳家军

第一节 岳母刺字

宣和七年（1125）十一月金军分兵两路南下，奸臣张邦昌投降金兀术，设计帮助金兀术擒获宋徽宗和宋钦宗，北宋灭亡。宋徽宗九殿下康王赵构找机会逃出了番营，他成功逃跑之后，被大臣们拥立为皇帝。宋高宗改元建炎，于应天府称帝建立南宋，继立为帝后，大赦天下。南宋建立初期，好在年轻的宋高宗没有太过懦弱，发诏宣告天下，召集四方勤王兵马和豪杰，准备抗金。数日之间，有那大臣赵鼎、田思中、李纲、宗泽并各路节度使、各总兵俱来护驾勤王。继位后高宗遣官往各路催取粮草。各路闻风，也渐渐起行，解送粮米接应。张邦昌只做了三十三天的假皇帝，又被高宗封为右丞相，继续祸害宋朝。

送粮草中来了一位清官，却是相州汤阴县徐仁，听见新君即位，偏偏遇着这等年岁，斗米升珠的时候，县主亲自下乡，催取粮米；又劝谕富户乡绅各各输助，凑足了一千担，亲自解送。一路上克俭克勤，到了金陵，吩咐众人将粮车在空地上停住，走到辕门前，见了中军官道："汤阴县解送粮米到此，相烦禀复。"中军道："帅爷此时有事，不便通报。"徐仁道："此乃一桩大事。相烦，相烦。"中军道："我的事也不少！"徐仁听见，就会意了，便叫家人取个封筒，称了六钱银子，封好了，复身进来，对着中军赔笑道："些须薄敬，幸乞笑纳。帅爷那里，万望周全。"中军接在手中，觉得轻飘飘的，就是赤金，也值不得几何，便把那封筒往地下一掷道："不中抬举的！"竟转身进去，全不理睬。徐仁拾了封筒道："怪不得朝廷受了这许多苦楚！不要说是奸臣坐了大位，就是一个小小的中军尚然如此可恶！难道我到了这里，罢了不成？也罢，做我不着，没有你这中军，看我见得元帅也不？"就从马鞍边抽出马鞭来，将鼓乱敲。里边王渊元帅听得击鼓，忙坐公堂，叫旗牌出去查问，是何人击鼓。旗牌官出来问明，进去报与元帅。元帅道："传进来！"旗牌答应一声，就走出辕门道："大老爷传汤阴县县令进见。"徐仁不慌不忙，走至阶下，躬身禀说："汤阴知县徐仁，参见大老爷，特送粮米一千担到此。"遂将手本呈上。王元帅看了大喜，便道："难为贵县了！但是解粮是大事，应该着中军进禀，不该擅自击鼓。幸本帅知道你是个清官，倘若别人，岂不罪及于汝？"徐仁道："那中军因卑职送他六钱银子嫌轻，掷在地上，不肯与卑职传禀。卑职情急了，为此斗胆击鼓，冒犯虎威，求元帅恕罪！"王元帅道："有这等事！"吩咐："把中军绑去砍了！"两边答应一声："是！"即时把中军拿下。徐仁慌忙跪下禀道："若杀了他，卑职结深了冤仇，扯不清了，还求大老爷开恩！"元帅道："贵县请起。既是贵县讨饶，免了死罪。"喝叫左右："重责四十棍，赶出辕门！"又叫左右取过白银五十两，给予徐仁道："送与贵县，以作路费。"徐仁拜谢，辞了元帅，出了辕门，上马而去。王元帅忽然想起一事，忙叫旗牌："快去与我请徐县官转来！"旗牌那只耳朵原有些背的，错听做拿徐县官转来，正要与中军官出气，就怒冲冲地出了辕门，飞跑赶上来，大叫："徐知县慢走！大老爷叫拿你转去！"就一把抓住，那件圆领本来是旧的，不经扯，一扯就扯破了半边。徐仁大怒，就跑马转来，进了辕门，也不等传令，下了马，一直走到大堂上，把纱帽除了来，往元帅案前掼去。那元帅吃了一惊，便问："贵县为何如此！"徐仁道："卑职历经千辛万苦，解粮前来，就承赐了这点路费也不为过。为何叫旗牌赶上来拿我，把我这件圆领扯破半件，拦路出丑？还要这顶纱帽做什么？"元帅听了大怒，叫旗牌喝问道："本院叫你去请徐县主，为何扯破他的圆领？"旗牌连连叩头道："小的该死！小的耳朵实在有病，听错了，只道大老爷叫小的拿他转来。他的马走得快，小的着了急，轻轻一扯，不道这件圆领不经扯，竟扯破了。"元帅大怒道："小事犹可，倘若军情大事，难道也听错得吗？"叫左右："绑去砍了！"徐仁暗想："原来是他听错了，何苦害他一条性命。"只得走上来将纱帽戴好了，跪下禀道："既是偶然听错，非出本心。人命重大，望乞开恩！"元帅道："又是贵县讨饶，造化这狗头。"吩咐："放绑，重责四十棍，赶出辕门。"左右答应一声："哦！"把旗牌打了四十棍，赶出辕门而去。这里元帅叫："贵县请起！本帅请贵县转来，非为别事。本帅久闻当年贵县有个岳飞，如今怎样了？贵县必知详细，故特请贵县回来问个明白。"徐仁道："禀复元帅，这岳飞只因在武场内挑死了小梁王，功名不就。后来复在南薰门力剿太行大盗，皇上只封他为小官承信郎，他不肯就职。现今闲住在家，务农养亲。"元帅道："既如此，敢屈贵县在驿馆中暂宿一宵，等待明早同去见驾，保举岳飞，聘他前来共扶社稷何如？"徐仁道："若得大老爷保举，庶不负了他一生才学。"当时元帅就着人送徐知县往驿馆中去，又送酒饭和新纱帽圆领，反添了一双朝靴。徐仁收了，好不快活，一夜无事。

次日清晨，王元帅引了徐仁同到午门。元帅进朝奏道："有相州汤阴县徐仁解粮到此，臣问及当年岳飞现在汤阴，此人果是文武全才，堪为国家栋梁，臣愿陛下聘他前来共扶社稷。为此引徐仁在午门候旨，伏乞圣裁！"高宗闻奏，便道："当年岳飞枪挑小梁王，散了武场，又协同宗留守除了金刀王善，果有大功。奈父王专听了张邦昌谗言，以致沉埋贤士。孤家久已晓得，可宣徐仁上殿听旨。"徐仁随奉旨上殿，朝见已毕。高宗道："那岳贤士，朕已久知他为文武全才，只为奸臣蒙蔽，不得重用。今朕欲聘他前来同扶王室。孤家初登大宝，不能远出，卿可代朕一行。王卿家要保京城不易远离，把他的拳谱带上，让孤家欣赏一下。"随即传旨，将诏书一道并聘岳飞的礼物交与徐仁，又赐了徐仁御酒三杯。徐仁吃了，谢恩出朝，一径回汤阴来聘请岳飞。

且说那岳飞自从遇见了施全之后，回到家中，习练岳家拳。不想其年瘟疫盛行，王员外夫妻相继病亡。汤员外夫妻两个前来送丧，亦染了疫症，双双去世。岳飞悲伤不已，送丧、守墓百日。偏偏屋漏又逢连阴雨，恰遇着旱荒，米粮腾贵。那牛皋吃惯了的人，怎熬得清淡，未免做些不公不法的事。母亲牛安人戒饬不住，一口气气死了。单有那岳家母子夫妻，苦守清贫，甚是凄凉。岳飞一日正在书房看书，偶然在书中拣出一张命书。那星士批着："二十三岁，必当大发。"岳飞暗想："古人说的'命之理微'，这些星相之流，不过一派胡言，骗人财物而已。"正在嗟叹，只见娘子送进茶来，叫声："相公，'达人知命，君子固穷'。看你愁眉不展，却为何来？"岳飞道："我适才翻出一张命书，算我二十三岁必当大发，今正交此运，发在哪里？况当此年荒岁歉，如何是好！"李氏娘子劝道："时运未来君且守，困龙亦有上天时。"岳飞道："虽如此说，叫我等到几时？"正说之间，岳母姚氏安人偶在书房门口走过，听见了，便走进书房。夫妻二人起身迎接，安人坐定，便道："我儿，你时运未来，怎么反在此埋怨媳妇，是何道理？"岳飞急忙跪下禀道："母亲，孩儿只为目下困守，偶然翻着命书，故而烦恼，怎肯埋怨媳妇？"话还未说完，岳云从馆中回来，不见母亲，寻到书房里来，看见父亲跪着，他也来跪在父亲后边。安人看见七岁孙儿跪在地下，心下不安，真个是孝顺儿还生孝顺孙，便叫岳云起来。岳云道："爹爹起来了，孙儿才起来。"安人即叫岳飞起来，就带了媳妇孙儿，一同出书房去了。岳飞独自一个在书房内，想道："昔日恩师叫我不可把学业荒废了。今日无事，不妨到后边备取枪马，往外边去练习一番，有何不可？"岳飞即便提着枪，牵着马，出门来到空场上。正要练枪，忽见那边众兄弟俱全身甲胄，牵着马，说说笑笑而来。岳飞叹道："我几次劝他们休取那不义之财，今番必定又去干那勾当了！待我问他们一声看是如何。"便叫声："众兄弟何往？"众人俱不答应，只有牛皋应道："大哥，只为'饥寒'二字难忍！"岳飞道："昔日邵康节先生有言：'为人可正而不足，不可邪而有余。'"王贵接口道："大哥虽说得是，但是兄弟想这几日无饭吃、没衣穿，却不道'正而不足'，不若'邪而有余'。"岳飞听了，便道："兄弟们不听为兄之言，此去若得了富贵，也不要与我岳飞相见；倘若被人拿去，也不要说出岳飞来！"便将手中枪在地下划了一条断纹，叫声："众兄弟，为兄的从此与你们划地断义，各自努力罢了！"牛皋道："也顾不得这许多，且图目下，再作道理。"竟各自上马，一齐去了。正是：本是同林鸟，分飞竟失群。谁怜一片影，相失万重云。又诗曰：结义胜关张，岂期中道绝？情深不忍抛，无言泪成血！岳飞看见这般光影，眼中流下泪来，也无心操演枪马，牵马提枪，回转家中。到了中堂，放声大哭起来。姚安人听见，走出来喝道："畜生！做娘的方才说了你几句，你敢怀恨悲啼吗？"岳飞道："孩儿怎敢！只为一班兄弟们所为非礼，孩儿几次劝他们不转，今日与他们划地断义。回来想起，舍不得这些兄弟，故而悲伤。"安人道："人各有志，且随他们罢了。"母子二人正在谈论，忽听得脚步声急，岳飞道："母亲且请进去，待孩儿出去看来。"即走到外边，把门开了。只见一个人头戴便帽，身穿便衣，脚蹬快靴，肩上背着一个黄包袱，气喘吁吁走进门来，竟一直走到中堂。岳飞细看那人，二十以上年纪，圆脸无须，却不认得是何人，又不知到此何事。

岳飞只见那人把包袱放下，问道："小弟有事来访岳飞的，未知可是这里？"岳飞道："在下就是岳飞，未知兄长有何见教？"那人听了，纳头便拜道："小弟久慕大名，特来相投，学些武艺。若蒙见光，情愿结为兄弟，住在宝庄，以便朝夕请教。不知尊意如何？"岳飞道："如此甚妙！请问尊姓大名？贵庚几何？"那人道："小弟姓于名工，湖广人氏，行年二十二岁。"岳飞道："如此叨长一年，有屈老弟了！"那人大喜，就与岳飞望空八拜，立誓："永胜同胞，各不相负。"拜罢起来，于工取出白银二百两送与岳飞，岳飞推辞不受。于工道："如今既为兄弟，不必推逊了。"岳飞只得收了，就进去交与母亲，遂转身出来。于工道："哥哥有盘吗？取出几个来。"岳飞道："有。"即进房去，向娘子讨了几个盘子出来交与于工。于工亲自动手，把桌子摆在中间，将盘安放得停当。打开黄包裹，取出十个马蹄金，放在一盘。又取出几十粒大珠子，也装在一盘。又将一件猩红战袍，一条羊脂玉玲珑带，各盛在盘内。又向胸前取出一封书来，供在中央，便叫："大哥快来接旨！"岳飞道："兄弟，你好糊涂，又不说个明白，却叫为兄的接旨。不知这旨是何处来的，说明了，方好接得。"那人道："实不瞒大哥说，小弟并非于工，乃是湖广洞庭湖通圣大王杨幺驾下，官封东胜侯，姓王名佐的便是。只因朝廷不明，信任奸邪，劳民伤财，万民离散。目下徽、钦二帝被金国掳去，国家无主。因此我主公应天顺人，志欲恢复中原，以安百姓。久慕大哥文武全才，因此特命小弟前来聘请大哥，同往洞庭湖去扶助江山，共享富贵。请哥哥收了。"岳飞道："好汉子，幸喜先与我结为兄弟。

不然，就拿贤弟送官，连性命也难保了！我岳飞虽不才，生长在宋朝，况曾受承信郎之职，焉肯背国投贼？兄弟，你可将这些东西快快收了，再不要多言。"王佐道："哥哥，古人云天下者，非一人之天下，唯有德者居之。不要说是二帝无道，现今被兀术掳去，天下无主，人民离乱，未知鹿死谁手？大哥不趁此时建功立业，还待何时？不必执迷，还请三思！"岳飞道："为人立志，如女子之守身。岳飞生是宋朝人，死是宋朝鬼。纵有陆贾、萧何之口舌，难挽我贯日凌云之浩气。本欲屈留贤弟暂住几日，今既有此举，嫌疑不便。贤弟速速请回，拜复你那主人，今生休再想我。难得今日与贤弟结拜一场，他日岳飞若有寸进，上阵交锋之际，再得与贤弟相会也！"王佐见岳飞侃侃烈烈，无可奈何，只得把礼物收了，仍旧包好。岳飞遂走进里边，叫母亲把方才那个银包取出来。安人取了出来，交与岳飞接了，出来对王佐道："这银包请收了。"王佐道："又来了！这聘礼是主公的，所以大哥不受。这些许礼物虽然不成光景，乃是小弟的敬意，仁兄何必如此！"岳飞道："兄弟，你差了。贤弟送与为兄的，我已收了。这是为兄的转送与贤弟的，可收去做盘缠不要推辞。"王佐谅岳飞是绝不肯收的了，也只得收下。收拾好了，拜辞了岳飞，仍旧背上包裹，悄然出门，上路回去。

却说岳飞送了王佐出门，转身进来，见了安人。安人问道："方才我儿说那朋友要住几日，为何饭也不留一餐，放他去了，却是何故？"岳飞道："母亲不要说起！方才那个人先说是要与孩儿结拜弟兄，学习武艺，故此要住几日。不料乃是湖广洞庭杨幺差来的，叫作王佐，要聘请孩儿前去为官，与皇家作对。被孩儿说了他几句，就打发他去了。"岳安人道："原来如此。"又想了一想，便叫："我儿你出去端正香烛，在中堂摆下香案，待我出来，自有道理。"岳飞道："晓得！"就走出门外，办了香烛，走至中堂，搬过一张桌子安放居中。又取了一副烛台、一个香炉，摆列端正，进来禀知母亲："香案俱已停当，请母亲出去。"安人即便带了媳妇一同出来，在神圣家庙之前焚香点烛。拜过天地祖宗，然后叫孩儿跪着，媳妇磨墨。岳飞便跪下道："母亲有何吩咐？"安人道："做娘的见你不受叛贼之聘，甘守清贫，不贪浊富，是极好的了！但恐我死之后，又有那些不肖之徒前来勾引，倘我儿一时失志，做出些不忠之事，岂不把半世芳名毁于一旦？故我今日祝告天地祖宗，要在你背上刺下'尽忠报国'四字。但愿你做个忠臣，我做娘的死后，那些来来往往的人道：'好个安人，教子成名，尽忠报国，流芳百世！'我就含笑于九泉矣！"岳飞道："圣人云：'身体发肤，受之父母，不敢毁伤。'母亲严训，孩儿自能领遵，免刺字罢！"安人道："胡说！倘然你日后做些不肖事情出来，那时拿到官司，你也好对那官府说'身体发肤，受之父母，不敢毁伤'吗？"岳飞道："母亲说得有理，就与孩儿刺字罢！"就将衣服脱下半边。安人取笔，先在岳飞背上正脊之中写了"尽忠报国"四字（后演绎为精忠报国），然后将绣花针拿在手中，在他背上一刺，只见岳飞的肉一耸。安人道："我儿痛吗？"岳飞道："母亲刺也不曾刺，怎么问孩儿痛不痛？"安人流泪道："我儿！你恐怕做娘的手软，故说不痛。"就咬着牙根而刺。刺完，将醋墨涂上了，便永远不褪色的了。岳飞起来，叩谢了母亲训子之恩，各自回房安歇。

第二节　岳飞应诏

　　再说汤阴县县主徐仁，奉着圣旨，赍了礼物，回到汤阴，来聘岳飞。那一日带领了众多衙役，抬了礼物和羊酒花红等物，来到岳家庄叫门。岳飞开门来看，认得是徐县主，就请进中堂。徐仁便叫："贤契，快排香案接旨！"岳飞暗想："我命中该有这些折磨！昨日王佐来叫我接旨，今日徐县尊也来叫我接旨。我想现今二帝北辕，朝内无君，必定是张邦昌那奸贼僭位，放我不下，故来算计我也！"便打一躬道："老大人，上皇、少帝俱已北狩，未知此是何人之旨？说明了，岳飞才敢接。"徐仁道："贤契，你还不知吗？如今九殿下康王从金营逃回来，泥马渡了夹江，现今即位金陵。这就是大宋新君高宗天子的旨意。"岳飞听了大喜，连忙跪下，徐仁即将圣旨宣读道：奉天承运皇帝诏曰：朕闻多难所以兴邦，殷忧所以启圣。予小子遭家不造，金冠猖狂，二帝北辕，九庙丘墟。朕荷天眷，不绝宋柞，泥马渡江，诸臣拥戴，嗣位金陵。但日有羽书之报，夜有狼烟之警，正我君臣卧薪尝胆之秋，图复中兴报仇雪耻之日也。必有鹰扬之将，急遏猾夏之虞。兹尔岳飞有文武全才，正堪大用。故命徐仁赍赐黄金彩缎、羊酒花红，即着来京受职，率兵讨贼，殄灭腥膻，迎二帝于沙漠，救生民于涂炭。尔其倍道兼进，以慰朕怀！钦哉！特旨。

　　徐仁读罢，便将圣旨交与岳飞。岳飞双手接来，供在中央。徐仁道："军情紧急，今日就要起身。我在此相等，贤契可将家事料理一下。"岳飞道："既是圣旨，怎敢迟延！"就请徐仁坐定，徐仁道："皇上特意嘱咐，听你创建的岳家拳写有拳谱，去时带上，让皇上一视，皇上知道你再继续添加，会退还你的。"岳飞说："敢不从命。"将聘礼收进后堂，请母亲出来坐了，李氏夫人侍立在旁。岳飞告禀母亲："当今九殿下康王在南京即位，特赐金帛，命徐县尊前来聘召孩儿赴阙。今日就要起身，特此拜别。"安人道："今日朝廷召你，多亏周先生教训之恩，还该在他灵位前拜辞拜辞才是。"岳飞领命，就将皇封御酒打开，在周先生灵位前拜奠了，又在祖宗神位和父亲灵位前拜奠已毕。然后斟了一杯酒跪下，敬上安人。安人接在手中，便道："我儿！做娘的今日吃你这杯酒，但愿你此去为国家出力，休恋家乡。得你精忠报国，名垂青史，吾愿足矣。切记切记！不可有忘！"岳飞道："谨遵慈命！"安人一饮而尽，岳飞立起来，又斟了一杯，向着李氏夫人道："娘子，不知你可饮我这杯酒？"李氏道："五花官诰，尚要赠我，这杯酒怎么吃不得？"岳飞道："不是这等说！我岳飞只得孤身，并无兄弟，如今为国远去，老母在堂，娘子须代我孝养侍奉。儿子年幼，必当教训成人。所以说娘子可能饮得此酒也！"李氏夫人道："这都是妾身分内之事，何必嘱咐？官人只管放心前去，不必挂怀，俱在妾身上便了。"接过酒来，一饮而尽，那徐仁在外俱听得明白，叹道："难得他一门忠孝！新主可谓得人，中兴有日也。"就吩咐从人，将岳飞衣甲挂在马上，军器物件叫人挑了，怀揣岳家拳谱准备上路了。岳飞拜别了母亲，又与娘子对拜了两拜。走出门来，但见那徐县主一手牵着马，一手执鞭道："请贤契上马！"岳飞道："恩师，门生怎敢当此！"徐仁道："贤契不要看轻了！当今天子本要亲来征聘，只因初登大位，不能远出，故在金銮殿上，赐我御酒三杯，命我代劳。如萧相国'推轮捧毂'故事，贤契不必谦逊也！"岳飞只得告罪上马，县主随在后边送行。正待起行，忽见岳云赶来，跪在马前。岳飞见了问道："你来做什么？"岳云道："孩儿在馆中，听得人说县主奉旨来聘爹爹，故此孩儿赶来送行。二来请问爹爹往何处去？做什么事？"岳飞道："为父的因你年幼，恐不忍分离，故不来唤你。你今既来，我有几句话吩咐你：今为父的蒙新君召去杀鞑子，保江山。你在家中，须孝顺婆婆，敬奉母亲，照管弟妹，用心读书，勤练练岳家拳。牢记！牢记！"岳云道："谨遵严命！但是这些鞑子，不要杀完了。"岳飞道："这是为何？"岳云道："留一半与孩儿杀杀。"岳飞喝道："胡说！快些回去！"岳云到底是个小孩子，并不留恋，磕了一个头，起来蹦蹦跳跳地回去了。这里徐仁走了几步，叫声："贤契先请前进，我回县收拾收拾就来。"岳飞道："恩师请便。"徐仁别了，自回县中料理粮草，飞马赶上岳飞，一同进京。

在路无话。

不一日，到了金陵，一齐在午门候旨。黄门官奏过天子，高宗传旨宣召上殿。徐仁引岳飞朝见缴旨。高宗道："有劳贤卿了！"敕赐金帛彩缎，仍回汤阴理事，不日再加升擢。徐仁谢恩退朝，自回汤阴。

且说高宗见岳飞相貌魁梧，身材雄壮，浓眉大眼，十分欢喜，便问众卿家："岳飞到来，当授何职？"宗泽奏道："岳飞原有旧职，是承信郎。"高宗道："此乃父王欠明，今暂封为总制，候后有功，再加升赏。"岳飞谢恩毕，又命赐宴。高宗又将在宫中亲手画的五幅大相，取出来与岳飞一幅一幅看过。高宗道："此乃是金国粘罕弟兄五人的相，汝可细细认着，倘若相逢，不可放过！"岳飞道："臣领旨。"并献上拳谱。高宗道："孤家看后，还归你保存。现今大元帅张所掌握天下兵权，卿可到他营前效用。"

第三节 战功被冒

岳飞谢恩，辞驾出朝。来到帅府，参见了元帅。张所见了岳飞，好生欢喜。次日就令岳飞往校场中去挑选兵马，充作先行。岳飞领令，就去挑选，选来选去，只选了六百名，来见元帅。元帅道："我的营中，你也去挑选些。"岳飞又去挑选了二百名，连前共有八百名，来禀复元帅。张所道："难道一千人都挑不足吗？"岳飞道："兵不在多而在精，就这八百罢！"元帅遂令岳飞领八百兵，作第一队先行。于是再问："哪一位将军，敢为二队救应？"连问了几声，并无人答应。元帅道："都是这样贪生怕死，朝廷便无人出力了！待我点名叫去，看他怎样躲过。"便叫山东节度使刘豫，刘豫答应一声："有！"元帅道："你带领本部人马，为第二队先行。本帅亲率大军，随后就到。"刘豫无奈，只得勉强领令，即去整顿人马。到了次日，张所率领岳飞、刘豫入朝来辞驾，恰有巡城指挥来奏："今有强盗领众来抢仪凤门，声声要岳飞出阵，请旨定夺。"高宗听奏，传旨就着岳飞擒贼复旨。岳飞领旨，辞驾出朝，带领这八百儿郎出城，来到阵前。只见对阵许多喽啰，手中拿的，哪里是什么枪刀，都是些锄头、铁搭、木棍、面刀，乱哄哄的，不成模样。岳飞大喝一声："哪里来的毛贼？快快来认岳飞！"喝声未绝，只见对阵里跑出一马，马上坐着一个强人，生得青面獠牙，十分凶恶。

却说岳飞见对阵内走出一个强盗，生得青面獠牙，额下无须；坐下一匹青鬃马，手舞狼牙棒，出到阵前，大叫一声："岳大哥！小弟特来寻你带挈带挈。"岳飞上前一认，却原来是吉青。岳飞骂道："狗强盗！你甘心为贼，还来干什？快与我拿下！"吉青跳下马来道："不要动手，只管来拿。"军士上前将吉青拿下，牵了他的马，拿了他的兵器。岳飞见那些喽啰俱是乡民，叫他们："都好好散去，各安生业去罢！"众人谢恩而去。岳飞命众兵丁带了吉青进城来，一径上殿来见驾，奏道："强盗已拿在午门外候旨。"高宗命推上殿来。不多时，御林军将吉青推上金阶。吉青大叫："万岁爷，小人不是强盗，是岳飞的义弟吉青，特来寻他与国家出力的！"高宗见了他这般形象，像个英雄，便问岳飞："果是你的义弟吗？"岳飞奏道："虽是结义的兄弟，但是他所为不肖，已与他划地断义的了。"高宗道："孤家看他也是一条好汉，况当今用人之际，可赦其小过，以待立功赎罪罢！"传命放绑，封为副都统之职，拨在岳飞营前效用，有功之日，再加升赏。吉青谢恩毕，岳飞辞驾出朝，引吉青来见了元帅。元帅即令岳飞领兵先往鬼愁关去，刘豫领本部兵五千为第二队。元帅自领大兵十万在后，准备迎敌。

再说兀术在河间府闻报康王在金陵即位，用张所为天下大元帅，聚兵拒敌，不觉大怒，即令金牙忽、银牙忽二元帅，各领兵五千为先锋。又请大王兄粘罕，同着元帅铜先文郎，率领众平章，领兵十万，杀奔金陵而来！

且说岳飞同吉青，带领了八百儿郎一路而来。来至一山，名为八盘山，岳飞吩咐众儿郎驻守，细细四下一看，峰峦叠嶂，碧水如镜，青山浮水，倒影翩翩，两岸景色犹如百里画廊。对吉青道："真是一座好山！"吉青道："大哥要买他做风水吗？"岳飞道："兄弟好痴话！愚兄看这座山势甚是曲折，若得兀术到此，我兵虽少，可以成功也。"吉青道："原来为此。"正说之间，忽见探军来报道："有番兵前队已到此了。"岳飞举首向天道："此乃我皇上之洪福也！"遂令众儿郎俱用强弓硬弩，在两旁埋伏。命吉青前去引战："只许败，不许胜！引他进山来，为兄的在此接应。"吉青听令，遂带了五十人马，前来迎敌。那番兵见吉青不过几十个人，俱大笑。吉青纵马上前，金牙忽、银牙忽道："我只道这南蛮是三头六臂的，原来是这样的贼形！"吉青道："贼形要打你妈的！"抢起棒来便打，金牙忽举刀招架。战不上三个回合，吉青暗想道："大哥原叫我败进山去的。"遂把狼牙棒虚晃一下，回马就走。两员番将带领三军随后赶来。两边埋伏军士一齐发箭，把番兵截住大半，首尾不能相顾。金牙忽恰待转身寻路，忽听得大喝一声："番贼哪里走，岳飞在此！"摆动手中沥泉枪，迎着金牙忽厮杀。银牙忽上前帮助，吉青回马转来对敌，两军呐喊，那山谷应声，赛过雷轰。金牙忽不知宋军有几百万，心上着急，手中刀略松一松，被岳飞一枪刺中心窝，翻身落马。

银牙忽吃了一吓，被吉青一棒，把个天灵盖打得粉碎。八百儿郎一齐动手，杀死番兵三千余人，其余有命的逃去报信。岳飞取了两个番将首级，收拾旗鼓马匹兵器等物，命吉青解送刘豫军前，转送大营去报功。刘豫命吉青："且自回营，待本帅与你转达便了。"吉青回营，禀报岳飞。

且说那刘豫想道："这岳飞好手段！初出来就得此大功，一路去不知还有多少功劳。如今这第一功权且让我得了，下次再与他报罢。"忙将文书修好，差旗牌官将首级兵器等物，禀见元帅报功。元帅哪里晓得，就上了刘豫第一功，赏了旗牌。旗牌谢过元帅出营，回转本营，禀复刘豫。刘豫暗暗欢喜。

且说岳飞领兵前行，又至一山，名为青龙山，优美逶迤的山岭，蜿蜒盘旋，犹如一条正在酣睡的青龙。俯瞰足下，白云弥漫，环观群峰，云雾缭绕，一个个山顶探出云雾处，似朵朵芙蓉出水。岳飞左顾右盼，吩咐将人马驻扎此地，对吉青道："这座山，比八盘山更好。为兄的在此扎营，意欲等候番兵到来，杀他一个片甲不留。你可往后边营内去见刘豫元帅，要借口袋四百个、火药一百担、挠钩二百杆、火箭火炮等物，前来应用。"吉青领令，来到刘豫营中，见了刘豫，备述要借口袋等物。刘豫道："本营哪有此物？你且回去，待我差人到元帅大营中，取了送来便了。"吉青听了，自去回复了岳飞。那刘豫即差人往大营取齐了应用之物，送至前营。岳飞收了，遂分拨二百名人马在山前，将枯草铺在地上，撒上火药，暗暗传下号令："炮响为号，一齐发箭。"又拨一百兵在右边山涧水口，将口袋装满沙土，作坝阻水。待番兵到来，即将口袋扎起，放水淹他。若逃过山涧，自有石壁阻住去路。定往夹山道而走。遂拨兵一百名，于上边堆积乱石，打将下来，叫他无处逃生。又令吉青领二百人马，埋伏在山后，擒拿逃走番兵。又道："贤弟，你若遇见一个面如黄土、骑黄骠马、用流星锤的，就是粘罕，务要擒住！如若放走了他，必送元帅处军法从事，不可有违！"吉青领令而去。岳飞自带二百兵，在山顶摇旗呐喊，专等金兵到来。

却说大元帅张所，那日独坐后营，筹划退敌之策，只见中军胡先密来禀道："今日刘豫差官来取口袋火药等件，不知何用？小官细想，岳统制领队在前，未曾败绩。怎么第二队的刘豫，反杀败了番兵，得了头功？其中必有情弊。倘若有冒功等事，岂不使英雄气短，谁肯替国家出力！因此特来请令，待小官扮作兽医，前去探听消息，不知元帅意下如何？"元帅听了大喜道："本帅也在此疑惑，正欲查究，得你前去探听更好。"胡先领命出营，扮作兽医，混过了刘营，一路来到青龙山，已近黄昏。悄悄行至半山，见一株大树，就爬将上去。在树顶上远远望去，只见番兵已到，漫山遍野而来，如同蚂蚁一般。胡先好不着急，想："那岳统制只有八百人马，怎么迎敌？决然被他擒了。"

不表胡先坐在树上探望。再说粘罕带领十万人马，往金陵进发，途退败兵报说："有个岳南蛮同一个吉南蛮，杀了两个元帅。五千兵丧了一大半，伤者不知其数。"粘罕听了大怒，催动大兵下来。忽有探军报道："启上狼主，前面山顶有南蛮扎营，请令定夺。"粘罕道："既有南蛮阻路，今天色已晚，且扎下营盘驻下，到明日开兵。"一声炮响，番兵安营扎寨，尚未安歇。这里青龙山上，岳飞见粘罕安营，不来抢山，倘到明日，彼众我寡，难以抵敌。想了一想，便叫二百儿郎："在此守着，不可乱动，待我去引这些番兵来受死。"遂拍马下山，摇手中枪，往番营杀去！那胡先在树顶上见了，一身冷汗，暗想道："真个是舍身为国之人！"且看那岳飞一马冲入番营，高叫："宋朝岳飞来踹营也！"骑着马，马又高大；挺着枪，枪又精奇！心到意到，意到气到，气到力到，使出心意六合枪术，逢人便挑，遇马便刺，耀武扬威，如入无人之境。小番慌忙报入牛皮帐中，粘罕大怒，上马提锤，率领元帅、平章、众将校一齐拥上来，将岳飞围住，这岳飞哪里放在心上，奋起神威，心意六合枪术神出鬼没，枪挑剑砍，杀得尸堆满地，血流成河，暗想道："此番已激动他的怒气，不若败出去，骗他赶来。"便把沥泉枪一摆，喝道："进得来，出得去，才为好汉！"两腿把马一夹，泼刺刺冲出番营而去！粘罕大怒道："哪有这等事！一个南蛮拿他不住，反被杀无数，如何进得中原？必要踏平此山，方泄吾恨！"就招麾大兵呐喊追来。岳飞回头看见，暗暗欢喜道："番奴，这遭中我之计了！"连忙走马上山。半山里树顶上，胡先看见岳统制败回，后边漫天盖地的番兵赶来！吹起胡笳，好似长潮浪涌；敲动驼鼓，犹如霹雳雷霆。胡先想道："这番完了，不独他没了命，我却也先死也！"正在着急，忽听得一声炮响，震得地动山摇，几乎跌下树来。那众番兵亦有跌下马来的，也有惊倒的。两边埋伏的军士，火炮火箭打将下来，沿着枯草，火药发作。一霎时，烈焰腾空，烟雾乱滚，烧得那些番兵番两目难开，怎认得兄和弟；一身无主，哪顾得父和孙。喧喧嚷嚷，自相践踏，人撞马，马撞人，各自逃生。铜先文郎和众平章保着粘罕，从小路逃生。却见一山涧阻路，粘罕叫小番探那溪水的深浅。小番探得明白，说："有三尺来深。"粘罕遂吩咐三军渡水过去。众军士依言，尽向溪水中走去，也有许多向溪边吃水。粘罕催动人马渡溪，但见满溪涧尽是番兵。忽听得一声响亮，犹如半天中塌了天河，那水势往下倒，但见滴溜溜人随水滚，泼剌剌马逐波流。粘罕大惊，慌忙下令另寻路径，回兵要紧。那些番兵一个个魂飞胆丧，尽往谷口逃生。粘罕也顾不得众平章了，跟了铜先文郎，拍马往谷口寻路。只见前边逃命的平章跑马转来，叫声："狼主！前面谷口都有山峰拦住，无路可通。"粘罕道："如此说来，我等性命休矣！"内中有一个平章用手指道："这左边不有一条小路？不管他通不通，且走去再说。"粘罕道："慌不择路，只要有路就走。"遂同众兵将一齐从夹山道而行。行不多路，那山上军士听得下边人马走动，一齐把石块飞蝗似的打将下来，打得番军头开脑裂，尸积如山。铜先文郎保着粘罕，拼命逃出谷口，却是一条大路。这时已是五更时分了，粘罕出得夹山道，不觉仰天大笑。铜先文郎道："如此吃亏，怎么狼主反笑起来，却是为何？"粘罕道："不笑别的，我笑那岳南蛮虽会用兵，到底平常。若在此处埋伏一支人马，某家插翅也难飞了！"话言未毕，只听得一声炮响，霎时火把灯球照耀如同白日。火光中，一将生得面如蓝靛，发似朱砂，手舞狼牙棒，跃马高叫："吉青在此，快快下马受死！"粘罕对铜先文郎道："岳南蛮果然厉害，某家今日死于此地矣！"眼中流下泪来。铜先文郎道："都是狼主自家笑出来的！如今事已急了，臣有一个金蝉脱壳之计，只要狼主照看臣的后代！"粘罕道："这个自然，计将安出？"铜先文郎道："狼主可将衣甲马匹兵器与臣调换，一齐冲出去。那吉南蛮必然认臣是狼主，与臣交战，若南蛮本事有限，臣保狼主逃生；倘若他本事高强，被他捉去，狼主可觑便脱离此难。"粘罕道："只是难为你了！"便急忙将衣甲马匹调换了，一齐冲出。那吉青看见铜先文郎这般打扮，认作是粘罕，便举起狼牙棒打来。铜先文郎提锤招架，战不上几合，就被吉青一把抓住，活擒过马去了。那粘罕带领败兵，拼命夺路而逃。这时吉青追赶了一程，拿了铜先文郎回来报功。那胡先在树顶上蹲了一夜，看得明白，暗暗称赞不绝，慢慢地溜下树来，自回营中，报与张元帅去了。

　　再说岳飞在山上等到天明，那各处埋伏兵丁俱来报功，一面收拾番兵所遗兵器什物。只见吉青回营缴令道："果然拿着粘罕了。"岳飞命推上来，众军士将铜先文郎推将上来，岳统制一看，拍案大怒，命左右："将吉青绑去砍了！"左右答应一声，把吉青要推出斩首。吉青大叫："无罪！"岳统制道："我怎样吩咐你，却中了他金蝉脱壳之计。"便向铜先文郎喝问道："你这等诡计，只好瞒吉青，怎瞒得过我？你实说是何等样人，敢假装粘罕替死？"铜先文郎暗想："中原有了此人，我主休想宋室江山也。"便叫道："岳南蛮，我狼主乃天命之主，怎能被你拿了？我非别人，乃金国大元帅铜先文郎便是。"岳飞道："吉青，你听见么？"吉青道："我见他这般打扮装束，只道是粘罕，哪晓得他会调换的？大哥要杀我，就与他一同杀罢了！"众军士俱跪下讨饶。岳统制道："也罢，今日初犯，恕你一次。日后倘再有误事，王法无亲，绝不容情！"吉青谢了起来。岳统制道："就着你领兵二百，把番将并马匹军器，押解前往大营报功。"吉青领令，押解了铜先文郎并所获遗弃物件，一路来到刘豫营前，叫小校禀知，好放过去到元帅大营。刘豫闻报，即命传宣官引吉青进见。吉青叩禀："岳统制杀败番兵十万，活捉番将一员，得了许多军器马匹，现解在营门，乞元帅看验明白，好让路与小将到大元帅营中去报功。"刘豫听了这一番言语，口中不说，心内暗想："金兵十分厉害，南朝并无一人敢挡。岳飞初进之人，反有这等本事！我想他只用八百兵丁，便杀败了十万人马，擒住了番邦元帅。若还论功，必定职居吾上。"想了一会儿，说道："有了，索性待我占了，后来的功再让他罢。"主意已定，便假意开言道："吉将军，你同岳统制杀败番兵，擒获番将，这件功劳不小！但你去到大营报功，要耽搁时日。你营中乏人，恐金兵复来。我与你统制犹如弟兄一般，不如我差人代你送往元帅处。你与我带了猪羊牛酒，先回本营去犒赏三军罢。"吉青不知是计，即便谢了刘豫。刘豫吩咐家将，整备猪羊牛酒，交与吉青带回本寨去，分犒众军。

　　且说刘豫将铜先文郎因在后营，解来物件暂且留下。把文书写停当封好了，叫旗牌上来吩咐道："你到大营内去报功，大元帅若问你，你说金兵杀来，被本帅杀败，拿住一个番将囚在营中，若是大元帅要，就解送来；若是不要，就在那边斩了。元帅问你，说话须随机答应，不可漏了风声。"旗牌得令出营，往大营而来。

再说胡中军回营，换了衣服，来见元帅。元帅便问："所探之事如何？"胡中军将到了青龙山、爬在树顶上一夜所见之事，细细禀知。元帅道："难为你了，记上你的功劳。"到了次日，元帅升帐，聚集众节度、各总兵议事。众将参见已毕，有传宣官上来禀道："二队先锋刘节度差旗牌来报功，在营门外候令。"元帅道："令他进来！"那旗牌官进来，叩了头，将文书呈上。张元帅拆开观看，原来又将岳先锋的功劳冒去了，便吩咐赏了旗牌："且自回营，可将所擒番将，活解来营。待本帅这里叙功，送往京师，候旨便了。"旗牌叩谢出营而去。张元帅打发了旗牌出营，便向众将道："两次杀败番兵，俱系前队岳飞大功。今刘豫蔽贤冒功，朝廷正在用人之际，岂容奸将埋没才能，以至赏罚混乱？本帅意欲将他拿来斩首示众，再奏朝廷，哪一位将军前去拿他？"言未毕，胡中军上前禀道："元帅若去拿他，恐有意外之变。不如差官前去，传元帅之令，请他到来议事，然后聚集众将，究明细底。然后斩他，庶众心诚服，他亦死而无怨。"元帅道："此计甚妙，就着你去，请他到大营来，商议军机，不得有误。"中军得令，出营上马，往刘营来。不道元帅帐下，有一两淮节度使曹荣，却与刘豫是儿女亲家。当时亲见元帅命中军去擒刘豫，心想："他的长子刘麟，却是我的女婿。父子性命，且夕难保，叫我女儿怎么好！"遂悄悄出帐，差心腹家将，飞马往刘营报知。此时刘豫正在营中盼望那报功的旗牌，不见回来，忽传宣进营禀说："两淮节度使曹爷，差人有紧急事要见。"刘豫即着来人进见，来人进营，慌慌张张叩了头，说道："家爷不及修书，多多拜上：今大元帅探听得老爷冒了岳先锋的功劳，差中军官来请老爷到大营假说议事，有性命之忧，请老爷快作计较。"刘豫听了，大惊失色，忙取白银五十两，赏了来人，说道："与我多多拜上你家爷，感承活命之恩，必当重报。"来人叩谢，自回去了。刘豫想了一会儿，走到后营，将铜先文郎放了，坐下道："久闻元帅乃金邦名将，误被岳飞所算。我观宋朝气数已尽，金国当兴，本帅意欲放了元帅，同投金国，不知元帅意下若何？"铜先文郎道："被掳之人，自当一死，若蒙再生，自当重报。吾狼主十分爱才重贤，元帅若往本国，一力在我身上保举重用。"刘豫大喜，吩咐整备酒饭，一面传令收拾人马粮草。正待起行，旗牌恰回来缴令，说："大元帅命将所擒番将，国解大营，请旨定夺。"刘豫大笑，遂鸣鼓集众将士，参见已毕。刘豫下令道："新君年幼无知，张所赏罚不明。今大金狼主重贤爱才，本帅已约同金国元帅，前去投顺。尔等可速收拾前去，共图富贵。"言未毕，只听得阶下一片声说道："我等各有父母、妻子在此，不愿降金。"哄的一声，走个罄尽，刘豫目瞪口呆，看看只剩得几名亲随家将，只得和铜先文郎带领了这几人上马。又恐怕岳飞兵马在前边阻碍，只得从小路前行。忽见后面一骑马飞奔赶来，叫道："刘老爷何往？"刘豫回头看时，却是中军，便问："你来做什么？"中军道："大老爷有令箭在此，特请元帅速往大营议事。"刘豫笑道："我已知道了！我本待杀了你，恐没有人报信。留你回去，说与张所老贼知道，我刘豫堂堂丈夫，岂是池中之物，反受你的节制？我今投顺金国，权寄这颗驴头在他颈上，我不日就来取也。"吓得中军不敢作声，回转马头就走，不知是哪个走漏了风声。飞跑赶回大营，来报与张元帅。张元帅随即修本，正要差官进京启奏，忽报圣旨下。张所接旨宣读，却是命张所防守黄河，加封岳飞为都统制。张所谢恩毕，随将所写奏明刘豫降金、岳飞得功的本章，交与钦差带进京去呈奏。命岳飞领军前行，同守黄河。

第四节 马前张保马后王横

再说那粘罕在青龙山被岳飞杀败，领了残兵，取路回到河间府来见兀术。兀术道："王兄有十万人马，怎样反败于宋兵之手？"粘罕道："有个岳南蛮，叫作岳飞，真个厉害！"就把他独来踹营并水火埋伏之事，细细说了一遍。兀术道："并未曾听见中原有什么岳飞，不信如此厉害。"粘罕道："若没有铜先文郎替代，我命已丧于夹山道上矣！"兀术听了大怒道："王兄，你且放心，待某家亲自起兵前去，渡黄河拿住岳飞，与王兄报仇。直捣金陵，踏平宋室，以泄吾恨！"那兀术正在怒冲冲地要拿岳飞，却有小番来报："铜先文郎候令。"兀术道："王兄说他被南蛮拿去，怎得回来？"就着令："传进来！"且说那铜先文郎，同着刘豫抄路转到金营，即对刘豫说道："元帅可在营门外等等，待我先去禀明，再请进见。"刘豫道："全仗帮衬！"铜先文郎进了大营，一直来到兀术帐前跪下叩头。兀术道："你被南蛮拿去，怎生逃得回来？"铜先文郎将刘豫投降之事，说了一遍。兀术道："这样奸臣，留他怎么，拿来'哈喇'了罢！"哈迷蚩道："狼主不可如此！且宣他进来，封他王位，安放他在此，自有用处。"兀术听了军师之言，就命平章宣进朝见，封为鲁王之职，镇守山东一带。刘豫谢恩。

且说张元帅兵至黄河，就分拨众节度各处坚守。岳飞同着吉青，向北扎下营寨驻守。

且说张邦昌虽然做了右丞相，但由于前科，高宗对他不放心，不重用他。这一日，他心生一计，想法害了岳飞，宋朝即无人也。于是上殿奏道："臣闻兀术又犯中原，有岳飞青龙山大战，杀得番兵片甲无存。若无此人，中原难保，真乃国家之栋梁也！现为都统，不称其职。以臣愚见，望主公召他来京，拜为元帅，起兵扫北，迎请二帝还朝，天下幸甚！"高宗听了，暗想：

"好虽好，我总不听你。"遂说道："卿家不必多言，孤自有主意。"邦昌只得退出。回至家中，想道："这样本章，主公都不听，虽为丞相，总是无权了。"正在无计可施，适值侍女荷香送茶进来。邦昌观看，颇有姿色，便想："不若认为己女，将她送进宫中。倘得宠用，只要诱他荒淫酒色，不理朝政，便可将天下送与四狼主了。"遂与荷香说知，荷香应允。张邦昌次日妆扮荷香，上了车子，推往午门。张邦昌进朝奏道："臣有小女荷香，今送上主公，服侍圣驾，在午门候旨。"那个少年天子，一闻此言，即传旨宣召。荷香拜伏金阶，口称："万岁！"高宗观看大悦，遂传旨命太监送进宫去。李纲出班奏道："请主公送往西宫。"高宗自回宫去，与荷香欢叙。

且说李太师在府中与夫人说起张邦昌献女之事，夫人道："张贼为不得专权，故送此女，以图宠用耳。"太师道："夫人之言，洞悉奸臣肺腑，老夫早晚也要留心。"正说之间，只见檐下站着一人。太师道："你是何人？"那人过来跪下叩头道："小人是张保。"太师道："张保，我一向忘了，只为国事匆忙，不曾抬举你。也罢，你去取纸笔过来。"张保就去取了文房四宝来放在桌上。太师爷就写起一封书来，封好了，对张保说："我荐你到岳统制那边去做个家丁，你可须小心服侍岳爷！"张保道："小人不去的！古人云宰相的家人七品官。怎么反去投岳统制？"李太师说道："那岳统制真是个人中豪杰，盖世英雄，文武双全。这样的人不去跟他，还要跟谁去？"张保道："小人且去投他，如若不好，仍要回来的。"当时叩别了太师，出了府门，转身来到家中，别了妻子，背上包袱行李，提着混铁棍，出门上路而行。一日，来到黄河口岳飞营前，向军士道："相烦通报，说京中李太师差来下书人求见。"军士进营报知岳飞。岳飞道："可着他进来。"军士出营说："家爷请你进去。"张保进营叩头，将书呈上。岳统制把书拆开一看，说道："张管家，你在太师身边，讨个出身还好。我这里都是苦差事，怎么安得你的身子？且到小营便饭，待我修书回禀太师爷罢！"张保同岳飞的家人，来至旁边小营坐下。张保看那营中，不过是柏木桌子，动用家伙，俱是粗的。少停送进的酒饭，却是一碗鱼，一碗肉，一碗豆腐，一碗牛肉，水白酒，老米饭。那家人向张保说道："张爷请酒饭。"张保道："为何把这样的菜来与我吃？"家人道："今日却是为了张爷，特地收拾起来的！若是我家老爷，天天吃素！每到吃饭的时候，家爷朝北站着，眼上泪盈盈说道：'为臣在此受用了，未知二位圣上如何受罪！'没有一餐不痛哭流泪！"张保道："好，好，好！不要说了，且吃酒饭。"他就一连吃了数十余碗，转身出来，见了岳飞叩谢，岳飞道："回书有了。"张保道："小人不回去了，太师爷之命，不敢有违。"岳飞道："既如此，权且在此过几日再处罢。"遂命张保进营去，与吉青相见过了。吉青道："好一个汉子！"张保自此在营中住下。

一日，行至中途，只见一座断桥阻路，岳飞便问张保："你前日怎么过来的？"张保道："小人前日来时，这座桥是好端端的，小人从桥上走过来的。今日不知为什么断了？"岳飞道："想是近日新断的了。你可去寻一只船来，方好过去。"张保领命，向河边四下里一望，并无船只；只有对河芦苇中，藏着一只小船。张保便喊道："艄公，可将船过来，渡我们一渡！"那船上的艄公应道："来了。"看他解了绳缆，放开船，咿咿呀呀摇到岸边来，问道："你们要渡吗？"岳飞看向那人，生得眉粗眼大，紫膛面皮，身长一丈，膀阔腰圆，好个凶恶之相！那人道："你们要渡河，需要先把价钱讲讲。"张保道："要多少？"那人道："一个人，是十两；一匹马，也是十两。"岳飞暗想："此桥必定是那人拆断的了。"张保道："好生意呀！朋友，让些罢。"那人道："一定的价钱。"张保道："就依你，且渡我们过去，照数送你便了。"那艄公暗想道："就渡你过去，怕你飞上天去不成？又看看他们的包裹，虽甚是有限，好一匹白马，拿去倒卖得好几两银子。看这军官文绉绉的，容易收拾。倒是那个军汉一脸横肉，只怕有些气力，待我先对付了他，这匹马不怕不是我的。"便道："客官，便渡你过去，再讲也不妨。但是我的船小，渡不得两人一马，只好先渡了一人一马过去，再来渡你罢。"张保道："你既装得一人一马，那我一个人，能占得多少地方？我就在船艄上蹲蹲罢。"艄公暗笑："这该死的狗头，要在船艄上，不消我费半点力气，就送你下水去。"便道："客官，只是船小，要站稳些！"一面说，一面把船拢好。岳飞牵马上船。果然船中容不得一人一骑，岳飞将马牵放舱中，自己却在船头上坐地。张保背了包裹，爬到船艄上，放下了包裹，靠着舵边立着。艄公把船摇到中间，看那张保手中拄着那根铁棍，眼睁睁地看着他摇橹。自己手中又没有兵器，怎生下得手来？想了一会儿，叫道："客官，你替我把橹来拿定了，待我取几个点心来吃。你若肚里饿了，也请你吃些。"张保是久已有心防备着的，便道："你自取去。"撇了混铁棍，双手把橹来摇。回头看那艄公蹲身下去，揭开船板，嗖的一声，掣出一把板刀来。张保眼快，趁势飞起左脚来，正踢着艄公的手，那把板刀已掉到河中去了。再飞起右脚来，艄公看得亲切，叫声："不好！"背翻身，扑通的一声响，翻下河去了。岳飞在船头上见这般光景，便叫张保："须防他水里勾当！"张保应声："晓得，看他怎生奈何我！"就把这混铁棍当作划桨一般，在船尾上划。那艄公在水底下看得明白，难以近船。前边船头上，岳飞也把那沥泉枪当作篙子一般，在船头前后左右不住地搅，搅得水里万道金光。那个艄公几番要上前算计他，又恐怕着了枪棍，不敢近前。却被那张保一手摇橹，一手划棍，不一时，竟划到了岸边。岳飞就在船舱里牵出马来，跳上了岸。张保背了包裹，提了混铁棍，跃身上岸。那只船上没有了人，滴溜溜地在水内转。张保笑对岳飞道："这艄公好晦气！却不是偷鸡不成反蚀把米！请爷上马走罢！"岳飞上了马，张保跟在后头。才走不得一二十步路，只听得后边大叫道："你两个死囚！不还我船钱，待走到哪里去？"张保回头看时，只见那个艄公精赤着膊，手中拿条熟铜棍，飞也似的赶来。张保把手中混铁棍一摆，说道："朋友，你要船钱，只问我这棍子肯不肯。"艄公道："那哪有此事，反在大虫的口里来挖涎。老爷普天之下，这除了两个人坐我的船，不要他船钱。除此之外，就是当今皇帝要过此河，也少不得我一厘。你且听我道：'老爷生长在江边，不怕官司不怕天。任是官家来过渡，也须送我十千钱。'"张保道："朋友少说！只怕连我要算第三个！"艄公道："放屁！你是何等之人，敢来撩拨老爷？照打罢！"举起熟铜棍，往张保劈头打来。张保喝声："来得好！"把混铁棍往上格，当一声响，架开了铜棍，使个"直捣黄龙势"，往艄公心窝里点来。艄公把身子往右边一闪，刚躲过，也使个"卧虎擒羊势"，一棍向张保脚骨上扫来。张保眼快，双足一跳，艄公这棍也扑个空。两个人搭上手，使到了十五六个回合。张保只因背上驮着个包裹未曾卸下，转折不便，眼看要输了。岳飞正在马上喝彩，忽见张保招架不住，便拍马上前一步，举起手中枪，向那两条棍子中间一隔，喝声："且住！"两个都跳出圈子外来。艄公道："哪怕你两个一齐来，老爷也不怕！"岳飞道："不是这等说。我要问你，你方才说，天下除了两个人不要船钱，你且说是哪两个？"艄公道："当今朝内有个李纲丞相，是个大忠臣，我就肯白渡他过去。"岳飞道："再一个呢？"艄公道："那一个除非是相州汤阴县的岳飞老爷，他是个英雄豪杰，所以也不要他的渡钱。"张保道："好哩！奇了怪了，可不连我是第三个？"艄公道："怎么便好连你？"张保道："现放着俺家的爷爷不是汤阴县的岳老爷？你不要他的渡钱，难道倒好单要我的不成？"艄公道："你这狗头，休要哄我。"岳飞道："俺正是岳飞，在黄河口防守金兵。今圣旨召进京中，在此经过。不知壮士何由晓得岳飞，如此错爱？"艄公道："你可就是那年在汴京抢状元，枪挑小梁王的岳飞吗？"岳飞道："然也。"艄公听说，撇了棍，倒身便拜，说道："小人久欲相投，有眼不认，今日多多冒犯！望爷爷收录，小人情愿执鞭随镫。"岳飞道："壮士请起。你姓甚名谁？家居何处？因何要来投我？"艄公道："小人生长在扬子江边，姓王名横，一向在江边上做些私商勾当。只因好赌好吃，钱财到手就完。因思人生在世，也须干些事业，只是无由进身。久闻爷爷大名，欲来相投。因没有盘缠，故在此处拆断桥梁，诈些银子，送来孝顺爷爷，不意在此相遇。"岳飞道："这也难得你一片诚心！既如此，与你同保宋室江山，讨个出身也好。"王横道："小人不愿富贵，只要一生服侍爷爷。"岳飞道："你家在哪里？可有亲人吗？"王横道："小人从幼没了父母，只有一个妻子，同着小儿王彪，在这沿河树林边破屋里，依着舅舅过活。我这船艄里还有几两碎银子，待小人取来与你去度日。"张保道："快些，快些！我们要赶路的，不要恋家耽搁！"于是三个一齐再到河边来。王横跳上船去，向艄里取了银子，跳上岸，把船撇了，一直向河边树林下茅屋内去，安顿了妻子，背上一个包裹，飞奔赶来。张保见了，便道："朋友，我走得快，爷是骑马的，恐你赶不上，把包裹一发替你背了吧！"王横道："我挑了三四百斤的担子，一日还走得三四百里路，何况这点包裹？我看你的包裹，比我的还重，不如匀些与我，方好同走。"岳飞道："既如此，待我上马先走，看你两个先赶上的，就算是他的本事。"张保道："甚好，甚好！"岳飞把马加上一鞭，只见呼啦啦一马跑去，有七八里才止。那王横、张保两个放开脚步，一口气赶上来。王横刚赶到岳飞马背后，那张保已走过头去了，只争得十来步远，岳飞哈哈大笑道："你们两个，真是一对！这叫作'马前张保，马后王横'也！"三个人在路，欢欢喜喜。

第五节 岳飞蒙冤

张邦昌想害岳飞奸计不成，并不死心，一日献上自己的女儿，又奏道："望主公降旨，召岳飞回朝，拜帅扫北。"高宗得了娇娥，欢喜非常，传旨，就命邦昌发诏去召岳飞。那一日一道圣旨，到黄河口来召岳飞。岳飞出来接旨，到里边开读了。岳飞道："钦差请先行，岳飞随后便来。"那钦差别过岳飞，回复张邦昌去了。岳飞吩咐吉青道："兄弟，为兄的奉旨回京，恐番人渡河过来，非同小可。为哥的有一句要紧话，不知贤弟肯依否？"吉青道："大哥吩咐，小弟怎敢不依？"岳飞对吉青道："愚兄今日奉旨回京，只愁金兵渡过河来，兄弟干系不小！恐你贪酒误事，今日愚兄替你戒了酒，等我回营再开。兄弟若肯听我之言，就将此茶为誓。"说罢，就递过一杯茶来。吉青接过茶来，便道："谨遵大哥之命。"就将茶一饮。岳飞又差一员家将，前往元帅营中去，禀道："岳飞今奉圣旨进京，君命在身，不及面辞元帅。"又再三叮嘱了吉青一番，带了张保、王横，上马匆匆，一路朝京都而来。

不一日，到了京师。刚到得城门口，恰遇着张邦昌的轿子进城，岳飞只得扯马闪在一旁。谁知张邦昌早已看见，忙叫住轿，问道："那一位是岳将军吗？"岳飞忙下马，走到轿边，打一躬道："不知太师爷到来，有失回避！"邦昌道："休记当年武场之事。如今吾为国家大事，保将军进京为帅。圣上甚是记念，如今就同将军去见驾。"岳飞只得随着进城。刚到午门，已是黄昏时分。邦昌道："随我上朝。"家人提了灯笼进朝。到了分宫楼下，邦昌道："将军在此候旨，我去奏知天子。"岳飞答道："领命。"邦昌进分宫楼，往旁边进去了，着人到宫中告知荷香，挑拨皇上陷害岳飞。话说荷香正在宫中与圣上夜宴，有太监传知此消息。荷香看主上已有几分酒意，又见明月当空，跪下奏道："臣妾进宫侍驾，还未曾细看宫阙，求万岁带臣妾细看一回。"康王道："卿要看那宫廷吗？"吩咐摆驾，先看分宫楼。銮驾将至分宫楼，那岳飞看见一派宫灯，心中想道："张太师果然权大！"上前俯伏，口称："岳飞接驾。"内监叫道："有刺客！"两边太监上前拿住岳飞。高宗吃惊，即便回宫，问道："刺客何人？"内监道："岳飞行刺！"荷香道："若是岳飞，应该寸斩。前者宣召进京，他违旨不来。今日无故暗进京城，直入深宫，图谋行刺。伏乞圣上速将他处斩，以正国法。"高宗此时还在醉乡，听了荷香之话，就传旨出来，将岳飞斩首。宫官领旨，将岳飞绑出午门外来。张保、王横见了，上前问道："老爷何故如此？"岳飞道："连我也不知！"张保道："王兄弟，你在此看了，不许他动手，我去去就来！"张保忙提着混铁棍就走，连栅门都打开。有五城兵马司巡夜，看见了，叫手下拿住，众人急忙追来，哪里追得着？张保来至太师门首，不等得叫门，一棍就打进里边。张保是在府中出入惯的，认得路径，知道太师爷在书房里安歇的，他一脚将书房门踢倒，走进里边，揭起帐子，扯起李纲，背了就走。走出府门，口中叫道："不好了！岳爷绑在午门，要开刀问斩了！"李太师被张保背着飞跑，颠得头昏眼花。来至午门放下，李纲一见岳飞绑着跪下，便高声叫道："你几时来的？"岳飞连忙回禀道："小将在营中，奉有圣旨召来。才到得城中，与张太师同进午门。到了分宫楼下，叫小将站着，张太师进去了。好一会儿不见出来，只见天子驾到。小将上前接驾，不意内监叫道：'有刺客！'即将小将拿下，绑出午门。求太师与小将证明此事，死也甘心！"太师听说，便叫："刀下留人！"即去鸣钟撞鼓，太师往里边进来。哪晓得张邦昌奸贼已知，即暗暗地将钉板摆在东华门内。李纲一脚跨进，正踏着钉板，大叫一声，倒在地上，满身鲜血。张保见了，大叫："太师爷滚钉板哩！"午门众大臣听见，连忙上前来救。但见太师的手足鲜血淋漓，倒在金阶。早有值夜内监，报知天子奏道："众大臣齐集午门，李太师滚钉板，命在顷刻！请驾升殿。"荷香奏道："更深夜黑，主上明早升殿未迟。"高宗道："众卿齐集大殿，孤家怎好不去坐朝？"随即升殿。众文武三呼已毕，平身。高宗看见李太师满身是血，传旨宣太医官调治。李太师奏道："臣闻岳飞武职之官，潜进京师，欲害我主，必有主使，该取禁刑部狱中。待臣病好，审问岳飞，究明此事，问罪未迟。"高宗准奏，传旨将岳飞下狱。众大臣送李太师回府，张保、王横牵马跟着。高宗退朝回宫。李太师回到府中，着人忙请刑部大堂沙丙到来相见，吩咐道："岳飞必有冤枉，可替他上一道本章，说他有病，饮食不进，万望周全。待我病愈，自有处置。"沙丙领命，辞别太师回去。到次日，果然奏了一本，天子准了。这也不在话下。再说那李太师写了一张冤单，暗暗叫人去刻出印版，印上数千张，叫张保、王横两人分头去贴，只说张邦昌陷害岳飞情由，遍地传扬。这个消息，直传到一个所在，却是太行山。却是"公道大王"牛皋，又聚众在此山中，称孤道寡，替天行道。这日正值牛皋生日，那施全、周青、赵云、梁兴、汤怀、张显、王贵七个大王，备了礼来祝寿。见过礼，两边坐下。众人道："已拿了几班戏子，候大王坐席唱戏。"牛皋道："难为各位兄弟了！"看看等到晌午时分，汤怀说道："众位兄弟，等到何时才坐席呢？"牛皋道："等吉大哥来！这吉大哥，我平日待他不薄，我的生日，他必定来的。"汤怀道："吉青随大哥做了官，未必会来。"牛皋说："吉青重情重义，一定会来。"汤怀说："既如此说，等等他。只怕要等到晚哩！"王贵道："无可奈何，只得依他等罢！"汤怀气闷，立起身来闲走，一走走到戏房门首，只听得里面说："张邦昌陷害岳飞。"汤怀走进来问道："谁害岳飞？"戏子回说："方才揭的一张冤单，空闲在此，故而念念。"汤怀道："拿来我看！"戏子即忙送过来。汤怀接着看了，转身就走，来至飞金殿上说道："牛兄弟，岳大哥被人陷害了！"牛皋道："汤哥，你怎么知道？"汤怀就将冤单一一念与牛皋听。牛皋听了，怒发冲冠道："罢，罢，罢！也不做这生日了，快快收拾兵马进京去。相救大哥。"即时传令，将七个大王兵马尽行聚集，连本山共有八万人马。下山一路而来，无人拦阻，直至金陵，离凤台门五里，安营下寨。那守城官兵慌忙报上金阶，奏与高宗知道。高宗随传旨下来："何人去退贼兵？"下边有后军都督张俊，领旨出午门来，带了三千人马出城，将人马摆开。八个英雄走马上来。汤怀对张俊说道："我们不是反寇！你进去只把岳大哥送出来，便饶你了。你若不然，就打破金陵，鸡犬不留，杀个干干净净。"张俊道："怪不得岳飞要反，有你这一班强盗相与，想是要里应外合。我今奉圣旨，来拿你这一班狗强盗！"牛皋大叫一声，舞着双锏，照头就打，张俊抢刀格架。战不上三四个回合，那张俊哪里是牛皋的对手，转马败走。汤怀对牛皋道："让他去罢！倘然我们这里追得急了，他那里边害了大哥的性命了，不必迫他。"牛皋就命众人且回营安歇。那张俊回至午门下马，进朝上殿，奏道："臣今败阵回城，他们是岳飞的朋友汤怀、牛皋等作乱，来救岳飞。求主公先斩岳飞，以绝后患。"高宗主意未定，适值午门官启奏："李纲在午门候旨。"高宗降旨："宣进来。"

第六节　设计洗冤

李太师上殿，朝拜已毕。高宗道："朕正为贼兵犯阙，张俊败回，孤家无计。老太师有何主意？"李纲奏道："就命岳飞退了贼兵，再将他定罪可也。"张邦昌奏道："都督张俊败回，奏闻圣上，这班强贼，乃是岳飞的朋友。若命岳飞退贼，岂不中其奸计？"李纲、宗泽一同奏道："臣等情愿保举岳飞，他如不会爱憎分明，出现差池，将臣满门斩首。"并讲了岳飞一件克己奉公的往事，岳飞的舅舅姚衮仗着岳飞的声望，飞扬跋扈，欺负百姓。老百姓不堪其扰，举报到岳飞那儿，岳飞听闻大怒，但念及母亲之情，没有法办舅舅，而是告诉了他的母亲。岳母听闻，严加训斥她的弟弟。但姚衮非但没领悟岳飞的良苦用心，反而怀恨在心。有一天，岳飞和他的舅舅姚衮外出打猎，其舅姚衮打马前行，离岳飞约有十步距离时，忽然回头张弓搭箭，一支冷箭径直射向岳飞，岳飞惊惧中闪身躲过，冷箭擦身而过。岳飞知道这是舅舅怀恨报复，万没想到却恨到要置自己于死地，想来愤怒不止。于是纵马追赶，然后轻舒猿臂，擒落马下，准备交于官家处之。回来听老百姓说，舅舅非但没有改过，反而变本加厉，欺负别人妻女，于是将其处死。李纲道："岳飞能大义灭亲，何况朋友乎？"高宗听后道："二卿所奏，定然不差。"急忙降旨，宣召岳飞上殿。岳飞进朝，朝见已毕，高宗就命岳飞去退贼寇回旨。岳飞领旨，正往下走，李纲喝声："岳飞跪着！"岳飞只得跪下。李太师道："圣上爱你之才，特命徐仁召你到京，着你保守黄河。你怎么敢暗进京师，意欲行刺圣躬？理应罪诛九族，你有何言奏答？"岳飞道："太师爷！吾罪将万死，不得明冤！有圣上龙旨召进京城，现在供好在营中。若不来，将罪小将，小将到京时，城外见了张太师，张太师同小将同至午门，叫小将在分宫楼下候旨。张太师进去，不见出来。适值圣驾降临，罪将自然跪迎。岳飞一死何惜，只因臣母与我背上刺下'精忠报国'四字，难忘母命！求太师爷做主！"

张邦昌忙奏道："想是岳飞要报武场之仇，如此攀扯，求圣上做主！"李纲奏道："既如此，圣上可查一查，那日值殿的是何官？问他就明白了。"高宗降旨，命内侍去查明那日值殿者何官。不多时，内侍查明回奏："乃是吴明、方茂值殿。"高宗招来就问那晚之事。吴明、方茂奏道："那晚有一小童手执灯笼，上写'右丞相张'，见太师爷引着一人进宫。非是臣等当时不奏，皆因太师时常进宫来往，故无忌惮。"高宗闻奏大怒，将张邦昌大骂道："险些害了岳将军之命！"吩咐将张邦昌绑了斩首。李纲奏道："姑念他献玉玺有功，免死为民。"高宗准奏，降旨免职限他四个时辰出京。张邦昌谢恩而出，回家收拾出京。不是李太师奏免他，杀了这个奸贼，后来怎得死在番人之手，以应武场之咒？古人云好心不得好报，确有道理。

却说高宗黜退了张邦昌，命岳飞领兵一千，出城退贼。岳飞辞驾出朝，披挂上马，带着张保、王横下校场来，挑选一千人马，出城过了吊桥。汤怀、牛皋等看见，齐声叫道："岳大哥来了！"各人下马问候："大哥一向好吗？"岳飞大怒道："谁是你们大哥！我奉圣旨，特来拿你等问罪！"众人道："不劳大哥拿得，我们自己绑了，但凭大哥见驾发落问罪罢了！"随即各人自缚，三军尽降，扎营在城外，候旨定夺。先有探军报至朝中，奏道："岳飞出城，那一班人不战而自绑。"不多时，岳飞来至午门，进朝上殿，奏道："贼人尽绑在午门候旨。"高宗道："将那一班人推上殿来，待朕亲自观看。"阶下武士即去将八人推进午门，俯伏金阶。汤怀奏道："小人并非反叛。只因同岳飞枪挑梁王，武场不第，回来又逢斗米珍珠，难以度日，暂为不肖。况中国一年无主，文武皆无处投奔，何况小人？今闻张太师陷害忠良，故此兴兵前来相救。今见岳飞无事，俯首就擒。愿圣上赐还岳飞官职，小人等情愿斩首，以全大义。"高宗闻奏，下泪道："真乃义士也！"传旨放绑，俱封为副总制之职，封岳飞为副元帅之职，降兵尽数收用！众皆谢恩而退。一面整顿人马，调兵十万，拨付粮草，候副元帅起身。岳元帅等领了十万人马，辞驾出朝，率大兵出发。欲知后事如何，且听下回分解。

第六回
捷报频传岳家军 初露锋芒创敌人

第一节 黄河失守

再说大金四太子兀术，领兵三十万，直至黄河。这日小番过河探听，回来报与兀术知道："一件东西，十分厉害！南蛮守住，摆着大炮在口，怎得过去？"兀术心中好生忧闷。再说山东刘豫，自从降金以来，官封鲁王之职，好生威风！这日坐在船中，望见那船上旗幡光彩，问小番道："为何我的船上旗幡如此，不见光彩？"那平章道："这是北国亲王，才有此旗。"刘豫道："就是那珍珠宝篆云幡吗？"小番道："正是珍珠宝篆云幡。"刘豫想了一想，吩咐："备一只小快船来。"刘豫上了快船，竟往兀术水寨而来。平章报上兀术船中道："刘豫候旨。"兀术道："宣来。"刘豫上船，见了兀术。兀术道："你来见某家，有何事故？"刘豫奏道："多蒙狼主恩典，赐臣王位，但是没有珍珠宝篆云幡，显显威风！求狼主恩赐一幡，以免众邦兵将欺臣。"兀术大怒道："你有何大功，连孤家的幡都要了？"刘豫奏道："主公若赐了臣这面宝幡，黄河即刻可以渡得过去。"兀术道："既如此，也罢，就将宝幡赐予你罢！"刘豫谢恩，下了小船，回到自己船上，就将宝幡扯起。不多时，只见各处保驾大臣，认是兀术出了水寨，齐上船来保驾。刘豫走出船头，站着说道："众位大臣，这不是狼主的龙船，这宝幡是狼主赐予我的。"众皆默然，放船来见兀术，一齐启奏道："宝幡乃狼主旗号，为何赐予刘豫？"

兀术道："刘豫要我赐他此幡，说是黄河立刻可渡，故此赐予他的。"众平章才知为此，各各散去。

且说刘豫在船中思想："威风是威风了，只是这黄河怎生渡得过去？"想了一想，道："有了。"遂换了衣服，下了快船，叫军士竟往对岸摇来。也是他的造化，远远望见两淮节度使亲家曹荣的旗号，刘豫便叫把船直摇到岸边。早有兵丁问道："何人的船？"刘豫道："烦你通报元帅，说有一个姓刘名豫的，有机密事相商，在外等候。"军士报进营中，曹荣想道："刘豫亲来，不知何事？"忙来到水口看时，果是刘豫。刘豫忙上岸，深谢曹荣救命之恩，尚未答报，实为记念。曹荣道："亲家在彼如何？"刘豫道："在彼官封鲁王之职，甚是荣耀。今日到来，相劝恩兄共至金国，同享荣华，不知可否？"曹荣道："既是金国重贤，我就归降便了。"刘豫道："兄若肯去，王位包在弟身上。"曹荣道："要去，只在明晚，趁张所在汴梁、岳飞入都未回，特献黄河，以为进见之礼。"刘豫别了曹荣，下船来至北岸见兀术。兀术宣进船中。刘豫奏道："蒙狼主恩赐宝幡，臣特过黄河探听。会着臣儿女亲家两淮节度曹荣，臣说狼主宽洪仁德，敬贤礼士，讲了一番。那曹荣听臣之言，约在明晚献上黄河，归顺狼主。特来启奏。"兀术想道："那曹荣被他一席话就说反了心，也是个奸臣。"乃向刘豫道："你且回船，孤家明日去抢黄河便了。"刘豫领命而去。兀术暗想："康王用的俱是求荣卖国之辈，如何保守得江山？"一面与军师哈迷蚩商议发令，准备明日行事。当日已过。到了次日，将至午后，兀术慢慢发船而行。原叫刘豫引路而进，看看将至黄昏时分，引着兀术的船，一齐靠岸。这边曹荣在此等候，见兀术上岸，跪着道："臣曹荣接驾，愿狼主千岁千千岁！"哈迷蚩道："主公可封他王位。"兀术就封曹荣为赵王之职，曹荣谢了恩。兀术吩咐牵马过来，兀术上马，叫刘豫、曹荣在此料理船只，自己提斧上前。那些各营闻得曹荣降了兀术，俱各惊慌，各自逃生。

话说吉青自从岳飞进京之后，一连几日，果然不吃酒。那日兀术因刘豫过河，差了一个该死的探子，领了两三个人扮作渔人，过河来做细作，却被岳飞营中军士拿住，吉青拷问得实，解上大营。元帅大喜，拨了十坛酒、十只羊来犒赏。吉青道："元帅所赐，且开这一回戒，明日便不吃了。"当时一杯不罢，两杯不休，正吃得大醉，还在那里讨酒吃。军士来报道："兀术已经过河，将到营前了，快些走罢！"吉青道："好胡说！大哥叫我守住河口，往哪里走？快取我的披挂过来，待我前去打战！"那吉青从来冒失，也不知金兵厉害，况又吃得大醉。家将捧过衣甲来，吉青装束上马，犹如风摆柳，好似竹摇头，醉眼蒙胧，提着狼牙棒，一路迎来，正遇着兀术。兀术看见他这般光景，说道："是个醉汉，就砍了他，也是个酒鬼，叫他死不瞑目。"便叫："南蛮，某家饶你去罢！等你酒醒了，再来打战。"说罢，转马而去。吉青赶上道："吥，狗奴！快些拿了头来，就放你去！"举起狼牙棒打来。兀术大怒道："这酒鬼自要送死，与我何干。"掇转马头，就是一斧。吉青举棒来架，震得两臂酸麻，叫声："好厉害！"把头一低，轰的一声响，那头盔已经削下。吉青回马就走，这八百儿郎是岳元帅挑选上的，哪里肯乱窜，都跟着逃走。兀术拍马追将下来，一连转了几个弯，不见了吉青。回看自己番兵都已落后，一个也不见，况且半夜三更，天色昏黑。正欲回马，只听得吉青又在前面林子中转出来，大骂："兀术！你此时走向哪里去？快拿头来！"兀术大怒道："难道孤家怕了你不成？"拍马追来。那吉青不敢迎战，拨马又走。引得兀术心头火起，单人匹马，一直追了下来，有二十余里，都是些小路，这吉青又不知哪里去了。兀术一人一马，东转西转，寻路出来，天已大明，急急走出大路。但见有一村庄，树木参天。庄上一簇人家，俱是竹篱茅舍，十分幽雅。兀术下马来，见一家人家，篱门半开，就将马系在门前树上，走入中堂坐下，问道："有人吗？"不多时，里边走出个白发婆婆，手扶拐杖，问一声："是哪个？"兀术站起身来道："老妈妈，我是来问路的。你家有汉子在家，可叫他出来。"老婆子道："你为般打扮，是何等样人？要往哪里去？"兀术道："我乃大金国殿下四太子——"那兀术话尚未说完，那婆婆提起拐杖来，照头便打。兀术见他是个老婆子，却不与他计较，便道："老妈妈，你也好笑，为何打起某家来？也须说个明白！"那婆婆便哭将起来道："老身八十多岁，只得一个儿子，靠他养老送终，被你这个贼子断送了性命，叫我孤单一人，无依无靠！今日见了杀子仇人，还要这老性命何用，不如拼了罢！"一面哭，又提起拐杖来乱打。兀术道："老妈妈，你且住手。你且说你儿子是哪一个？或者不是我害他的，也要讲个明白。"那婆婆打得没气力了，便道："我的儿子叫作李若水，不是你这贼子害他的吗？"又呜呜咽咽，哭个不住。兀术知道李若水被俘后坚贞不屈，被割了舌，原来婆婆是忠臣李若水的母亲，也不觉伤感起来。正说间，忽听得门首人声喧哗，却见哈军师走进来道："主公一夜不见，臣恐有失，带领众军，哪一处不寻到！若不是狼主的马在门首，何由得知在这里。请狼主快快回营，恐众王爷等悬望。"兀术便把追赶吉青、迷道至此的话，说了一遍，便指着李母道："这就是若水李先儿的母亲，快些来见了。"哈迷蚩上前见了礼。兀术道："这是我的军师。你令郎尽忠而死，是他将骸骨收好在那里。我叫他取来还你，择地安葬。"命取白银五百，送与老太太，以作养膳之资。命取令旗一面，插在门首，禁止北邦人马进来骚扰。军师领命，一一备办。兀术辞了李母出门上马，军师和众军士随后取路回营。

第二节 大战爱华山

那副元帅岳飞，领兵十万前来，将近皇陵。岳元帅吩咐三军悄悄扎下营盘，不要惊了先皇。岳元帅来到陵上，朝见已毕，细看那四围山势，四面苍峰翠岳，两旁岗峦耸立，山前仅有一条宽2米左右的小小石径，紧贴山壁，十步三转，蜿蜒直上峰巅如一线通天。小径两旁，绿草野花，古木参天。心下暗想："好个所在！"便问军士道："这是什么山？"军士禀道："这叫作爱华山。"岳飞想："此山正好埋伏人马！怎能够引得番兵到此，杀他个片甲不留，方使他不敢藐视中原！"一面打算，一面回到营中坐定。且说那吉青当夜带领了八百儿郎，败下阵来。天色大明，将到皇陵，见前有营盘扎住，便问守营军士道："这是何人的营寨？"军士问道："是岳元帅的营盘。你是哪里人马，问他怎的？"吉青道："烦你通报，说吉青候令。"军士进营禀道："启上帅爷，营门外有一吉青将军要见。"岳元帅道："吉青此来，黄河定然失了！"遂令他进来。吉青进营来，参见了岳飞。元帅道："你今此来，敢是黄河失了？必定是你酒醉，不听吾言之故也。"吉青道："不关我事，乃是两淮节度使曹荣献了黄河。"岳飞道："你为何弄得这般模样？"吉青道："末将与兀术交战，不道那个生番十分厉害，被他一斧砍去盔冠，幸亏不曾砍着头。不然，性命都没有了！"牛皋笑道："我说你怎么这么狼狈，像哪里走出个鬼来！"岳元帅道："休得胡说！我如今就命你去引得兀术到此，将功折罪。引不得兀术到此，休来见我。"吉青领令，也不带兵卒，独自一个出营上马，来寻兀术。

却说岳元帅令吉青去引兀术，先令张显、汤怀带领二万人马，弓弩手二百名，在东山埋伏。听炮响为号，摆开人马捉拿兀术，二人领命而去。又令王贵、牛皋带领二万人马，弓弩手二百名，在北山埋伏，吩咐道："此处乃进山之路，等兀术来时，让他人马进了谷口，听炮响为号，将空车装载乱石阻断他的归路，不可有违！"二将领命，依计而行。又令周青、赵云领兵二万，弓弩手二百名，在西山埋伏，炮响为号，杀将出来，阻住兀术去路，二人领令而去。又命施全、梁兴领兵二万，弓弩手二百名，在正南上埋伏。炮一响，一齐杀出，阻住兀术去路，二将各各领命而去。又分拨军兵五千，守住粮草。岳元帅自领一万五千人马，同着张保、王横，占住中央。分拨停当，专等兀术到来。

且说吉青也不知兀术在哪里，心里寻思："叫我何处寻他？"低着头只朝着大路上走去。忽听前边马嘶人喊，由远及近，不多时，人马已近。吉青抬头看来，一声："妙啊！"原来是哈军师带千余人，寻着了兀术，从李家庄回来。吉青把马打上一鞭，赶上前来，大叫："兀术，快拿头来！"兀术见了，便道："你这杀不死的红脸南蛮，某家饶你去罢了，又来干什么？"吉青道："臭狗奴！倒说得好！昨夜是老爷醉了，被你割断了头发。如今我已醒了，须赔还我，难道罢了不成？"兀术大怒，抢斧就砍。吉青使棒相迎。二马相交，战不上几个回合，吉青败走。兀术率军追赶二十余里，勒住马不赶。吉青见他不赶，又转回马来叫道："你这毛贼，为何不赶？"兀术道："你这个狗蛮子，不是我的对手，赶你做什么？"吉青道："我实不是你的对手！我前面埋伏着人马，要捉你这毛贼，谅你也不敢来！"兀术大怒道："你不说有埋伏，某家倒饶了你；你说有埋伏，某家偏要拿你。"就把马一拍，呼啦啦追将下来。吉青在前，兀术在后，看看追至爱华山，吉青一马转进谷口去了。随后赶来的军师道："狼主，我看这蛮子鬼头鬼脑，恐怕真个有埋伏，回营去罢！"兀术道："这是那南蛮恐怕某家追赶，故说有埋伏吓我，况此乃上金陵必经的大路。你可催趱大队上来，待某家先进去，看是如何？"兀术带领众军，追进谷口，只见吉青在前边招手道："来，来，来！我与你战三百合。"说罢，往后山去了。兀术细看那山，中央阔，四面都是小山环抱，没有出路，失惊道："今我已进谷口，倘被南蛮截住归路，如何是好，不如出去罢！"正欲转马，只听得一声炮响，四面尽是呐喊声，竖起旗帜，犹如一片刀山剑岭。那十万八百儿郎团团围住爱华山，大叫："休要走了兀术！"只吓得兀术魂不附体！但见帅旗飘荡，一将当先：

头戴烂银盔，身披银叶甲，内衬白罗袍，坐下白龙马，手执沥泉枪，隆长白脸，浓眉大眼，三绺微须，膀阔腰圆，十分威武。马前站的是张保，手执浑铁棍；马后跟的是王横，拿着熟铜棍。威风凛凛，杀气腾腾！兀术见了，先有三分着急了，只得壮着胆问道："你这南蛮姓甚名谁？快报上来！"岳元帅道："我已认得你这毛贼，正叫作金兀术。你欺宋朝无人，兴兵南犯，将我二圣劫迁北去，百般凌辱，自古至今，从未有此。恨不食你之肉，寝你之皮！今我主康王即位金陵，招集天下兵马，正要捣你巢穴，迎回二圣，不期天网恢恢，疏而不漏，自来送死。吾非别人，乃大宋兵马副元帅姓岳名飞的便是。今日你既到此，快快下马受缚，免得本帅动手。"兀术道："原来你就是岳飞。前番我王兄误中你的诡计，在青龙山上被你伤了十万大兵，正要前来寻你报仇。今日相逢，怎肯轻轻地放走了？你不要走，吃我一斧！"拍马摇斧，直奔岳飞，岳飞挺枪迎战。枪来斧挡，斧去枪迎，真个是：棋逢敌手，各逞英雄。两个杀作一团，输赢未定。

却说那哈迷蚩飞马回报大营，恰遇着大狼主粘罕、二狼主喇罕、三狼主答罕、五狼主泽利，带领元帅结摩忽、吱摩忽、兕里布、窝里布、贺必达、斗必利、金骨都、银骨都、铜骨都、铁骨都、金眼大磨、银眼大磨、铜先文郎、铁先文郎、哈里图、哈里强、哈铁龙、哈铁虎、沙文金、沙文银、大小元帅、众平章等，率领三十万人马，正在追寻下来。哈迷蚩就将吉青引战，今已杀入爱华山去说与众人。粘罕就催动人马往爱华山而来。再说山上牛皋望见了，便对王贵道："王哥，只有一个番将在这里边，怕大哥一个杀不过，还要把这车挡在此做什么？你看下边有许多番兵来了，我等闲在这里，不如把车儿推开了，下去杀他一个快活，燥燥脾胃何如？"王贵道："说得有理。"二人就叫军士把石车推开，领着这二万人马，飞马下山来迎敌。

再说这岳元帅与兀术交战到七八十个回合，兀术感到自己虽力大无穷，但架不住岳飞枪术变幻莫测，渐渐招架不住，被岳飞钩开斧，拔出腰间银铜，耍的一铜，正中兀术肩膀。兀术大叫一声，掇转火龙驹，往谷口败去，见路就走。奔至北边谷口，正值那王贵、牛皋下山去交战了，无人挡阻，径被兀术一马逃下山去了。元帅查问守车军士，方知牛皋、王贵下山情由，元帅就传令众弟兄，各各领兵下山接战。一声炮响，这几位凶神恶煞，引着那十万八百常胜军，蜂拥一般，杀入番阵内。将遇将伤，兵逢兵死，直杀得天昏日暗，地裂烟飞，山崩海啸，雾惨云愁。这正是：大鹏初会赤须龙，爱华山下显神通。南北儿郎争胜负，英雄各自逞威风。

这一场大战，杀得那金兵大败亏输，向西北而逃。岳元帅在后边催动人马，急急追赶，直杀得尸横遍野，血流成河。番兵前奔，岳兵后赶，赶下二三十里地面，却有两座恶山，紧紧相对。那左边的叫作麒麟山，山上有一位大王，叫作张国祥，原是水浒寨中菜园子张青之子，聚集了三四千人马，在此做那杀人放火的生涯。右边的唤作狮子山，山上也有一位大王，姓董名芳，也是水浒寨中双枪将董平之子，聚集了三四千人马，在此干打家劫舍的营生。这一日，约定了下山摆围场吃酒，忽见喽啰来报道："前面遮天盖地的番兵败下来了。"张国祥道："贤弟，怪不得我们两日生意清淡，原来都被他们抄掉了！我们把兵马两边摆开，等他们来时，俱使长枪挠钩，强弓硬弩，飞爪留客住，两边修削。等他过去了一半，我和你出去截杀，抢他些物件，以备山寨之用何如？"董芳道："哥哥好主意！"就叫众喽啰埋伏停当。恰好金兵败到两山交界，只听得齐声呐喊，那众番兵顶梁上摄去了三魂，脚底下溜掉了七魄。后边人马追来，前面又有人马挡住，岂不是死？只得拼命夺路而走。却被那些喽啰左修右削，杀死无数。但是番兵众多，截他不住，只得让他走。看看过了一大半，只剩得三千来骑人马，那张国祥一条棍，董芳两杆枪，杀将出来，杀得那些番兵番将，满山遍野，四散逃生。正杀得闹热，后边王贵、牛皋、梁兴、吉青四员统制，刚刚追到这里。张国祥与董芳两个哪里认得，见他们生得相貌凶恶，只道也是番将，抢上来接着厮杀。王贵、牛皋也是蠢的，不管三七二十一，就与他交战。四个杀了两个，各各用心，反把那些番兵放走了。不一时，岳元帅大兵已到，看见两员将与牛皋等厮杀，便大叫："住手！"两边听见，各收住了兵器。岳元帅道："尔等何人，擅敢将本帅的兵将挡住，放走了番兵，是何道理？"张国祥、董芳见了岳元帅旗号，方才晓得错认了，慌忙跳下马来，跪在马前道："我们弟兄两个是绿林中好汉，见番兵败来，在此截杀。看见这四位将军生得丑陋，只道也是番将，故此交战。不知是元帅到来，故而冲撞！我弟兄两个情愿投在麾下，望元帅收录！"岳元帅便下马来，用手相扶，说道："改邪归正，理当如此。

二位请起，请问尊姓大名？"张国祥就把两人的姓名履历，细细说明。岳飞大喜，便道："此刻本帅要追赶兀术，不得工夫与贤弟们叙谈。你二位可回山寨收拾了，径到黄河口营中来相会便了。"二人道："如此，元帅爷请先行，小人们随后就来。"又向牛皋等说道："适才冒犯，有罪，有罪！"牛皋道："如今是一家了，不必说客气话，快快去收拾罢！"二人别了众将，各自上山收拾人马粮草。

第三节 水戏兀术

再说岳元帅大兵，急急追赶。兀术正行之间，只听得众平章等哭将起来。原来前边就是黄河阻住，并无船只可渡，后边岳军又呐喊追来。兀术道："这遭真个没命了！"正在危急之际，那哈迷蚩用手指道："恭喜狼主，这上流头五六十只战船，不是狼主的旗号吗？"兀术定睛一看道："果然不差，是我的旗号。"就命众军士高声叫喊："快把船来渡我们过去！"你道这战船是哪里来的？却是鲁王刘豫，与曹荣守着黄河，却被张所杀败，败将下来。倒是因祸而得福，偏偏又遇着横风，一时使不到岸。后面岳兵眼看要赶到，兀术好不惊慌。忽见芦苇里一只小船摇将出来，艄上一个渔翁独自摇着橹。兀术便叫渔翁："快将船来，救某家过去，多将金银谢你！"那渔翁道："来了。"忙将小船摇到岸边道："我的船上，只好渡一人。"兀术道："我的马一同渡过去罢。"渔翁道："快些上来，我要赶生意。"兀术慌慌张张牵马上船，那渔翁把篙一点，那只小船已离岸有几里，把橹慢慢地摇开。这兀术回头看那些战船，刚刚摆到岸边。这些工兄、御弟、元帅、平章等，各各抢着下船逃命，四五十只大船都装得满满的。番兵争上船跌下水去淹死的，不计其数。内有一船装得太重，才至河心，一阵风，骨碌碌地沉了！还有岸上无船可渡的番兵，尽被宋兵杀死，尸骸堆积如山。兀术正在悲伤，只听得岸上宋将高声大叫："你那渔户，把朝廷的对头救到哪里去？还不快快摇拢来！"渔翁道："这是我发财发福的主人，怎么倒送与你做功劳？"岳元帅道："那渔翁声音，正是中原人，可对他说：捉拿番将上来，自有千金赏赐，万户侯封。"张保、王横领着军令，高声传令道："那渔翁快将番将献来，自有千金赏赐，万户侯封！"兀术对渔翁道："你不要听他。我非别人，乃大金国四太子兀术便是。你若救了某家，回到本国，就封你个王位，决不失信。"渔翁道："说是说得好，但有一件成不得。"兀术道："是哪一件？"渔翁道："我是中原人，祖宗姻亲俱在中国，怎能受你富贵？"兀术道："既如此，你送我到对岸，多将些金银谢你罢！"渔翁道："好是好，与你讲了半日的话，只怕你还不曾晓得我的姓名。"兀术道："你姓甚名谁？说与我知道了，好补报你。"渔翁道："我本待不对你说，却是你真个不晓得。我父亲叔伯，名震天下，乃是梁山泊上有名的阮氏三雄。我就是短命二郎阮小二爷爷的儿子，名唤阮良，人称倒海翻江的便是。你想，大兵在此，不去藏躲，反在这里救你，哪有这样的呆子？只因目下新君登位，要拿你去做个进见之礼物。倒不如你自己把衣甲脱了，好等老爷来绑，省得费我老爷的力气。"兀术听了大怒，吼了一声："不是你，便是我！"提起金雀斧，往阮良头上砍来。阮良道："不要动手！待我洗净了身子，再来拿你。"一个翻筋斗，扑通下水去了。那只船，却在水面上滴溜溜地转。那兀术本来是北番人，只惯骑马，不会乘船的，既不识水性，又不会摇橹，正没做个理会处。那阮良却在船底下双手推着，把船往南岸上送。兀术越发慌张了，大叫："军师！快来救我！"哈迷蚩看见，忙叫："小船上兵卒并到大船上来，快快去救狼主！"阮良听得有船来救，透出水来一望，趁势两手扳着船舷，把身子往上一起，又往下一坠，那只船就面向水，底朝天。兀术翻入河中，却被阮良连人带斧两手抱住，两足一蹬，戏水如游平地，往南岸而来。这正是：屋漏遭淫雨，船破遇飓风。却说岳元帅在岸上，看见阮良在水中，擒住了兀术，心中好不欢喜，举手向天道："真乃朝廷之洪福也！"众将无不欢喜，军兵个个雀跃。阮良擒住了兀术，赴水将近南岸，不料番兵大船截住，乱箭向阮良射来，他叫声："不好！"抛了兀术，竟往水底下一钻。这边番兵驾着小船，刚刚赶到，救起兀术，又捞了这马，同上大船。一面换了衣甲，过河直抵北岸。众将上岸，回至河间府，拨兵守住黄河口。兀术对众平章道："某家自进中原，从未有如此大败，这岳南蛮果然厉害！"急忙修本，差官回本国去，再调人马来与岳南蛮决战。

再说南岸岳元帅见兀术被番兵救了去，向众将叹了一口气道："这也算是天意了！只可惜那条好汉，不知性命如何了？"说未了，只见阮良在水面上透出头来探望。牛皋见了，大叫道："水鬼朋友，元帅在这里想你哩，快些上岸来！"阮良听见，就赴水来到南岸，一直来到岳元帅马前跪下叩头。岳元帅下马，用手相扶，说道："好汉请起，请教尊姓大名？"阮良道："小人姓阮名良，原是梁山泊上阮小二之子，一向流落江湖。今日原想擒此贼来献功，不道他番兵大船截住，小人一时惊慌，被他逃了。"元帅道："此乃是他命不该绝，非是你之无能。本帅看你一表人才，不如在我军前立些功业，博个封妻荫子，也不枉了你这条好汉。"阮良道："若得元帅爷收录，小人情愿舍命图报。"岳元帅大喜，遂命军士与阮良换了干衣。一面安营下寨，杀猪宰羊，赏劳兵卒。又报张国祥、董芳带领军士粮草到来，元帅就命进营。与众将相见毕，又叫阮良与张国祥、董芳亦拜为义友。又写成告捷本章，并新收张、董、阮三人，一并回朝奏闻，候旨封赏。

第四节　义收余化龙

岳飞领旨出朝。杨虎自差人送老母、妻子回乡安顿，专候岳元帅择日出兵。岳元帅点牛皋带领人马五千，为前队先锋；王贵、汤怀带领五千人马，为第二队；自己同众将在后进发。那王贵向着汤怀道："大哥不叫你我做先锋，反点牛兄弟去，难道我二人的本事不如他吗？"汤怀道："不是这等说！大哥常说他大难不死，是员福将，故此每每叫他充头阵。"王贵道："果然他倒有些福气。"

不说二人在路闲谈。且说牛皋挂了先锋正印，好不兴头，领着人马，一路到了湖口。当有总兵官谢昆下营在彼处，等候岳元帅。探兵见了牛皋打的是岳军旗号，认作是岳元帅，慌忙通报。谢昆连忙出营跪接，口称："湖口总兵谢昆，迎接大元帅。"牛皋在马上道："贤总兵请起！我乃岳元帅先锋都统制牛皋，元帅还在后边。"谢昆气得出不得声，起来叫左右："把报事人绑去砍了！"两边军士答应一声，就将探军绑起。牛皋大怒，这总兵如此可恶，便叫一声："谢总兵！你既做了总兵官，吃了朝廷的俸禄，一两个小强盗，怕你还杀他不过、剿除不得，也要请我们来做什么？我们往别处下营去，这个功劳，让了你罢！"说罢，就回马转身，吩咐众兵士一齐退下。谢昆吃了一惊，暗道："他是奉着圣旨来的，若在岳元帅面前说些什么还了得！"只得忍着气赶上来，扯住牛皋的马，叫道："牛将军请息怒！军中报事不实，应按军法。幸是将军来，报差了还好；倘是贼兵杀来，也报差了怎么处！看在将军面上，吩咐放了绑，快来谢牛老爷。"探子在马前叩头，谢了牛皋。牛皋道："谢总兵，我且问你，这里有多少贼？贼巢在哪里？"谢昆道："这鄱阳湖内有座康郎山，山上有两个大王，大头领罗辉，二头领万汝威。他两个占住此山，手下雄兵猛将甚多。内中有个元帅，姓余名化龙，十分厉害，因此官兵近他不得。"牛皋道："这康郎山离此有多少路？可有旱路吗？"谢昆道："前面湖口望去，那顶高的就是。水路去不过三十里，若转旱路，就有五十里。"牛皋道："既如此，可着个小军来，引我们往旱路，就去抢山，你可速备粮草前来接应。"说罢，就令众儿郎望康郎山进发。谢昆暗想："这莽匹夫不知厉害，由他自去，送了他的命，与我何关。"且说牛皋领兵来至康郎山，吩咐众儿郎："抢了山来吃饭罢！"三军得令，在山前放炮呐喊。早有守山喽啰飞报上山。万汝威就命余化龙引兵下山迎敌。余化龙得令，带领喽啰一马冲下山来，大喝一声："哪里来的毛贼，敢来寻死！"牛皋抬头一看，只见来将头戴烂银盔，坐下白龙马，手执虎头枪，望去竟如岳爷相像。牛皋也不答话，举铜便打！余化龙笑道："原来是个村夫！也罢，让本帅赏你一枪罢。"架开铜，唰唰唰一连几枪，杀得牛皋气喘汗流，招架不住，回马便走。那些军士道："列位，走不得的！被他在马后一追，我等尽是个死，宁可抵挡着他。"那时众军士齐齐站定两旁，个个开弓发箭。余化龙见众兵卒动也不动，箭似飞蝗一般射来，不敢追赶，叹道："话不虚传，人们常说岳家军将败兵不散，果然厉害！"只得鸣金收军，回山去了。众军士看见强人退上山去，又来收箭。牛皋一马跑回了十来里路，不见半个兵卒逃回，说道："不好了，都被他杀尽了！单单剩了我一个光身，怎好回去见我岳大哥？待我转去看看。"又拨转马头，加上一鞭赶转来，但见军士都在草地上拾箭，牛皋便问："强盗到哪里去了？"众军士道："我们放箭射他，他收兵回去了。"牛皋道："妙啊！倘然我老爷下次打了败仗，你们照旧就是了。"众军士倒好笑起来。牛皋不好去见谢总兵，只得退下三十里，安营住下。次日，王贵兵到，同汤怀安营在湖口。

停不得两日，岳元帅大队已到，谢总兵同着汤怀、王贵迎接。元帅便问："牛皋怎么不见？往哪里去了？"谢昆道："他一到，就往康郎山交兵去了。"岳爷取令箭一支，命谢总兵催粮应用，谢总兵领令去了。岳元帅吩咐众将，齐往康郎山旱路去取山。看看行至二十里，牛皋出营来接。元帅见他在旁侧安营，料是又打了败仗，元帅就问贼兵消息。牛皋便将余化龙厉害的话说了一遍。岳元帅就相度地方，安下营盘。那边小喽啰飞报上山，两个大王仍命余化龙下山讨战。岳元帅命众将士一齐放箭，坚守营寨，不与交战。余化龙令喽啰辱骂了一回，元帅只是不动。余化龙只得收兵回山。岳元帅暗暗传下号令："众将四下移营安歇，防他今夜来劫寨。只听炮响为号，四下齐声呐喊，却不要出战。"众将领令，各各暗自移营埋伏。且说余化龙回山，奏上二位大王："岳飞今日不肯出战，今晚必定由水路来抢山，旱寨必然空虚。今我将计就计，二位大王保守水寨，臣领兵去劫他的旱寨，必然成功。"两个头领听了大喜，依计而行。等到二更时分，余化龙领兵悄悄下山，一声呐喊，杀入大营，并无一人。余化龙情知中计，拨回马便走。但听得轰隆的一声炮响，四下里齐声呐喊，众喽啰拼命逃奔，自相践踏，反伤了许多兵卒。岳飞却不曾亏折了一人。次日天明，余化龙又下山来讨战。岳元帅仍然坚守不出，余化龙只得收兵回山。到了黄昏时候，岳飞换了随身便服，带了张保悄悄出了营门，往康郎山左近，把山势形状，细细观看了一番。复身回营，对众弟兄道："我观康郎山前靠邵阳湖，山势险峻，虽有百万之众，一时难以破他。况且余化龙武艺高强，本帅久闻其名。待我明日与他交战，贤弟们只可旁观，不可助战。待我收了他，方能破得此山！若不然，徒然浪费钱粮，迁延时日，究竟无益也。"众将俱各领命，各自归营安歇。到了次日，岳元帅齐集众将，只听得轰隆隆三声炮响，出了营门，一路上咚咚咚战鼓齐鸣，带领大军直抵康郎山下。各将官摆齐队伍，在后边观看。那边小喽啰飞报上山！余化龙闻报，即引众喽啰下山来迎敌。两边军士射住阵脚。旗幡开处，闪出那岳元帅立马阵前，问道："来将何名？"余化龙道："本帅余化龙便是！来者莫非就是岳飞吗？"岳飞道："然也！你既知本帅之名，何不下马归降？待本帅奏闻天子，不失封侯之位。"余化龙大笑道："岳飞，我久闻你是个英雄好汉，可惜你不识天时。宋朝臣奸君暗，气数已尽；二帝被掳，中原无主。不若归顺我主，重开社稷，再立封疆，岂不为美？你若仗一己之力，欲要挽回天意，恐一旦丧身辱名，岂不贻笑于天下？请自三思。"岳飞道："将军之言差矣！我宋朝自太祖开基，至今已一百六七十年，恩深泽沛。现奸臣误国，以致金人扰乱。今人心不忘故主，天意不肯绝宋。是以我主上神佑，泥马渡江，正位金陵，用贤任能，中兴指日可待。我看将军仪表堂堂，胸怀抱负，不能为国家栋梁，甘作绿林草寇，是为不忠；既不能扬名显亲，反至玷污清白，是为不孝；荼毒生灵，残害良民，是为不仁；但知康郎山之英雄，不知天下之大，岂无更出其右，一旦失手，辱身败名，是为不智。将军空有一身本事，'忠孝仁智'四样俱无，乃是庸人耳，反说本帅不知天命耶！"这一番话，说得余化龙羞惭满面，无言可答，只得勉强道："岳飞，我也不与你斗嘴。你若胜得我手中的枪，我就降你；倘若胜不得我，也须来归降我主。"岳飞道："一言既出，驷马难追。若添一个小卒助战，就算我输。但是刀对刀，枪对枪，不许暗算，放冷箭，就不为好汉。"余化龙说声："妙啊！这才是好汉！且与你战三百回合看。"就举虎头枪来战岳飞，岳飞把沥泉枪一摆，二马相交，双枪并举。这一个似雪舞梨花，那一个如风摆柳絮。果然好枪，来来往往，战有四十个回合，不分胜败。余化龙架住岳元帅的枪，叫声："少歇！岳飞，好个岳家枪，今日不能胜你，明日再战罢！"两边各自鸣金收军。岳元帅回至营中坐定，对众弟兄道："余化龙枪法，果然甚好。若得此人归降，何愁金人不平乎？"众兄弟亦各称赞："果然好枪法。"当夜闲话不提。到了次日，余化龙仍旧领兵下山，这里岳元帅也领兵出营。余化龙道："岳飞！本帅昨日与你未决雌雄，今日必要擒你。"岳飞道："余化龙！且休夸口，今日与你见个高下。"二人举枪又战。果然棋逢敌手，将遇良才，两个又战了一日，不分胜败。岳元帅把枪架住，叫声："余化龙，天已晚了，若要夜战，好命军士掌灯；若不喜夜战，且自收军，明日再战。"余化龙道："且让你多活一夜，明日再战罢。"两下鸣金收军，各自回营。至第三日又战，至午后，尚无高下。余化龙暗想："岳飞果然本事高强，怎能胜得他？必须用我神镖，方可赢得。但在众人面前打倒他，只说我暗算，损我威名；不如引他到山后无人之处，打他便了。"余化龙算计已定。虚晃一枪，叫声："岳飞，本帅战你不过了！"回马便往山左败去。岳飞想："他枪法未乱，如何肯败，其中必有缘由。"便喝一声："余化龙，随你诡计，本帅岂惧了你？"就拍马赶上，追至山后边。余化龙见岳飞追来，拨回马又战了七八个回合，回马又走。岳飞又追下去。余化龙暗暗取出金镖，扭转身躯，喝声："着！"一镖打来，岳飞笑道："原来这般低武艺。"把头往左边一偏，这镖却打个空。余化龙又发一镖打来，岳爷往右边一闪，这一支镖又打不着。余化龙着了慌，嗖的一声，又将第三枚镖往岳飞心窝里打来。岳飞把手一绰，接在手中道："余化龙，你还有多少？索性一齐拿来送我。"余化龙道："岳飞，你虽接得我的镖，也奈何不得我。"岳飞道："也罢，本帅虽没有用过这般暗器，今日就借你的来试试看。"就将手中镖往余龙化头上打来。余化龙一手接住，又往岳飞打来。岳飞又接住，又往余化龙打来。两个打来打去，正好似织女穿梭一般。岳飞接镖在手，叫声："余化龙，你既自负英雄，能识天命，仗你平生本事尚不能胜本帅一人，何况天下人之大，岂无更胜如本帅的么？何不下马归降，改邪归正，以图富贵乎？"余化龙道："岳飞，你休得大言，叫我下马。你若拿得我下马，我就降你；若不能拿我，怎肯服你？"岳元帅大喝一声："本帅好意劝你，你却不听，快下马来！"一声喝，一镖打来。余化龙但防了上下身子，却不曾防得岳飞一镖将其坐马项下的挂铃打断。那马一惊，跳将起来，把余化龙掀翻在地。岳飞跳下马来双手扶起，说道："余将军，这马未曾临过大阵，请换了再来决战。"余化龙满面羞惭，跪下道："元帅真乃天神！小将情愿归降，望元帅收录！"岳飞道："将军若不弃，与你结为兄弟，同扶宋室江山。"余化龙道："小将怎敢？"元帅道："本帅爱才如命，何必过谦？"二人就撮土为香，对天立誓。岳元帅年长为兄，余化龙为弟。岳飞道："贤弟，我只假作中了你的镖败转去，在众人面前再战几合，以释你主之疑。"余化龙道声："遵命。"二人复上马，岳飞前边败下，余化龙随后追来。到了战场之上，岳飞大叫："众兄弟，我被奸贼打了一镖，你们快来助战！"那时汤怀、张显、王贵、牛皋等众将一齐上前。余化龙略战几合，寡不敌众，败回山去，见了两个头领禀道："小臣诈败，哄骗岳飞追赶，被我金镖打伤，正要擒获。谁知他那里将众人多，一齐助战，杀他不过。明日必须主上亲自出马，必然大胜也。"罗辉对万汝威道："休怪元帅，一人怎敌众手？明日亲自出马擒他便了。"不说二贼计议出战之事。且说岳元帅收兵回营，众弟兄只道岳飞真个着了镖，俱来问安。岳飞假说："被他暗算，几乎失手。幸亏打中了手指，不曾受伤。"正在谈论，忽有探子来报："今金兀术差元帅斩着摩利之领兵十万，来打藕塘关，驸马张从龙领兵五万，攻打汜水关。十分危急，请令定夺！"元帅赏了探子牛酒银牌，吩咐再去打听，探子谢赏自去。岳元帅心中好不纳闷，对众将道："湖寇未平，金兵又到，如之奈何？"众将俱袖手无计。忽见杨虎上前禀道："末将曾与万汝威有一拜之交，他往往约我同夺宋朝天下，不若待末将前去将利害之语，说他归降，未知元帅意下如何？"岳飞大喜道："若得将军肯为国家出力，实乃朝廷之福也！但要小心前往，本帅专候好音。"杨虎领令出营。

到了次日，万汝威与罗辉传令众喽啰紧守三关，专候二位大王亲自下山与岳飞决战。且说杨虎不走旱路，自到水口，用十二名水手，驾着一只小船，竟往水寨而来。小喽啰报知二位大王，随令上山，相见已毕。万汝威道："贤弟有一身本事，兼有太湖之险，怎么反降顺了岳飞？今来见我，有何话说？"杨虎道："不瞒兄长说，小弟在太湖有大炮无敌，水鬼成群，花普方等勇将无数，西山粮草充足，被岳飞一阵杀得大败。蒙他爱才重义，收录军前，奏闻天子，恩封统制之职。故今特来相劝二位大哥，不如归宋，必定封妻荫子。不知二位大哥意下如何？"万汝威听了，不觉勃然大怒，喝声："推去砍了！"左右方欲动手，余化龙慌忙跪下道："大王刀下留人。"大王道："这等无志匹夫，自己无能，屈膝于人，反敢胡言来惑乱我之军心，留他做怎么？"余化龙道："大王曾有恩于杨虎，今日斩了他，岂不使往日之情化为乌有？"万汝威道："既如此，赶下山去。若在军前拿住，决不轻饶！"杨虎抱头鼠窜，下山来至水口。那来的小船空空的并无一人，只因万大王将杨虎绑了要杀，这十二个水手不敢下船，急急地从旱路逃回，报知岳元帅去了，所以只剩了一只空船。杨虎只得央及几个小喽啰，相帮摇回本营上岸，叫小喽啰在营门外等候："待我见过元帅，取银钱相送。"杨虎进营，来见元帅。元帅道："方才水手逃回，说你被贼人斩首。今日安然回来，必然归顺了贼寇，思量来哄本帅，与我把这匹夫绑去砍了！"杨虎大叫道："小将恐元帅动疑，故将送来的小喽啰留在营外。求元帅叫来问他，便知小将心迹了。"元帅令唤小喽啰进来，一齐跪下。元帅问道："你们是邵阳湖贼人，还是乡间百姓被他掳来的？"那些喽啰害怕，皆说道："我们是良家百姓，被这位将军掳捉来的。"元帅微微笑道："如今还有何辩？快快推出去斩了！这些既是乡下子民，放他去罢。"那几个喽啰叩头谢了，慌忙跑回山上去报信了。且说这里将杨虎绑出营来，那些帐下众将，见事情重大，不敢出言，只有牛皋叫声："刀下留人！"过来跪下禀道："杨虎私通贼寇，虽则该斩，但无实证，未定真假。求元帅开恩，饶他性命。"元帅道："既是牛将军讨情，饶了死罪，捆打一百。"牛皋起初听见说"饶了"，甚是欢喜；及至说要"捆打一百"，心想："倒是我害了他了！若是杀头，痛过就完了。这一百棍子，岂不活活打死，反要受这许多疼痛！"欲待再上去求，又恐动怒。看看打到二十，熬不住了，只得又跪下禀道："做武将的人全靠着两条腿，若打坏了，怎生坐马？牛皋情愿代打了八十罢。"元帅道："既如此，饶便饶了，倘他逃走了，岂不是放虎归山？哪个敢保他？"两边众将并没个人答应。还是牛皋上来道："小将愿保。"岳元帅道："你既肯保，写保状来。"牛皋道："我是写不来的，汤二哥，烦你代我写罢了！"汤怀道："你既肯舍命保他，难道不替你写？"随即写了保状，叫牛皋画了押，送上元帅。元帅就叫牛皋带了杨虎回营。众将各各自散。

第五节 六杰投宋

话分两头。再说那山东鲁王刘豫守在山东，残虐不仁，诈欺良民，也非止一端。次子刘猊，倚仗父亲的势头，在外强占民田，奸淫妇女，无所不为。忽一日带了二三百家将，往乡村打围作乐，一路来到一个地方，名为孟家庄。一众人放鹰逐犬，不料一个庄丁正锄田，忽见一鹰叼着一只大鸟，飞来落在面前。这庄丁是个庄稼人，晓得什么来历，赶上前一锄头打死，说道："好造化！我家老婆昨日嫌我不买些荤腥与她下口，今日这两个鸟儿拿回去煮熟了，倒有一顿好吃。"正在快活算计，谁知一众家将赶来寻鹰，看那庄丁拿在手里，便喝道："该死的狗才！怎么把我的鹰打死了！"庄丁道："这是它飞到我跟前来，所以打死，要拿回家去做下酒，干你甚事？"家将道："好个不知死活的人！你家在哪里？"庄丁道："我就是孟家庄孟太公家的庄丁，你问我怎的？"内中一个道："哥，你休要和他讲，只拿他去见家主爷便了。"庄丁道："打死了一个鸟儿就要拿我，难道没有王法的吗？"众家将听了大怒，就将庄丁乱打。内中一个赶上一脚，正踢着庄丁的阴囊，一下跌倒，在地上滚了几滚，就呜呼哀哉了！那众家将见打死了庄丁，忙来报知刘猊道："我家的鹰被孟家庄庄丁打死，小的们要他赔偿，连公子也骂起来。所以小的们发恼，和他厮打，不道他跌死了。"刘猊道："既然死了，要他家主赔还我的鹰来！"即带了家丁，往孟家庄来。到了庄上，家丁大喊道："门上的狗头，快些进去说，刘王爷二公子的鹰被你庄丁打死，快早赔还，万事全休；如若迟了，报与四太子兀术，将你一门碎尸万段！"庄丁听了，慌忙进来报与太公。孟太公闻言想道："刘豫这奸臣投了外邦，他儿子连父亲的相知都不认了。待我自去见他，看他怎么样要我赔鹰。"孟太公出了庄门，这刘猊在马上道："老头儿，你家庄丁把我的鹰打死了，快些赔来。"太公道：

"你怎么晓得是我庄丁打死的？"刘猊道："我家家将见他打死的。"太公道："如果是我家庄丁打死的，应该赔你，待我叫他来问。"刘猊道："你那庄丁出言不逊，已被我打死了！"孟太公不听犹可，听了庄丁被刘猊打死，直急得三尸神暴跳，七窍生烟，大怒道："反了！反了！你们把他打死了不要偿命，反要我赔鹰，真正是无法无天了！"刘猊大怒道："老杀才！皇帝老儿也奈我不得，你敢出言不逊？"就把马一拍，冲上前来，捉拿太公。孟太公看见他的马冲来，往后一退，立脚不住，一跤跌倒，把个脑后跌了一个大窟窿。那太公本是个年老之人，晕倒在地，流血不止。众庄丁连忙扶起，抬进书房中床上睡下。太公醒来，便对庄丁道："快去唤我儿来！"那太公中年没了妻室，只留下这一个儿子，名为孟邦杰，小时也请过先生，教他读过几年书。奈他自幼专爱使枪弄棒，因此太公访求几个名公教师，教了他十八般武艺，使得两柄好双斧。那日正在后边菜园地上习练武艺，忽见庄丁慌慌张张来报道："大爷不好了！我家太公与刘王的儿子争论，被他的马冲倒，跌碎了头颅，命在须臾！"孟邦杰听了，吓得魂不附体，丢了手中棒，三脚两步赶进书房，只见太公倒在床上发昏。邦杰便问一名庄丁底细，那名庄丁把刘猊打死庄丁，来要太公赔鹰之事述了一遍。太公微微睁开眼来，叫声："我儿！可恨刘猊这小畜生无理，我死之后，你须与我报仇！"话还未毕，大叫一声："疼煞我也！"霎时间，流血不止，竟气绝了。孟邦杰叫了一会儿，叫不醒，就大哭起来。正在悲伤之际，又有庄丁来报说："刘猊在庄门外嚷骂，说不快赔他的鹰，就要打进庄来了！"孟邦杰听了，就揩干了眼泪，吩咐庄丁："你去对他说，太公在里面花银子赔鹰，稍等一等，就出来了。"庄丁说声："晓得！"就走出庄门。那刘猊正在那里乱嚷道："这讨死的老狗头！进去了这好一会儿了，还不出来赔还我的鹰，难道我就罢了不成？"叫众家将打将进去。那庄丁忙上前禀道："太公正在兑银子赔鹰，即刻出来。"刘猊道："既如此，叫他快些！谁耐烦等他！"庄丁又进去对孟邦杰说了。孟邦杰提着两柄板斧，抢出庄门，骂一声："狗男女！你们父子卖国求荣，诈害良民，正要杀你！今日杀父之仇，还想走到哪里去。"绰起双斧，将三四十个家将排头砍去，砍得快，已杀死了二十多个。刘猊看来不是路，回马飞跑。孟邦杰步行，哪里赶得上，只得回庄，将太公的尸首下了棺材，抬到后边空地上埋葬好了，就吩咐众家人道："刘猊这厮怎肯甘休，必然领兵来报仇。你们速速收拾细软东西，有妻子的带妻子，有父母的领父母，快些逃命去罢！"众家人果然个个慌张，一时间，一哄而散！孟邦杰取了些散碎金银，撒在腰间，扎缚停当，提了双斧，正要牵马，却听得庄前人喊马嘶，拔地摇山。孟邦杰只得向庄后从墙上跳出，大踏步往前逃走。

当时刘猊逃回府中，听得父亲在城上游玩乘凉，随即来到城头上见了刘豫，叩头哭诉道："爹爹快救孩儿性命！"刘豫吃惊道："为着何事，这般模样？"刘猊就将孟家庄之事，加些假话说了一遍。刘豫听了，大发雷霆道："罢了，罢了！我王府中的一只狗走出去，人也不敢轻易蔑视，何况我的世子？擅敢杀我家将，不是谋反待怎的？就着你领兵五百，速去把孟家庄围住，将他一门老小尽皆抄没了来回话。"刘猊答应未完，旁边走过大公子刘麟，上前来道："不可，不可！爹爹投顺金邦，也是出于无奈。虽然偷生在世，已经被天下人骂我父子是卖国求荣的奸贼。现今岳飞正在兴兵征伐，倘若灭了金邦，我们就死无葬身之地。再若如此行为，只恐天理难容。爹爹还请三思！"刘豫道："好儿子，哪有反骂为父的是奸贼？"刘麟道："孩儿怎敢骂父亲，但只怕难逃天下之口！古人云：'为臣不能忠于其君，为子不能孝于其亲，何以立于人世？'不如早早自尽，免得旁人耻笑。"说罢，就往城下跃身一跳，跌得头开背折，死于城下。刘豫大怒道："世上哪有此等不孝之子，不许收拾他的尸首！"就命刘猊发兵去将孟家庄抄没了。那刘猊领兵竟至村中，把孟家庄团团围住，打进庄去，并无一人，就放起一把火来，把庄子烧得干干净净，然后回来缴令。当时城外百姓有好义的，私下将大公子的尸首掩埋了。

再说那孟邦杰走了一夜，次日清晨，来到一座茶亭内坐定，暂时歇息歇息。打算要到藕塘关去投岳元帅，不知有多少路程。只因越墙急走，又不曾带得马匹，怎生是好？正在思想，忽听得马嘶之声，回转头一看，只见亭柱上拴着一匹马，孟邦杰道："好一匹马，不知是何人的？如今事急无君子，只得借他来骑骑。"就走上前来，把缰绳解了，跳上马，加上一鞭，那马就泼剌剌如飞跑去！不道这匹马乃是这里卧牛山中一个大王的。这一日，那个大王在这里义井庵中与和尚下了一夜棋，两个小喽啰躲在韦驮殿前耍钱，把这马拴在茶亭柱上。到了天明，大王要回山去，小喽啰开了庵门来牵马，却不见了，小喽啰只得叫苦。和尚着了忙，跪下道："叫僧人如何赔得起？"大王道："这是喽啰不小心，与老师父何涉？"和尚谢了，起身送出庵门，大王只得步行回山。

却说孟邦杰一马跑到一个松林边，差点跌进坑里，叫声："啊呀！不知是哪一个不积福的，掘下这个大泥坑。幸亏我眼尖，不然跌下马来了！"正说之间，只听得一声呐喊，林内伸出几十把挠钩，将孟邦杰搭下马来，跳出几十个小喽啰，用绳索捆绑了，将马牵过来。众喽啰哈哈大笑道："拿着一个同行中的朋友了。这匹马是我们前山大王的，怎的被他偷了来？"内中一个喽啰道："好没志气，他是个贼，我们是大王，差远多哩！"又一个道："算起来也差不了多少，常言说的'盗贼盗贼'，盗与贼原是相连的。"一个道："休要取笑，解他到寨中去！"就将孟邦杰横缚在马上，押往山寨而来。守寨头目进寨通报了，出来说道："大王有令，叫把这牛子去做醒酒汤。"喽啰答应一声，将孟邦杰拿到剥衣亭中，绑在柱上，那柱头上有一个豹头环眼，将他头发挂上。只见一个喽啰手中提着一桶水，一个拿着一个盆，一个捧着一个钵头，一个手中拿着一把尖刀，一个手中拿着一个指头粗的藤条。那个喽啰将钵送在孟邦杰口边道："汉子吃下些！"孟邦杰道："这黑漆漆的是什么东西，叫爷爷吃？"喽啰道："这里头是清麻油。葱花、花椒。你吃了下去，就把这桶水照头淋在身上。你身子一抖，我就分心一刀，剜出心来，放在盆里，送去与大王做醒酒汤。"孟邦杰道："我劝他将就些罢，如何要这般象意？"把牙齿咬紧，不肯吃。这喽啰道："不肯吃下去，敢是这狗头要讨打么！"提起藤条要打。孟邦杰大叫道："我孟邦杰死在这里，有谁知道？"这一声喊，恰恰遇着那前山的大王上来，听见喊着"孟邦杰"的名字，忙叫："且慢动手！"走到他面前仔细一看："果是我兄弟。"叫左右："快放下来。"众喽啰慌忙放下，取衣服与他穿好。这里喽啰忙报与大王。邦杰道："若不是兄到来，小弟已为泉下之鬼矣！"那四个大王闻报，一齐来到剥衣亭上道："大哥，这是偷马之贼，为何认得他？"大王道："且至寨中与你们说知。"众大王同邦杰来到寨中，大家见了礼，一齐坐下。那救孟邦杰的，叫作锦袍将军岳真。那后山四位：一个姓呼名天保，二大王名天庆，第三个大王姓徐名庆，那个要吃人心的是第四大王姓金名彪。岳真道："为兄的几次请贤弟上山聚义，兄弟有回书来，说因有令尊在堂，不能前来。今日却要往何方去，被我们的喽啰拿住？既然拿住了，就该说出姓名来，他们如何敢放肆？"孟邦杰道："不是为弟的不思念哥哥，实系心中苦切，故此忘怀了。"那岳真道："兄弟有何事心中苦切？"孟邦杰就将刘倪打围跌死父亲的话说了，然后道："今欲要投岳元帅去，领兵来报此仇。"岳真道："原来如此。"于是大家重新见礼。呼天保道："大哥，孟兄要报父仇，有何难处。我等六人聚集两个山寨中人马，有万余，足可以报得孟兄之仇，何必远去？"孟邦杰道："小弟闻得岳元帅忠孝两全，大重义气，我此去投他，公私两顾。"众大王道："这也说得有理。"孟邦杰道："依小弟看来，这绿林中买卖，终无了局。不如聚了两山人马，去投在岳元帅麾下。他如果是个忠臣，我们便在他帐下听用，挣些功劳，光耀祖宗。若是不像个忠臣，我们一齐原归山寨，重整军威，未为晚也。"岳真道："我也久有此心，且去投他，相机而行便了。"就吩咐喽啰，收拾山寨人马粮草金银。当日大摆筵席，个个畅饮。到了第二日，众大王带领一万喽兵，一齐下山，往藕塘关而来。其中徐庆是岳飞的师兄弟，此人武艺高强，但对奸臣当道不满，早年虽跟随岳飞，却多次劝岳飞拥兵自立，岳飞不听，一气之下，徐庆进山为王，但对岳飞念念不忘。

第六节　离间妙计

　　且说藕塘关岳元帅那边，这一日正逢七月十五日，众将俱在营中做羹饭。牛皋悄悄对吉青道："那营中万马千军，这些鬼魅如何敢来受祭？我和你不如到山上幽僻之处，去做一碗羹饭，岂不是好？"吉青道："这句话讲得有理。"就叫家将把果盒抬到山上幽僻地方。牛皋道："我就在此祭，老哥你往那首去。各人祭完了祖，抬来吃酒。"吉青道："有理。"牛皋叫军士躲过了。他想起母亲，放声大哭。吉青听得牛皋哭得苦楚，不觉打动他伤心之处，也大哭了一场。两个祭完了，烧了纸钱，叫家将把两桌祭菜抬过来，摆在一堆吃酒。吃不得几杯酒，牛皋说道："这闲酒吃不下，请教吉哥行个令。"吉青道："牛兄弟，就是你来。"牛皋道："若要我行令，你要遵我的口。"吉青道："这个自然。"牛皋想了想道："就将这'月亮'为题，吟诗一首。吟得来，便罢；吟不来，吃十大碗。"吉青道："遵令了。"吃了一杯酒，吟诗道：团团一轮月，或圆又或缺。安上头共尾，一个大白鳖。牛皋笑道："那里会有这样大的白鳖，岂不是你诳我？罚酒，罚酒！"吉青道："如此，吃了五碗罢。"牛皋道："不相干，要罚十碗。"吉青道："就吃十碗！你来，你来！"牛皋道："你听我吟。"也斟了一杯酒，拿在手中，吟诗道：酒满金樽月满轮，月移花影上金樽。诗人吟得口中渴，带酒连樽和月吞。吉青道："你也来诳我了！月亮这样高，不必说他，你且把这酒杯儿吃了下去。"牛皋道："酒杯怎么叫我吃得下去？"吉青道："你既吃不下去，也要罚十大碗。"牛皋笑了笑道："拿酒来我吃。"一连吃了五六碗，立起身来就走。吉青道："你往哪里去，敢是要赖我的酒吗？"牛皋道："哪个赖你的酒？我去小解一解就来。"牛皋走到山坡边，解开裤子，向草里撒将去。哪晓得有个人，恰躲在这草中。牛皋正撒在那人的头上，把头一缩，却被牛皋看见了。忙将裤子紧好，一手把那人拎将起来，走到吉青面前叫道："吉哥，拿得一个奸细在此。"吉青道："牛兄弟，你好时运，连出恭都得了功劳！"忙叫家将收拾残看物件，把那人绑了。二人上马，竟往大营前来候令。元帅叫传宣令二人进见。牛皋打躬道："末将在土山上，拿得一个奸细在此，听候元帅发落。"元帅道："绑进来。"左右一声："得令！"就将那人推进帐中跪下。元帅一见他服色行径，就知是金邦奸细，于是计上心来，假装醉意。往下一看，叫道："快放了绑！"说道："张保，我差你山东去，怎么躲在山中，被牛老爷拿了？书在哪里？"那人不敢作声。元帅道："想必你遗失了，所以不敢回来见我吗？"那人要命，只得应道："小人该死！"元帅道："没用的狗才！我如今再写一封书，恐怕你再遗失了，岂不误我的事！"吩咐把他腿肚割开，将蜡丸用油纸包了，用刀割开他腿肚子，放在里边，把裹脚包好，说道："小心快去，若再误事，必然斩首。"那人得了命，诺诺而去。

那牛皋看见张保站在岳飞背后想，就是元帅醉了，也不致如此错认。呆呆地看放那人去了，方上来问道："元帅何故认那奸细做了张保？末将不明，求元帅指示。"岳飞笑道："你哪里晓得？大凡兵行诡道，你把这奸细杀了，也无济于事。我久欲领兵去取山东，又恐金兵来犯藕塘关，故此将计就计，放他去替我做个奸细，且看如何？"众将一齐称赞："元帅真个神机妙算！我等如何得知。"元帅就命探子前往山东，探听刘豫消息。

且说这个人果然是兀术帐下的一个参谋，叫作忽耳迷。兀术差他到藕塘关来探听岳飞的消息，不期遇着牛皋，吃了这一场苦，只得熬着疼痛，回至河间府。到了四狼主大营，平章先进帐禀明，兀术即命进见。看见忽耳迷面黄肌瘦，兀术心下暗想："毕竟是路上害了病，所以违了孤家的限期。"便问道："参谋，孤家差你去探听消息，怎么样了？"忽耳迷禀道："臣奉旨往藕塘关，因夜间躲在草中被牛皋拿住，去见岳飞。不期岳飞大醉，错认臣做张保，与臣一封书，教臣到山东去投递。"兀术道："拿书来，待某家看。"忽耳迷道："书在臣的腿肚子里！"兀术道："怎么书在你腿肚子里？"忽耳迷道："岳飞将臣腿肚割开，把书嵌在里边，疼痛难行，故此来迟了。"兀术遂命平章取来，可怜这忽耳迷腿肚子都烂了。平章取出蜡丸，把水来洗干净了，送到兀术跟前，将小刀割开，取出书来。兀术细看却是刘豫暗约岳飞领兵取山东的回书。兀术大怒道："孤家怎生待你，你竟如此反复，真正是个奸臣！"就命元帅金眼蹈、善字魔里之领兵三千，前往山东，把刘豫全家斩首。元帅领命。当有军师哈迷蚩奏道："狼主且住！这封书未知真假，不如先差人往山东探听真实，然后施行。若草草将刘豫斩了，焉知不中了岳飞反间之计？"兀术道："不管他是计不是计，这个奸臣，留他做什么？快快去把他全家抄没了来！"金眼元帅竟领兵往山东而去。

且说岳元帅一日正坐帐中，有探子来报："启上元帅，关外大路上有一支兵马屯扎营寨，特来报知。"元帅道："可是番兵吗？"探子道："不是番兵，看来好像是绿林中人马的样子。"元帅命汤怀、施全前去打探："倘若是来归降的，好生领他来相见。"二人答应，出营上马开关。未到得十余里，果见一支人马安下营头。汤怀走马向前，大喝一声道："吥！你们是哪里来的人马？到此何干？"早有小卒报入营中。只见六员战将齐齐走来，到马前道："某等乃山东卧牛山中好汉岳真等，闻岳元帅礼贤重士，特来投顺的。不知二位将军尊姓大名？"汤怀、施全两个听了，连忙跳下马来道："小将汤怀，此位施全，奉元帅之命，特来探问将军们的来意。既如此，就请上马，同去见了元帅定夺如何？"六人齐声道："相烦引见。"于是八个人各上马进关。到了营前，下了马，汤怀道："待小将先进去禀明了元帅，然后请见。"六人道："二位请便。"二人进营，见了元帅禀道："有一支人马，为首六人乃是山东卧牛山中好汉，特来归顺，现在营前候令。"岳元帅大喜，就命请进。六位好汉齐进营中跪下，口称："岳真、呼天保、呼天庆、徐庆、金彪在山东卧牛山失身落草，今刘豫不仁，投身金邦，为杀敌保国，特来归顺元帅。"孟邦杰又道："小人本系良民，因一门尽被刘猊杀绝，只有小人逃出。在外遇着这班好汉，欲与小人报仇，小人劝他们改邪归正，来投元帅。求元帅发兵往山东捉拿刘猊，明正典刑，公私两清。"元帅道："刘豫父子投顺金邦，那兀术甚不喜他。本帅已定计令他自相残害。我已差人往山东去探听消息，待他回来，便知端的。若此计不成，本帅亲领人马与将军报仇便了。"孟邦杰谢了元帅。徐庆与岳飞见礼道："元帅，兄弟久别重逢，不胜荣幸。"岳飞道："贤弟到此，吾之幸矣。"元帅传令，把降兵招为本队，少不得改换衣甲旗号。岳飞与这班好汉结为朋友，设筵款待，各立营头居住。

不数日，岳飞正在营与众将聚谈兵法，忽报探子回营。元帅令进来，细问端的。探子禀说："小人奉令往山东，探得刘豫长子刘麟，为兄弟抄没了孟家庄，力谏不从，坠城而死。大金国差元帅金眼蹈魔、善字魔里之领兵三千，将刘豫一门尽皆抄没。只有刘猊在外打围，知信逃脱，不知去向，特来缴令。"元帅赏了探子银牌羊酒，探子叩谢出营去了。元帅对孟邦杰道："刘豫既死，贤弟亦可释然。待后日拿住刘猊，将他的心肝设祭令尊便了。"邦杰谢了元帅，各自散去。

第七节 大战粘罕

再表金眼蹈魔、善字魔里之取了刘豫家财，回至河间府缴令。兀术将财帛金银计数充用，便下令道："岳飞久居藕塘关，阻我进路，有谁人敢领兵去抢关？"当有大太子粘罕答应一声："某家愿去。"兀术道："王兄可带十万人马，务必小心攻打！"粘罕领令，就点齐十万人马，另有一班元帅、平章保驾，离了河间府，浩浩荡荡，杀奔藕塘关而来。这里探子飞风报进岳元帅营中道："启上元帅大老爷，今有金国大太子粘罕领兵十万，来取藕塘关，离此关前已不远，特来报知。"元帅命再去打探。随即令军政司点兵四队，每队五千人。命周青领一队，在正南上下营，保护藕塘关；赵云领一队，在西首保关；梁兴领一队，在东首安营；吉青领一队，在正北救应。四将领令，各去安营扎寨。元帅自同诸将，守住中央大营，以备金兵抢关。

且说粘罕大军已至，离关十里，传下令来："今日天色已晚，且安下营盘，明日开兵。"这一声令下，四营八哨，纷纷乱乱，各自安营。粘罕面对藕塘关扎住大营，暗暗思想："向日在青龙山有十万人马，未曾提防，不道到得二更时分，被岳南蛮单人独马，蹿进营来，杀成个尸山血海。今日倘这蛮子再冲进来，岂不又受其害？"想了一会儿，就暗暗传下号令，命众小番在帐前掘下陷坑，两边俱埋伏下挠钩手，以防岳南蛮再来偷劫营寨。小番得令，不一时间，俱已掘成深坑，上面将浮上盖好。粘罕又挑选面貌相像的装成自己一样，坐在帐中，明晃晃点着两支蜡烛，坐下看书。自己退入后营端正。

且不说那金国大太子粘罕统领大兵十万，离藕塘关十里，安下营盘，准备与岳元帅交兵，自有一番大战。话说一位好汉，乃是河间府节度张叔夜的大公子张立。因与兄弟张用避难在外，兄弟分散，盘缠用尽，流落在江湖上，只得求乞度日。闻得岳元帅兵驻藕塘关，特地赶来投奔。不道来迟了一日，遍地俱是番营阻住路头。张立便走到一座土山上，坐定想道："我且在这树林中歇息歇息，等待更深时分，打进番营去，打一个爽快，明日去见岳元帅，以为进见之功，岂不是好？"算计已定，就在林中草地上斜靠着身子，竟悠悠睡去。不道那日河口总兵谢昆，奉命催粮到此，见有金兵下营，不敢前进，只得躲在山后，悄悄安营，差人转去报岳元帅，速差兵遣将来接粮米。那张公子在土山之上睡了一觉，猛然醒来，把眼睛擦擦，提棍下山，正走到谢昆营前，举棍就打。三军呐喊一声，那张立武艺高强，无人敢当。谢昆惊慌，提刀上马，大喝："何等之人，敢抢岳元帅的粮草？"张立抬头一看，说声："啊呀！原来不是番营，反打了岳元帅的营盘，却是死也！"急忙退出，又上土山去了。谢昆也不敢追赶，说道："虽被这厮打坏了几十人，幸喜粮米无事。"且说这张公子上山来观看了一回，自想："不得功劳，反犯了大罪，如何去见得岳元帅？不如还讨我的饭罢！"又恐有人上山来追赶，只得一步懒一步，下山往东信步而去。

再说是夜吉青走马出营，吩咐三军："少动！我去去就来。"家将忙问："老爷黑夜往哪里去？"吉青道："我前回在青龙山中，中了这番奴'调虎离山'之计，放走了粘罕，受了大哥许多埋怨。今日他又下营在此，吾不去拿他来见元帅，更待何时？"说罢，就拍着坐下能征惯战的宝驹，一直跑至粘罕营门首，提起狼牙棒一声喊，打进番营。三军大喊道："南蛮来踹营了！"拦挡不住，两下逃奔。吉青直打至中间，望见牛皮帐中坐着一人，面如黄土，双龙闹珠皮冠，雉尾高飘，身穿一件大红猩猩战袍，满口鲜红，身材高大。吉青大喜道："这不是粘罕吗？"把马一拍，竟冲上帐去。只听得"轰隆"一声响，连人带马，跌入陷坑。两边军士一声呐喊，挠钩齐下，把吉青搭起来，用绳索紧紧绑着，推进后营，来见大狼主。那粘罕见不是岳飞，倒是吉南蛮，吩咐推出去砍了。旁边闪过一位元帅铁先文郎上前禀道："刀下留人！"粘罕道："是吉南蛮，留他作甚？那日某家几乎死在他手内。今日擒来，哪有不杀之理？"铁先文郎道："狼主临行之时，四狼主曾对狼主说过：'若拿住别个南蛮，悉听发落。若拿住了吉南蛮，必须解往河间府，要报昔日爱华山之仇。'"粘罕道："不是元帅讲，我倒忘了。"遂传令叫小元帅金眼郎郎、银眼郎郎："你二人领兵一千，将吉青上了囚车，连军器马匹，一齐解往四狼主那边去。"二人领命，立刻发解起身。再说到吉青家将，见吉青一夜不回，忙去报知岳元帅。元帅急传众将，分头乱蹿番营，去救吉青。一声令下，当时大营中汤怀、张显、牛皋、王贵、施全、张国祥、董芳、杨虎、阮良、耿明初、耿明达、余化龙、岳真、孟邦杰、呼天保、呼天庆、徐庆、金彪，与东西南三营内梁兴、赵云、周青等一班大将；岳元帅亲自领着马前张保、马后王横，一齐冲入番营。只见番兵分为左右，让开大路。岳飞暗想："番兵让路，必有诡计。"传令众将分作四路，左右抄到他后营而入。一声炮响，四面八方，一齐杀入，横冲直撞。番兵抵挡不住，往前一拥，俱跌下陷坑，把陷坑填得满满的，听凭宋兵东冲西突。粘罕带领众元帅、平章分兵左右迎敌，哪里挡得住这班没毛大虫！声若翻江，势如倒海，遇着他的刀，分作两段；挡着他的枪，戳个窟窿；锤到处，打成肉酱；铜来时，变作血泥。但见：两家混战，士卒如云。冲开队伍势如龙，砍倒旗幡雄似虎。个个威风凛凛，人人杀气腾腾。兵对兵，将对将，各分头目使深机；枪迎枪，箭迎箭，两下交锋乱哄哄。直杀得翻江搅海、拔地摇山。正是：迷空杀气乾坤暗，遍地征云宇宙昏！有诗曰：餐刀饮剑血潜然，滚滚人头心胆寒。阵雾征云暗惨淡，抛妻弃子恨漫漫。这一阵，杀得番兵尸横遍野，血流成河，粘罕顾不得元帅，元帅顾不得平章，各自寻路逃奔。岳兵分头追赶，一面收拾辎重。

又表那张立错打了谢昆粮寨，当夜下土山，行了半夜，到得官塘上，但见一支人马，喧喧嚷嚷解着一辆囚车，往北而行。张立暗想："这囚车向北去的，必然是个宋将。我昨夜误打了元帅的粮草营头，何不救了这员宋将，同他去见元帅，也好将功折罪？"就放下筐篮，提起铁棍，赶向前来，大喝一声："咄！你解的是什么人？"小番见他穿得褴褛，答道："是宋将吉青。你是个叫花子，大胆来问他做甚！"张立道："果然不错。"举起棍来便打，横三竖四，早打翻了六七十个，番兵一齐呐喊起来。金眼郎郎在马上问道："前面为甚呐喊？"早有小番急来禀道："有个叫花子来抢囚车，被他打坏了多少人了。"金眼郎郎、银眼郎郎大怒道："有这等事！"两个就走马提刀赶上前来。张立也就提棍便打，番将举刀迎战。战不了几个合，张立用铁棍钩开了金眼郎郎手中大刀，向马腰上要的一棍，将马腰打断。金眼郎郎跌下马来，照头一棍，打得稀烂。银眼郎郎见打死了金眼郎郎，心内着慌，拨马逃走。张立赶上，把棍横扫将去，连人带马，打成四段。吉青在囚车内见了，就将两膀一挣，两足一蹬，囚车已散；向小番手内夺了狼牙棒，跳上了马，舞棒乱打。看见张立身上褴褛，犹如叫花子一般，便也不去问他，只顾追打番兵，往北赶去。张立站住道："岂有此理！我救了你的性命，连姓名也不来问一声。这样人，是我救错了，理他则甚，不如还讨我的饭去罢。"遂向地下拿了筐篮，向前行去。

却说这里有座山，叫作猿鹤山。山中有个大寨，寨中聚集着四位好汉：为头的为诸葛英，第二个是公孙郎，第三个是刘国绅，第四个是陈君佑。聚有四千余人，占住此山落草。忽有喽啰报上山来道："有一队番兵在山前下来了。"诸葛英道："山寨中正无粮草，这些番兵久在中原，腰边必有银两，我们下山去杀一阵，夺他些辎重粮草，也是好的。"众人道："好！"四位好汉带领喽啰一齐下山来，将这些番兵拦住，枪挑刀砍，那些番兵哪里够杀？看着吉青赶来，那诸葛英等看见吉青青脸蓬头，只道是个番将，遂一齐来拿。吉青举狼牙棒招架，哪里战得过这四人？恰好张立一路走来，刚刚到这山中，看见吉青又与这四人交战，招架不住。看他走又走不脱，战又战不过，顷刻就有性命之忧，心里想道："这个人论理不该救他，但见他四个人杀一个，我也有些不服。待我上去再救他一救，看他如何？"遂又放下了筐篮，提棍上前，大喝一声道："你们四个战一个，我来打抱不平也！"吉青正在危急之际，见了便叫道："好汉快来帮我！"张立上前，与吉青两个抵住四人厮杀。四人见无意中添个生力助战，正在难解难分，不期粘罕被岳元帅杀败，正往这条路上败将下来。小番报道："前面有南蛮阻路。"粘罕着慌道："前边有兵阻路，后面岳飞追兵又到，如何处置！"只得拣小路爬山越岭，四散逃命。岳元帅带领众将追至猿鹤山下，番兵俱不见了，只见吉青同一破衣服的大汉与四将交战。牛皋道："前面吉哥打仗，我们快去助阵！"王贵听了，与牛皋两骑马飞风跑上前去。一柄刀，两条铜，不问来历，叮叮当当，四个战住两双，十六只臂膀撩乱，八个马蹄掀翻。岳飞在后赶上，看那四个好汉，一个手抢铁偏拐，一个双刀，一个八角水磨青铜铜，一个两条竹节鞭，一个个本事高强。又见那破衣大汉十分骁勇，况且吉青未曾遭害，心下好生欢喜，遂催马上前，高声喝问："尔乃何等之人，擅敢拦阻本帅人马，放走番兵？"四人听见了，忙叫："各人且慢动手！"八个各跳出圈子外来。诸葛英问道："你们却是何处兵马？来与俺们交战吗？"牛皋道："你眼睛又不瞎，不见岳元帅的旗号吗？"四个人听见，慌忙跳下马来道："你这个青脸将军，口也不开；又遇着这位好汉，身上衣衫褴褛，叫我哪里晓得？"吉青不觉大笑起来。那四位就走到岳飞马前跪下道："小将诸葛英，兄弟公孙郎、刘国绅、陈君佑，共是四人，在此猿鹤山落草。因见番兵败下来，在此截杀。不想遇着这位将军，误认他是番将，故此冒犯了元帅。"元帅道："将军们请起！我想绿林生意，终无了局。目今正在用人之际，何不归降朝廷，共扶社稷，列公意下如何？"四人道："若得元帅收录，我等当效犬马之劳。"元帅道："既是情愿归降，请上山收拾人马，同本帅回关。"四人大喜，一齐回山收拾。岳元帅见那破衣大汉站在路旁待着，便问道："你是何人？缘何帮了我将与他们交战？"张立两眼流泪，向前跪下道："小人乃河间节度张叔夜之子，名唤张立。因兀术初进中原，兵临河间，小人不知父亲是诈降，我弟兄两个不肯做奸臣，遂瞒了父亲，逃出家门，欲打番兵。因他人马众多，不能取胜。弟兄分散，流落江湖。后来问得二圣蒙尘，父亲尽节，母亲又亡。小人无奈，只得求乞度日。近来闻得康王即位，拜老爷为帅，几次要投奔帅爷，谁知小人大病起来。等得病好，帅爷兵到这里藕塘关来，小人乃赶到此处。却见都是番兵营寨，只得走上土山，将就歇息一回，去打番营。不意睡眼蒙眬，错打了元帅的粮草营头，惧罪逃走。看见这一位青脸将军困在囚车内，小人打散了番兵，救出囚车。他不谢一声，竟自往前追杀番兵。到这里，又遇见他与那四位将军交战，看来招架不住，恐误失了性命，一时激愤，故此又来助战。"岳元帅听了这一番言语，便道："原来张公子，且有此功劳，待本帅写本进京，请旨授职便了。"张立道："多谢大老爷提拔！"元帅唤过吉青喝道："你受人救命大恩，不知作谢，是何道理？"吉青连忙过来，谢了张公子。元帅又道："你未奉本帅将令，私自开兵，本当斩首，今暂从宽。以后若再犯令，绝不轻恕！"吉青叩头谢了。正在此时，那诸葛英等四人带了山寨大小儿郎已到。元帅即命将山寨降兵并作一队，一齐发炮回关，原在大营前扎好屯营。又与那四人拜了朋友。只有张立乃是晚辈，不便与他结拜。又报："谢昆解送粮草候令。"元帅命照数查收，记功讫。欲知后事如何，且听下回分解。

第七回
岳飞保驾牛头山 小将立功竞争先

第一节 义服何元庆

　　再说谢总兵催粮，到了关下扎住，同众将来到辕门候令。旗牌禀过元帅，元帅令进见。谢昆、施全先把九宫山铁面董先降顺之事，又将会着张宪公子投奔岳家军的话，细细禀明。岳飞大喜，便叫："快请张公子相见。"张宪就上前参见，将祖父之书双手呈上。岳飞接过看了，随即出位相扶道："公子在我这边，皆是为朝廷出力。"遂吩咐张保："将行李送在我衙门左近，早晚间还有话说。"张保领令而去。元帅又令董先等五人上堂，参见已毕。岳飞道："尔等到此，须与国家出力，建功立名，博个封妻荫子，不枉男儿之志。"董先等谢了。元帅遂令将董先带来兵卒，命军政司安插，收明粮草。诸事已毕，大摆筵席，庆贺新来六将。各各见礼，合营畅饮。忽报："汤、孟二将军候令。"元帅道："令进来！"二将进见。元帅道："十数万大兵，日费浩繁，何为今日才来？"二人道："末将有下情禀明，望元帅恕罪！"就将贪行小路，捉鹿招亲，成婚三日，有误军机之事细细禀明。元帅道："我前已有令，把'临阵招亲'一款已经革除，尔亦无罪。既是如此，且与众将相见，另日与你们贺喜罢！"二人谢过，就来与张宪、董先等各各见礼，入席饮宴。

　　且说岳元帅到了次日，将两队军粮屯扎关中，遂发大兵起身，来取栖梧山。到得离山十里，安下营盘，来至山下讨战。何元庆闻报，披挂下山。岳飞抬头观看，见那将头戴烂银盔，身披金锁甲，手拿两栖银锤，坐下一匹嘶风马。威风凛凛，相貌堂堂。岳飞暗想："若得此人归顺，何愁二圣不还？"便开口道："来者莫非何元庆？"元庆道："然也！来将可是岳飞吗？"岳飞道："既知我名，何不投降？"元庆道："你既是岳飞，我闻你兵下太湖，收服杨虎、余化龙，果然是员名将。本帅久欲投降，奈我手下有两员家将不肯，故而终止。"岳飞道："凡为将者，君命有所不受，岂有反被家将牵制之理？亏你还要率领三军，岂不可笑！"元庆道："你不知我这两个家将，非比别个，自幼跟随着我，不肯半步相离，我亦不能一刻离它们，所以如此。"岳飞道："你那两个家将是何等样人，可叫他出来，待本帅认他们一认，劝他们归顺如何？"元庆道："我那两个家将，有万夫不当之勇，恐它们未必肯听你的话。"岳飞道："你且叫他们出来。"元庆道："你若要见它们，休得害怕！"岳元帅道："不怕，不怕！"岳元帅要见何元庆的两个家将，何元庆就把手中两柄溜银锤一摆，叫声："岳飞，这就是我两个家将！你只问它们肯降不肯降。"岳飞大怒道："好匹夫！百万金兵，闻我之名，望风而逃，岂惧你这草寇？本帅见你是条好汉，不能弃暗投明，反去帮助叛逆，故此好言相劝。怎敢在本帅面前，咬唇弄舌？不要走，且吃本帅一枪罢！"耍的一枪，劈面门刺来。何元庆举银锤当的一声架开枪，叫声："岳飞，休要逞能！你果能擒得我去，我便降你。倘若不能，恐怕这锤不认得人，有伤贵体，那时懊悔迟矣！"岳元帅道："何元庆，你休得夸口！敢与本帅战一百回合吗？"说着，耍的又是一枪，元庆不知心意六合枪的厉害，举锤相迎。枪挑锤，好似狻猊舞爪；锤架枪，浑如狮子摇头。这一场大战，真个是棋逢敌手，将遇良才。直战到未牌时分，不分胜败。元庆把锤架住了枪道："岳飞！你习练的可是你创建的心意六合枪，枪法了得，今日见识，果然厉害，明日再与你战罢！"岳飞道："也罢，且让你多活一晚，明日早来领死！"两下鸣金收军。那边何元庆回山，暗暗传下号令："今夜下山去劫宋营，各各准备。"且说岳元帅回到营中坐定，对众将道："我看何元庆未定输赢，忽然收兵，今晚必来劫寨。汤怀兄弟可领本部军兵，在吾大营门首开掘陷坑，把浮土掩盖。"再令张显、孟邦杰各领挠钩手，皆穿皂服，埋伏于陷坑左右，吩咐道："如拿住了何元庆，不准伤他性命。如违，定按军法处置！"三将领令，各去行事。又令牛皋、董先各带兵一千，在中途埋伏，截住他归路，须生擒，亦不许伤他性命。二将领令去了。元帅自把中军移屯后面，分拨已定。到了二更天气，何元庆就带领一千喽啰，尽穿皂服，口衔枚果，马摘铜铃，悄悄下山，径往宋营。看看将近营门，元庆在马上一望，只见宋营寂然无声，更鼓乱点，灯火不明。元庆道："早知这般营寨，岳飞早已就擒。"当时就一声号炮，点起灯球火把，如同白日。何元庆为首，呐声喊，一齐冲入军营。只听得营中一声号炮响，何元庆连人带马跌入陷坑。右有张显，左有孟邦杰，带领三军一齐上前，将挠钩搭起何元庆来，用绳索绑住。那些喽啰一见主帅被擒，各各转身逃走。正遇董先、牛皋拦住去路，大叫："休走了何元庆！"众喽啰齐齐跪下道："主帅已被擒去，望老爷们饶命。"牛皋道："既如此，随俺们转去。如要走回去的，须留下头颅来！"众喽啰齐声道："情愿归降！"牛皋、董先带了降兵，回至大营门口。等候天明，岳元帅升帐坐定，众将参谒已毕。张、孟二将将何元庆绑来缴令，牛皋、董先也来缴令。刀斧手将何元庆推至帐前，见了岳元帅立而不跪。岳元帅赔着笑脸，站起来道："大丈夫一言之下，今请将军归顺宋朝，再无异说。"元庆道："此乃是我贪功，反中了你的奸计，要杀就杀，岂肯服你！"岳元帅道："这又何难。"吩咐松了绑，交还了何将军马匹双锤并本部降兵，再去整兵来战。左右领令，一一交清。元庆出了宋营，带领喽兵竟回栖梧山，于寨中坐定，好生恼怒："不想中了奸计，反被这厮取笑一场，我怎生计较拿住岳飞，方出得胸中之气！"不说元庆思想报仇之计。

再说岳元帅次日升帐，唤过张用问道："那栖梧山有别路可通吗？"张用道："后山有条小路，可以上去。只是隔着一溪涧水，虽不甚深，路狭难走。"岳元帅道："既有此路，吾计成矣！"遂命张用、张显、陶进、贾竣、王信、王义带领步兵三千，每人准备布袋一口，装实沙土，身边暗带火药。到二更时分，将沙袋填入山溪，暗渡过去。取栖梧山后，杀入寨中，放火为号，六将领令而去。又暗写一束帖，命杨虎、阮良上帐，吩咐照束行事，二将领命去了。又唤耿明初、耿明达上帐，亦付束帖，命依计而行。二将亦领令而去。正是：计就月中擒玉兔，谋成日里捉金乌。

　　岳元帅分拨已定，忽报何元庆在营前讨战。岳元帅就带领兵将，放炮出营。两军相对，射住阵脚。岳元帅出马，叫声："何将军，今日好见个高低了。"元庆道："大刀阔斧奇男子，今日与你战个你死我活，才得住手。"岳飞道："我若添一个小卒帮助，也不算好汉，放马来罢！"元庆拍马提锤就打，岳飞举枪招架。元庆这两柄锤，盘头护顶，拦马遮人，一派银光皎洁。岳飞那一杆枪，右挑左拨，劈面分心，浑如蛟舞龙飞。两个直杀到天色将晚，并不见个输赢。岳飞把枪架住了双锤，叫声："将军，天色已晚，你若喜欢夜战，便叫军士点起灯笼火把，战到天明。若然劳累，回去将养精神，明日再来。"元庆大怒道："岳飞，休得口出大言，我与你战个三昼夜！"遂各叫军士点起灯笼火把，三军呐喊，战鼓忙催，重新一场夜战。杀至三更将近，只听得栖梧山上儿郎呐喊，火光冲天。岳飞把马一拎，跳出圈子，叫声："何元庆，你山上火起了！快快回去救火！"何元庆回头一看，果然满山通红，心里吃了一惊！又听得一班宋将齐声高叫："元帅，趁此机会拿此狗头！"岳飞道："不可，何将军快些回去！"元庆回马便走。不多路，山上喽啰纷纷败下山来，报道："茶陵关张用，带领人马从后山杀上来，四面放火，夺了山寨。小人们抵敌不住，只得逃下山来。"元庆咬牙切齿，大骂张用："这丧心奸贼，与你何仇，抢我山寨，叫我何处安身！"众头目道："山寨已失，后面又有岳飞兵阻，且回汝南，奏闻大王，再发倾国之兵前来报仇何如？"元庆道："讲得有理。"就带了众军士拨转马头，往汝南大路进发。元庆行到天明，叫声："苦！我死于此矣！这一条大桥是谁拆断了！此处又无船只，叫我怎生过去！"众儿郎看了，正在着急，忽听得一声炮响，水面上撑出一队小船来，俱是四桨双橹，刀枪耀目。前面两只船头上，站着杨虎、阮良，各执兵器，高声大叫："何将军，我奉元帅将令，在此等候多时，邀请将军同保宋室江山，快请下船！"众喽啰吓得魂飞魄散！何元庆也不答话，拨马便走。直至白龙江口，众儿郎一看，但见一派大江，并无船只可渡，又听得后面兵将追声已近。何元庆道："又不能过得江去，不如杀转去与岳飞拼了命罢！"军士用手指道："这小港内不是两只渔船吗？"元庆一马跑上来，叫道："渔翁，快来救我！我乃栖梧山上大元帅何元庆！渡了我过去，重重谢你。"那渔翁听了，把船撑出港，把手一招，叫声："兄弟，快把船使来，是何老爷在此。"两只小船一齐撑至沙滩，叫声："何老爷，快请上船来！"元庆道："你这小船，怎渡得我的马？"渔翁道："老爷坐在小人船上，把这两柄锤放在兄弟船中，老爷身体重，大江大水不是儿戏的，哪里还顾得上马！"元庆只得下船，把锤放在那只船上，连忙撑得船离岸。岳元帅的追兵已经赶上。那些众头目齐齐跪下，情愿投降。元庆看了，十分凄楚道："还亏得不该死，遇着这两个渔翁救我，只是可惜我的马被他们拿去了！"元庆又叫："渔翁，你兄弟的船为何摇向那边去了？"渔翁道："啊呀！不好了！我这兄弟是好赌的，看见老爷这两柄锤是银子打的，便起不良之心将锤拐去了。"元庆道："你快叫他转来，我多将金帛送他。"渔翁道："老爷差了，他现的不取，反来取你许的？"元庆道："如此说来，是你与他同谋的了。"渔翁道："什么同谋！老实对你说了罢！我哪里是什么渔人，我乃当今天子驾前都统制将军耿明初，这个兄弟耿明达是也。奉岳元帅将令，特来拿你的。"元庆闻言，立起身来打渔翁，这耿明初翻滚落长江去了！何元庆站在船中，心内暗想："如今怎么办！"正在无可奈何，那耿明初在水底下钻出头来，叫声："何元庆下来罢！"两手把船一扳，船底朝天，元庆落水，被耿明初一把擒住，捉到岸上，用绳绑了，解到元帅马前。岳元帅见了，连忙下马，吩咐松绑，便道："本帅有罪了！不知今番将军还有何说？"元庆道："这些诡计何足道哉！要杀便杀，绝不服你！"岳飞道："既如此，叫左右交还锤马，快请回去，再整大兵来决战。"元庆也不答应，提锤上马而去。众将好生不服，便问道："元帅两次不杀何元庆，却是为何？"岳飞道："列位贤弟不知昔日诸葛武侯六纵孟获，南方永不复返。今本帅不杀何元庆，要他心悦诚服来降耳！汤怀兄弟，你可如此如此。"汤怀领令而去。却说那何元庆来到江口，又羞又恼，又无船只，暗想："曹成也不是岳飞的对手，真个无路可投，不如自尽了罢！"正欲拔剑自刎，只见宋将汤怀单枪匹马，飞奔赶来道："岳元帅记念何将军，着我前来远送。请将军暂停鞭镫，待小将准备船只，送将军渡江。"正说间，又见后面牛皋带领健卒，扛抬食物赶来道："奉元帅将令，因何将军辛苦，诚恐饥饿，特备水酒蔬饭，请将军聊以充饥。"元庆泣道："岳元帅如此待我，不由我不降也。"就同汤怀、牛皋来至岳元帅马前跪下，口称："罪将该死，蒙元帅两次不杀之恩，今情愿投降！"岳帅下马，用手相扶道："将军何出此言？贤臣择主而仕，大丈夫正在立功之秋。请将军同保宋室江山，迎还二圣，名垂竹帛也！"遂叫左右将副衣甲与何将军换了。遂率领三军，回茶陵关扎营。传令栖梧山降卒皆换了衣甲，就拨与何元庆部领。又备办酒席，与何元庆结为兄弟。合营庆贺，一面申奏朝廷。养兵息马，差人探听曹成消息。

　　岳家军自鄂州陆续渡江，旌旗直指郢州。岳飞在江心对幕僚们慷慨发誓说："飞不擒贼帅，复旧境，不涉此江！"岳家军直抵郢州城下，岳飞跃马环城一周，亲自侦察敌情。他举起马鞭，遥指东北角的敌楼说："可贺我也！"黎明时，在紧擂的战鼓声中，岳家军发起总攻。战斗异常酷烈，岳飞坐在大纛下指挥，忽然有一大块炮石飞坠在他面前，左右都为之惊避，岳飞的脚却纹丝不动。岳飞乘胜兵分两路，命张宪和徐庆率军朝东北方向进攻随州，岳飞本人率主力往西北方向猛扑襄阳府。数日，岳飞兵不血刃，凯歌入襄阳。张宪和徐庆兵临随州后，伪齐知州王嵩龟缩在城垣里，不敢出战。张宪和徐庆军连攻数日，不能成功。牛皋和董先两员新统制自告奋勇，请求领兵支援张宪和徐庆。经过数日，牛皋便与张宪、徐庆合力攻下随州城，歼灭了五千伪齐军。王嵩被俘后，押赴襄阳府处斩。后来勾搭金兵的伪齐军头目李成得到金兵增援后，气势汹汹，又自新野市回军反扑，号称有三十万大军。岳飞命统制王万和荆南府镇抚使司统制辛太屯清水河，作为饵兵，诱敌深入。辛太不听命令，竟私自逃往峡州宜都县。王万军与敌军交战后，岳飞亲自指挥大军夹攻，击败了李成军。数日李成又集结兵力再次反扑。但伪齐军经受不住岳家军虎将挥兵猛攻，一败涂地。李成的骑兵更是乱作一团，前列骑兵溃散之后，将后列骑兵拥挤入水中。岳家军追奔逐北，敌军横尸二十余里。九日后，王贵和张宪两军在州城外三十几里，同数万金、齐联军激战；王万和董先两部出奇突击，一举粉碎了敌军的顽抗。刘合孛堇只身逃窜。岳家军俘降"番官"杨德胜等二百余人，夺取战马二百多匹，兵仗数以万计。数日后，岳家军又猛烈攻城。将士们不顾骤雨般的矢石，攀附城垣，实行强攻。十六岁的岳云又是冒着滚石和沸油第一个登城的勇士。岳家军攻拔邓州，活捉了伪齐军高级将领高仲。四日收复州城。王贵和张宪同时在唐州以北三十里，再次击败金与伪齐联军，以掩护宋将李道收复州城。同一天，荆湖北路安抚使司统制崔邦弼等军也攻下信阳军。在襄汉之战中，是南宋头一次收复了大片失地。其中包括原先在李横辖区之外，而由伪齐控制的唐州和信阳军，这又是南宋立国八年以来，进行局部反攻的一次大胜利（史称岳飞收复襄阳六郡之战）。第一次北伐战争岳家军冲冠一怒，六郡归宋。欲知后事如何，且听下回分解。

第二节　挂帅救驾

且说那潭州岳元帅，一日正坐公堂议事，探子报道："兀术五路进兵。杜充献了长江，金陵已失，君臣八人逃出在外，不知去向了！"岳元帅一闻此言，急得魂魄俱无，大叫一声："圣上呀！要臣等何用！"拔出腰间宝剑，就要自刎。张宪、施全二人，急忙上前，一个拦腰抱住，一个扳住臂膊，叫声："元帅差矣！圣上逃难在外，不去保驾，反寻短见，岂是丈夫所为？"岳飞道："古语云君辱臣死。如今不知那圣上蒙尘何处，为臣子者何以生为！"旁边走过诸葛英道："元帅不必愁烦，据牛头山五虚宫道童来报，有七八个人被金兵围在山头，声声叫追拿康王，可知君王逃在此处，我们就好去保驾了。"岳元帅拭泪，就命令："牛皋兄弟，你可带领五千人马，同着总兵，速往牛头山打探。我领大兵随后即来。"牛皋得令，如飞而去。将到牛头山，恰正是君臣爬山遇雨的时候。牛皋军士在山下，也撑起帐篷，等雨过了再行。军士回报说："前面有番兵扎营。"牛皋道："既有番兵，君王必然在这山上了。请问总兵，从何处上山？"总兵道："从荷叶岭上去，却是大路。"牛皋领兵，就从荷叶岭上去，一马当先跑上山来。那灵宫庙内君臣们走出偷看，见是牛皋，便大叫："牛将军！快来救驾！"牛皋跑到庙前下马，进殿见了高宗，叩头道："元帅闻知万岁之事几乎自尽，幸得众将救了，令牛皋先来保驾，果然在这里！"就将身边的干粮献上与高宗充饥，然后吩咐三军守住上山要路。那些番兵等雨住了，正要上山，忽见有宋兵把守，忙报知粘罕。粘罕就命人去催趱大兵，又着人往临安一路，迎报兀术领兵来。且把康王困住，不怕他插翅飞去。

且说牛皋叫潭州总兵回去保守潭州，速请岳元帅来救驾。那总兵在路上，正迎着元帅大兵，报说："圣驾正在牛头山，牛将军请元帅速速上山保驾。"

元帅闻得，飞奔上牛头山来。牛皋迎接，同至灵宫庙朝见了高宗，岳飞奏道："微臣有失保驾，罪该万死！"高宗大哭道："奸臣误国，卿有何罪？"又把一路上受苦之事细细说了一遍。又道："孤家因衣服湿透，此时身上发热，如之奈何！"众臣正在商议，只见张保过来禀说："拿得一个奸细，听候发落。"岳飞道："带他过来！"张保一把提将过来跪下。元帅看他是个少年道童，便问："你是何人，敢来窥探？"那人道："小人是山上五虚宫道童，闻得有兵马在此，师父命小人来打听，望乞饶命！"岳飞道："那玉虚宫可大么？"道童道："地方甚大，有三十六个房头。"岳飞道："你去说与住持知道，不必惊慌。有当今天子避难至此，因圣体不和，着你们收拾好几个房间，送圣上来将养治病。"道童得令，飞奔上去报信。岳飞奏道："臣探得有玉虚宫可以安住，请陛下上车。"遂将米粮车出空了，载了天子，众大臣俱各拣一匹马骑着。众将一齐送高宗来至宫前，早有住持率领三十六宫道士跪着迎接。天子进了宫，十分喜悦。岳飞即将干净新衣与高宗换了。众臣请安已毕，岳飞问："可有名医看病？"只见老道士奏道："有当年梁山泊上神医安道全，在本山药王殿内安顿静养。今闻圣体违和，乞圣上召他来调治，可保圣躬无恙。"高宗大悦，即命老道士："去请来调治朕躬，自当封职。"又有李纲奏道："乞于灵官殿左首，搭起一台，效当年汉高祖筑台拜将之事，拜封岳飞大元帅并封众将官，好使他舍身为国。"高宗准奏，遂令路金监督搭台。次日高宗出宫，众将迎驾上台，传旨："封岳飞为武昌开国公少保统属文武兵部尚书都督大元帅。"至此宋高宗出于无奈封岳飞为宋军大元帅。

岳飞谢恩毕。高宗正要加封牛皋等一班众将，不道一时头晕，传旨："候朕病痊，再行封赏。"众将跪送回宫。到了次日早上，众将到灵官殿前，但见挂着一张布告，上写着：武昌开国公少保统属文武都督大元帅岳飞，为晓逾事：照得本帅恭承王命，统属六军，晓尔众将，必期扫金扶宋，尽力王事。现公布本条约，各宜知悉：听点不到者斩。擅闯军门者斩。闻鼓不进者斩。闻金不退者斩。私自开兵者斩。抢夺民财者斩。奸人妻女者斩。泄露军机者斩。临阵退却者斩。兵弁赌博者斩。不守法度者斩。酗酒入营者斩。署名：武昌开国公少保统属文武都督大元帅岳飞。大宋建炎某年某月某日榜。张挂营门。人人看了，无不为岳元帅的严格军纪军规叫好。

这日岳元帅同张保出来探看番营，直看到兀术营前，元帅道："这许多番兵，怎保得主公下山？恐一朝粮尽，如何是好！"又看到西南上去，只见一派杀气迷天，元帅想："前日高宠死在番营，不知何物埋伏在彼。"看了一番，回转营中，身体有些不遂，走进后营，命张保："你去各营要路口子上，叫他们今夜用心看守。"张保领命前去，吩咐各处守山将校，俱要用心保守。

又说朝廷在牛头山玉虚宫内，正值中秋佳节，只有李纲在旁，面前摆着水酒素菜。天子道："老卿家！想朕如此命苦，前被番人带往他国，幸亏崔卿传递血诏，逃过夹江，在金陵即位。又遭番兵追迫，若不亏童子报信，怎能到得此地！不知几时方享太平也！"说罢，不觉流下泪来。李太师见天子悲伤，便奏道："陛下还算好的。只是苦了二位老主公，在北国坐井观天，吃的是菜蔬生肉，饮的是井水，也要挨日子过去哩！"那高宗听见太师说着那二帝，放声大哭起来。李纲再三劝不住，只得道："陛下！古人道得好，人生几见月当头？值此中秋佳节，且看看月色，以散忧怀如何？"天子道："如此，老卿家同去更妙。"

李纲命内侍备了两匹马，保了高宗出玉虚宫来。到了灵官殿前，早有统制陶进等上来接驾道："万岁爷何往？"天子道："朕要下山看月色解闷。"陶进道："臣奉将令守在此处，万岁爷若下山看月，元帅定要加臣之罪！"天子道："不妨！若是元帅知道加罪于你，孤当与你说情。"陶进等只得送高宗、太师出了口子，往荷叶岭而来。有诸葛英等亦跪下阻挡。高宗道："诸事孤家自有主意，决不妨事。"诸葛英无奈，只得放开挡木说道："太师爷，要保万岁速回，不可久留！"李太师点头应允。君臣二人走马下山，太师道："陛下正好在这里看观番营。"高宗勒马观看营头。

岂知那番营中兀术看见月明如昼，遂同了军师出营来看月色，也到山下偷看此山何处可以上得去。正在指指点点，抬头观看，只听得上边有人说话。兀术忙躲在黑影之中细听，原来是康王的声音，便对军师道："上面乃是康王，待某家悄悄上去捉他。你可速回营去，发大兵来抢山。"哈迷蚩领命而去！那高宗正在山上骂那兀术，兀术已悄悄走马上山来，大叫道："王儿休要破口伤人，某家来也！"高宗、李纲听见了，吓得魂魄俱消，急忙转马便跑，兀术随后追赶。那诸葛英等上边瞧见，连忙上前挡住兀术。又有小校急往元帅帐前击起鼓来，报道："不好了！圣驾私行荷叶岭下，兀术已赶上山来了！"元帅大惊，忙唤备马。张保道："张宪公子已骑了元帅的马去救驾了。"慌得元帅步行出帐。不道那张宪因心忙了，不管三七二十一，扯着元帅的马骑上去，泼剌剌跑下山来。看见诸葛英等俱被兀术战败，正在危急，张宪拍马上来，只一枪往兀术面上刺来。兀术叫声："不好！"把头一侧，那一枪把他一只耳朵挑开。兀术惊慌，转马败下山来，张宪追赶下来。再说岳元帅出营不多路，正遇着高宗，便道："陛下受惊了！"又道："老太师，你是朝廷手足，如何保陛下身入重地？此乃太师之过！"李纲道："此我之罪也！"元帅请天子回转玉虚宫。再说张宪追赶那兀术，紧紧不放。兀术进了营盘，张宪蹿进去，远者枪挑，近者鞭打，番将哪里敌得住，直追得兀术往后营逃去！那张宪追杀了一会儿，直到二鼓时分，方转牛头山来报功。

却说牛皋睡倒在高宠坟上，忽听见耳边叫一声："牛大哥，快起身去立功！"牛皋忽然惊醒，迷迷糊糊起来，上马提锏，冲下山来。那些守山战将只道元帅令他下山的，故不通报。这牛皋杀进番营，小番报与兀术。兀术大怒道："刚才一个武艺高强的欺我，无可奈何，连牛皋也来欺我？"遂起身上马，来战牛皋，牛皋一见心慌，又听见耳边传来叫声："牛大哥，小弟在此帮你！"牛皋放心，勾开兀术的斧，一锏打来。兀术躲避不及，早被打中肩膀，回马败走。那些众番兵围拢来，牛皋杀得两臂酸疼，汗如雨下。看看有些招架不住了，便高声叫道："高兄弟！你再来助我一助！"众番兵听见笑道："高宠已死，牛皋在那里说鬼话了，我们一齐上前去拿他。"这一来，顿时把牛皋困住了。不说牛皋被困在番营，存亡未卜。再讲岳云来至牛头山，望见番营连扎十数里。岳云道："妙啊！还有这许多番兵在此，待我进去杀他一个干净。"便拍马摇锤，大喝一声："岳云公子来蹿营了！"举锤便打，番兵难以招架。小番急忙报与兀术。金兀术大怒，提斧上马，来与岳云交战。兀术喝声："看斧！"一斧砍来。岳公子左手架开斧，右手举锤，照兀术面门一锤打来。兀术见锤打来，向后一退，那锤在他肚皮上一刮，兀术几乎落马，痛不可当，大叫："好厉害！"拍马往旁侧而走。公子也不来赶，只是打进番营来，如入无人之境，打得尸如山积，血流成河。打至前面，但见番兵正围住牛皋在那里厮杀。岳云手起锤落，打散番兵。牛皋看见，也不认得，举铜乱打。倒是公子高叫道："牛叔父，不要动手！侄儿岳云在此！"牛皋方才清楚了，却问道："你为何到此？"就同了岳云杀出番营，回山而去。

却说兀术这一夜吃了三次亏，本营中又被岳云打杀多少兵将，只得吩咐众将重整营头，收拾尸首。岳元帅在帐中聚集众将商议，只听得传宣官禀道："牛将军在外候令。"岳元帅道："令他进来。"牛皋进来跪下，禀道："小将缴令。"元帅道："你缴的是何令？"牛皋一想道："我在高兄弟坟上睡着，不知怎样下山，杀进番营，得遇公子同归。并非差遣，有何令缴？"急忙改口道："小将因知侄儿杀到番营，故此下山救了侄儿上来，现在营门候令。"岳元帅方才得知是牛皋杀进番营大战而来，便道："将军请起。"牛皋站立旁边。元帅传令叫岳云进来，公子领令来见父亲，跪下叩头。元帅忙叫他起来，令与众位叔父见过了礼，然后问道："你不在家中读书用功，却到此为何？"岳云便将番将来捉家属、当即杀退之事禀知。岳元帅又问他一路上来的事。公子又将错走山东、相会关铃、打死刘猊、聘定巩氏之言，一一禀上。岳飞吩咐岳云在后营安歇。到了次日，元帅升帐，众将参见已毕，站立两旁。元帅下令，命公子编入张宪军队，先当个小兵，立功后再封职。然后吩咐张保与公子收拾马匹，准备干粮，张保领令。元帅叫岳云听令："为父的令你往金门镇傅总兵那边下文书，叫他即刻发兵调将来破番兵，保圣驾回金陵。此乃要紧之事，限你日期，须小心前去！"公子领令，接了文书，辞父出营。张保将文书包好，送与公子藏了。坐上赤兔马，手抡双金锤，下荷叶岭而来。心中想道："我有要紧之事，须从粘罕营中杀出，方是正路。"主意已定，便催马到粘罕营前，手摆双锤，大喝道："小将军来踹营了！"举锤便打，杀进番营。

小番慌忙报知粘罕，粘罕闻报，即提着生铜棍，腰系流星锤，上马来迎敌，正遇着公子，喝声："小南蛮慢来！"捺下生铜棍，举起流星锤，一锤打去。岳云看得亲切，左手金锤当的一架，锤碰锤，真似流星赶月；右手一锤，正中粘罕左臂。粘罕叫声："啊唷，不好！"负着痛，回马便走。公子也不去追赶，杀出番营，竟奔金门镇而来！不一日，到了傅总兵衙门，旗牌通报进去。总兵即请公子到内堂相见，公子送过文书，总兵看了，便道："屈留公子明日起身，待本镇一面各处调兵遣将，即日来保驾便了。"当夜无话。到了次日早堂，傅总兵先送公子起身，随即往校场整点人马。忽听见营门外喧嚷，军士禀道："外面有一叫花子要进来观看，小的们拦他，他就乱打，故此喧嚷。"傅爷道："拿他进来！"众军士将叫花子拿进跪下。傅光低头观看，见他生得身材长大，相貌凶恶，便问："你为何在营外嚷闹？"叫花子道："小的怎敢嚷闹，指望进来看看老爷定哪个做先锋。军士不许小人进来，故此争论。"傅爷道："你既然要进来看，必定也有些力气。"叫花子道："力气却有些。"傅爷又问："你既有些力气，可会些武艺吗？"叫花子道："武艺也略知一二。"傅爷就吩咐左右："取我的大刀来与他使。"叫花子接刀在手，舞动如飞，刀法精通。傅爷看了，想："我这口大刀有五十余斤，他挥动如风，却也好力气！"那叫花子把刀舞完道："小人舞刀已完。"傅爷大喜，问道："你叫甚名字？"那人道："小人乃是平西王狄青之后，名叫狄雷。"傅光道："看你武艺高强，就命你做个先锋。待有功之日，另行升赏。"狄雷谢了傅爷。傅爷挑选人马已毕，择日起行，到牛头山救驾。

第四节 杀金弹子

且说那粘罕几乎被岳云伤了性命，败回帐中坐定，对众将说："岳南蛮的儿子如此厉害，想必元帅薛礼花豹已被他伤了性命。"忽有小番道："二殿下完颜金弹子到，在营外候令。"粘罕大喜，就唤进来，同来见兀术。完颜金弹子进帐，见了各位狼主。你道那殿下是谁？乃是粘罕第二个儿子，使两柄铁锤，有万夫不当之勇。金弹子道："老王爷时常记念，为何不拿了那岳南蛮，捉了康王，早定中原？"兀术把岳飞兵将厉害、一时难擒的话说了一遍。金弹子道："叔爷爷，今日尚早，待臣儿去拿了岳南蛮回来，再吃酒饭罢！"兀术心中暗想："他也不晓得岳飞兵将的厉害，且叫他去走走也好。"兀术就令殿下带兵去山前讨战。山上军士报与元帅。元帅道："谁敢迎敌？"牛皋应声道："末将愿往。"元帅道："须小心！"牛皋上马提锏，奔下山来，大叫道："番奴快通名来，功劳簿上好记你的名字。"金弹子道："某乃金国二殿下完颜金弹子是也！"牛皋道："哪怕你铁弹子，也要打你做肉弹子。"举锏便打。那金弹子把锤架开锏，一连三四锤，打得牛皋两臂酸麻，抵挡不住，叫声："好家伙，赢不得你。"转身飞奔上山来。到帐前下马，见了元帅道："这番奴是新来的，力大锤重，末将招架不住，败回缴令，多多有罪！"只见探子禀道："启上元帅，番将在山下讨战，说必要元帅亲自出马，请令定夺。"岳飞道："既然如此，待本帅去看看这小番，怎样的厉害。"就出营上马，一班众将齐齐地保了元帅，来至半山里，观看那金弹子怎生模样。但见：镔铁盔，乌云荡漾；驼皮甲，砌就尤鳞。相貌稀奇，如同黑狮子摇头；身材雄壮，浑似狠狻猊摆尾。双锤舞动，错认李元霸重生；匹马咆哮，却像黑麒麟出现。那金弹子在山下，手抡双锤，大声喊叫。元帅道："哪位将军去会战？"只见余化龙道："待末将去拿他。"元帅道：

"须小心！"余化龙一马冲下山来。金弹子道："来的南蛮是谁？"余化龙答道："我乃岳元帅麾下大将余化龙是也！"金弹子道："不要走，照锤罢！"举锤便打，两马相交，战有十数个回合。余化龙战不过，只得败上山去。当时恼了董先，大怒道："看末将去拿他！"拍马持铲，飞跑下山来，与金弹子相对。两边各通姓名，拍开战马，锤铲相交，斗有七八个回合，董先也招架不住，把铲虚摆一摆，飞马败上山去。旁边恼了何元庆，大怒道："待末将去擒这小番来！"催开战马，提着斗大双锤，一马冲下山来。金弹子看见，大喝道："来将通名！"何元庆道："我乃岳元帅麾下统制何元庆便是。特来拿你这小番，不要走，照老爷的锤罢！"金弹子想着："这个南蛮也是用锤的，与我一般兵器，试他一试看。"举锤相迎。锤来锤架，锤打锤挡。但见：战鼓齐鸣，三军呐喊。两马如游龙戏水，四锤似霹雳轰山。金弹子，拼命冲锋图社稷；何元庆，舍身苦战定华夷。宋朝将士，吱吱响咬碎口中牙；金国平章，光油油睁圆眉下眼。你看那两员勇将，播土扬尘风云变；这时节一对英雄，搅海翻江华岳摇，真个是：将遇良材无胜败，棋逢敌手怎输赢？二人大战有二十余个回合，何元庆力怯，抵挡不住，只得往山上败走。番兵报与兀术。兀术大喜，心中想："这个王儿连败南蛮，不要力怯了，待他明日再战罢！"传令鸣金收兵。金弹子来至营前下马，进了牛皮帐，来见兀术道："臣儿正要拿岳南蛮，王叔为何收兵？"兀术道："恐王侄一路远来，鞍马劳顿，故令王侄回营安歇，明日再去拿他未迟。"金弹子谢了恩，兀术就留他饮酒。酒席之间，说起小南蛮岳云骁勇非常，金弹子道："明日臣儿出阵去，决要拿他。"

岳元帅传令各山口子上用心把守："如今番营内有了这个厉害的小番奴，恐他上山来劫寨。"到了次日，兀术命金弹子带兵至山前讨战。守山军士报与元帅。元帅因张宪武艺高强，命他领令下山，与金弹子会战。金弹子叫道："来将通名！"张宪道："我乃岳元帅麾下小将军张宪。奉元帅将令，特来拿你，不要走！"把手中枪一起，往心窝里便刺。金弹子举锤相迎，不料张宪嗖嗖连刺几枪，被他挡开，金弹子心中想："怪不得四王叔说这些南蛮了得，我须用心与他战。"把锤一举打来。张宪挺枪来迎。一个枪刺去，如大蟒翻江；一个锤打来，如猛虎离山。那张宪的枪十分厉害，这殿下的锤盖世无双。二人在山下大战有四十余个回合，张宪看看力怯，只得败回山上，来见元帅。元帅无奈，令将"免战牌"挂出。金弹子不准免战，只是喊骂，岳飞只得连挂七道"免战牌"。兀术闻报，差小番请殿下回营。金弹子进帐见了兀术，把战败张宪之事说了一遍。兀术大喜道："只要拿了这小南蛮，就好抢山了。"次日，兀术又同金弹子去看"铁滑车"，真个是十分欢喜，认为擒住宋王，就在旦夕。

再说岳云往金门镇转来，将近番营，推开战马，摆着双锤，打进粘罕营中，撞着锤的就没命，旁若无人。这公子左冲右突，那番兵东躲西逃，直杀透番营，来至半山之中，忽见挂着七道"免战牌"，暗想："这也奇了！吾进出皆无勇将抵挡，怎么将'免战牌'高挂？想是那怕事的瞒了爹爹，偷挂在此的，岂不辱没了我岳家的体面！"当下大怒，把牌都打得粉碎！元帅正坐帐中纳闷，忽见传宣来报道："公子候令。"岳飞道："令进来。"岳云进帐跪下道："孩儿奉令到金门镇，见过傅总兵，有本章请圣上之安，即日起兵来也。"元帅接了本章。岳云禀道："孩儿上山时，见挂着七面'免战牌'，不知是何人瞒着爹爹，坏我岳家体面，孩儿已经打碎。望爹爹查出挂牌之人，以正军法。"元帅大喝道："好逆子！吾令行天下，谁敢不遵！这牌是我军令所挂，你敢打碎，违吾军令！"叫左右："绑去砍了！"众将一齐上前道："公子年轻性急，故犯此令，求元帅恕他初次。"元帅道："众位将军，我自己的儿子尚不能正法，怎能服百万之众？"众将不语。牛皋道："末将有一言告禀。"元帅道："将军有何言语？"牛皋道："元帅挂'免战牌'，原为那金弹子骁勇，无人敌得他过尔。公子年轻，不知军法，故将牌打碎。若将公子斩首，一来失了父子之情；二来兀术未擒，先斩大将，于军不利；三来若使外人晓得是打碎了'免战牌'，杀了儿子，岂不被他们笑话！不如令公子开兵，与金弹子交战，若然得胜回来，将功折罪；若杀败了，再正军法未迟。"岳飞道："你肯保他吗？"牛皋道："末将愿保。"元帅道："写保状来！"牛皋道："我是不会写的，烦汤怀哥代写罢了。"汤怀就替他写了保状。牛皋自己画了画押，送与元帅。元帅收了保状，吩咐松了岳云的绑，就令牛皋带领岳云去对敌。牛皋领令出来，只见探了进营报事。牛皋忙问："你报何事？"探子说道："有完颜金弹子讨战，要去报上元帅。"牛皋道：

"如此你去报罢。"牛皋道："侄儿，我教你一个法儿，今日与金弹子交战，若得胜了，不必说；倘若输了，你竟打出番营，逃回家去见太太，自然无事了。"岳云点头称谢。叔侄一齐上马，来到山前。岳云一马冲下山来，金弹子大喝道，"来将通名！"公子道："我乃岳元帅公子岳云是也。"金弹子道："某家正要擒你，不要走！"举锤便打，岳云提锤便迎。一个瓮金锤摆动，金光闪闪；一个浑铁锤舞起，黑气迷空。二人战有四十多个回合，不分胜败。岳云暗想："怪不得爹爹挂了'免战牌'，这小番果然厉害！"又战到八十余个回合，岳云刚刚回来，还没休息，加之被父亲捆绑折腾，体力有点不支，心想："不如诈降，骗金弹子追赶，趁他大意，冷不丁击杀他。"于是拍马逃走。金弹子认为岳云败走，心里得意，大叫："小南蛮，哪里逃！"牛皋看见，心中着了急，大叫一声："我侄儿不要放走了他！"那金弹子知道是后边兀术叫他，回头观看，岳云趁他扭头的一刹那，从马肚下飞出流星锤，金弹子扭过头，已来不及抵挡，被岳云击中肩膀，翻身落马。岳云拔剑上前取了首级，回山来见元帅缴令。岳飞赦了岳云，令将金弹子首级在营前号令。

那边番将，只抢得一个没头尸首回营。众王子见了，俱放声大哭。兀术命雕匠雕个木人头凑上，用棺木成殓，差人送回本国去了。兀术对军师哈迷蚩道："军师！倘若宋朝各处兵马齐到，怎生迎敌！"军师道："臣已计穷力尽，只好整兵与他决一死战。"兀术默然不语，在营纳闷。

岳云屡立殊勋，众将进言，应向上级为他请功，岳飞却多次匿功不报，大家愤愤不平。张俊听说后说："岳侯避宠荣一至此，廉则廉也，然未得为公也！"（翻译成白话文：岳侯躲避荣耀到了这个地步，廉洁固然是廉洁了，却不见得公正。）岳飞知道后答道："君之驭臣，固不吝于后赏；父之教子，怎可现以近功？"（白话文：父亲教育儿子，怎么能让孩子有急功近利的思想。）又说，"正己而后可以正物，自治而后可以治人，若使臣儿受赏，则是臣已不能正己而自治，何以率人乎？"众人听了，心服口服。其实岳飞对儿子的严是早已出了名的，甚至到了苛刻的程度。一次岳云练习骑马下坡，由于心不在焉，战马滑进山沟摔伤，岳飞大怒，当即重责他一百军棍。全军上下大震，不敢不遵纪守法。

第五节　牛头山大捷

且说牛头山上岳元帅，专等各路勤王兵至，准备与兀术交兵。兀术也在与众王子、众平章商议开战之事。有探事小番进帐来报道："启上狼主，小的探得有南朝元帅张俊领兵六万，顺昌元帅刘锜领兵五万，四川副使吴玠同兄弟吴璘领兵三万，定海总兵胡章，象山总兵龚相，藕塘关总兵金节，九江总兵杨沂中，湖口总兵谢昆，各处人马共有三十余万。俱离此不远，四面安营，特来报知。"兀术闻报，遂传令点四位元帅向东西南北四路，探听哪一方可以行走。那四位元帅领令前去。不多时一齐回来，进帐来禀道："四面俱有重兵，只有正北一条大路可以行走。"兀术就传令晓谕前后左右中五营兵将知悉："若与南蛮交战，胜则前进，倘不能取胜，只往正北退兵。"谁知探路的，只探得四十余里就转来了，不曾到五十里外。故此一句话，断送了六七十万人马的性命。

却说岳元帅请天子离了玉虚宫，到灵宫殿前，与众位大臣都坐在马上。传令施放大炮，连声不绝。那些各处总兵、节度听见炮响。各各准备领兵杀来夹攻。兀术传齐各位王子、众平章、众元帅、众番将，俱领兵上马，传下令来："今日拼了命，与岳南蛮决一死战，擒了康王，以图中原。"这里岳元帅传下令来，命何元庆、余化龙、张显、岳云、董先、张宪、汤怀、牛皋等为首，带领众将，一齐放炮，呐喊踹入番营。那些各路总兵、节度，听得炮声，四面八方杀将拢来。但见：轰天炮响，震地锣鸣。轰天炮响，汪洋大海起春雷；震地锣鸣，万仞山前飞霹雳。人如猛虎离山，马似游龙出水。刀枪齐举，剑戟纵横。迎着刀，连肩搭背；逢着枪，头断身开。挡着剑，喉穿气绝；中着戟，腹破流红。人撞人，自相践踏；马碰马，遍地尸横。带箭儿郎，呼兄唤弟；伤残军士，觅子寻爷。直杀得：天昏地暗无光彩，鬼哭狼嚎黑雾迷！

这场大战真个是地动山摇，日色无光。杀得那些番兵人尸堆满地，马死遍尘埃。岳元帅带领这一班猛将逢人便杀，遇将就擒。摆动这杆沥泉枪，浑如蛟龙搅海，巨蟒翻身。那些众番将、番兵见了岳飞，就如见了追魂使者、了命阎君，一个个抱头鼠窜，口中只叫："快跑！岳丧门星来了！"岳飞望见南朝元帅张俊、顺昌元帅刘锜的旗号，遂令军士请来相见。张、刘二位元帅在马上见了岳元帅，岳元帅叫道："二位元帅！今日本帅将圣上并众大臣交与二位元帅，速速保驾回京。本帅好去追赶金兵。"遂辞了天子，带了张保、王横，催兵掩杀。从辰时直杀到半夜，杀得番兵抛旗弃甲，四散败走，众将在后追赶。

却说岳飞追着兀术，连日连夜，直赶到金门镇相近，有傅光的先锋狄雷在此截杀番兵。众番兵无处逃命，被狄雷杀伤大半。岳飞刚到跟前，狄雷不分皂白，举起锤往他便打。一连几锤，岳元帅连忙招架，觉得沉重，便大喝道："你是何人，敢挡本帅去路？"狄雷听了，细细一认，晓得是岳元帅，心中惊慌，惧罪而逃。岳飞只是紧紧追赶兀术。兀术只顾往北逃去，看看来到江口，只听得众番兵一片叫苦声。原来一派大江，并无船只可渡，后面追兵又近，吓得兀术浑身发抖，仰天大叫："天亡我也！某家自进中原以来，未有如此之败！今前有大江，后有追兵，如之奈何！"正在危急时刻，那军师哈迷蚩用手一指道："主公且莫惊慌！看这江中不是有船来吗？"兀术定睛一看，却是金兵旗号。原来是杜充、曹荣的战船，因被宗方（宗泽之子）杀败，故此驾船逃走。军师大叫："快来救主！"那船上见是番兵，如飞拢岸。兀术与军师、众平章等一齐争下船来。船少人多，哪里装得尽？看见岳元帅追兵已近，慌忙开去。落后的番兵无船可渡，岳元帅追至江口，犹如砍瓜切菜一般。可怜这些番兵啼啼哭哭，往江中乱跳，淹死无数。兀术望见，掩面流泪，好不苦楚！

且说那岳飞兵马到了汉阳江口，安下营寨。差人找寻船只，欲渡江去追拿兀术，忽听得营门口齐声喊冤。岳飞便问："何人喊冤？"早有传宣官来到外边查问明白，进来禀道："是七八个船户，因临安通判万俟卨、同知罗汝楫解送粮草至此，私将粮草运回家中，反要船户赔补，为此众船户在营前喊冤。"元帅吩咐："将万俟卨、罗汝楫二人抓进来。"两旁军士答应一声，即将二人一把一个抓进帐来跪下。岳飞喝道："尔等既然解粮到此，何不缴令？"二人道："因番兵围困牛头山，只得在此伺候。船户人多，将粮草吃尽，故此要他们赔补。望元帅施恩，公侯万代，感恩不浅！"元帅大喝一声："绑去砍了！"两边一声吆喝，登时绳穿索绑。二人齐叫："开恩！"旁边闪过张宪、岳云，跪下禀道："他二人因见番兵扎营山下，不敢上山缴令，虽系偷盗粮草，理当处斩，但实系日久，情有可原，望爹爹饶他们性命！"元帅道："你且起来。"二人谢了元帅，站立一边。元帅向万俟卨、罗汝楫喝道："本当斩你二人驴头，他二人求饶，饶了你死罪，拿下去打！"军士答应一声，将二人按倒在地，每人打了四十大棍，发转临安。二人受责，谢了元帅不斩之恩，出营自回临安而去。

且说岳元帅那日升帐，探子来报："兀术在长江内被韩元帅杀得大败，逃入黄天荡，通了老鹳河，逃往建康。韩元帅回兵驻扎汉阳江口去了。"岳元帅把脚一跺道："兀术逃去，实在可惜，正乃天意也！"言未已，又有探子来报："公子擒了兀术回兵。"元帅大喜。不一会儿，只见岳云进营禀道："孩儿奉令把守天长关，果然兀术败兵至此，被孩儿生擒来见爹爹缴令。"岳元帅喝一声："推进来！"两边答应一声："得令！"早把兀术推至帐前，那兀术立而不跪。岳飞往下一看，原来不是兀术，大喝一声："你是何人？敢冒充兀术来替死吗？"那个假兀术道："俺乃四太子帐下小元帅高大保是也。受狼主厚恩，无以报答，故而今日舍身代狼主之难。要砍便砍，不必多言。"岳飞传令："绑去砍了！"两边一声答应，登时献上首级。岳飞对公子道："你这无用的畜生！你在牛头山多时，岂不认得兀术？怎么反擒了他的副将，被他逃去？"叫左右："绑去砍了！"军士没奈何，只得将岳云绑起，推出营来。恰遇着韩元帅来见岳元帅，要约同往行营见驾。到了营前，见绑着一员小将，韩元帅便问道："此是何人？犯何军令？"军士禀道："这是岳元帅的大公子岳云。奉令把守天长关，因拿了一个假兀术，故此绑在这里要处斩。"韩元帅道："刀下留人！不许动手！待本帅去见了你家元帅，自有区处。"即忙来对传宣官道："说我韩世忠要见。"传宣进去禀过元帅，元帅急忙出来迎接进帐。见礼已毕，坐定，韩世忠道："大元戎果然有挽回天地之力，重整江山之手！若不是元戎大才，天子怎得回都？"岳元帅道："老元戎何出此言？这乃是朝廷之洪福，众大臣之才能，诸将之用力，三军之奋勇，非岳飞之能也！"韩元帅道："世忠方才进营，看见令公子绑在营外要斩，不知犯何军令？"岳元帅道："本帅令他把守天长关擒拿兀术，不想他拿一个假兀术，错过这一个好机会，故此将他斩首。"韩元帅道："下官驻兵镇江，那日上金山去问道悦和尚指迷。那和尚赠我偈言四句，谁知藏头诗，按着'老鹳河走'四个字在头上，在提醒我，可是我却粗心大意，让金兀术有机可乘，让他逃跑了，我的罪过更大，正准备向皇上请罪。后来谅他必登金山探看我的营寨，也差小儿埋伏擒他，谁知他也擒了个假兀术。一则金人多诈，二则总是天意不该绝他，非令郎之罪也，乞大元戎恕之！"岳飞道："老元戎既如此说便饶了他。"吩咐左右将公子放了，岳云进帐谢了韩元帅。韩元帅与岳元帅谈了一回战事，约定岳飞一齐班师。韩世忠由大江水路，岳飞把兵分作三路，由旱路进发。不一日，早到金陵，三军扎营城外。岳元帅率领大小众将进午门候旨。高宗宣进，朝见已毕，即着光禄寺安排御筵，便殿赐宴。过了两日，有临安节度使苗傅、总兵刘正彦，差官送奏本入朝。因临安宫殿完工，请驾迁都。高宗准奏，传旨整备车驾，择日迁都。百官有言："金陵楼橹残破，城郭空虚，迁都为妙。"有的说："金陵乃六朝建都之地，有长江之险，可战可守，意图恢复。"纷纷议论。李纲听得，慌忙进宫奏道："自古中兴之主，俱起于西北，故关中为上。今都建康虽是中策，尚可以号召四方，以图恢复。若迁往临安，不过是惧敌退避之意，真是下下之计！愿陛下勿降此旨，撼动民心。臣不胜惶恐之至！"高宗本是个庸主，巴不得他要去，省得耳根前聒噪，遂即准奏迁都。李纲也不通知众朝臣，连夜出京回乡去了。一日，岳飞闻得此言，慌忙同众将入朝奏道："兀术新败，陛下宜安守旧都，选将挑兵，控扼要害之地；积草屯粮，召集四方勤王兵马，直捣黄龙府，迎还二圣以报中原之恨。岂可迁都苟安，以失民心？况临安临近海滨，四面受敌之地。苗傅、刘正彦乃奸佞之徒，不可被其蛊惑！望陛下三思！"高宗道："金兵入寇，连年征战，生民涂炭，将士劳心。今幸兀术败去，孤家欲遣使议和，稍息民力，再图恢复。主意已定，卿家不必多虑。"岳飞道："陛下既已决定圣意，今天下粗定，臣已离家日久，老母现在抱病垂危，望陛下赐臣还乡，少进乌鸟私情。"高宗准奏。众将一齐启奏乞恩，俱奏省亲省墓。高宗各赐金帛还乡，岳飞和众将一齐谢恩退出。

高宗又传旨封韩世忠为威安郡王，留守润州，不必来京。那高宗恐怕韩世忠到京，谏他迁都，故此差官沿途迎去，省了一番说话之意也。遂传旨择了吉日，起驾南迁。这一日，天子宫眷起程，百官纷纷保驾，百姓多有跟去的。不一日，到了临安，苗傅、刘正彦二人来迎接圣驾入城，送进新造的宫殿。高宗观看造得精巧，十分欢喜。传旨改为绍兴元年，封苗、刘二人为左右都督。

第六节 内奸秦桧

　　且说那兀术逃回本国，进黄龙府来，见了父王，俯伏阶下。老狼主道："某家闻说大王儿死在中原，王孙金弹子阵亡，你将七十万雄兵尽丧中原，还有何面目来见某家！"吩咐："与我绑出去'哈喇'了罢！"那时众番官把兀术绑了，正要推出，当有军师哈迷蚩跪上奏道："狼主！不是四太子无能，实系岳南蛮足智多谋。八盘山战败，青龙山战败，渡黄河至爱华山战败，被岳南蛮追至长江，死了多少兵将，逃命过江，回守河间府。直待岳南蛮兵往湖广，定计五路进中原。臣同四太子兵到黄河，有刘豫、曹荣等来献了长江。兵到金陵，追康王等七人七骑，真追至杭州。他们君臣下海，四太子大兵直追至湖广，将康王君臣围在牛头山。有岳飞、韩世忠、张俊、刘锜四元帅，领大兵来救驾，也有三十余万兵马。与他大战，败至汉阳江上。又无船可渡，我兵尽被南蛮赶杀，亏得杜充、曹荣二人败下，将船来救殿下。方要过江，又被韩世忠水战，败进黄天荡。幸有神明相救，掘开沙土，出老鹳河逃生。没有黄柄奴、高太保二人代死，四殿下亦不得归国矣！要求狼主开恩，怜而赦之！"老狼主闻言，传旨放回兀术，兀术谢了恩。众番将皆无罪，辞驾出朝，各自回府。兀术在府内日日想到中原。这一日，令哈迷蚩来计议道："某家初入中原，势如破竹，囚康王于国内，陷二帝于沙漠。因出了这岳飞，某家大败数阵，全师尽丧，逃命而归，却是为何？"军师道："狼主前日之功，所亏者宋朝奸臣之力。狼主动不动只喜的是忠臣，恼的是奸臣，将张邦昌等杀了，如何抢得中原？"兀术想了一会儿道："军师说得不差，某家前番进兵，果亏了一班奸臣。如今要这样的奸臣，往哪里去寻？"哈迷蚩道："奸臣还有一个在这里。当初共是五个人跟随二帝到此，那四个俱是铁汉，顽强不屈，俱死了。唯有秦桧乞哀求活，狼主将他驱逐出来，流落在此。我看此人乃是个大奸臣。但不知目下在何处，狼主可差人去寻他来，养在府中，加些恩惠与他，一年半载，必然感激。然后多给他些金银送他回国，叫他做个奸细。这宋室江山，管教轻轻地送狼主受用，岂不是好？"兀术听了道："真个好计策！"随即差小番四处去寻觅秦桧下落。

却说那秦桧夫妻二人，自从被掳到金邦，那些同来的大臣死的死了，杀的杀了。独有秦桧再三再四哀求，被老狼主赶他到贺兰山边草营内，服侍看马的小番。后来小番死了，他夫妻两个就流落在山下，住在一顶破牛皮帐房内。饮食全无着落。只靠王氏与这些小番缝补缝补，浆洗浆洗，觅些来糊口。亏得那王氏生得俊俏，又有那些小番与她勾搭上了，送些牛肉、羊肉与她，勉强过日。也是她命应该发迹，忽然那一日兀术坐在府中，心头闷闷不乐，即领了一众小番，骑马带箭，牵着犬，架着鹰往山前山后打围取乐。一路上，也抓了几个獐儿兔儿。刚要回府，看看来到贺兰山脚下，远远望见一个宋妇，慌慌张张地躲入林子里去。兀术向前，命小番往林子里去搜检。不一会儿，抓出一个妇人来。兀术举眼观看，但见那妇人星眸带露，俏眼含情，风流万种欲施欢，英雄怎过美人关？那兀术本是个不贪女色的好汉，不知为什么见了这个妇人，身子却酥了半边，就叫小番："哪里来这南边妇人，且带她回府去审问。"小番一声答应，不由分说，把那妇人一把抱来，横在马上，跟了兀术一同回到王府。兀术进了内堂，唤那妇人到跟前来，问道："你是何处人氏？因何在我北地？"那妇人便战兢兢地跪下，只见她肩若削成，腰如约素，云鬟峨峨，柔情绰态，献媚万种。启一点朱唇，吐出娇滴滴的声音："禀上大王，奴家王氏，丈夫秦桧乃宋朝状元，随着上皇圣驾到此。狼主将二帝迁往五国城去，奴家与丈夫两个流落在此。方才往树林中去拾些枯枝当柴火炊爨，不知狼主到来，多有冒犯，望乞饶恕！"兀术迷惑得颠三倒四，恨不得立即抱在怀里，滥施云雨。听了是秦桧妻子，更是大喜道："连日着小番寻访秦桧，不道今于无意中得之！"正叫作：踏破铁鞋无觅处，得来全不费工夫。兀术便叫："娘子请起！我久闻你丈夫博学多才，正要请他做个参谋。"就令小番："速速备马去请了秦老爷来！"小番领命而去。这里兀术就携了王氏的手，同进后房，颠鸾倒凤，云雨尽欢。王氏见兀术雄壮，心中亦甚欢喜。两个恩恩爱爱，难舍难离。早有小番进来报说："秦老爷已请到了。"兀术同王氏出堂。秦桧参见了，兀术道："卿家且请坐了。"秦桧逊道："狼主在上，秦桧焉敢坐？"兀术道："卿家大才，某家久慕。一向因出兵在外，不得与卿家相叙。今日偶然遇见，某家这里缺少一个参谋，正好你如住在府中担任，朝夕请教好了。"秦桧拜谢了。当夜就与他夫妻二人换了衣服，收拾一间书房，与他夫妻居住。每日牛酒羊肉供待，十分丰盛。王氏常常进来与兀术两情相欢，秦桧也睁只眼闭只眼，只做不知。兀术又常常送些衣服金钱，与他夫妻两个，不知不觉，过了一载有余。忽一日，兀术问道："卿家可想回家去吗？"秦桧夫妻二人道："蒙狼主十分抬举，况臣如此受用，怎么还想回家？"兀术道："古人有言，树高千丈，叶落归根。卿家若然思念家乡，某家差人送你回国。"秦桧道："若能使秦桧回去一拜祖坟，实为恩德，但是不好启齿。"兀术道："这有何难！但是你须往五国城，讨了二圣的诏书，才可进得中原关口。"秦桧大喜，别了兀术，径往五国城去。那兀术与王氏二人情深义重，因要分别，依依不舍。兀术立誓："若得中原，立你为贵妃。"且说秦桧来至五国城，寻着了二帝，参拜已毕，将纸墨笔砚放下井中道："臣秦桧要回本国，求二圣诏书。"二圣就书诏与秦桧。秦桧辞驾，回至王府与兀术说知，当日大摆宴席饯行。次日，兀术带领一众文武送他夫妻回国，三十里一营，五十里一寨，迎接秦桧夫妻安歇。在路也非止一日，望见潞州，小番报与兀术。兀术请二人在帐中摆酒送别。酒毕，秦桧告辞起身，兀术道："卿家进中原去，若得了富贵，休忘了某家！"秦桧道："臣夫妻二人若得了好日，情愿把宋室江山送与狼主。"兀术道："卿家果有此心，何不对天立下一誓？某家方信爱卿之真心也。"秦桧跪下道："上有皇天，下有后土，我秦桧若忘了狼主恩德，不把宋朝天下送与狼主，后患背疽而死！"兀术道："卿家何必如此认真。卿家日后若有要紧事情，命人来通知，某家定当照应。某家今日不能远送了！"秦桧夫妻拜别上马，往潞州而来。夫妻二人来至关下，与守关军士说明。军士去报与守关总兵。总兵一问了来历，然后放他二人进关，又差人送他往临安而来。不一日，到了临安，至午门候旨。

高宗传旨宣进金銮殿，秦桧道："二圣有诏书与陛下。"高宗闻言，连忙接承诏书。然后秦桧朝见，高宗降旨道："今得卿家还朝，得知二圣消息，更得一佳士，甚是可喜。况爱卿保二圣在外有年，患难不改，今封为礼部尚书之职，妻王氏封二品诰命夫人。"秦桧谢恩退朝，就进礼部衙门上任。此是绍兴四年（1134）初秋之事也。诗曰：高宗素志在偷安，奸佞纷纷序鸳班。从此山河成破碎，蒙尘二帝不能还！

第七节 岳飞救驾

却说其时乃是大元帅王渊执掌重兵。那王元帅虽则年过九旬，却是忠心尽力，保扶社稷。那日升帐，聚集众将传令道："明日乃是霜降节期，在朝诸将俱往校场祭旗，操练兵卒，不可有误！"众将领令。到了次日五鼓，各将俱到校场伺候。王渊查点诸将皆齐，只有左都督苗傅、右都督刘正彦不到。王元帅又差官催请。不一时，差官回报说："两位都督奉旨往西山打围，不能前来伺候。"王元帅也只得罢了。自己同众将等祭旗已毕，操演了一回兵马，打道回衙。行至众安桥，恰遇着苗、刘二人，喝得醉醺醺，带着几名家将骑马而来。二人要回避也来不及，只得下了马，低了头，立在人家门首。王渊在马上见了，吩咐："唤他二人过来！"二人无奈，走到王元帅马前，打躬站立。王渊道："好大胆的匹夫！你说天子旨意，命往西山打围，为何反在此处？明明藐视本帅，难道打你不得吗？"吩咐："将这厮扯下去各打二十！"二人慌忙跪下道："小将一时冒犯虎威，求元帅看在平日之面，饶恕罢！"王渊道："你仗着天子宠幸，侮慢大臣，本该重处，姑且饶你。若再有无礼，必要奏明天子，斩你的驴头。"王元帅将二人大骂了一场，打道回去了。二人满面羞惭，无处申诉。苗傅道："刘兄，不想我二人今日受这一场羞辱！且同到小弟衙门，别有话说。"二人上马，同至苗傅衙门，下马进去。到内行坐定，苗傅道："王渊老贼，令我们当街出丑，此恨怎消！况今岳飞已退居林下，韩世忠远在镇江，满朝之中还怕哪个？我意欲点齐你我部下，杀了王渊老贼，以泄此恨，然后杀进宫中，捉了康王，不怕在朝文武不服！与兄平分天下，共享富贵，不知尊意如何？"刘正彦道："此计甚妙！事不宜迟，出其不意，今晚约定点齐人马，俱在王渊门首会齐。不可走漏消息，误了大事！"二人商议已定，再三叮咛。刘正彦辞了苗傅，上马回衙，暗传号令，命本部兵卒准备器械，饱食酒饭。到了三更时分，二人率领众兵，点起灯球火把，蜂拥一般来到王渊门首，呐喊一声，杀入府中。可怜王元帅不曾防备，一门九十多口皆被杀害，家财尽被抢劫。二人领兵转身，竟往午门而来，早有一班御林军将拦住，都被杀死，直至大殿。那些大臣太监慌忙报进宫中，高宗吓得浑身发抖，惊慌无措，躲入深宫。二人又杀入宫中，恰遇着刘妃带领宫娥出来迎接。那刘妃乃是刘正彦的堂侄女，新近送与康王，康王收为正妃，见了苗傅道："将军不可惊了圣驾！"苗、刘二人问道："康王在哪里？"刘妃道："将军差矣！玉渊恃功欺藐天子，众大臣多有不平者。那康王昏昧不明，亦难主宰天下，此举正合我意。你今若是拿了天子，倘四方勤王兵到，众寡不敌，深为可虞。况岳飞现在汤阴，他手下兵将十分了得，倘若闻风而来，如之奈何？依我之见，不如将康王留在宫中，逼他传位于太子。换了新君，岳飞必来朝贺，那时先将他斩了，以绝后患。然后听凭你二位作何主见，高枕无忧，天下大事俱在你二位掌握中矣！"苗、刘二贼听了此番言语，大喜道："此言深为有理。"苗傅对刘正彦道："事成，和你平分天下。令侄女，我必封他为正宫皇后也。"刘正彦笑道："贤侄婿，且休闲讲，料理正事要紧！"二人出宫，来到殿上坐下。吩咐家将收了王家一门尸首，将财帛分赐众人。又拨心腹家将去各衙门把守，不许闲人私自出入。假写诏书一道，说是康王传位太子，召岳飞还朝扶助社稷，去哄骗岳飞来京。且说那尚书仆射朱胜非，见苗、刘二人如此行为，遂修书一封，悄悄差家人朱义，星夜往汤阴报知岳元帅，请他速来救驾。

　那岳元帅自从归乡以来，即差人到巩家庄，迎娶了巩氏小姐到来与岳云完婚，一门共享家庭之福。不意老太太旧病日增，服药无效，忽然归天。岳元帅悲伤哭泣，尽心葬祭，日夕哀痛，废寝忘餐，弄得骨瘦如柴。众弟兄多方劝慰，方才少进饮食。在家守孝，足不出户。光阴易过，孝服已满。众弟兄皆在汤阴娶了妻小，生儿生女的往往来来，十分快活。这一日，岳飞同了众弟兄正在效外打围，忽见家将引了朱义到围场上来见岳飞，将朱胜非的书札呈上。岳飞拆开看了，吃了一大惊，连忙散围回府。细细写了回书，交与朱义道："你回去多多拜上你家老爷，说照此书中行事。须小心，不可泄露！"叫家人取过二十两银子，与朱义为盘费，朱义叩谢了岳飞，自回临安报信。

且说岳飞修书一封，唤过牛皋、吉青二人道："你二人可将此书到润州去见韩元帅，然后到临安去。只消如此如此，二贼可擒矣。"牛皋道："大哥，我们在此安安逸逸自由自在不好吗，管他娘什么闲事，我不去！"岳飞道："贤弟！我岂不知。但是已曾食过君禄，天下皆知我们是朝廷的臣子。如今有难，不去救驾，后人只说我们是不忠不义之人了！你二人可快快前去。若除得苗、刘二人，圣上留你们，二位就在临安保驾便了。"牛皋道："既是大哥要我们去，成功了也就回来，终日与众兄弟聚会快活不好？哪个要做什么官！"二人不得不辞了岳飞，上马飞奔往润州而来。真个是：一心忙似箭，双马走如云。不一日，到了润州，来到帅府门首。其时韩元帅已封了成安郡王，十分威武。凡有各路文书，要先到中军衙门递了脚色手本，方得禀见。这牛皋、吉青哪里晓得，走到辕门上对旗牌道："快快通报，说我牛老爷同吉老爷，有事要见元帅。"那旗牌道："好大来头！随你羊老爷、猪老爷，也不在我心上！"洋洋地走开去了。牛皋大怒道："你这该死的狗头！你不去报，我就打进去！"一声吆喝，辕门外多少军士一齐喧嚷起来。

却说牛皋、吉青二人正待发作，辕门外一时喧嚷起来。不道韩元帅在大堂听得了，即着家将出外查问。那家将领命出来，见了牛皋、吉青，便问道："你两个是何人？敢在这里喧嚷！"牛皋道："俺们两个乃是岳元帅帐前的统制官，奉令来见元帅，有机密大事。偏偏这狗头不肯与我通报。"那家将听得是岳飞差来的将官，况有机密事，不敢怠慢，便道："二位将军请息怒！旗牌不晓得是将军，多有得罪！且请稍候，待小将进去通报便了。"牛皋道："还是你好说话，便宜了这狗头一顿拳头。"那家将慌忙进内报知，韩元帅即命请进相见。二人直至后堂，参见已毕，将书呈上。韩元帅拆开看毕，十分吃惊，说道："既有此变，你二位先行，照计行事，本帅即起兵，随后就来便了。"

二人别了韩元帅，飞奔往临安一路而来。将近城不多远，牛皋对吉青道："待我先去，吉哥你随后就来。"牛皋拍马来至城下，高叫道："俺乃岳元帅部将牛皋，有紧要事要见苗、刘二位王爷。"那苗、刘二人正在巡城，见牛皋来叫门，况是单人匹马，便令军士开城放进。牛皋见了苗、刘道："屏退左右，小将有要言奉告。"二贼道："我左右俱是心腹将士，有话但说不妨。"牛皋道："岳元帅叫小将多多拜上二位王爷，说：我家元帅立了多少大功，杀退金兵，那康王全无封赏，反将他黜退闲居。那些无功之人反在朝中大俸大禄的快活，心中实是不平。今二位王爷，何不将康王贬入冷宫？太子三四岁的孩子，哪里做得皇帝！二位王爷何不将天下平分？我元帅情愿小助一臂。"苗、刘二人听了，大喜道："若得你家元帅肯来助我，我就封他王位，同享富贵，决不食言！"随带了牛皋来至午门，进大殿坐下，牛皋站在旁边，商议写书报复岳元帅。忽见军士来报："城外有一姓吉名青的将军叫门，候二位王爷发令。"牛皋道："这是我的兄弟，因康王不用他，逃在太行山落草！是我前日写书叫他来的。"苗、刘二贼道："既如此，放他进来。"不一时，吉青来至午门下马，进大殿来朝见了，站在旁边。又一会儿，又有军士来报道："韩世忠带领人马已到城下，口口声声要拿二位王爷。"二贼听报，正在惊慌，又有军士来报："仆射朱胜非已去开城迎接韩世忠了。"二人大惊道："谁与我先去拿了朱胜非来？"牛皋应声："待我来拿！"上前一步，伸手一把把苗傅拿住，吉青也上前把刘正彦拿下。两边众军正待动手来救，牛皋、吉青大喝一声："哪个敢上来讨死！"牛皋一手举铜就打。吉青一手把刘正彦挟在肩膀下，一手拔出腰刀，大喊："哪个敢上来，我先杀了刘贼，也休想要活一个！"众军士正在两难之际，那殿后早有一班值宿禁军，晓得拿住了苗、刘二贼，一齐杀将出来。那苗、刘手下这班军士看见势头不好，一哄的都下殿逃走了。牛皋、吉青拿了二贼，也下殿来。外边韩元帅兵马已至午门，正遇着牛皋、吉青献上二贼。韩元帅吩咐立刻斩首，领兵分往二人家中，将两家人口尽行抄灭。一面搜捕余党，一面聚集文武百官，请高宗登殿。

众朝臣请安已毕，高宗降旨道："朕遭此二贼之害，几乎不保！韩世忠勤王有功，加封为蕲王，钦赐金帛仍回镇江。牛皋、吉青力擒逆贼，即封为左右二都督，随朝保驾！"牛皋道："你这个皇帝老儿，不听我大哥之言，致有此祸！本不该来救你，因奉了哥哥之令，故此才来。今二贼已诛，俺们两个要去回复大哥缴令，哪个要做什么官！"说完，径自出朝上马，回汤阴去了。高宗传旨，将二贼首级祭奠王元帅，钦赐御葬。韩元帅在临安耽搁了两日，也辞驾仍回润州。

从此高宗皇帝复登大宝，太平无事。

第八节 岳杨对枪

话说宋朝偏安江南，皇帝昏庸无道，杨再兴扯义旗，在九龙山称王造反，杀得官军不敢靠近。绍兴七年（1137）春日有兵部告急，本章入奏高宗皇帝："山东九龙山杨再兴作乱。那杨再兴武艺高强，无人可挡。"接着又有几道告急本章，也有其他犯上作乱者，高宗不免忧虑，问众公卿："有何良策，剿除诸寇？"当有太师赵鼎启奏："诸寇猖獗，且武艺高强，须得岳飞去剿，他人恐难当此任。"高宗道："前已差官去召他来京受职，被他手下牛皋以'奸臣当道，恐遭谋害'为名打回，又将旨意扯碎，不让岳飞见到。今若去召，又恐不肯奉召。"诸臣默默无语。宋高宗明白，岳飞驰骋疆场，经历战役100多次，百战百胜，让金人闻风丧胆，但由于自己一味求和，使他灰心丧气，请辞还乡。经常叹道："国尔忘身，谁如卿者。""非一意许国，谁肯如此？"并手书"精忠岳飞"四个字，准备制旗以赐之。

高宗回后宫，闷闷不乐，魏氏娘娘问明原因，启奏道："臣妾为万岁绣成一对龙凤旌旗，中间再绣上岳飞母亲刺字'精忠报国'四字，主公差官赐予岳飞，他见了，定能还朝。"龙颜大喜，立即命办理。

岳飞接到旌旗，看见母亲所刺"精忠报国"四个大字，并召他加急进京，知道皇上命自己剿匪。就按照母亲的嘱咐，准备进京。他把众将军招集起来说："皇上亲送'精忠报国'四个大字，让我进京奉命剿匪，我不能不去。特请众兄弟同去面圣。"牛皋道："那个瘟皇帝只听奸臣的话，太平无事时，不用我们，动起刀枪来，就来寻我们替他厮杀。我是不去的。"岳飞说："贤弟休如此说，国家有难，匹夫有责，何况我们是军兵呢。我们此去，有机会还可能迎回二圣，恢复中原，方遂一生大愿。"众人齐说："大哥言之有理。"回到家中，大家打点行装，准备出发。李氏夫人和媳妇巩氏，置酒与父子践行。岳飞到了临安，进朝见驾。天子大喜，命岳飞官复原职，待平复贼寇时，再加官晋爵。天子命兵部发兵十万，户部支付粮草。岳元帅谢了恩出朝，到营中，命牛皋率领三千兵为先锋，岳云在后方趱催粮草。先说牛皋一路上穿州过县，到了山东九龙山。牛皋说："小小盗贼，杀鸡焉用牛刀，不如抢了九龙山，安营扎寨。"军兵领命，一齐来至山下呐喊。杨再兴闻报随即带领喽啰下山，你道他怎生打扮，头戴一顶亮银盔，脑后头大一颗红缨，身着白盔白甲，前后两面护心镜，左带宝雕弓，右悬一壶箭，腰挂镶金镀银宝剑。座下一匹白龙马。细看杨再兴齿白唇红，面如冠玉，三绺微须，一双豹子眼；虎背熊腰，高个宽肩。只听他大吼一声："哪里来的毛贼，敢来此地寻死！"牛皋骂道："你这小小毛贼，休出狂言，见了牛皋爷爷，还不下马受缚。"杨再兴冷笑道："原来是岳飞手下的牛皋，是我昔日手下败将，你不是对手，请回罢。"牛皋气得哇哇大叫："杨再兴，不要猖狂，既知牛爷爷，何不下马投降。本将自当保奏，赦你前罪。尚仍执迷不悟，今日被擒，悔之晚矣。"杨再兴哈哈大笑："当年你就败在我手下，就凭你的本事，我答应，你问问我的银枪答应不答应。"牛皋想不起什么时候见过杨再兴，见他无礼，提起铜便打，杨再兴招架一下，遂反手一枪，向他心窝戳来，那枪又急又快，牛皋勉强架开，不容他还手，枪又刺来，牛皋只好双铜盘头护身，架隔遮拦不停，哪里还有还手的工夫。战有二三十个回合，牛皋气喘吁吁，汗流浃背，大叫："好厉害的枪，你让牛爷爷喘会儿气，改日再战。"杨再兴看出他是个莽撞汉，说道："也罢，饶尔不死，你叫岳飞来见我。"牛皋战他不过，只好败下阵来，传令三军，离山数里下营。

　　不一日，岳飞大军已到。牛皋出营迎接。岳飞问："你见到杨再兴没有？"牛皋说："有一个贼人，白马银枪，下山与我战有二三十个回合，他的枪又快又准，我几乎招架不住。末将只好退后几里扎营。"众将笑道："这么说，牛将军打了败仗了。"牛皋红着脸说："没想到一个山大王居然这么厉害。诸位改日与他交交手就知道了。"岳飞说："你可知道他是谁么，他可不是一般的山大王，你还记得当年我去夺状元，你看见汴京小校场有两个小将要争夺状元，你怕状元被别人夺去，就冒冒失失去阻止人家，结果被一个白马银袍小将打得惨败，无法脱身。幸亏我及时赶到，救了你。想起来了吗？""杨再兴！"牛皋脱口而出："怪不得枪法酷似杨家枪。"他这才想起：杨再兴和罗延庆两人自恃本领高强，放眼天下未遇敌手，认为今科状元必是自己兄弟二人，约定在小校场比武一场，私抢状元，谁赢了谁就留下做状元。这话被尾随而来的牛皋听见，便到小校场和二人争斗，要为岳飞抢状元。牛皋被二人杀得气喘吁吁，眼看落败。岳飞赶来，只一招"败枪势"就解了围。杨罗二人自愧不如，留下姓名，说来日再和岳飞一决高下。

岳飞说："你在他手下能走二三十个回合，恐怕也是他不想伤害你，连我和他交手也要小心呢。"牛皋说："怪不得他口口声声要和你挑战，小弟一时忘了。"岳飞说："既然是他，你哪里是他的对手，待本帅明日亲自出场，会会他。"张宪说："当年曹成造反，圣上命你率领岳家军进讨占据道州的曹成。你让我为前军，一举攻破曹成的重兵防守的要塞镇铈关。官军入关后，有个不守军纪的将领韩顺夫见打了胜仗，居然解除鞍马脱掉盔甲，用掳掠的妇女在旁陪酒助兴。不料曹成部下的杨再兴率军突袭官军，我军大败，杨再兴砍掉韩顺夫一条手臂，韩顺夫重伤而死。你又派粮军统制王经，和我一起率军攻打杨再兴，没想到你的亲弟弟岳翻在混战中又被杨再兴当场斩杀。这一次是报仇雪恨的好机会。"众将官义愤填膺地说："抓住这个杨再兴一定要千刀万剐。"岳飞想起胞弟岳翻，泪流满地面说："这个杨再兴虽然可恨，但两军交战，刀枪不长眼，谈不上私仇，只有公恨。"

次日，天尚未明，岳飞吩咐："擂鼓，点齐将兵，随我出征，我要亲手拿下杨再兴。"众将禀道："谅一草寇，何劳元帅亲自出征。"岳飞道："这个杨再兴可非一般匪寇，他不仅仪表堂堂，而且是一员虎将，他造反并非要坑国害民，而是对当今皇上宠信奸臣不满，只要他改过自新，我想收留他为大将。今日出战，若我胜了他，各位贤弟不要对他污言秽语；若我打了败仗，各位也不要上前，我自有办法治服他。违者定按法令处置。"众将答："听元帅军令。"

岳元帅率领大军来到山下，擂鼓呐喊。山上喽啰们看到黑压压的一群官兵犹如乌云盖日，吓得慌忙上山禀报。杨再兴听了，披挂上马，率领众喽啰来到山下，一字儿排开阵势。岳元帅拍马上前道："杨将军别来无恙？"杨再兴听了，便道："你我本是同窗好友，并无仇恨，井水不犯河水，你怎么突犯我山？"岳飞说："正因为是同窗好友，我诚心诚意有言奉告，将军乃将门之后，武艺超群，为何失身于绿林？岂不是有辱先祖。将军空有一身武艺，流落江湖，实在可惜。何不归顺朝廷，与国出力，扫平金虏，迎还二圣。那时名垂千古，岂不美哉。"杨再兴呵呵一笑说："我杨再兴岂是那不明事理之人，当日宣和帝任用蔡京、童贯等一班奸臣；梁师成督造神庙，大兴工役，百姓苦不堪言；朱勔采办花石岗，搜尽民脂民膏；皇帝又听奸臣与金人约会攻辽，以致惹祸上身，金人入侵，后传位靖康，仍然懦弱无能，结果又被金人俘虏。当今皇上如果是中兴之主，应该用贤去奸，奋自康复，报仇雪恨，奠安百姓何难？无奈皇上，只图偏安一隅，全无大志，不听忠言，信任奸邪，将一座锦绣河山弄得四分五裂。岂是有为之君？你不如和我在山东取义，先取了宋室，再复中原，共享福贵，何苦辅此昏君。你不听我言，将来恐怕死无葬身之地。"岳飞说："将军差矣！生于大宋，即为宋臣。你乃忠臣之后，世代忠良，怎能做叛逆之臣，金人入侵，国家危难之时，应一致对外，岂可出此内乱此言？你若不听我言，只好决一雌雄。"杨再兴道："岳飞，我是好言相劝，既然不听，不必多言，放马过来。"岳飞道："且住，我与你各把兵将后退，只我一个对你一个，各显手段。"杨再兴道："如此甚好。"即命众喽啰退回山寨。岳飞亦传令众将后退。

两个拨开战马，举枪交战。岳元帅使开心意六合枪，一招梨花带雨；杨再兴挥舞杨家枪，一招丹凤朝阳；岳元帅一招风卷残云，杨再兴一招黑虎掏心；岳元帅一招锁喉枪，杨再兴身子一侧，随手一招败枪迷惑岳元帅。岳元帅见了撤回沥泉枪，岔开马头从侧面攻击。杨再兴的杨家枪得到杨家真传，十分了得，岳元帅的沥泉枪得到周侗师父点拨，非同一般，加之后来独创心意六合枪。两个人交战，半斤对八两，胜负难分。两人枪来枪往，前披后拨，左勾右挑，好似两条恶龙夺食，一对饿虎争餐。大战了两百多个回合，不分胜败。

杨家枪讲究实战，枪法有八母——拦、拿、提、撸、颠、缠、还、圈八种。还有六合——一接二进三拿四缠五拦六直。杨家枪善手执枪根，出枪甚长，且虚虚实实。进其锐，退其速，其势险，其节短，不动如山，动如雷震。最绝妙之招是在一得手后便一戳，敌方一失势便无再复之隙。杨家枪基盘在两足，身随其足，臂随其身，腕随其臂，合而为一，周身成一整劲。

岳飞的心意六合枪动作古朴，招招制敌，一击必中，进攻有刺、戳、点、扫、挑；防守有格、拨、架、挡、消。它的独特之处是"消打合一"，防中带攻，攻中设防，将防守和进攻融为一体，一气呵成，使敌人无还手之机。岳家枪绝技有"顺风摆莲""卧看斜阳""大漠孤烟"和"长河落日"等。岳家枪套路有五十二个动作，全套路无任何花招，招招实实在在。一招含三招，三招变九招。招招隐藏杀机，招招出奇制胜。

闲话少说，这时且看杨再兴跃马挺枪，直刺岳飞；再瞧岳飞一拍战马，捻沥泉枪，拨开枪头，反刺过去。二人来来往往、反反复复，战在一起，一个前挡后戳，一个左勾右刺，让人看得眼花缭乱。二人交手，不露出一点破绽，基本上以防为主。确实杨家枪和岳家的心意六合枪枪技都是著名枪术，二人当然非常谨慎，怕一旦失手，会给自己祖祖辈辈带来羞辱。因此大战三百个回合，仍然不分胜败。杨再兴大叫："马上不分胜负，看马下如何？"岳飞说："马下就马下。"双方由马上跳到地上，战在一起。开始二人右手紧握枪把，左手虚拢着枪杆，枪尖微微下垂，望着对方，往来走动，在找对方的破绽。突然杨再兴连上两步，一个"凤凰三点头"，化为"长蛇出洞"，朝岳飞一枪当胸刺去。瞬息之间，猛见岳飞那双黑白分明的眼睛突闪精光，具有一种摄人的威力，杨再兴感到自己连人带枪已在人家目光笼罩之下。突然一团箩筐大的枪花已迎面飞来！杨再兴暗道一声"不好"，手中一震，"啪"的一声，手中枪已被岳飞的枪磕开，虎口震得生疼！杨再兴不由得赞道："好个岳家枪！"岳飞一记中平枪，寒光点点，风声飕飕，刺向了杨再兴。杨再兴单手提枪，使出了一记"旋风破道"式，直接将岳飞中平枪卸去了枪势，然后身形突变，用"花战枪"中的一招"蛟龙出水"，带着老练的姿势，宛如一条银链，直接缠上了稳如泰山的岳飞。岳飞不由得脱口而出："好个杨家枪！"杨再兴的银枪是一把大枪，长一丈四尺七寸三分，重约百斤，一般人舞起来数十招下来，恐怕早已大汗淋漓，气喘如牛。但他力大如牛，使起来居然得心应手。而岳飞使用的沥泉枪却要轻便得多，全身是精钢所铸造，虽然中间是空的，但坚硬无比。岳飞力气本来就大，这杆枪在他手中舞得眼花缭乱。看见因为枪重舞得稍慢的杨再兴，他一记"灵猴望月"，攀爬上了沥泉枪的枪身，然后跃起，如横空破月般急速旋转到杨再兴的背后，用沥泉枪，直接戳向了杨再兴的臀部。杨再兴何等功夫，一个鹞子翻身，直接从岳飞头顶倒翻了起来，躲过一击。然后腰腿起伏，手臂一抖，整条银枪好像毒蛇隐藏在嘴中突然喷出的舌头，刺向岳飞，速度之快，角度之刁钻，让人防不胜防。这招正是杨家枪七套路之大花枪里最简单实用也是最具杀伤力的一招：白蛇吐信。

生死搏命的时候使这招刺人咽喉、双眼，轻则伤人，重则让人双目失明。但他和岳飞是惺惺惜惺惺，所以所刺的方向是岳飞的左肩。眼看要刺中左肩，岳飞灵机一动，左肩一扭，伸手抓住枪猛地一拉，化解了枪的力量方向。这招借力使力大出杨再兴的意料，但他终究非泛泛之辈，收回银枪，大手一摆，银枪又像狂风吹拂的柳絮一般猛地抖动起来，赫然是杨家枪七套路之中的狂风摆柳，向岳飞扫去。岳飞一招拔草转身，向后退几步躲过凌厉的攻势，又一招转身劈枪，逼着杨再兴不得不由进攻变为招架。就这样二人在马下你攻我守、你来我往又战了几十个回合，仍不分胜败。

岳飞的枪法最初是周侗所教的少林高僧谭正方枪法，岳飞早又将这套枪术按照心意六合拳的理论，选取了其中更实用的可以用来杀敌的招式，独创了一套心意六合枪。看起来平淡无奇，实际上招招制命。进攻有刺、戳、点、扫、挑；防守有格、拨、架、挡、淌。它的独特之处是将防守和进攻融为一体，攻防一次完成；防中带攻，攻中设防，使敌人无还击之机。岳飞用的是心意六合枪法根据杨家枪改进的三十六奇枪，其中论道五锁转连环：一转身，中平枪为首，二转身十字枪当先，三转身剥枪为和，四转身安膝枪，五转身白牛转角。还有十一奇枪如"金猫扑鼠，鹞子扑鹌鹑，燕子夺窝，凤凰单展翅，柳叶分眉，鲤鱼穿腮，倒打杨家枪紫金冠，翻枪按枪，双龙入洞……"

杨家枪法也叫"六合梅花三十六枪"，这三十六手枪是每三手为一路，每一手枪里又包含了十二种变化，他用的是"磨旗枪"，是本路"勾枪"里的绝命枪法，起手用太公钓鱼式，前后把持平，枪尖直指敌喉，端身缓进。枪诀云：顺敌提拿我更长；里把门、外把门，进退如风绝命亡！所谓绝命枪法实乃险中求胜的枪法，已不能胜敌，即为敌所伤。磨旗枪法的诀窍在于轻换缓捉，拿式不忙，赚敌进身，顺敌式提拿逼走偏锋，摘蹬闪身而进，式长寸许，先破敌。如闪赚时机不合，则死于敌手枪下。此枪可破各式枪法。两个高手，你来我往，不分上下。

岳飞见久战不能取胜，突然支起的沥泉枪跃了起来，在空中以一个极其漂亮的翻滚，从上面直接拔枪刺向了杨再兴的头顶。杨再兴猝不及防，来不及挡枪，但他手上的力道出奇的大，眼看枪尖刺着头顶，就采取杨家枪中"崩枪"如弓，直接迎上去，硬生生连枪带人挑了起来。岳飞只好借势跳了一丈远，轻轻落地。二人一时间枪鸣虎搏，龙腾影跃，就像两条出水的蛟龙，腾空于万里之上，使尽浑身解数，打得难解难分。

二人正在大战，不道那岳云解了兵粮来到营前交割，那军士回禀岳云："元帅不在营中，亲自和杨再兴交战去了。"岳云即叫军士们看守粮草，一马跑到阵前来看。牛皋看到岳云，便道："侄儿来得正好。快些帮助你爹爹拿住这个强盗就完事了。"岳云不知就里，便应声"晓得"，把马一催，跑到阵前，叫道："爹爹稍歇，由孩儿来拿这个武艺高强的逆贼。"抡起大锤欲向前。杨再兴喝道："岳飞，你不是和我单挑独斗吗，怎么叫你这个不知天高地厚的愣头小子也来助战，看来你军令不严，还当什么元帅，我不与你单斗了。"岳飞羞得满脸通红，只得收兵回营。

岳飞刚在帐中坐定，就大喝一声："把岳云带上来！"岳云不知就里，上来交令说："孩儿已将粮草解到。"岳飞厉声命令："左右，把岳云推出去斩首示众！"岳云茫然不知所措。众将知道是怎么回事，一齐跪下求情说："岳云刚刚解粮回来，不知元帅规定，请饶他一死。"元帅怒不可遏地说："众将官既然替他求情，可免一死，但死罪可饶，活罪难免，与我重打四十大棍！"众军士不敢抗命，只好把岳云捆起来打棍。打到二十下，牛皋上前禀道："元帅，主意是我拿的，下余二十棍我替贤侄受了吧。"岳飞说："既然不是他的主意，暂时不要打了。"叫张保："你可把岳云背上山，对杨再兴说'公子解粮初到，不知有军令在先，故此莽撞。本要斩首，因众将苦苦哀求免死，打了二十军棍，送来验伤请罪。'"张保奉令见到杨再兴，跪倒说明事由，并请杨将军验伤是真是假，请杨将军原谅。杨再兴明白了，说："如此还像个元帅，你回去，约你家元帅明日再战，分个高低。"张保答应，又背着岳云下山。

却说岳飞大战杨再兴三百多个回合，不分胜负。心想自己和杨再兴不分上下，无法说服他归顺，加之他儿子岳云欲上阵与杨再兴决一雌雄，被他喝令制止后，还将自己儿子杖了二十军棍，心中甚是闷闷不乐。回到账中靠着桌子蒙蒙睡去。在帐中忽见一小校来报说："杨老令公求见。"随后走进一位鹤发童颜的老将官，岳飞连忙走出帐外迎接，进帐后，分宾主坐定，老者道："我乃飞山令公杨再思是也。因我玄孙再兴在此落草，特来奉托元帅，恳乞收在你部下立功，以便杨名显亲，不胜感激！"兵飞道："小将久有此心，怎奈你玄孙本事高强，我与他大战三百回合都胜不了他，实在难以将他收服。"杨令公道：""'他使的是杨家枪术，只有'撒手铜'可以胜得。待我传授于你，包管能降服他'。"杨令公说罢，起身执枪在手，岳飞也把枪拿在手中。二人大战数个回合，那杨令公拔步佯装败走，岳飞随后紧追上去。那杨令公左手持枪，回转身分心便刺。岳飞才把枪招架，杨令公右手举铜，叫一声"牢记此法"。随即，把铜在岳飞背上一捺，岳飞一跤跌倒，猛然醒来，却是南柯一梦，但他突然想起当年再兴授枪时，曾教自己回马枪。或许这一招可以生效。

岳飞想起自己做过这个梦后，对擒获杨再兴心里有了底。于是，第二天传来将令，亲自披挂上阵。杨再兴拍马迎战，二人也不答话，各举长枪相迎大战数个回合，岳飞佯输败走，杨再兴早忘了自己当年曾经教他杨家枪的回马枪，于是放松警惕，大胆赶来，眼看赶上，举枪就刺，岳飞左手持枪拨开，回转身分心佯刺，杨再兴急忙招架，二人斗到分际，杨再兴一枪猛刺过去，岳飞就用手中枪隔开杨再兴的长枪，杨再兴不提防，露出肩膀和后背，没想到岳飞会用杨令公梦中说的撒手铜绝招，紧接着，岳飞右手擎出背后的银铜，暗暗在杨再兴的肩膀后背，轻轻一捺，杨再兴坐不住鞍鞒，跌下马来。岳飞慌忙下马，双手扶起，叫道："将军请起，恕本帅有罪。"杨再兴满面羞愧，跪倒地下，说："元帅，本人孤陋寡闻，不知道岳家枪也有回马枪，小将已知元帅本事，甘心服输，情愿归顺。"撒手铜破杨家枪以后，岳飞告诉杨再兴回马枪并非岳家枪独创，而是杨家先祖托梦授予自己杨家回马枪收服杨再兴。杨再兴自觉辱没杨家忠烈威名，羞愧难当，答应归降，和岳飞结为兄弟。

岳飞见到杨再兴，既不愤怒，也不高兴。原来这岳飞是惜才之人。他见杨再兴相貌不凡，又有胆识，于是说："吾不杀汝，汝当以忠义报国。"杨再兴被岳飞不计前嫌之义举感动。他感恩依言，拜谢岳飞。

到了次日，岳元帅传下号令，收兵回朝奏凯。一路上，众将士有说有笑，满面春风。杨再兴和岳元帅并辔而行，兄弟俩说起朝中之事未免有点感慨。岳家军一路来到瓜州渡口上，韩元帅早已备齐船只，请岳元帅大兵渡过大江。岳元帅介绍杨再兴与韩元帅认识，韩元帅留他们二人歇马，盛情难却，岳元帅只好答应。到了第二天早晨，岳元帅、杨再兴作别回京。兄弟俩一路快马加鞭赶上队伍。到了离临安不远，探军来报："水寇戚方领兵来犯临安甚急，特来报知。"岳元帅听了，传令扎营在夹地巷口。为了让杨再兴立功，命杨再兴带领三千人马，速去救应。话说杨再兴领令出营，带了三千人马开拔。一路行去，正遇着戚方领了大队喽啰，蜂拥而来。杨再兴也不等他人马屯扎，就挺枪掩杀过去。那边戚方也持枪迎住，大叫一声："来将何人？报上名来。"杨再兴笑道："强盗！你听好了，我乃岳元帅麾下大将杨再兴是也！贼将快报上名来。功劳簿上好记你名字。"戚方说道："小子，竖起耳朵听好了，我乃太湖水寨赛霸王戚方是也！识相的，快快放下手中的家伙投降，免得身首异处。"杨再兴听了，大喝一声："贼将休得狂言，吃你杨爷爷一枪罢！"说罢一枪刺来。戚方见杨再兴来势凶猛，连忙接住厮杀。双枪并举，两马齐登，战了二十来个回合，杨再兴佯装败逃，戚方见了随后追赶。杨再兴见戚方追来，突然回过身来，一枪刺向戚方咽喉，戚方也非等闲之辈，他身子一偏躲过了这致命的锁喉枪。杨再兴见戚方躲过，只好使用"撒手铜"，他一铜打去，戚方闪得快，又躲过去了，可怜那马被杨再兴一铜打中马头，把马头打得粉碎。戚方慌了手脚，早被杨再兴擒过马来，摔在地下，命军士绑了。戚方部将罗刚见杨再兴擒了戚方，心中大怒，拍马上前，也不答话，举刀便砍。杨再兴拦开罗刚的刀，轻舒猿臂，一把将罗刚擒了过来，也吩咐军士绑了，解往元帅大营去报功。戚方部将郝先在后压阵，忽听喽啰来报："戚方、罗刚二人被杨再兴擒住了"，飞马冲来，见了杨再兴，也不答话，抢刀就砍。杨再兴架开刀，一连几枪，杀得郝先浑身是汗，招架不住。郝先见不是杨再兴的对手，掉转马头就走，杨再兴打马追来，赶上郝先，伸过手来把郝先夹腰一把抓过，叫军士绑了。众喽啰看到三位大王被杨再兴一眨眼的工夫都抓去了，哪里还敢抵抗？他们一哄而散。杨再兴率领三千军士大杀一场，杀得那些水寇死的死，逃的逃，剩下的只好乖乖放下武器投降。杨再兴第一次出兵，刹那间活捉三位首领，几乎全歼了水寇。他率领将士们回营邀功。岳元帅大喜，给他记下首功。岳元帅称赞道："贤弟真乃盖世英雄，一出兵，就将三个贼寇首领擒获！照贤弟这样的身手，何愁金人不灭，二圣不还？"杨再兴谦虚地说："元帅过奖了，此次征战之所以成功，全仰仗元帅的虎威，小将只不过略尽绵薄之力罢了。"岳元帅传令把这三贼推进来，稍后，三人带到，当面跪下。元帅问道："尔等既被我将擒来，有何话说？何不归顺宋朝，立功之后，封妻荫子？"三人一齐说道："蒙元帅不杀之恩，愿投麾下，稍助元帅之力。"岳元帅见他们一口答应，吩咐左右松了绑。"本帅与三位将军结为兄弟，不知可否？"岳元帅问道。三人听了齐声说道："元帅不杀之恩，恩同再造，怎敢再行结拜？实在折煞小人。"岳元帅说道："三位将军不必推辞，凡是我帐下众兄弟都是曾经与我结义过的。既然归降，以后大家就是兄弟，有福同享有难同当。"戚方、罗刚、郝先听了，感激涕零。岳元帅于是与他们三人拜了把子。这三位又和岳元帅手下众将相互见礼，以兄弟相称。见礼已毕，岳元帅吩咐他们回去收拾粮草人马来见营中报到。不一日，水寇人马俱已到齐，元帅吩咐将人马收入本营，军政司收了粮草，一面申奏朝廷。将人马屯扎在城外安顿。岳元帅安顿好人马之后，进了临安城，来至午门下马。进殿见驾，三呼已毕，奏道："杨再兴投顺后，擒拿戚方、罗刚、郝先，俱已平服投顺。"高宗闻奏大喜，即封杨再兴为御前都统制，戚方等且暂居统制之职，日后有功，再行升赏。

　　洞庭湖平杨幺时，岳飞勇赴金兰宴，杨再兴奉命接应，舍生忘死，搭救岳飞，枪挑雷家五虎将，威名远扬。蛇盘山之战，杨再兴生擒贼首杨枭。大破五方阵之时，杨再兴在严成方的协助下，枪刺洞庭湖第一勇将小霸王杨凡。虽然杨再兴和岳飞相处较少，但和岳飞肝胆相照，归宋时间不长，杨再兴就立下了赫赫奇功，甚至超过了很多岳家军旧将。岳飞最重要的战役是郾城大捷，也称第四次北伐，自古就有撼山易、撼岳家军难的传说。杨再兴在郾城大战中发挥了重要作用。郾城大战几乎叫金兵全军覆没，成就了岳飞和岳家军的不世威名。欲知后事如何，且听下回分解。

旗 第八回
郾城大捷凯歌奏 千古奇冤英魂留

第一节 大战前夕

宋绍兴十年（1140）七月初，金兀术探知岳飞军驻郾城，兵力单薄，企图一举消灭岳家军指挥中枢。于是率精兵十二万南侵，渡过黄河，继续南下，直扑郾城。惊雷震天，狂风怒号，树木被刮得东倒西歪。戴着面具的金兵，在其头领金兀术等的率领下，骑着包裹皮甲的战马，端着锋利钢刃的长柄刀枪，凶神恶煞般地扑向中原大地，一路烧杀抢夺。路上，金兀术对麾下诸将道："南宋诸路大军皆容易对付，唯独岳家军兵精将勇。同时岳家军还有河北义军的支援，其锋芒不可小视。所以想要战胜岳家军，就需要找准战机，诱使岳家军孤军深入，然后尽遣金兵主力与之一战。我已告诉秦桧，配合我作战。"

且说杭州西湖岸，锣鼓喧天，鞭炮齐鸣。武将骑马在前面开路，依次缓缓前进着描龙画凤的几顶彩轿。来到西湖最美的景点，锣鼓声和鞭炮声相继停止。彩轿刚停下，轿夫们用手擦着脸上的汗水，微微喘息着。在衣带飘飘的宫女们搀扶下，宋高宗赵构和他的正宫、东宫、西宫娘娘以及受宠嫔妃们依次下轿，在宫女们簇拥下欣赏仙境般的美景。观赏荷花时，宫女们一齐用优美的舞姿和银铃般的声音演唱着苏东坡的名诗：

毕竟西湖六月中，
风光不与四时同。

接天莲叶无穷碧，

映日荷花别样红！

沉浸在美景、美女与美诗中的宋高宗如痴如醉，怡然欢悦。突然，远处人群中响起极其悲愤的诵诗声：

山外青山楼外楼，

西湖歌舞几时休？

暖风薰得游人醉，

直把杭州作汴州！

恰似一声惊雷，震得宋高宗、娘娘和嫔妃们打了个寒战。宋高宗发旨："谁胆敢扫朕的兴致？与我拿……"下字还没有出口。一个年轻的武士骑马匆匆赶来，下马走近宋高宗轿前，神色慌张地跪下说："启禀皇上，大事不妙！"赵构惊魂未定，故作镇静地说："天塌地陷了吗？大惊小怪！真扫兴！"武士悲泣着说："金、金兀术又率领六十万虎狼兵马，一路南侵，快杀到河南郾城附近了！"赵构顿时惊慌，声音发颤地问："秦、秦丞相知道了吗？他不是与金朝签了议和协议吗？宋朝年年上贡，承诺彼此互不侵犯了吗？宣秦丞相进朝议事！"宋高宗不悦地哼了一声……

此时，丞相府内，秦桧正与夫人饮茶密谋。沉思片刻，秦桧情不自禁地狂笑起来："金兀术让我害死岳飞，宋高宗也不希望救回徽、钦二帝。二帝回来后，高宗就要让位。我正犯愁没有办法。哈哈哈哈！金兵又杀过来，机会到了。天助我也！"夫人问："老爷，您一高兴奴婢便猜到了，一定又想出妙计了吧？"秦桧伸长脖颈，把嘴凑近王氏耳朵，神秘而扬扬得意地说着自己的诡计。夫人听了，眉开眼笑，竖起大拇指："丞相的计谋高、妙、绝！先战后召，这回岳飞死定了！让他跟金兀术玩几下，若败了，咱借金兀术之刀杀了他；若胜了，咱借高宗之刀杀他！一举两得！您咋比诸葛亮还能啊。"秦桧兴奋地拥吻着王氏，冷笑着："嘿嘿！他诸葛亮千古留名，我秦桧也要万代皆知！天生我才必有用也！哈哈哈哈！"王氏分别在秦桧得意忘形、丑陋的左右脸腮上各吻了一下，咕咕笑着："老爷您呀，真乃前无古人后无来者的天下第一奇才也！"外面太监宣旨："宣秦丞相觐见。"秦桧夫妇不禁同时打了个哆嗦……

皇宫内，宋高宗坐在龙椅上，众臣分列两旁，高宗开口："秦爱卿，挽大厦于将倾的希望就寄托在你身上了。"秦绘急忙下跪道："臣跪谢皇上厚爱。"宋高宗道："秦爱卿，朕佩服你足智多谋，临危不乱，曾签约哄退了金兀术。不料如今金兀术背信弃义，置两国和约如废纸一张。又率六十万虎狼雄狮犯我中原，十二万向河南郾城附近开拨。虎视眈眈，伺机攻城。而岳飞兵少将寡，如何抵抗？依卿高见，如何是好？"秦桧望着宋高宗焦虑的表情，信誓旦旦地说："皇上不必担心！凭岳元帅高超过人的武艺和军事谋略，加之岳家军以一当百的本事，别说区区十二万金兵，就是一百二十万兵马，也不是岳元帅的对手！不用调集一兵一卒，大宋江山固若金汤矣！"宋高宗长出一口气，如释重负道："如此说来，朕就放心了！烦请秦爱卿调集粮草，从后方大力支持岳元帅，确保他阻金军于长江以北。万不得已时，就再议和，划江而治，长江以北划给金国，各不犯界，朕也能吃个舒心饭，睡个安稳觉了！"秦桧别有用心地说："皇上放心！前些年金军入侵汴京，不仅掳走徽、钦二帝，而且把多年积累的国库一掠而空。眼下元气尚未恢复，怎能再动用国家资财？臣相信岳元帅自会以大局为重，想方设法，克服困难，战胜金军，确保我大宋平安无虞矣！"宋高宗点点头道："秦爱卿果然以国为重！不过，朕还有点儿心神不宁，烦请你代朕起草圣旨，传谕岳元帅，英勇抗敌，胜者有赏，不可轻动，宜且班师。倘若战败，提头来见！"秦桧压抑不住心中的兴奋，响亮地说："臣遵旨！"

岳飞率领轻骑正在行军，准备驻扎在郾城沙、澧二河之间的吕庄。

岳飞下令："为严明军纪，不骚扰地方百姓，在郾城吕庄西的一棵大杨树上挂我佩刀一把，宣布'冻死不拆屋、饿死不掳掠'，秋毫无犯，违令者斩。"部下："遵令。"

行军路上，牛皋见地里萝卜长得十分青翠，走到岳元帅面前。牛皋说："元帅，军兵已三天没进汤水了，肚子里咕咕地直叫。能否让大家拔些萝卜充饥解渴？"岳飞沉思："如今胡虏横行，灾荒连年，赤地千里，民不聊生，而皇上苟安江南，我岳家军北上驱胡，朝廷竟然粮草不济，却如何是好？军兵饥饿难忍，若同意拔萝卜，我岳家军一向纪律严明，岂不毁于一旦，不！不能坏了规矩。"岳飞命令："马上在大路口竖起一块木牌。"岳飞用手指蘸着墨汁在上面写了几个大字；"郾城萝卜，百姓之粮；若有损害，一律严惩。"岳飞继续行走，一个士兵气喘吁吁地跑了过来："元帅呀！不知是哪个该死的竟把您竖的字牌窃走了，又另立了一块牌。"

"啊？"岳飞吃了一惊，忙问；"那牌上写了些什么？"

士兵说："那上面写的是什么'郾城萝卜，专供军队；愿吃就吃，何必拦阻？'"岳飞听了，大怒道；"胡说！是谁违抗军令，毁我军纪，堕我士气，必从严处理。"

岳飞急忙来到了大路边，俯身一看，果然不假。他正要挥剑向木牌砍去，却又很快地把扬起的宝剑收了回来。原来，他发现在字牌的左下方落款是："郾城百姓敬启。"

迎面走来一个挑着柴火的中年汉子，哼着山歌："将士饿肚不用愁，扯个萝卜哪算偷？郾城萝卜吃不尽，吃了不再烂地头。自愿送给岳家军，能解饥渴笑颜留。"岳飞听后道："这般灾荒之年，百姓连树皮野菜都拿来充饥，哪里还有萝卜烂地头的事？……"

那中年汉子上下打量岳飞，见岳飞浓眉大眼，气度非凡，放下柴火，急急上前拱手施礼："大人！你是头吧？这萝卜如果你们不来帮忙吃点，我们就只好让它一年年长着，最后烂到地头。"岳飞问："可你们为什么自己不吃呢……"那中年汉子没等岳飞把话说完，就哈哈大笑起来："这个请大人不必担心！我们这里能吃的东西多啦！这是有意给岳家军留的，既解渴又充饥。"岳飞沉吟了半晌，然后，把手臂一挥。"嗯，既然如此，我将士正饥渴难耐，请你回村商量商量，这萝卜我们就按价买了罢！"

老百姓争先恐后地抬着一篓篓又白又嫩的萝卜来到了兵营。不一会儿，一堆堆萝卜竟堆得像小山似的。对牛皋说："让大家暂时用萝卜充饥吧。"于是士兵围着一堆一堆的萝卜，横啃竖咬，个个吃得饱饱的。

吃过后，岳飞付银子，老百姓死活不要，推辞说："岳家军南征北战，为赶走金兵命都不顾，我们怎么好意思要钱？你们如果非要给钱，就先把萝卜还给俺吧。"岳飞无奈，只好偷偷小声给牛皋吩咐："趁老乡不注意，把银子偷偷放在空筐里。"转身握着一个老人的手："老人家，谢谢你们的心意。"牛皋趁岳飞和老人说话的机会，把钱放在空筐里。老百姓望着远去的岳家军背影依依不舍。突然有人发现自己筐里有钱，但岳家军已经走远，大家感动得热泪盈眶地说："岳家军纪，名不虚传。"

岳飞率领轻骑驻扎在沙、澧二河之间的吕庄。为严明军纪，不骚扰地方百姓，果然在村西一棵大杨树上挂佩刀一把，提出"冻死不拆屋、饿死不掳掠"，违令者斩。部下谨遵其令，秋毫无犯，感动得当地百姓纷纷扶老携幼欢迎岳家军。（后世为了纪念岳飞，吕庄改为挂刀营，现源汇区空冢郭乡指挥寨村，郾城大战时是岳飞的指挥部。）

金兀术觉得等到了歼灭岳家军的机会，随即挑选了一万五千名骑兵，前往偷袭岳家军设在郾城的大本营。金兵还在郾城附近四处骚扰。宋军虽有十万人左右，但已经分十二支军队，分别驻守中原各地。郾城元帅部除去守城部队和火头军、辎重兵等后勤人员外，直接参战的不足一万人。而金兵后续部队还有六十万大军正源源不断地赶来。

岳家军在小商桥一带排兵布阵的主力只有八千人，其中岳飞已将手下八百健儿，连同太行山的忠义山兵共有六千久经训练的精锐将士，分为马步两队，骑兵称为"游奕军"，步兵称为"背嵬军"，分交牛皋、汤怀、岳云、张宪、岳亨、徐庆等带领。"游奕军""背嵬军"都是一正两副，每日率领全军，操演值勤，准备迎战金兵。

岳飞在营帐里看《孙子兵法》。由于夜以继日地研究战胜金兵的策略，加之营养不良，岳飞生了病，不得不半躺在床上被子里看书，头上盖着毛巾。医生把熬好的中药端过来放到床头，正在阅读《孙子兵法》的岳飞，目不斜视地端起碗喝起来。一位系围裙的司厨人员悄悄端一碗水煮鱼进来，不声不响地放在岳飞面前的桌子上说："元帅，你一天不吃东西了，请用餐。"岳飞放下《孙子兵法》，瞟了一眼碗中的鱼，厉声问："士兵们也吃鱼吗？"司厨人员低声说："捕捞的鱼太少，因为你生了病，只给您炖一碗！补养一下身体。"岳飞瞪司厨人员一眼，威严地说："你想让我带头破坏我亲自制定的军纪？从元帅到士兵食宿要一律平等！"司厨人员心疼地道："岳元帅，您是一军之帅，养好身体，才能指挥千军万马打败金军哪！"岳飞怒喝道："胡说？！我一人身体再健壮，能打败几十万如狼似虎的金军吗？快端走，送给那位训练时受伤的小伙子吃！"司厨人员眼含热泪，心不甘情不愿地把一碗鱼端走……岳飞吩咐门口士兵说："让掌勺师傅给我舀一碗和士兵一样的拌着野菜、树叶的面粥。"饭端来，岳飞坐起来开始喝。

王佐看到帐篷里岳飞也在喝拌着野菜、树叶的面粥，热泪夺眶而出。他急忙擦擦泪说："我说呢，岳家军将士们蹲在地上吃午饭，碗里的野菜、树叶，被他们像吃美餐一样津津有味地嚼着，虽苦犹乐。原来是元帅以身作则呀。元帅生病，不能这样下去，我要想法给他改善一下……"

练兵场上，岳云正和何元庆二人骑马对练双锤攻防术。二人四把钢锤叮叮当当，杀得难分难解，不分输赢。二人都感到人困马乏了。岳云才大喊一声："暂停！"

二人各骑战马正要回营房休息，站在一旁悄悄观战已久的王佐向岳云摆摆手。岳云骑马向王佐走去。王佐示意岳云下马。岳云牵着马，王佐跟岳云一边并肩走着，一边说着只有他们自己才能听见的秘密话。王佐说："岳元帅有病，日渐消瘦，我们想个办法吧。"岳云说："王叔，你说怎么办？我听你的。"王佐伏在岳云耳朵旁说了一句。岳云说："爹爹知道了，还不杀了我。"王佐说："为了元帅的身体，我们就说是借来的。"岳云点点头。

附近拐张村农民张财旺家，张财旺走进鸡窝，发现少了两只鸡，大吃一惊，大声喊："啊！遭贼了？"儿子张全有连忙走上前，声音颤抖着说："我听见鸡叫唤，急忙跑过来，发现两个人影抓着鸡跑了，我没有撵上。"张财旺惊奇地说："半夜来贼偷鸡了？"气得直跺脚，问："你看清楚了吗？是不是金兵干的？"张全有摇摇头，带着哭腔："我，我看不像金兵，听一人说：'给元帅炖碗鸡汤'，倒像中原人。我猜想可能是岳家军士兵。听说他们断粮了，只好吃野菜、树叶充饥了！"

张财旺心疼得哭出声来："呜呜——数那两只鸡肥呀，正下蛋！我的命根子啊！"张全有说："爹，我跟您找岳飞要鸡去！他们到处贴告示：冻死不住百姓房，饿死不抢百姓粮！这一回，看他咋说？"张财旺点点头，说："走，找岳飞去！"

岳飞营帐内，岳飞怒气冲冲，一拳砸在桌子上。肃立在营帐中的王贵、汤怀、张显、牛皋等将官都面面相觑，不敢作声。岳飞怒不可遏地说："他们俩真是吃了熊心豹子胆，无法无天了！身为粮草总管和背嵬军之首，竟公然违犯军纪，半夜去偷百姓鸡！是可忍，孰不可忍也！本帅一言九鼎，谁讲情也不管用！非杀了他们不可！不杀不足以平民愤，不杀岂能正军纪？"所有将官都一齐跪下。

王贵望着岳飞道："元帅息怒！大敌压境，斩杀大将只能让亲者痛仇者快也！您已决定关他们三天禁闭，让他们闭门思过了！依弟愚见，人非圣贤，孰能无过？还是让他们戴罪立功为好！"众将官一齐求情："对，让他们戴罪立功吧！"

岳飞怒目圆睁，大声喝道："住口！军中无戏言，违令违纪者斩！谁的面子也不看，就拿我的儿子岳云和结拜兄弟王佐开刀！家有家规，军有军纪，国有国法！王子犯法与黎民同罪！没有规矩不成方圆，没有纪律难打胜仗！"众将官都泪流满面。

李财旺和张全有在门外已听到岳飞所言。此刻，二人急忙进来，同时扑通跪下，流着泪说："岳元帅，俺们不追究了！刚才大家告诉我了，不知道你有病，需要补养，全当俺送的，饶了他们吧！"

岳飞斩钉截铁地说："谁说也不行！三天之后，在贵村打麦场上，召开公审大会，斩杀这两个违犯军纪的偷鸡贼，把你们的两只鸡物归原主！"

张财旺和张全有痛哭失声。岳飞一挥手，威严地说："都回去吧！看谁还敢违犯军纪？看谁还敢侵占庶民百姓丝毫利益？！"二人互相看看，无可奈何地离开。

拐张村打麦场上，人们围得里三层外三层。麦场中间，两根木桩上分别绑着王佐和岳云。二人垂着脑袋，背上都插着姓名被打红×的亡命旗。在王佐、岳云身侧，张财旺和王全有各抱一只鸡，双眼垂泪地站立着。岳飞腰挎宝剑，怒目圆睁地站在王佐、岳云面前。岳飞身旁，站着手执短刀的行刑人牛皋。王佐、岳云对面，还站着王贵、汤怀、张显、何元庆等将领和排成几路纵队的岳家军兵士们。

其余方向，站着许多老百姓，除拐张村的，还有附近村庄闻讯而来的男女老少。岳飞怒目喷火，喝问王佐、岳云："你们身为粮草总管和背嵬军首领，明知偷占黎民百姓财物即为死罪，为何还知法犯法，竟往刀锋上撞？活够了吗？说！说说你们的理由！"

岳云看看王佐，低头不语。王佐因成竹在胸，毫不畏惧，像背诵自己预先编好的剧本似的："岳元帅，兄弟作为粮草总管，由于秦桧阻挠调拨粮草，眼睁睁看您和士兵们一样挖野菜、吃树叶，心疼得要命啊！那天你生病，炊厨人员破例给您炖一碗鱼，您却大发雷霆，非让人家端送给受伤的士兵！所有知情人都感动得掉泪呀！您是一军之帅，肩负着大宋和中华民族兴亡重任呀！从皇帝到黎民百姓都眼巴巴指望您指挥咱们岳家军，打败金兵，收复河山，迎回坐井观天生不如死的徽、钦二帝呀！为了保证元帅身体无虞，我一时糊涂，才出此下策。与岳云无关。要杀就杀我一个人。"

岳飞的两滴热泪夺眶而出，他快速擦掉眼泪，仍然严肃地说："咱们岳家军将士，大多来自穷苦百姓家，正是为了黎民百姓不受金军烧杀抢掠，咱们才抱成一团，出生入死，与敌人浴血奋战哪！连士兵都知道，我岳家军冻死不拆屋，饿死不掳掠，抢夺百姓一钱一物定斩不容！宁可饿死，不与百姓争食呀！这些军纪，不是你和我共同制定、共同书写的吗？我还命令岳云，带领几位小青年，到郾城近郊张贴军纪告示，难道是哄老百姓吗？死到临头，还有何话可说？"岳云垂首不语。王佐抬起头，非常诚恳地说："岳元帅，饶了您的亲骨肉岳云吧，是我让他做的，就算兄弟最后求您了！好汉做事好汉当，这事全怪我，一时忘了军纪，动了邪念。错以为拉上岳云，您看在父子情分上，会睁只眼闭只眼从轻发落。想不到您六亲不认，执法如山！那就让我王佐以死向百姓们谢罪吧！"

岳云一梗脖子，大声道："父帅，要杀就杀我吧！王叔上有古稀高堂，下有待哺儿女，不能因一念之差丢了性命，让他父母白发人送黑发人，悲恸欲绝；不能让他儿女那么小就失去父爱，凄苦一生啊！"

岳家军将士们不约而同地跪倒一片，都痛哭流涕地说："岳元帅，请您法外开恩，饶了他们，让他们戴罪立功吧！"所有的黎民百姓也都跪倒一片，哭着求情道："岳元帅，饶了他们，让他们多杀几个金兵吧！"

岳飞环顾四周一大片跪倒在地苦苦求情的人们，长叹一声："唉——多好的将士们，多好的乡亲们哪！"岳家军将士们看到岳飞面部表情有所缓解，忙趁热打铁，继续求情："岳元帅，您的英雄儿子岳云一人可杀上千金兵啊！饶了他们，咱们岳家军才有胜算哪！"

牛皋手中的短刀也故意掉在地上，口中嘟囔着："岳家军的刀怎能杀岳家军将官啊？"岳飞厉声问："不杀他们，贴在墙上的军纪岂不成了一纸空文？你不杀我杀！"

岳飞从腰中拔出宝剑。岂料，站在岳云身旁的张财旺丢下鸡子，一步冲上去，从士兵手中夺过宝剑，横在自己脖颈上，痛哭道："我该死！俺太小气了！你们岳家军为了赶走金兵，解救老百姓，和敌人浴血奋战，却用野菜、树叶充饥，不许拿百姓们一粒粮食啊！可恶的几十万金兵压境，你们只有八千人，不吃粮食不吃肉，怎么能有力气战胜那么多敌人哪？别说两只鸡，就是牛、猪，也应该献给你们！没有你们守护，别说俺们的财产了，恐怕连命也保不住哇！岳元帅，您不饶他们，俺感到丢人现眼没法活了，我只好以死谢罪！"正欲自刎，岳飞夺过宝剑。

老百姓一齐跪下喊："岳元帅，饶了他们吧！我们不了解你们遭奸臣陷害，不拨粮草，忍饥挨饿和金兵打仗，俺再困难，也要支持岳家军呀。"

岳飞流着泪跪下对张财旺说："大爷，请你收回宝剑。犬子给你带来麻烦，我岳飞给你道歉了。无论穷富，岳家军也要为大宋所有乡亲浴血奋战！今天看在你和大家的面子上，先饶了他们，让他们戴罪立功吧。"

李财旺和张全有忙把岳飞搀起。岳飞把宝剑缓缓插入鞘中。李财旺、张全有和牛皋忙上前解开王佐、岳云身上的绳子。牛皋一把把亡命旗拔下来扔出好远。

第二天，周围的百姓听闻消息后，纷纷肩挑车推为岳家军送粮食。

路上，推车的李老汉问挑担的张老汉："老张，你给岳家军送的什么？"张老汉说："我将自家珍藏的 300 斤粮食拿出来碾米磨面，仅用了三天的时间做成干粮，送给岳家军。老李，你呢？"李老汉说："我不仅给岳家军送 200 斤粮食，还听说他们吃菜很困难，将自己家留着过冬的两千斤大白菜用大车送给他们去。"

有的推着车，车上装的是一头大肥猪，有的牵着羊……男女老少络绎不绝地从四面八方向岳家军练兵场集中。妇女儿童有的背半袋粮食，有的提一篮馒头，有的牵羊，有的抱鸡，还有的抱着西瓜、冬瓜、南瓜等。

人们把带来的东西悄悄放在练兵场上，扭头便走。被士兵拦住："别忙着走，岳元帅说了，不让收老百姓的食物。"

李老汉说："岳家军是国家和黎民百姓的保护神！眼下，金兵压境，郾城和大宋江山危在旦夕。而奸臣阻挠供应粮草，俺怎么能眼睁睁看着你们吃野菜、树叶，而俺们吃粮食，能咽下去吗？"一个小青年说："兵马未动粮草先行，你们岳家军缺少粮草，让金兵杀过来，大宋就完了！黎民百姓只有死路一条哇！"一个小媳妇说："俺们可没让你们岳家军违犯军纪呀？军纪上写的是：饿死不抢百姓一粒粮！你们没有抢俺们一丝一毫财物，是俺们甘心情愿送给你们的呀！"一个老婆婆说："岳元帅说过，老百姓是水，岳家军是鱼！鱼儿离不开水，可俺们这些水也要养活鱼呀！"……

岳飞骑着战马，走到练兵场中间，不断调换方向，劝说百姓们："父老乡亲们，我岳飞代表岳家军谢谢你们了！为这么好的黎民百姓出生入死，抛头颅，洒热血，值了！眼下，岳家军虽然一时粮草不足，由于大家送粮送菜，我们也挖了许多野菜，基本解决了饥饿，大家不要继续送了，我们不能违犯自己制定的军纪，再饥饿也不能跟乡亲们争食！大家都是穷人，家里的粮食都不多。我们决不能再争夺你们那一点点口粮！前几天，连降暴雨，秋苗被淹，秋收无望。下半年老婆孩子怎么办？我岳飞求你们了！大家把口粮还拿回去吧！我们饿不着，你们放心，我们有信心，有力气，有武功，有智谋，保证赶走金兵！"所有的百姓都纷纷跪下，许多声音哭着恳求："岳元帅，这是百姓之心哪！请您收下吧！你若不收，俺就跪着不起来。"岳飞也从马上跳下来，一一扶起。岳飞含着眼泪说："乡亲们，既然大家非要放下，那就登记一下，先暂借乡亲的粮草，以后一定双倍奉还。由于大家的日子也不好过，不要再送粮送草了，你们的心意，俺岳飞领了。"

招兵场上，四面八方的青年纷至沓来，争先恐后，报名参加岳家军。

登记过的都由老兵领着，前去换军衣领武器。王贵、汤怀、张显、岳云四位将领趴在桌子上注册登记。忽然，岳云发现一位年过八旬、白须盈尺的老人前来登记。岳云摆摆手："老爷爷，您这么大年纪了，不符合我们岳家军招兵规定啊！"老人大眼一瞪，不服气地说："当兵不是为了赶走金兵、保家卫国吗？只要有力气有武艺，管啥年龄大小？"岳云问："老爷爷，您有八十多岁了吧？"老人捋着白须："八十多岁怎么了？当年老黄忠八十岁还跃马挥刀杀敌取胜威震四海扬名千古哩！"岳云笑问："老爷爷，您想和三国英雄老黄忠比？"老爷爷气呼呼地说："小伙子，别瞧不起俺，你敢跟俺比试高低吗？"后面一个小青年对岳云说："老爷爷家可是郾城的武术世家，有名的武术高手，方圆几百里，他还没有遇到对手。"岳云笑着："老爷爷，别开玩笑了！您想跟我这年轻人比试比试？"老人笑着说："咱俩打个赌，如果老朽输了，立马回家，如果赢了，咋说？"岳云为了劝说老汉回去，一拍胸脯："如果你能赢了我，立刻让你参加岳家军！如果你输了，可不能再报名了。"老人信心满满地说："一言为定？"岳云斩钉截铁地说："军中无戏言！比什么？"老人说："马上比兵器，和金兵斗，不会使兵器能行吗？"岳云说："我用双锤，老人家用什么兵器？"老人说："大刀！"转眼工夫，两位兵士各牵一匹战马，岳云持两锤，老人持一把大刀走来。岳云和老人翻身上马，在练兵场无人处对打起来。岳云一套套高超绝妙的锤术，都被老人用娴熟的刀术化解。老人越战越勇。岳云故意渐渐后退。此时，站在岳云身后、观察好久的岳飞大喜过望，上前用沥泉枪隔开二人武器。老人大笑："岳公子，服不服？"岳云在马上抱拳施礼："晚辈甘拜下风！佩服，佩服！"老人跳下马来，一位士兵接过大刀。岳飞走上前来，和老人紧紧握手："您就是当代老黄忠啊！贵姓？"老汉抱拳施礼："姓张。岳元帅，过奖了！老朽早想用这把老骨头，跟金兀术那小子拼个你死我活啦！"岳飞问："你练的什么拳？"张老汉回答："我自小在少林寺习武弄拳，后来又学习岳家拳——心意六合拳。"小青年急忙说："张爷爷是六合拳的高手。他收的徒弟无数。"岳飞说："虽然爷爷精神可嘉，但上战场岂不让金兀术笑话咱中原无人？部队有年龄规定，你可以动员你的徒弟参军。"

远处，打马飞驰而来十二位巾帼英雄，前面一个貌美如花的姑娘道："报告岳元帅，我们也要求参加岳家军。"岳飞说："可惜岳家军这次征兵，不收女士。"张老汉说："她们可是我的徒弟，带队的是杨家将后代、杨延昭的重孙女杨少英，她的武功不亚于我。你不是让我动员我的徒弟参军吗，元帅可不能食言呀。"岳飞欣喜地迎上前去，表示欢迎："姑娘们，我们就破一次例，收下你们。"

岳飞发出命令："包括新入伍的岳家军，马上集合！"千余位岳家军大小将士们按序站成整齐的队伍，聆听岳飞做战前动员。岳飞站在大家前面，激情澎湃地演讲着："岳家军的将官们，国家兴亡，匹夫有责！多年来，因金兵一次次侵扰我中原大地，致使国家危难，二帝被掳，山河破碎，民不聊生！今天郾城兄弟姐妹们毅然离开父母，准备跃马挥戈，同仇敌忾，为保家卫国浴血奋战！目前，金兀术又率十二万大军，兵临郾城，妄图伺机血洗郾城，消灭岳家军，为灭宋兴金扫平道路！咱们能答应吗？"大家齐声高喊："以死相拼，决不答应！"岳飞接着说："敌众我寡，从军力对比，咱们处于劣势，大家有勇气有信心决战决胜吗？"

大家齐减："以一当十，视死如归！"

岳飞说："金兵膀大腰粗，徒手打起来我们要吃亏。因此要抓紧习练六合拳，六合拳讲究的是以柔克刚，以快克刚。大家练拳时要做到：'心到意到，意到气到，气到拳到。'即行拳和击技时要重心意，以心行意、以意导气、以气运身。同时求六合，身一动要六合，即手与足合、肘与膝合、肩与胯合、心与意合、意与气合、气与力合。内外六合要以心意指挥，以神气贯通，岳家拳也称心意六合拳。此拳练起来，要如猛虎下山、势如破竹，如蛟龙出海，游刃有余。记住了没有？"大家异口同声喊："记住了！"岳飞说："这位张爷爷是六合拳高手，我任命他为武术教练，带领大家习练六合拳好吗？"众口一词："好！"张爷爷带领队伍开始操练六合拳。

岳飞满意地露出笑容，指着站在一旁的王贵问："咱们是发小，令父又是我救命恩人，咱哥俩一块儿长大，情同手足。你说说，咱们能以少胜多，以弱胜强，有把握取得这次郾城保卫战吗？"王贵被问得抓耳挠腮："这？这？金兀术可是六十万大军，我们只有一万人，能否取胜我没有把握。"岳飞问其他将军："你们说呢？"大家面面相觑。

岳飞掷地有声说："以少胜多，只能靠智慧取胜。大家要开动脑筋，勤于思考哇！我们不能硬拼。大敌当前，咱们首先要明确，敌人的兵力、部署、意图和他们的优势、劣势，我方的兵力优势、劣势和巧妙对策，知己知彼，才能战而胜之！眼下，金兵的优势就是兵强马壮，能征善战，已知他们企图用拐子马、铁浮屠和铁滑车这三大法宝制伏咱们，而咱们的兵力仅占他们十五分之一，处于明显的劣势。由于老百姓的大力支援，咱们面临最大的问题粮草和兵员暂时得到缓解。敌军横行霸道，而我们岳家军历来军纪严明，不准出现一次损害老百姓利益的事情！只有这样，才能赢得民心，得民心者才能得天下，得民心者才能保江山！而得民心和官兵齐心协力抗战正是咱们的两大优势，也是战必胜、攻必克的保证！各位将军，各位士兵，我向你们布置三大任务，相信你们一定会做百分之百努力，圆满完成！"将士们齐喊："请元帅放心，您布置的任务，一定百分之百完成！您指向哪里，我们就冲向哪里！"

岳飞微微点头，声如雷霆："粮食虽然有了，我们要勤俭节约，精打细算。第一，趁雨过天晴，全体出动，采集野菜、树叶，捕捞河水中的鱼虾。所有岳家军官兵，包括我在内，每天都积极采集足够的青草、野菜，解决马匹的饲料，能做到吗？"回答响亮回答："能！"岳飞接着说："第二，这几天连降暴雨，黎民百姓也遭了灾难。有的人家房倒屋塌，有的人家院子、庄稼泡在水里，甚至还可能淹死人！咱们岳家军，要把百姓当作自己的亲人，为他们分忧解难！因此，趁这几天不打仗，大小将领要分工带士兵们深入百姓家，帮他们修房、筑墙，救患病砸伤的人员，下水打捞被冲走的物品，把黎民百姓的事儿，当作咱们自己的事儿！能做到吗？"回答响亮："能！"岳飞继续："第三，除了每天起五更准时演练杀敌本领，还要为对付金军的拐子马、铁浮屠、铁滑车共同想办法。战前要筹备大量火药，制造引火之箭，为远道而来的不速之客放放鞭花，送他们魂归故里！能做到吗？"回答更响亮："能！"岳飞大手一挥，自豪地说："谢谢兄弟姐妹们！只要咱们大家齐心协力为国家和百姓着想，一切行动听指挥，发扬咱们岳家军智勇双全、战必胜攻必克的大无畏精神，团结奋战，就一定会创造出比青龙山、爱华山更伟大的战斗奇迹！"岳飞的一席演讲，像一把把火炬，点燃得大小将官们心中热血沸腾，豪情万丈……

夜里元帅营帐外，电闪雷鸣，暴雨狂风。营帐内，岳飞坐在桌后椅子上，借着微弱的烛光，专心致志地阅读《孙子兵法》。他阅读片刻，便停下来，皱眉思考抗敌策略。帐外报："统制王佐来见元帅。"岳飞道："快请！"王佐掀帘走进来。岳飞起身让座。二人入座。岳飞和王佐相对坐着，皱眉思考。岳飞看着沉思不语的王佐，试探着问："王贤弟，你是统制，又是军师，兼粮草总管。这次金兀术率十二万大军直扑郾城，意欲扫平咱们岳家军以除后患，然后大军南下，再像上次擒获徽、钦二帝，改宋为金，称霸天下。请问，在咱们兵少将寡，缺粮少草，明显处于劣势的情况下，如何应对十五倍于我的金军，创造一次以少胜多、以弱胜强的战争奇迹？"王佐文质彬彬地说："岳大哥，您不是命岳云和何元庆化装成讨饭叫花子，冒雨冒险去逮个金兵，先摸清敌方意图，然后制订应对方案吗？"岳飞回答："是呀，你是不是有了谋略？你不用回答，我们二人用两个字把战略意图写在手上，看看想法是否一致。"王佐笑笑道："好吧。"二人写好后，摊开手掌，看了一眼，击掌大笑。两人手掌都是"智胜"二字。岳飞点点头，笑道："咱兄弟心有灵犀一点通啊！现在趁岳云、何元庆还没逮来金兵，咱们先猜猜看，能不能看透敌人的心思？等逮来敌兵，验证一下是否准确？"王佐笑望着岳飞说："您是哥，您先说！"岳飞也笑道："贤弟，为兄想考考你，你怎么反将一军，考兄长呀？"王佐谦虚地说："哥哥是大海，兄弟是小溪，小溪和大海怎能并驾齐驱？说实话，兄弟惭愧，几天来日思夜想，总是一团乱麻，理不出个头绪呀！大哥博览群书，足智多谋，还是您先说吧，也好让兄弟长长见识！"岳飞捻须沉吟片刻说："好吧，当哥的就来个抛砖引玉吧？"王佐催促岳飞道："大哥，您快说吧！"

岳飞不慌不忙，娓娓道来："依我看，金兀术和他大哥粘罕这次直扑郾城，一定会吸取以往在青龙山和爱华山惨败的教训，其狗头军师哈迷嗤经过周密思考，一定拿出一套对付咱们的诡计！我几夜未眠，猜来猜去，不外乎这四步棋！"王佐迫不及待地问："哪四部棋？"岳飞伸出一个指头，说："第一步，围困静观！"王佐半信半疑道："围困静观？"岳飞解释："金兀术虽然知道郾城驻军少，但又怕我们演的是空城计，所以不会贸然进攻，只会试探性进攻。加之刚刚安营扎寨，正赶上七月雨季，老天爷也发怒了，惊雷狂风，连降暴雨，沙澧河暴漫。他们初来乍到，地形不熟。兵书上说：不打无准备之仗，不打无把握之仗。所以，我敢断言，他们在短期内是不可能轻举妄动，大规模进攻的！只会围而不打，或围而小打，这样咱们的兵马缺少粮草无法坚持下去怎么办？"

王佐担忧地道："所言有理。您明令禁止将士们不得袭扰百姓。那么，咱哥俩只有舍脸亲赴县城，求县尉开仓放粮，度过战时饥荒。否则，将士们忍饥挨饿，怎么能打胜仗呀？"岳飞点点头说："明天，咱哥俩只好亲自出马找鄢城管粮草的县尉了！"王佐问："大哥，您猜的金兀术第二步棋会怎么走？"岳飞伸出两个指头道："他们的第二步棋，肯定是给咱们送粮送肉！"王佐出乎意料，摇摇头："他们傻呀？给咱们送粮送肉，让咱们吃饱了，有力气了，好战胜他们？金兀术傻呀。"岳飞笑道："金兀术不仅不傻，而且以为技高一筹！据探子报告，秦桧已经把给岳家军断粮断草之事透漏给金兀术，狡猾的金兀术会认为这是拉拢岳家军的好机会，在咱们最饥饿的时候送粮送肉，等于雪中送炭。目的是感化咱们向他们投降，助纣为虐，当他们的打手，为他们灭宋兴金之大业效劳！"王佐嘴一撇："想得美！咱们岳家军是有奶便是娘的怕死鬼吗？"岳飞接着道："他们或许会先送少量的粮肉，让咱们放心吃，如果达不到目的，会接着再送有毒的酒、肉、粮、面，像宋徽宗毒杀宋江等梁山好汉那样，除掉咱们！"王佐点头道："有道理！大哥，咱们如何对付？"岳飞胸有成竹："金兀术送来的第一批牛羊，肯定是糖衣，可以收，他看咱们没有归顺他们，第二次肯定送的是毒酒毒肉，一律不收，他们的阴谋不就落空了。"王佐点头道："对。"岳飞微微一笑道："只要动脑筋，办法总比困难多！道高一尺，魔高一丈。狐狸再狡猾也斗不过好猎手！"

此时，岳云、何元庆押着捕获的金兵走进帐来。三人不约而同地向岳飞竖起大拇指。岳飞莫名其妙地问："你们为何向我竖起大拇指？"何元庆迫使金兵跪在岳飞面前道："岳元帅果然神机妙算！您猜测的三步棋俺们在窗外都听到了，和金兀术、哈迷嗤的阴谋诡计居然丝毫不差呀！俘虏交代，金兀术正计划用酒肉收买咱们，收买不成，就用毒酒毒肉灭掉岳家军。"岳飞大笑道："金兀术多次想收买岳家军，打了几次交道，还不知道他金兀术吃几个馒头喝几碗汤？"岳元帅对金兵大吼一声："快说，你们的铁浮屠和拐子马是怎么回事？"金兵磕头如捣蒜说："岳元帅饶我一死，报告元帅，铁浮屠是金兀术的亲兵，他常常亲率往来督战，每个兵穿两重厚厚的铠甲，胸带铁兜牟，周匝皆缀长檐，其下乃有毡枕，三人为伍，以皮索相连，上起阵来宛如一层接一层墙，每前进一步，即有拒马木堵塞后路，退无可退，常用于正面进攻。'拐子马'是他的主力铁骑兵，每三人三骑为一联，人马虽也披中轻铠甲，稍逊铁浮屠，除关节、马蹄和眼睛外，其他部分都裹得严严的，马头上佩有利刃，马上人都端着极锋利的长枪。由于拐子马行动比较机动灵活，常用于两翼包围。"岳飞问："铁滑车呢？"金兵答："那是铁铸的滚子战车，重达千斤，靠从高处推下来碾压敌人制胜，掌握铁滑车的是头戴双层铁盔、身披盔甲的藤甲兵。"岳飞心里奇怪问："拐子马是当年梁山好汉呼延灼用过的连环马，金兀术是如何知道连环马的？"金兵为了保命，不得不说："金兀术抚养十多年的双枪陆文龙，早年从宋军中学到的连环马与铁浮屠大炮，金兀术花了多年的心血创练而成的。"岳飞把手一挥说："把他们押下去。"俘虏被士兵押走。

岳飞胸有成竹地望着岳云和何元庆，自豪地说："有对策了！哈哈哈哈哈！"岳云和何元庆迷惑不解，王佐微笑不语……

王佐道："元帅，咱们把对付铁浮屠和拐子马的策略写在手上，看看是否想法一致。"岳飞说："好啊。"二人写好，同时摊开，原来是"钩连枪、麻扎刀、大斧"几个字。岳飞继续说："向年呼延灼曾用过连环马，被徐宁的'钩连枪'钩断马腿破了。靠近了可以用麻扎刀砍、大斧剁。因为咱们的兵马容易箭伤，因此还要训练藤牌军掩护他们。"众人点头："元帅高见。"王佐说："咱们把对付铁滑车的方法写在手上。"二人写好后摊开双手大笑起来。原来两人都写的是"挖陷阱"三个字，二人大笑。

郾城城门头外，哈迷嗤率领一批金兵，骑着马，赶着抬着酒、猪、羊来到城外。哈迷嗤用沙哑的声音喊着："岳家军的弟兄们，我们狼主四太子仁慈，知道你们多日不喝酒吃肉了，给你们十桶酒，几十头活猪、活羊！你们都是明白人，识时务者为俊杰。别为残宋卖命了！我们已将你们包围，对抗只有死路一条！如能投降，平定残宋后，送给岳家军大宋半壁江山哟！"哈迷嗤听听无回应，让几个弓弩手把传单扎在箭头上，向城内射去。岳飞和几位将领在城头站着，听到哈迷嗤蛊惑人心的宣传声，相视一笑。汤怀捡起一支带传单的箭镞，交给岳飞。

岳飞看了一眼，鄙夷地扔出好远。王贵问："岳大哥，这批猪羊咱们收不收？"岳飞胸有成竹，笑着："哈哈！咱们好久不喝酒吃肉了，人家大老远送酒送肉来了，为何不收？打开城门，让他们进来吧！我已安排五百名弓箭手，他们不敢轻举妄动的！"岳飞让两位士兵去开城门。收下酒肉后，几位将领异口同声地喊道："金兀术是傻瓜，送酒送肉玩得花，养得身体棒棒的，再送你们回老家！哈哈哈哈哈！"哈迷嗤气得面红耳赤。

郾城县衙，县尉、师爷和岳飞、牛皋、王佐面对面坐在桌子两边，桌上有摆好的酒盅和菜盘，县尉端起酒盅说："岳元帅，你们劳苦功高，请举杯！"岳飞有些不悦地对县尉说："我今天来，不是喝酒的，是来要粮草的。兵马未动粮草先行。目前，金兀术率十二万大军压境，他们意欲除掉我们岳家军而剑指江南！因天降暴雨，他们无法攻城。我们岳家军粮草全靠老百姓接济，将士们吃的粮食掺多半树叶、野菜呀！遍地是水和泥泞，那么多战马也一天只能喂一次草哇！兵马没有战斗力如何打胜仗？明明国库有粮草，你就忍心看着把我们保家卫国的兵马都饿死吗？说句难听的话，难道那些粮草给金兀术的兵马留着吗？"王佐也附和："是啊！国库里储存的备战粮草，眼下战火已经烧到身边了，还不让用，准备让金军抢走吗？"

县尉一摊手，为难道："秦丞相有令，没有皇帝圣旨，谁也不许动用国库一粮一草，违令者斩！谁敢冒犯圣威呀？再说……"县尉看看身边的师爷，示意让他圆场。师爷文绉绉地说："岳元帅，咱们都是朝廷命官，唯皇上圣旨是从，身不由己呀！再说，秦丞相已经派人又给国库门上加了把大铁锁，人家拿着钥匙，实在爱莫能助呀！"

牛皋气呼呼地说："好，好，好！放着粮草不让用，等我们岳家军的兵马都饿死了，让金军砸开门抢走，或一把火焚烧了吧！"王佐也气愤地说："岂有此理！金兀术听到此消息，恐怕会高兴得手舞足蹈呢！"牛皋大怒，咬牙切齿地拍着桌子道："一定是那金兀术老儿和秦桧内外勾结，想饿死咱岳家军！"县尉和师爷都低着头，无言以对。岳飞和牛皋、王佐气得站起来，各拿起放在门口的雨伞，含怒走进风雨，三人都哼了一声。

县尉说："秦丞相的话，谁敢不听。好心好意招待你们，你们却拿架子不吃，不能浪费，那咱们吃了吧。"县尉和师爷都拿起筷子笑着吃着盘子里的烧鸡……

夜里金兀术营帐里灯火辉煌，金兀术和粘罕正坐在桌旁饮酒。桌上三支蜡烛，四盘熟肉，一壶高粱酒，两个银酒碗。

满面愁容的金兀术和副帅大哥粘罕正在对饮，以酒浇愁。兄弟俩连碰三碗，仰脖张口，一饮而尽。粘罕满脸通红，喷着酒气，气呼呼地说："老四，给岳飞送酒送肉也难收买他的心。父皇老狼主不该让你当大元帅，领兵南征啊！兵贵神速，袭敌于措手不及！你不懂这军事常识吗？咱们兵入郾城那天，天气晴好，我让你下令，马不停蹄，人不卸甲。凭咱金军能征善战的十二万雄兵，难道吃不掉他驻守在郾城的区区八千名岳家军吗？可你优柔寡断，错失良机，非要了解地形，摸透岳家军底细，瞄准岳飞战略部署才去进攻！说什么岳飞一贯谨慎，是不是在郾城摆下的空城计？说知己知彼方能百战不殆！现在可好，老天爷连降暴雨，低处是水，高处是泥，如何进兵？此时进攻缺乏天时地利啊！"金兀术瞪大眼睛，亮着粗嗓门："大哥，别说醉话了！天不早了，回去躺在床上，好好反思一下，你在青龙山，因轻敌冒险进军，好几万队伍败给区区八百名岳家军，连你也被活捉，险些丢命的教训，没有忘记吧？"粘罕感到羞辱，反唇相讥："老四，你哪壶不开掂哪壶！光知道揭大哥的短，怎么不说你在爱华山被岳飞以少胜多，打得溃不成军，差点儿被活捉呢？哼！"金兀术羞愧得捂着眼睛，好久才道："不经一事，不长一智呀！咱们都领教了岳飞的厉害，你还记得岳家那个叫高宠的小将，连挑我十一辆铁滑车！那铁滑车可有上千斤，这不是霸王再生是什么？想想都让人后怕。"

第二节 郾城大战

　　为了趁岳飞统帅部在郾城只有一万驻军，为了一举消灭岳飞，消除心患，金兀术正以最快速度集结一万五千骑兵。从小路绕过岳飞的先头部队，直奔郾城！他想：岳飞是整个岳家军的灵魂，只要杀掉他，大局定矣。一万五千铁骑昼夜赶路，距离郾城还有二十里时才被发现。金兵以重装骑兵铁浮屠作正面进攻，"拐子马"侧面包围。金兵还装备有铁铸的滚子战车——铁滑车随后（类似于现在的坦克），掌握铁滑车的千余兵头戴双层铁盔、身披盔甲的兵是"藤甲兵"。"藤甲兵"是金兀术侍卫亲军，战斗力极强。

　　铁浮屠虽然厉害，但由于装甲过厚，固定太死，行动不便，只有少数身强力壮的女真人骑手装备。真正上阵的是主力轻装骑兵，号称"拐子马"。"拐子马"每三人三骑为一联，人马虽也披重铠，但人行动比较灵活。马头上佩有利刃，马上人都端着极锋利的长枪。每联马前还配有一个特制的拒马刺，上起阵来宛如一层接一层墙，戈甲鲜明，耀眼生光，遇人人死，遇马马伤。遇到平原旷野，冲起锋来，万蹄踏尘，惊天动地，后面再有千万人擂鼓助威，声势越发惊人。兀术平常看得最重，这次出兵，先在顺昌府排兵布阵。因遭大雨，"拐子马"为刘铸所败，连死带伤去了一小半，非常痛惜。因往襄汉这一路，平原无多，再往前进，更多水路，本来留在前面，不舍轻用。也是一时情急无计，以为当地战场是平野，可以一试，便调了来。当日命韩常暗带三千"拐子马"先出挑战。

　　岳飞全身披挂，扎住营帐。出阵远远望去，二十里开外，金兵铺天盖地而来，军旗猎猎，炮声连天，剑戟如林。岳元帅升帐说："董将军听令，命你为先锋，率四将，带领三千背嵬军步兵和游奕军骑兵，离营一箭之地，扎住营盘！不等金兵安营扎寨，趁其立脚不稳，听号令进攻！""得令！"董先接过令箭，带领人马而去。

岳飞全身披挂，站在城头，远远望去：金兵铺天盖地而来，军旗猎猎，炮声连天，剑戟如林。

战斗爆发，董先一马当先，向金兵冲去。金兵佯装扎营，见宋军杀来，闪开两旁，只见杀气腾腾的重骑"铁浮屠"正面冲来，锐不可当。"拐子马"则偷偷在两翼展开合围之势，进行包围。

董先见敌军来势汹汹，重骑金兵"铁浮屠"又似妖魔鬼怪，皱眉道："从来没见过如此鬼怪官兵。"忙对部下说："赶快通知元帅，多设弓弩石子，严防死守，吊桥高扯，一旦兵败，郾城危矣！"

一声炮响，金将完木陀赤和完木陀泽左右闪开，"铁浮屠"后面又拥出轻骑"拐子马"。一排弓弩，一排长枪，共一百排，直冲出来。把董先率领的军兵团团围住。董先大叫："众官兵！'食君之禄，与君分忧'，家国有难，我等舍身报国，何惜生命，和金兵拼个你死我活！"

说完按按头盔，紧紧攀胸挺枪跃马，杀进金营，枪挑剑刺，可无法穿透装甲极厚的"铁浮屠"。

金兵为首一将，身长丈二，青面獠牙，赤发红须，坐下一匹金狮吼，手端铁方量，和董先战在一起。"拐子马"更是横冲直撞，如入无人之境，不到一个时辰，杀死投奔岳家军的九宫山寨主陶进、贾俊、王信、王义等，岳家军首战不利。

董先的坐骑没有见过只露着眼睛的"拐子马"，以为是野兽乱蹦乱跳，吓得急忙后退。董先坐骑被金兵趁机砍断马腿，一声长啸，摔倒地上，压住董先不能动弹，被敌将用铁方量砸死。岳家军被铁浮屠和"拐子马"伤害无数，不得不败退，金兵攻到城下，见万弩齐放，乱石飞空，不敢前进，停止进攻。

宋军向岳飞报告："报告元帅，董将军战死沙场！"岳飞泪如雨下，大喊："苦哉苦哉，怨我没有准备，盲目出战，此仇必报，不杀金贼，誓不为人！董将军是怎么战死的？"来人报："敌人重骑兵'铁浮屠'坚不可摧，而后大批连环轻骑'拐子马'，临阵从两翼出击，左右穿插，出没于侧翼或纵深，横冲直撞。由于速度快、变化多、装甲厚，我军猝不及防，被伤无数。"

岳飞满眼垂泪，遂传令整备祭礼，遥望金营哭奠一番。

岳飞命："吃一堑长一智，不打无准备之仗，暂时闭门休战。孟邦杰、张显听令，你二人各带兵三千，习练钩连枪，专演练钩拐子马腿；张立、张用各带兵三千，习练藤牌，保护进攻'拐子马'的钩连枪部队。"四人接令。

树木掩映的演练场上，岳飞、王贵、汤怀、张显、牛皋和王佐等岳家军首领，正在兴致勃勃地观赏孟邦杰等人演习钩连枪。孟邦杰说："我代表大家演习一下钩连枪，如果成功，也不负多日心血。"孟双手握着丈余长柄的钩连枪，以最快速度向三十米处一棵碗口粗枯树冲去，钩住树身，用力猛拉，"咔嚓"一声，枯树倒地。岳飞等人跑向前去，仔细端详，发现锋刃完好如初。岳飞高兴得拍着双手，然后又向孟邦杰竖起大拇指，夸奖说："非常好！这下，金兀术操练好久、自以为咱们无法破解的拐子马，必然在咱们的钩连枪下人仰马翻，一倒一大片！"孟邦杰笑着说："岳元帅，功劳应归于您啊！"岳飞摇摇头说："明明是你们的功劳，怎么能记在我账上呢！"孟邦杰说："岳元帅，功劳非您莫属！"岳飞迷惑不解，仍然摇摇头。孟邦杰笑着揭穿谜底："您视黎民百姓为父母，百姓们也把咱们岳家军当作亲人。听说咱们制造这么多钩连枪缺少钢铁和长白杆，就千方百计送来这些急需物资，还帮助咱们找到几个铁匠铺，锻造钩连枪弯刀和安装呢！"

岳飞深情地说："只要咱们岳家军把百姓当成一家人，和他们同甘共苦，心往一处想，劲往一处使，还怕那些扰民、掠民、杀民的侵略者吗？"众人一齐说："对！得民心者，得天下！"

岳飞、王贵、汤怀、张显、牛皋和王佐等岳家军首领，又开始观赏何元庆、余化龙演示的引火箭效果。何元庆、余化龙同时拉弓试射引火箭。二人嗖嗖嗖各射三箭，全部命中百米外用松油浸过的兽皮衣甲。顿时，六件衣甲熊熊燃烧，片刻间化为灰烬。岳飞等将领向何元庆、余化龙鼓掌祝贺。岳飞兴奋地即兴吟诵一首《清平乐》：

金军自吹，防箭好甲盔。

任是刀枪休入体，对手自叹倒霉！

　　也许道高一尺，必有魔高一丈。

　　看我火箭飞去，狂徒何处躲藏？

　　众人听后，一齐鼓掌。何元庆手持一支引火箭，对岳飞说："岳元帅，您交给俺们的任务能在短期内超额完成，多亏了附近村的乡亲们大力支持啊！"岳飞双眼一亮，说："乡亲们也会制造引火箭？"何元庆笑着说："众人拾柴火焰高，乡亲们虽然不会制造，他们听说咱们造火箭的原料不够，东奔西跑，仅仅三天，找来了磷硝、硫黄和竹子，到现在还没用完呢！什么时候，咱们也不能忘了老百姓啊！"岳飞同感共鸣地说："元庆说得好！咱们岳家军时刻想着老百姓，老百姓也会时刻想着咱们！他们的事儿就是咱们的事儿，咱们的事儿也是他们的事儿！有了黎民百姓的大力支持和援助，别说十二万金军，就是一百二十万，咱也不怕！"众人掌声雷鸣。

　　月朗星稀，岳飞带着张保、王横往荷叶岭茂密的树林里去侦探。三人悄悄地摸到了金兵营地，发现树林里藏着许多铁滑车，外面用杂草树叶覆盖着。张保蹑手蹑脚走过去看看道："原来这玩意儿四个轮子，木质骨架，外包铁皮，前端有利刀数十把，上载石块，大概有千斤以上，借助陡坡滑行碾压我方。"

　　三人在林外草地上发现：树林中的铁甲军在喝酒吃肉。只听得一个头领大叫："兄弟们都给我精神点，明天就是我们铁甲军大显身手的时候了。我们穿的藤甲是桐油浸泡过的，非常结实，刀枪不入，明天把岳家军引到荷叶岭，我哈铁龙要让那岳南蛮尝尝铁滑车的滋味。"

　　岳元帅悄悄对张保、王横道："二位，情况基本清楚了。金兀术的铁甲军一直隐蔽在树林里。大家都知道铁滑车的厉害。高庞一代猛将也死于铁滑车下。铁甲军那些金兵都是一些穿着藤甲的士兵，可以说刀枪不入。如果和他们硬碰硬，咱们只会吃亏。今晚，我们在那里听到一个消息，金兀术明天打算把我军引到荷叶岭，用铁滑车对付我们。"

　　张保焦急地说："怎么办？"岳飞成竹在胸地说道："铁甲营要想和我们交战，必须推到荷叶岭上面宽阔之地滑动。金兀术企图引诱我军到这里，把铁滑车从荷叶岭推下来碾压我军。地形我都看好了，我们只要在铁滑车必须经过的几个地方挖下陷坑，让前面的铁滑车陷进去，后面的就寸步难行了。

只要铁滑车失去了作用，我们就可以趁机火烧藤甲军，用钩连枪破'铁浮屠''拐子马'，藤甲军仗着铁滑车耀武扬威，只要毁掉铁滑车，那些金兵的嚣张气焰就会消失一半。"王横大喜："那我们趁天黑挖好陷坑，诱他们上钩。"岳飞继续说："藤甲军的衣甲都是刀枪不入的软藤条，那些藤条都是用桐油浸泡过的，非常结实。但桐油怕火。只要发射引火箭，就能消灭它。"

战场上，岳飞命令："孟邦杰、张显听令，你二人带兵三千，准备用钩连枪钩'铁浮屠''拐子马'马腿。"二人道："得令！"岳飞命令："张立、张用听令，你二人率三千藤牌军到金营讨战，引出'拐子马'。"

双方拍马相迎，杀成一团。金将诈败进营，岳家军追赶。只见金兵吹号击鼓，一声炮响，三千连环'铁浮屠''拐子马'团团裹将上来。孟邦杰、张显不慌不忙，用钩连枪专钩马腿，一部分人用马扎刀砍马蹄；金兵忙对钩连枪队射箭，张立不慌不忙，吩咐三军用藤牌遮住，金兵弓箭纷纷落下。

另一战场，何元庆、余化龙等抖起精神，一杆长枪专挑"铁浮屠""拐子马"骑兵的咽喉、脸部和软肋，一连挑死了十多个。何元庆的双锤也一连打杀了十多个。藤甲军将铁滑车向宋军推下来。何元庆躲过"铁浮屠"直奔那些金军，杀进包围圈，他左挑右刺，把余化龙救了出来。

那些"铁浮屠""拐子马"骑兵见他们突围出来，重新形成新的包围圈，将两人团团围住。何元庆、余化龙等大将被分割包围，只好浴血奋战。

金将哈铁龙大声喊道："小南蛮，放下武器投降吧！你们根本不是本大爷的对手。"

孟邦连带领兵马围上来，使出钩连枪，一连钩倒数匹马腿，因为马匹相连，一匹倒下，其余纷纷倒下，自相践踏。金兵大乱，纷纷逃跑。

荷叶岭战场，金兵的铁滑车又缓缓地从高坡上滑过来，由于地势比较平坦，铁滑车滑行的速度也非常快。哈铁龙命令藤甲军："把铁滑车排成一字形，一辆接一辆向前推！"

何元庆、余化龙等看到铁滑车冲来，急忙闪开，只听得"哎呀"一声，一个铁滑车掉进了陷坑，其他铁滑车急忙停下。藤甲军把铁滑车想法抬出来。突然无数宋军从四面八方包围上来。他们一个个手里拿着土火箭射向藤甲军。那火箭一射到身上，立马着火，火势越来越大。藤甲军一个个身上熊熊燃烧，想要脱下，却无法做到，因为藤甲早已被烤化和身体融为一体。

哈铁龙趁着混乱偷偷溜了。金兵不得不放弃其余的铁滑车逃跑。

没有掉进陷阱的铁滑车被宋军推入河中。"铁浮屠"和"拐子马"被刀砍枪钩，马腿折断，纷纷倒地。只听到人哭马嘶，哀号一片。

岳元帅在郾城城头遥望金兵前面旗帜众多，后面尘土高扬。对岳云下令道"金兀术不死心，大队金兵赶到，你率背嵬军为先锋主动出击，给敌人一个下马威。如不胜，斩尔之头！"

岳飞又命："杨再兴听令！你率大军随后。记住，前面的敌军虚张声势，后面藏有'铁浮屠''拐子马''铁滑车'，这次不比平常，能胜则进，不能胜则退守城内，切记不可造成将士大量伤亡。"

岳飞命："孟邦杰、张显听令，你率领钩连枪队专门对付'铁浮屠''拐子马'。"岳飞又命："张立、张用听令，你率领藤牌军，保护钩连枪队。"四人同时："得令！"冲出城门。

岳云首遇金将大喊："呔，小爷爷这柄锤不杀无名之辈，快报上姓名来！"来将答道："吾乃大将韩常也。"刚一交手，韩常哪里是岳云的对手，手起一锤，把他砸落马下。喝道："去罢！"

岳云要追，随后赶来的杨再兴见金兵主动闪到两旁，心中生疑，连忙拦住道："敌兵都往两旁躲散，必有诡计。"

岳云勒住马。忽见金兵散处，后面突然涌现出大队铁骑连环"拐子马"。杨再兴笑道："果不其然，岳元帅所料不假，中间是'铁浮屠'，两翼还有'拐子马'，他们诱惑咱们进攻，分割包围。可惜孟邦杰的钩连枪不在跟前。可命众将士站住，我两个先讨他一点彩头再走如何？"

二人欲进，忽听身后马蹄声，急回头，"背嵬军"部将王刚带了五六十名骑兵由后赶来，大喝："岳公子，元帅说了，不要和'铁浮屠''拐子马'硬拼，等孟邦连带领钩连枪兵马赶到再出击。"

岳云说："我和杨将军稍微试一下虚实就回来。"杨再兴已单骑向前走去，岳云便跃马赶上前去。

金将刘大保首先被杨再兴迎住，杨再兴那杆枪神出鬼没，只战两个回合，刘大保便眼花缭乱，中枪落马。

另一金将是阿里朵学董，被岳云迎住，才一接触，便被岳云铁锤震得两膀皆麻。金将急忙闪开，身后大队"拐子马"一拥而来，杨再兴、岳云各催战马，冲杀上前。杨再兴坐下马初见只露出两眼的"拐子马"，以为是妖魔鬼怪，吓得后退。右边又有数十联"拐子马"涌到，靠近的一联敌马，手中长枪已朝杨再兴人马猛刺过来。杨再兴正和正面的敌人战斗没有注意，猝不及防，眼看形势危急。

忽听大喝，一条人影带着一团寒光，突由斜刺里横飞跑过来。跟着便听琅琅一片急响，目光到处，正是岳云。原来岳云的马，见"拐子马"奇形怪状，以为是野兽，也不敢向前。岳云突见杨再兴危险，索性跳下马，纵身一铁锤，先将敌兵的三支长枪全数打飞，再猛力将锤一挥，内中两马头被打碎，一马受伤倒地。

这时孟邦连带领兵马已经赶来，使出钩连枪，一连钩倒数匹马腿，金兵坐下马不死即伤，"拐子马"被钩连枪钩倒一匹，后面的拐子马又冲杀上来，没有钩倒的一拥而上。但禁不住大批钩连枪钩断马蹄，"拐子马"纷纷倒地，金兵急忙射箭，被藤牌挡住，纷纷落地。金兵见"铁浮屠""拐子马"被破，有的金兵从地上爬起来，和宋军拼命，双方刀光剑影，枪折刀断，又开始徒手搏斗。由于金兵生来体格高大威猛，自以为力大无穷，会占尽便宜。没想到岳家兵不慌不忙，发挥岳家拳的威力，心与意合，意与气合，气与力合，同时手与足合，肩与胯合，肘与膝合，出手快似脱兔，响如雷鸣。远了便脚踢，近了便加膝，远了便上手，近了便加肘，打人如拔草，上打咽喉下打阴，左右两肋打中心，快、猛、毒、狠，招招致命，令金兵猝不及防，把膀大腰圆的金兵打得头晕眼花，满地找牙，屁滚尿流，有负隅顽抗的命丧拳下。没有死的吓得慌不迭往后退去，溃不成军。岳云、杨再兴挥兵追杀残敌。

金兵逃到沙河旁，岳飞带领大队人马出城和岳云、杨再兴追到沙河。金兀术后续大队人马赶来接应。岳飞传令："杨将军，我们二人分两路，将军可同岳云孩儿分调各营，四面截杀。我管领中军水营，安排守御。看他来渡河来攻，用火炮管箭发射杀敌。"

岳云说："爹爹可命中营大桅上立起楼橹，孩儿亲自在上击鼓。中间竖一大白旗，爹爹只看白旗为号，鼓起则进，鼓住则守。金兵往南，白旗指南；

金兵往北，白旗指北。爹爹听桅顶上鼓声，再看号旗放炮射箭，务叫他片甲不回，再不敢窥想中原矣！”

岳元帅听了，大喜道："我儿也开始学习策略，言之有理！"岳云道："当年梁红玉将军曾用此招大破敌水兵。"

岳云即便软扎披挂，将大铁环系住四面战船，但看中军旗号，看金兵哪里渡沙河，就将号旗往哪里扯起。那些兵，摇橹的，荡桨的，飞也似的去了。布置停当，然后在中军大桅顶上，扯起一小小鼓楼。岳云令一名士兵管着扯号旗。自己踏着云梯，双肩一晃，噌噌噌早已到桅杆绝顶，离水面有数丈。看到金营大队人马，如蝼蚁一般，一目了然。

指挥士兵摇着号旗，岳元帅根据号旗，安排火炮管箭射击，敌人水战失败，吓得屁滚尿流，狼狈逃窜。

金兵的"拐子马"、铁滑车被破后，水军又被杀无数。金兀术坐在中军帐，郁郁寡欢，唉声叹气，自言自语："路战、水战皆战不过岳家军也。下一步我该如何？"

且说岳飞端坐帐篷，思量金兀术下一步会采取什么谋略。军士来报："报！韩世忠元帅、刘铸元帅、张俊元帅知道我军在郾城势单力薄，不顾秦桧阻挠，前来支援，已到郾城郊区，等候岳元帅调遣。"岳元帅大喜说："牛将军、王军士，你二位赶快迎接三位元帅。"牛、王抱拳："是！"走出帐篷。

迎来三位元帅入座后，岳飞说："我们开始吃了'铁浮屠'、'拐子马'、铁滑车的亏，想方设法破了，金兀术绝不会善罢甘休，一定会另想办法复仇。我已经安排人偷偷去打听金兀术的动向。"岳飞和众将伏案研究对策。

郾城大战，岳飞只用了三万多人马，竟将兀术十余万精锐之兵杀得稀里哗啦，追杀了三十多里，天已半夜，方始收兵。兀术一点残兵，只剩了两万多，闻报"拐子马"一骑不存，铁滑车、铁浮屠不复存在，放声大哭道："自从海上起兵，'拐子马'、铁滑车、'铁浮屠'战无不胜，这次南进，先败于刘铸，还是吃了天时地利的亏。不料平野冲锋，也被岳飞杀得一败涂地，片骑不回，此仇岂可不报！"越想越恨。金兀术不死心，忙又急调来了十二万精锐之兵，屯于临颍县，企图由临颍大举反攻，非将岳飞打败不可！有诗赞郾城大捷：

甲马铁车入梦来，僵卧野地枉自哀，
猎猎战旗郾临飘，咚咚战鼓响戍台。
钩连怒斩拐子腿，陷阱笑吞铁车栽，
郾城大捷雪前耻，收拾山河从头来。

第三节 血洒商桥

岳飞大败兀术之后，知他还有不少兵力，决不罢休，连忙整顿人马，乘胜前进，主动出击。岳飞正在调拨人马，杨再兴进帐请令，岳飞说："兄弟，你来得正好，方才得报，说金兀术不甘失败，企图再犯中原，已到朱仙镇，将近颍昌、临颍，贤弟可领兵五千为先锋，速奔探情，本帅率领各队人马随后就到！"杨再兴朗声道："有再兴在，金兀术何足道哉。"岳飞心有疑虑说："你千万不要麻痹大意。"杨再兴血气方刚道："俺要亲手擒拿金兀术，让他有来无回。"因杨再兴英勇善战，信心满满，岳飞恐其疏忽大意，本不令去，杨再兴力请不已，岳飞方始答应。

杨再兴自带五千铁骑星夜前往探敌。再兴去后，岳飞越想越不放心，又命张宪带了一队人马前往支援，以防万一。岳飞传令："张宪听令！为防意外，你带了一队人马前往支援杨将军。"张宪抱拳："得令！"

杨再兴率兵行至临颍县南的小商桥出巡，撞上了一名金将率领大队金兵行走。杨再兴对部下说："你等在此安营扎寨，我带三百兵去杀他一个翻天覆地。"杨再兴率兵冲杀金军，他截住金将，大喝一声："有杨爷爷在此，拿命来！"金军猝不及防、不知深浅，匆忙后退。杨再兴岂肯轻饶，紧随追击。越过一片丘陵，竟闯入十二万金兵大营，金兵纷纷围将过来，他与手下三百将士虽被包围，但杨再兴面不改色、奋勇杀敌。

金将万户长撒八字董挺枪迎上，没两个回合，被杨再兴一枪刺死于马下。金将万户萨巴慌忙应战，二人连战二十多个回合，杨再兴又一枪将万户萨巴挑在马下。

金军看到杨再兴只率领区区几百人，开始合围夹攻。杨再兴和三百名骑兵大义凛然，毫不畏惧，杀得金兵落花流水。

探马报："金元帅，一宋将率领三百骑兵，左冲右突，连杀伤了我千户大将一百多人，士兵 2000 人。"

金兀术闻听后，道："我不信，三百人敢闯我大军？谁有这个胆量，莫非岳飞？"

亲自骑马督战，果然见顶盔贯甲、英姿焕发的杨再兴，只带三百人马，手舞杨家枪，口口声声叫："杨爷爷要亲擒贼首金兀术！"

金兀术不由冷笑道："谁这么厉害，我以为是岳飞呢，一个小小的南蛮，杀鸡焉用牛刀。"于是大叫："大将雪里花兄弟四人！"四人异口同声叫道："到！"金兀术说："现在是擒拿这个小白脸、立功受奖的机会。你们兄弟四人号称我军无敌将军，我把功劳让给你们。"

老四雪里花南走马迎战，身穿索子黄金甲，头顶闹龙银盔，狮子口，高鼻梁，一脸连鬓胡子，哇哇大叫："来将何人？"

杨再兴冷笑道："无名之辈，爷爷是杨再兴，顺我者昌逆我者亡，快拿命来。"

雪里花南大怒，举刀就砍，杨再兴急架相迎，战不数合，只见杨家枪神出鬼没，雪里花开始还勉强招架，不一会仿佛雾里看花，头晕眼花，应接不暇，一不小心，被杨再兴一枪挑于马下。

老三雪里花北见兄弟死于非命，哇哇大叫："敢伤我兄弟，你死有余辜！"冲上来，手举开山大斧恶狠狠砍来，杨再兴不慌不忙拨开大斧，开始还击，上一枪禽鸟冲天，下一枪苍龙入海，左一枪大象甩鼻，右一枪豹子翻身，雪里花北看山山倒，看水水漫，竟眼花缭乱，有力使不出来，勉强战了十个回合，被一枪挑下马去。

老二雪里花东悲愤难忍，挥舞丈把长矛，冲上来，此人面如锅底，眼似铃铛，酷似张飞，不声不响，往杨再兴的两肋、心窝刺下去，谁知杨家枪更快，咣当一声，拨开长矛，反手向他刺去，雪里花东只顾进攻，不顾防守，刹那间颈上已被扎个窟窿，鲜血淋漓，翻身倒在马下。

老大雪里花西跑到阵前大骂："狗东西！连杀我三亲兄弟，定要挑你个透心凉，替兄弟报仇！"飞马挺枪而来，不由分说，嗖地一枪刺来，枪尖转着，枪杆抖着，好似怪蟒吐信一般，要把杨再兴吃掉。

杨再兴暗笑道："你这是鲁班门前弄斧，却不知枪是俺家的宝贝。俺给你亮亮回马枪吧。"他故意扭身转去。雪里花西见杨再兴背对着自己，以为他没有提防，对着杨再兴后背猛扎一枪，杨再兴回马一枪，磕开枪头，拿出铜，复一铜，打在其背上，将其打死于马下。

金兵见四位主将兄弟一袋烟的工夫，命丧杨再兴的手下，吓得魂飞魄散。金兀术忽听远处杀声如雷，张宪率领的支援大军赶来。金兀术没有想到一个不知名的白衣小将一瞬间竟杀死金军四员大将，现在宋营不知又有多少武艺高强的大将杀来，慌忙逃跑。逃跑中人碰人跌，马冲马倒，自相践踏，死伤无数。

杨再兴在后面追赶，心想："我何不抄近路，赶在金军之前，杀他个片甲不留！"再兴第一次到临颍，对地形不熟悉。谁知此处有条小商河，河被大雪遮盖，看不出河面。他求胜心切，冲到河边，不料一声响，跌下小商河，河内皆污泥杂草，犹如跌入陷阱，连人带马陷在泥中，挣扎不起。对岸埋伏了大量金兵弓箭手，看见杨再兴马越陷越深。忙喊："放箭！"

金兵金将万箭齐发，杨再兴浑身上下，射得如同刺猬一般，杨再兴无处可避，一边掐断射中身体的箭杆，一边奋力冲出泥浆，人马好不容易从泥中挣扎出来，快要走上对岸。金将大叫："不能让他上岸，这个南蛮子太厉害了，他若上了岸，我们都没命了。"

一阵乱箭射来，射中杨再兴要害，最终血槽尽空，万箭穿心，连人带马被射死。

岳飞闻报杨再兴率三百兵冲进金军大营，心想：再兴犯了孤军深入的毛病，大叫："再兴危矣。"于是又安排六队先行骑兵相继急速向临颍奔来，搭救扬再兴。岳云率第二队赶到，忽闻杨将军被射死，岳家军怒火冲天。那岳云一马冲入番营，大叫："俺岳小爷来为杨将军报仇雪恨了！"舞动那两柄金锤，如飞蝗雨点一般地打来，谁人抵挡得住！况且那些番兵俱已晓得岳公子的厉害，都向两边闪开。岳公子逢人便打，打得众番兵东躲西逃，自相践踏。岳云人杀成了血人，马杀成了血马，杀得金兵屁滚尿流。

第三队先行严成方已到。前队军士将杨先锋误走小商河被金兵射死，如今岳公子单身独马踹进番营的事说了。严成方闻言大怒，即传令三军安下营寨："等我去为杨将军报仇来！"把马一提，直至番营，高声大叫："俺严成方为杨将军报仇雪恨踹营来也！"抢动青铜倭瓜锤，打将入来，指东打西，绕南转北。寻见了岳云，两个人并力打来！那时兀术在大营，见小番报说："岳小南蛮又同了一个小南蛮叫作严成方，踹进营盘，十分凶狠，难以抵敌，望速遣将官擒拿！"兀术思想："某家十几万大兵来到此地，被杨再兴一人一骑挑死我四个先锋，杀伤我许多人马。如今又有这两个小南蛮如此厉害，叫某家怎能取得宋朝天下！"随即传下令来，点各营元帅、平章速去迎敌，务要生擒二人，如若放走，军令治罪！那些番兵、番将得了此令，层层围住岳公子、严成方厮杀。

再说那第四队先行何元庆领兵来到，军士也将杨再兴射死、岳公子与严成方杀入番营的事说了一遍。何元庆听了，比较谨慎，吩咐三军扎下营寨，他也是一人一骑，冲至番营门首，大喝一声："呔！番奴！俺何元庆来为杨将军报仇雪恨也！"舞动双锤，杀进番营。

随即那第五队先行余化龙兵马也到，听了此信，按下三军，飞马冲入番营，大叫一声："番奴闪开！余化龙来为杨将军报仇雪恨也！"把银枪一起，点头点脑挑来，好生厉害，杀得那番兵喊叫道："小南蛮一个比一个狠！"霎时间，冲透番营七层包围，撞翻八面虎狼军。匹马冲入重围，来寻众位先锋，共同为杨将军报仇。

不久，那第六队罗延庆人马又到，众三军也将杨将军牺牲的事说了一遍。罗延庆闻言，大怒道："尔等扎下营盘，等我去与杨将军报仇！"一马飞奔而来！知杨再兴射死在小商河内，延庆下马拜了两拜，哭一声："哥哥呀！你为国捐躯，真个痛杀我也！今小弟与兄上前去报仇，望哥哥阴灵护佑！"就揩干眼泪，上马提枪，竟往番营而来，杀入重围。罗延庆踹进番营，已是黄昏时分。

第七队伍尚志也到，三军也将前事禀上。伍尚志吩咐三军扎住营盘，飞马来至番营，将马一提，舞动这支画杆银戟，杀进番营，一层层冲将进去。只见岳云、严成方、何元庆、余化龙、罗延庆皆在围内，伍尚志叫声："再兴大哥！我伍尚志也为你复仇来了！"六只大虫杀在番营内，锤打来，遇着便为肉酱；枪刺去，逢着顷刻身亡。直杀得天昏地暗，日月无光！

兀术看见，便道："不信这七个小南蛮如此厉害！"遂传集众平章一齐围住，吩咐："务要拿了这几个南蛮，大事就定了！"众将得令，层层围住。那七个人在里面杀了一层，又是一层，杀了一昼夜。恰好岳元帅、韩元帅的大兵已到，依河为界，放炮安营。那番阵内七个先行听见炮响，晓得是元帅大军到。岳公子抢锤打出番营，后边何元庆、余化龙、罗延庆、伍尚志一齐跟着杀出来。岳云回头一看，单单不见了严成方，大叫："众位兄弟！严成方尚在阵内！快些进去救应他出来。"岳公子当头，众将在后，复转身一齐杀进番营。只见严成方在乱军中逢人乱打，岳云道："贤弟快回营去罢！"严成方也不回言，举锤便打，岳云连忙架住。却是那严成方杀了一日一夜，也是他报仇心切已经杀昏了，只往番营杀进去，也认不出自家人了。岳云便一手抢锤，一手拖住严成方左手，何元庆扯住右手，罗延庆抱住身子，余化龙在前引路，伍尚志断后，众英雄裹了严成方杀出番营。

岳飞也亲率大军飞驰赶来。元帅赶到小商桥，知杨将军以身殉国，大哭道："苦哉，苦哉，吾一时疏忽，让将军命丧黄泉，吾之过也。马上整备祭礼，然后与杨将军报仇雪恨！"

众小将痛哭流涕来到大营，进帐见岳元帅缴令。

岳飞见几个小将人为血人，马为血马。于是吩咐后营将养。这时见罗延庆十分悲苦，号啕大哭，岳飞道："贤弟休得悲苦！武将当场，马革裹尸。只是未曾受享朝廷爵禄，杨将军如此英雄，甚为可惜！你们先歇，待我葬了杨将军，亲自杀了金兀术，为杨将军报仇雪恨！"

张宪将杨再头的尸首抬来一看，人已和刺猬相似，通身钉满了金兵的长箭。杨再兴尸骨被烧焚之后，张宪哭道："从杨将身上竟取出箭镞两升之多。"元帅带着众将亲到小商河祭奠，然后将杨再兴的尸骨葬于小商桥北岸凤凰岭。

大家痛哭了一场。岳飞站在小商桥上，手扶桥栏，极目远望，激情满怀咏《满江红·怒发冲冠》，表达自己的悲愤之情：

怒发冲冠，凭栏处、潇潇雨歇。抬望眼，仰天长啸，壮怀激烈。三十功名尘与土，八千里路云和月。莫等闲，白了少年头，空悲切。

靖康耻，犹未雪；臣子恨，何时灭？驾长车，踏破贺兰山缺。壮志饥餐胡虏肉，笑谈渴饮匈奴血。待从头，收拾旧山河，朝天阙。

岳飞令人取来大青石一块，满怀悲伤用杨再兴的枪尖镌刻"杨再兴墓"几个大字。为杨再兴举行隆重葬礼。

岳飞亲率大军从金兵中腰冲入，如虎入羊群。黑夜，金兀术不知道到底有多少宋军，急忙逃走，宋军追出十五里外，方始停住。岳飞在青龙潭（今漯河市城乡一体化示范区黑龙潭镇）迎战金太子乌鸦。岳飞率部左右冲杀，金军招架不住，大败溃逃。乌鸦渡颍水绕河而逃，潜伏在一棵大树下，后被岳飞发现并将其击毙。

乌鸦死后，金兵逃到此处，以战袍包土，随后，金兀术携太子尸体逃跑。当时正值七月，天气炎热，尸体无法长久保存运送。行至吕庄村时，金兀术便将其安葬于吕庄村。这就是太子墓的来历。所以吕庄又称"太子墓吕"。太子墓是目前有关郾城大战中少有的金军历史遗存。

据传说岳飞乘胜追击时，一行人马走到商桥镇的徐杨村，途经土垆河畔，百姓恰好修桥竣工，忙上前拦马，拱手参见元帅，请为桥命名。因军情紧急，又不好拒绝百姓请求，于是未加细究，举起马缰随口道："我被大伙勒马于桥上，就叫乾勒桥吧。"说完飞马而去。（老百姓为了纪念岳飞，此桥一直沿用此名，徐杨村也改为勒桥村，原居桥旁的黄安寨村也改名为乾勒桥村。）

再说兀术见众英雄去了，返回战场，但见尸骸满地，血流成河，死者不计其数，带伤者甚众。一面将尸首埋葬，一面将受伤军士发在后营医治。金兀术无奈逃往朱仙镇，哀叹："我起北方以来，未有如今日屡见挫衄。"又与众将计议道："这岳南蛮如此厉害！他若各处人马到齐，早晚必来决战！某家想那秦桧为何不见照应，难道他死了不成？况某家何等情义待他！他夫妻二人临别时对天立誓，归到南朝，岂有忘了某家之理？"军师道："狼主今日进中原，秦桧岂有不照应之理？请狼主静候几日，绝有好音。"且按下兀术营中之事。

第四节　王佐断臂说文龙

且说金兀术会合龙虎大王、盖天大王及韩常等十二万大军的兵力发起临颍大战，临颍守军刘锜告急，朝廷命岳飞前往救援，岳飞派遣杨再兴、张宪等打先锋，自己亲率大军和金兵决战，激战数十个回合，杨再兴以身殉国，但金军渐渐支撑不住，撤出临颍，败退汴京。

金兀术在郾城、临颍相继惨败，仍不死心，又调集了几十万人马，虚张声势，假称二百万，杀气腾腾，卷土重来，迫近朱仙镇近郊。而守卫朱仙镇的宋军不足。岳飞接到消息，急忙会合韩世忠、张俊、刘锜三位元帅，起兵六十万，一齐杀到朱仙镇上，扎下十二座大营，与金兵对峙。一连几仗，打掉了金兵的锐气。金兀术又急又气，进退两难。岳元帅还派各路大军分别与侵犯中原的各地金兵作战，捷报不断传来。

金国四狼主金兀术兵进中原，在朱仙镇受到岳家军的抵抗。兀术连连失利，便从金国调来义子陆文龙助战。这陆文龙年方十六岁，身长九尺，气宇轩昂，武艺出众。他赶到金营，兀术大喜，便令他出战。金兀术："我儿文龙，岳家军猛将如云，他们口口声声要踏破金国，你敢前去挑战吗？"陆文龙斗志昂扬道："父亲放心，人人吹嘘岳家军，我定让那岳家军有去无回。"两军对垒。岳飞见是一员小将命："令呼天保、呼天庆出马迎敌。"

二将来到阵前，呼天保拍马舞刀，直取陆文龙，观看这员将，年纪十六七，白面红唇，头戴一顶二龙戏珠紫金冠，两根雉尾斜飘，穿一件大红团龙战袄，外罩着一副锁子黄金铠甲，左胁下悬一口宝刀，右胁边挂一张雕弓，座下一匹红纱马，使着两杆六沉枪。暗暗喝彩："好一员小将，不知他武艺如何？"遂抡起大刀就砍，陆文龙右手枪勾开大刀，左手枪猛刺呼天保前心。呼天保躲闪不及，正中心窝，跌下马死于非命。呼天庆大吼一声："番奴怎敢伤我兄长！"冲上前挥刀砍去，陆文龙拨开刀，抬手一枪，又把呼天庆挑下马来。

败报传回宋营，岳飞听了，哭道："我太轻敌了，哪料到如此厉害！连伤我两员大将。"岳云、张宪、严成方、何元庆四人大怒，一齐上前请战。岳飞嘱咐："你等出阵，可用'车轮战法'，轮番与他交战。"四将出战，四将来到阵前，岳云大叫："岳云在此，小番快过来接锤！"

陆文龙道："久闻岳云你勇猛，今日遇到我，定叫你性命难保！"猛地一枪刺来，岳云举锤架住。两人催开战马，大战三十多个回合，未分高下。这时严成方叫声："大哥少歇，待小弟擒他！"上前替换了岳云，举锤便打，两人也打了三十多个回合，严成方战不倒陆文龙，不得不拨马退去，何元庆又舞起双锤，与陆文龙杀作一团。交战三十个回合，何元庆战不倒陆文龙，也只好打马退回。

张宪又冲上前来，高叫："陆文龙，看我单枪比你双枪如何！""唰唰唰"连刺几枪。陆文龙双枪左盘右舞，接住张宪厮杀，杀到五十个回合，战不倒陆文龙。

岳家军中杨门女将后代杨少英不服气，拨马挑战陆文龙，二人大战三十个回合。陆文龙看到美如天仙的少女，心猿意马，只是招架，没有还手。杨少英被这个英俊少男盯得红了脸喝道："休得无礼，俺让你放老实点！"两人战到五十个回合，无奈陆文龙武艺高强，让她无空可钻。见战不倒陆文龙，四将一起来到阵前，围着陆文龙厮杀。一直杀到天色将晚，仍战不倒陆文龙。陆文龙毫无畏惧，把双枪使得出神入化，风雨不透，五人不能近身。

战到天黑，岳飞只好传令收兵，挂起"免战牌"。陆文龙十分得意，哈哈大笑道："再多来几人，我也不怕！"兀术在帐中听到禀报，叫道："龙儿，不要中了岳飞之计！"也忙传令鸣金收兵。

岳飞倍感愁闷。统制王佐献计说："看那陆文龙相貌口音，像是中原人氏。我打算去金营诈降，说服陆文龙归宋。"岳飞摇头说："兀术一向狡猾，岂能轻信诈降？"

王佐告辞出帐，派人打听陆文龙的来历，终于弄清陆文龙是宋潞安州守将陆登的儿子。这天晚上，他在营中站了许久，徘徊许久，望着篝火想："我投岳家军后，未立寸功。元帅遇到难事，我如何帮他一把？但要去金营说服陆文龙，首先要瞒过金兀术，这如何是好？"王佐走来走去，一拍头自言自语："春秋时有个'要离断臂刺庆忌'，我若效仿此法，断下一臂，定能瞒过兀术！"他把心一横，转身回到自己帐中，取出酒来，连饮十余杯。趁着酒劲，"嚓"地拔出腰间佩剑，咬紧牙关，一剑将右臂砍下。一阵剧痛袭来，王佐只觉天旋地转，顿时昏倒在地。

军士闻声进帐，吓了一跳，慌忙取药为王佐敷好伤口。过了许久，王佐悠悠转醒，他扯下旧战袍，包好断臂藏在袖中，独自出了帐房。

王佐走进岳飞帐中，俯身跪倒。岳飞见他面黄如蜡，满身鲜血，惊问："贤弟为何这般模样？"王佐说："小弟已将右臂断下，要往金营诈降行事，特来请令！"岳飞忍不住失声痛哭："贤弟不该断臂，叫为兄于心何忍？"王佐说："只有此计才能瞒过金兀术。"岳飞哭着说："虽然能瞒过金兀术，但让你终身残疾，现无法挽回。如何是好？"王佐说："只要说服陆文龙归降，忍痛断臂，我心甘情愿。元帅不必难过。"岳飞擦干眼泪说："贤弟此举胜过春秋'要离断臂刺庆忌'，既然已经无法挽回，只好同意你用此计说服陆文龙，弟放心前去，家中老小自有为兄照料！"王佐忍痛强作笑容，说声："我已经打听清楚陆文龙家史，此去定能说服他归宋。元帅保重，小弟去了。"乘着星光月色，连夜赶往金营。

王佐来到金营，见了兀术说："小人是宋将王佐，因狼主大兵到此，便劝岳飞议和。不料岳飞说我卖国，竟将我右臂砍下，赶出营来。"说罢放声大哭，取出断臂，呈到兀术面前。兀术见了，好生不忍，对王佐："你为某家断臂，某家封你为'苦人儿'，养你一世快活吧！"他为了宣扬岳飞残暴，传令："'苦人儿'可在营中任意行走，不得阻拦！"

从此，王佐每日在金营中走动，他见多识广，常给金兵们说书讲故事。日子久了，王佐打听到陆文龙还有个乳娘，此时也在军中，只是异常孤僻，不与外人相见。

入夜王佐来到陆文龙乳娘前，见一丫鬟珠儿立于门前，说自己是苦人儿，请她禀报，要见乳娘。珠儿进帐说："老夫人，听说营中来了个中原人，叫什么苦人儿，说书十分有趣。"乳娘说："咱多年来远离故国，无所事事，不如喊他来解解闷。"珠儿出去和请王佐进入。王佐进帐,乳娘说:"苦人儿,听说你会说书,你说段书如何?"

王佐行了礼,说:"我就讲个'潞安州失陷'吧:当年金兵攻打潞安州,守将陆登率众死战……"只讲了两句,乳娘早已泪流满面,摆手说:"换个故事吧!"就叫珠儿取银子赏给王佐。王佐看在眼里,心中明白,趁机说:"'苦人儿'不要赏赐,但有一事请教:十余年来,陆登之子下落不明,老夫人可否知道?"乳娘一听脸色大变道:"你问这做什么?"王佐正色道:"我断臂来降,都为此事。老夫人何不点醒陆文龙,叫他重回大宋,杀敌报国,一雪前耻。陆登老爷九泉之下,也会感激你的恩德!"这番话说到了乳娘心里,她在金国苦熬多年,陆文龙的身世像座山一样,始终压在心头。现在听了王佐之言,不禁又惊又喜,浑身发颤。她起身向王佐深施一礼,接着讲出了陆文龙的身世。乳娘娓娓道来:"陆文龙非金兀术亲生子,乃宋节度使陆登的亲儿子。当年金兀术破潞安州后,陆登自尽,金兀术收养了他的儿子。我是陆儿的乳娘,不得不随陆儿来到金国。"王佐道:"既然金兀术与陆文龙有杀父之仇,为什么还帮助金兀术打仗?"奶娘道:"陆儿不知道他的身世,所以帮金兀术作战。"王佐道:"我们俱是中原人,应该把陆将军的身世告诉他。不能再为虎作伥。"话音刚落,陆文龙进来笑道:"俺来给娘请安。苦人儿,今天怎么想起来到这里来?"王佐笑道:"我是来看看大娘。"

陆文龙笑道:"'苦人儿',可有什么好故事,讲来听听。若讲得好时,我重重有赏。"王佐道:"好吧,春秋时期,吴越交战。越国战败后,越王勾践进献了西施给吴王夫差,西施入吴时带了一只巧言的鹦鹉。只是,那只鹦鹉进了吴国,竟然没有再说过一句话。后来,越国灭吴,西施重新回了越国,那只鹦鹉回到旧国竟然重新说起了话。你说怪不怪。"

陆文龙感到奇怪问:"它怎么选国家说话?"王佐回答:"因为越国是它的故乡。我再给你讲个故事。"陆文龙说:"苦人儿,你讲,我从小爱听故事。"王佐说:"我讲一个骅骝向北的故事。宋真宗时期,朝中有个奸臣叫王钦若,他屡屡陷害杨家将。一次打猎时,王钦若对皇帝说,宋朝都是劣马,天下只有辽国天庆梁王座下的日月马是宝马,并让他派杨六郎把马盗来。杨六郎手下有个猛将叫孟良,能说六国三川话,就扮作外国人,潜入辽国,千方百计把宝马盗了回来。只是，宋真宗得到宝马后，那马只是向北嘶鸣，一点草料也不吃，绝食七天而死。"陆文龙问："为什么？"王佐答："因为它怀念故土。"陆文龙恍然大悟，感叹不已："苦人儿，好一匹义马，人应该学它热爱故土。"王佐说："还有绝好的一段故事，只讲给殿下和老夫人听。"陆文龙一挥手，让小番和丫鬟们出去。

王佐从袖中取出一幅画，呈给陆文龙。陆文龙展开观看，只见上面画着一个金人，好像是兀术；地上躺着一个将军和一个妇人；还有个幼儿，扑在妇人身上啼哭。陆文龙看不明白，开口询问。王佐便讲道："这个金人便是四狼主兀术，当年他兵打潞安州，守将陆登率众抵抗。最后城池沦陷，陆登誓死不降，拔剑自刎。"

"——陆登的夫人谢氏也自杀尽节。兀术见陆登的儿子年幼，便命乳娘抱回金邦抚养，至今已有十三年了。"陆文龙听得入迷，问："那陆公子后来怎样了？"王佐说："他已长大成人，而且武艺高强，手使双枪，有万夫不当之勇。"陆文龙又问："那他为父母报仇了吧？"王佐答道："没有。"陆文龙笑道："'苦人儿'，休要骗我，他既有万夫不当之勇，为何不为父母报仇？"王佐叹道："他不但没有报仇，反而认贼作父，帮金人攻打宋朝。"陆文龙怒道："世上还有这种糊涂虫，他叫什么名字？"王佐沉默不答。陆文龙连问两次，王佐这才瞪着眼，指着陆文龙说："他不是旁人，就是你——陆——文——龙！"

陆文龙勃然大怒，猛地拔出佩剑，指着王佐说："'苦人儿'，你敢戏耍我，不怕我一剑杀了你！"王佐毫无惧色，冷笑道："我若怕死，也不会说了！"这时乳娘痛哭流涕，抱住陆文龙说："龙儿，'苦人儿'所言，句句是实！老爷和夫人死得好苦哇！"陆文龙闻言，好像在梦中一般，呆了片刻，问道："乳母此话当真？"乳娘说："千真万确！我怕你年幼鲁莽，多年来一直不敢说出真相！"又指着王佐说："他本是宋朝将军，为了说服你，不惜断臂来此，他是你的大恩人哪！"陆文龙听罢，大哭一声，抛了佩剑，泪盈盈扶起乳娘说："不孝之子，今日才知父母这般苦事！"又向王佐行礼道："恩公受我一拜，此恩此德，没齿不忘！"陆文龙拜罢起身，一把拾起佩剑，咬牙说："待我去杀了金兀术老贼！"就要冲出帐去。王佐忙拦住说："金兀术帐下人多，恐大事不成，反受其害！公子忍耐一时，伺机投宋，才是上策！"陆文龙听了，怒发冲冠，当即表示："不杀金兀术，誓不为人！"王佐拦住道："你尚未脱离虎穴，一定要先冷静，以后寻个机会建立功劳再归宋。"乳娘说："陆儿，要听你'苦人儿'大爷的。"陆文龙急道："可金国运来'铁浮屠'大炮，不杀兀术，今夜就要炮打宋营了！"王佐吃惊道："宋营必不知晓，须得暗中告知。"陆文龙点头说："待我射封箭书，报知岳元帅。"

傍晚时分，陆文龙悄悄上马，走近宋营，叫一声："宋军听着！我有机密箭书，速报元帅！"嗖的一箭射去，随即拨马返回。

营中军士拾得箭书，送交岳飞。岳飞看罢吃了一惊，立刻吩咐："唤岳云、张宪来。"二人进帐，岳飞授以秘计；又吩咐："唤过罗延庆、伍尚志、何元庆、严成方。"三人进帐，岳飞面授机宜："你们三人带兵去埋伏。"接着，岳飞又暗令："各路将军听令，也通知韩世忠元帅、刘铸元帅、张俊元帅，马上转移阵地，将各营虚设旗帐，悬羊打鼓，引诱敌人放炮。各路将领将本部人马一起退往凤凰山躲避观望。待金兵放过炮后，再回营房。"

金兵的拐子马、铁滑车被破后，金兀术整天郁郁寡欢，唉声叹气。一日，小卒报："差兵解送火炮——铁浮屠，在外候令。"金兀术大喜，传令："待到天黑时，推到宋营打进去！凭你岳飞足智多谋，也难逃一劫！"

二更时分，金兀术传下号令："将铁浮屠暗暗推到宋营100米处，一起放出轰天大炮，向宋营打去！"刹那间，但见惊天动地，烟火腾空，地动山摇，好像晴天霹雳，雷公下凡。

岳飞在凤凰山上看见这般光景，也不禁心有余悸，叹道："亏了王佐一条臂膀，救了六七十万人马的性命。"

金兀术站在营前，望着漆黑的宋营静悄悄的，不见动静，心里扬扬得意。心想："宋营一定被火炮铁浮屠炸成狼藉一片，人仰马翻。任你岳飞有三头六臂，也难跳出我的手心。"

对哈军师："那赫赫有名的岳家军已不复存在矣。叫众将过来，摆酒庆贺！"众将齐到帐中道："贺喜元帅，那岳飞定当尸骨难存。"

金兀术大笑："各位，等彻底胜利后我们开怀畅饮。"随传令摆上酒席，准备庆贺。

正在此时，小卒慌慌张张跑来报告："启上狼主，那宋营灯火辉煌，旗旗幡分明，毫发无损。"

金兀术好生怀疑，忙出营观看，果不其然，宋营依然旗帜鲜明，刀枪密布，不知何故。金兀术说："传我的命令继续用铁浮屠轰炸宋营。"

岳云、张宪领兵埋伏在半路，等金兵放炮回营后，便叫军士一齐动手，将"铁浮屠"大炮的火门钉死，全部推入小商河内。

岳云、张宪来到凤凰山缴令，岳飞便命三军回到原地，重新扎好营盘。

小卒急忙前去看"铁浮屠"，居然不见踪影，慌忙四下搜寻。大叫："不好！"

忙向金兀术禀报："'铁浮屠'俱已推到河里了。"金兀术一听，气得暴跳如雷，几乎晕倒。众将急忙把他扶到帐中坐定，金兀术长叹一声说："那岳南蛮果然厉害，'铁浮屠'成了一堆废铁，枉费了数载心血。撼山易，撼岳家军难矣。"

夜里陆文龙牵出两匹马，把王佐、乳娘和珠儿叫到僻静处，说："投宋就在今日，请恩公和乳母先行，我随后便来。"王佐一条臂膀不得力，试了两次，还是上不去马。陆文龙有些心酸，一把抱起王佐，放到马上。他看着王佐三人远去，这才随金兀术出兵。

金兀术自以为陆文龙能战胜宋军，遂下战书要与岳家军比武，为了试试陆文龙能否打败岳飞诸将，金兀术、粘罕、喇罕、答罕弟兄四人各骑一匹战马，手舞狼牙棒等各自拿手的兵器，把跃马舞双枪的陆文龙围在中间。金兀术叫道："龙儿，你能否战胜我兄弟四人？"双方交手，陆文龙毫不畏惧，手疾眼快，发挥最高水平，左冲右突，虚实互变，出神入化，攻守自如。令围观的哈迷嗤等金军首领们眼花缭乱，目不暇接。金兀术等弟兄四人也都拿出看家本领，但他们的兵器总是被陆文龙技艺高超的双枪挡回，根本到不了陆文龙身边。陆文龙越战越勇，瞅准机会，用银蛇突袭之妙招，以极快速度点击金兀术等四人胳膊肘麻穴，让他们不由自主地把手中兵器掉落地上。金兀术四兄弟一齐向陆文龙拱手抱拳，表示佩服。四人齐声喊出四个字："后生可畏！"陆文龙扔出双枪，抱拳施礼说："文龙失礼！得罪义父和诸位伯父了！"金兀术竖起大拇指，对三位兄长夸耀说："文龙一人双枪竟能战胜咱们四位无敌将军，难道还打不败岳家军中任何高手？"粘罕等三人齐声高喊："今天上午，且看陆文龙打趴岳家军中武艺超群者，让岳飞甘拜下风也！哈哈哈哈哈！"陆文龙也心中有数地大笑："哈哈哈哈哈！"

陆文龙骑在马上，双手持枪，整装待发。金兀术骑马赶来，加油打气道："龙儿，为父给岳飞下的战书你已看过，刚才你哈迷嗤伯父心生一计，战书白纸黑字，一式两份。上面写着：陆文龙挑战岳家军高手，若陆文龙战败，金军即撤，打道回府；若岳家军代表战败，岳家军则放下兵器，退到江南，以长江为界，互不侵犯！当然我们这是策略，龙儿败了，我们也不会打道回府，但是这一战决定岳家军会不会泄气，所以只许胜，不许败！咱们与岳家军势不两立，不共戴天！你千万不能心慈手软，要发挥最高水平，稳准狠，双枪直刺强敌咽喉！锋芒指处，必让对手人仰马翻！为父再向你许诺一遍，若能初战告捷，你将雄威天下，封你为王！将来打下宋朝江山，都是你的！有勇气，有信心，有把握吗？"陆文龙响亮地回答："父王放心，孩儿心中有数！"金兀术高兴地说："好！两国在看！举世瞩目！相信你这位少年英雄，一战成名，威震八方！"陆文龙打马奔驰。金兀术和众首领也都威风凛凛，跃马向前……

阵前，岳飞正对岳云、张宪、严成方、何元庆、杨少英等岳家军顶级高手作比武前提醒："金兀术下的战书已让你们看过。他以为陆文龙是他义子，对他忠心耿耿，且年少气傲，在金营几次比武中独占鳌头。连他们战功赫赫的四弟兄都不是陆文龙的对手，这次与咱们岳家军高手较量，必胜无疑！岂知，王佐已告诉陆文龙身世和血海深仇，今日只是演戏而已！你们只能虚张声势，点到为止。千万不要伤着陆文龙这位前途无量的少年英雄！"岳云、张宪、严成方、何元庆、杨少英一齐点头，说："明白！"

金军和岳家军主要首领分别坐在两侧观战。陆文龙和岳云从不同方向跃马向对冲出，静立，待命。开战之前，岳飞高声宣布："金国金军金元帅兀术，派其认贼作父、自以为举世无双天下无敌的义子陆文龙前来挑战比胜负。战书白纸黑字，一式两份。上面写着：若陆文龙战败，金军即撤，打道回府；若岳家军代表战败，岳家军则放下兵器，不再与金军交战！金军出场的只有陆文龙一人，将与岳家军武艺高强的岳云、张宪、严成方、何元庆、杨少英交手。准备好了吗？"陆文龙骑在马上，威风凛凛，双手持枪，整装待发。金兀术骑马趋前，加油打气："孩儿，为父给岳飞下的战书你已看过，只许胜，不许败！咱们与岳家军势不两立，不共戴天！你千万不能心慈手软，要发挥最高水平，稳准狠，双枪直刺强敌咽喉！锋芒指处，必让对手人仰马翻！为父再向你许诺一遍，若能初战告捷，你将雄威天下，封你为王！将来打下宋朝江山，都是你的！有勇气，有信心，有把握吗？"陆文龙响亮地回答："父王放心，孩儿心中有数！"金兀术高兴地说："好！两国在看！举世瞩目！相信你这位少年英雄，一战成名，威震八方！"陆文龙打马奔驰。金兀术和众首领也都威风凛凛，跃马随后……金兀术趾高气扬地说："陆儿，你是大金国的骄傲！既然能一人战胜我屡立奇功的父辈四人，在金军中独占鳌头，就一定能把岳云、张宪、严成方、何元庆和杨少英打得满地找牙！哈哈哈哈哈！开始！"陆文龙和岳云跃马舞兵器，向对方冲来。

陆文龙的双枪和岳云的双锤都在空中变幻无穷，毫无破绽。两个小将旗鼓相当，互不相让，越战越勇。马嘶声，兵器碰撞声，不绝于耳。

二人连战二十多个回合，不分胜负。金兀术不断用自己的左手敲右肘，暗示陆文龙使出绝招，用枪点击对方麻穴。谁知陆文龙对金兀术的暗示并不理会，待岳云双锤再次打中他的双枪时，故意哎呀一声，松开双枪，从马上翻个跟头，落在地上。金兀术目瞪口呆自言自语："我儿轻易战胜我们金国四个高手，却败在岳云手里，怎么回事？"岳云在马上故意笑问："服输吗？"陆文龙转身，抱拳拱手，羞愧地说："甘拜下风！"

岳飞远远望着羞得无地自容的金兀术问："既然战败，还不按挑战书规定办事？还接着战吗？"金兀术吼道："岳飞，别高兴得太早了！三局还有两局呢！看谁笑到最后？"岳飞大笑说："哈哈哈哈！看谁笑到最后？"

金兀术大声宣布："第二轮开始！龙儿，用你出神入化的绝妙双枪，把张宪挑下战马，杀杀他岳家军的威风！"张宪跃马挺枪冲到陆文龙对面说："我乃岳元帅的女婿张宪，想领教一下我枪术的厉害吗？来吧！"

陆文龙顿时产生崇敬之情，连点三下头，小声说："幸会！幸会！我自幼崇拜岳家军众英雄，今日能向您学习一二，实乃三生有幸矣！"张宪听出弦外之音，点点头说："同为炎黄子孙，岂能自相残杀？咱们互不伤害，决不能让亲者痛而仇者快也！"张宪和陆文龙同退同进，心照不宣，配合默契。

张宪的单枪和陆文龙的双枪，像三条银蛇相互交缠，难解难分。但谁也不刺向对方要害处。远远观阵的岳飞和王佐心中有数，其余人谁都看不出丝毫破绽。二人交战十几个回合，未见高下。张宪佯装败走，陆文龙紧追不舍。不料，张宪疾速回马一枪，将陆文龙双枪挑飞。陆文龙顺势从马上跃下来，向张宪抱拳施礼："谢将军不杀之恩！佩服！佩服！"

岳飞向金兀术高声喊："金元帅，服不服？君子一言驷马难追，还不快快退出中原！"金兀术羞得面红耳赤，但又打肿脸充胖子说："三局两败，但最后一局和杨少英挑战，看谁笑到最后也！"岳飞一挥手，说："好！杨少英，杨家将之后，用你老祖奶奶穆桂英的无敌宝刀，让金兀术输得心服口服！"杨少英威风凛凛，宛如穆桂英再世。她跃马挥刀而上，对陆文龙妩媚一笑说："我乃杨家老令公和杨延昭的后代。白马王子，你长得好帅哟！咱们好像前世有约，前天刀枪相交，今日又刀枪相见，怎么样？演一场龙凤奇缘吧？"前天大战时，陆文龙就被貌美如花又英姿飒爽的杨少英迷得魂不守舍，只怕伤害这位相遇恨晚的绝色美佳人。当二马交错时，陆文龙只顾直勾勾欣赏杨少英，忘记施展其高妙枪术，杨少英莞尔一笑，趁他发呆，瞅准机会，把手中的大刀挂在鞍上，腾出双手，抛出绳索，像老鹰捉小鸡一样，把陆文龙拉过来，拦腰抱到自己马上，柔声说："帅哥小英雄，你是我的了！"陆文龙顺势滚进杨少英怀里，颤声说："巾帼美女英雄，居然不让须眉，输给你好幸福哦！"

杨少英红着脸抱着陆文龙，飞马奔向岳军营里。陆文龙的白马也追随主人而去。金兀术看得眼花缭乱、目瞪口呆，他哪知这是几个英雄小将在演戏。

岳飞大笑着对金兀术高声说："我岳家军三英雄三战三捷，你们该吹撤兵号，打道回国了！"金兀术和所有金军首领都恼羞成怒，但又哑巴吃黄连，有苦说不出，突然金兀术看见"苦人儿"王佐在岳飞身旁大笑，愣神片刻，才恍然大悟，气呼呼地说："岳飞，算你狠！原来你让王佐断臂演苦肉计，策反陆文龙啊！我金兀术又上你的当了！哼！"岳飞大笑说："兵不厌诈！你如果连这点迷雾都看不清，快回家给你老爹老娘洗脚端饭去吧！哈哈哈哈哈！"金兀术哼一声说："岳飞，你高兴得太早了！老子一出狠招，管叫你们岳家军片甲不留也！"岳飞并不示弱，声若惊雷："说几句大话，吓唬谁呢？天生我岳飞，就是专门来对付你金兀术的！咱们走着瞧，看谁笑到最后？"

金兀术边勒马回转，边撂下狠话："姓岳的，回回我金兀术都收拾不了你，早晚自有人替我送你上西天！哼！骑驴看唱本，咱走着瞧！"金兀术心里清楚，自己收拾不了岳飞，秦桧会替自己收拾他。

岳飞望着拨马而回的金兀术等人狼狈而故作狂妄的背影，对身边的岳家军其他首领说："走！准备好咱们的天罗地网，捕捉这些即将扑来的北方金毛虎！郾城、临颍、颍昌、朱仙镇都是我中原一颗颗宝珠，岂能任虎豹践踏！"

第五节 朱仙镇大捷

入夜金兀术在营帐怒火中烧，对哈迷蚩粗声粗气地说："气死我也！想不到我辛辛苦苦抚养长大，又请三位武功高手培养的少年英雄陆文龙，竟被岳南蛮利用王佐施苦肉计，策反到岳家军去了！你出的这张牌，本以为百分之百打赢，岂料竟输得这么惨！我咽不下这口气！今夜必须出兵，全部出动咱们的拐子马，和刀枪箭都不入的盔甲兵，一举扫平岳家军，出出这口恶气也！"粘罕火上浇油，大声说："老子早憋不住了！难道咱们几十万装备精良的虎豹之军，竟怕他岳家军不成？"哈迷蚩挤挤眼，神秘地说："二位元帅息怒！咱们给岳南蛮下的战书上，不是明明写着：陆文龙战败即撤军，打道回国吗？"

金兀术和粘罕瞪圆眼睛。金兀术吼道："哄鬼呢！那话你也相信？咱们兴金灭宋的宏图伟略，只是写在纸上，自己哄自己吗？胆小鬼能干成一番惊天动地的大事业吗？"哈迷蚩又神秘地挤挤眼说："咱们大张旗鼓地宣布退兵，岳南蛮闻听后必然率全军追杀。正好中咱们的妙计：诱蛇出洞！然后，咱们几十万大军摆上金龙绞尾阵骗过岳飞。把他们团团包围，还不让他们土崩瓦解、死无全尸吗？"金兀术拍手叫道："好、好、好，趁岳飞麻痹大意，正好引他上钩。先通知岳飞休战十天，摆好阵后，再下战书。"

金兀术将台上，金兀术与哈迷蚩、粘罕开始研究布阵。哈迷蚩说："金龙阵由两座长蛇组成的大阵，如果岳飞率领军队直接从中间杀入，金龙阵前面的长蛇头部与尾部会缠绕在一起将其连咬带卷地围杀起来，而后面的长蛇也会随之裹卷进来，将闯阵的军队切断围杀。同样攻击蛇头会有蛇尾攻击，而攻击蛇头就会有蛇尾来绞杀。在大阵中心有个指挥台，由金元帅亲自摇旗指挥。"粘罕说："把余下的全部拐子马和铁浮屠都用上，与岳飞决一死战。"

刚研究好布阵，番兵慌忙报上将台道："启上狼主，有三个小南蛮杀入阵中，十分骁勇，众平章俱不能抵敌，杀进中心来了。"金兀术对哈迷蚩、粘罕说："你二人在将台上指挥布阵，我把号旗交与哈迷蚩，我亲自提斧下台，防止破坏阵容。"说完跨马过去。

岳元帅帐篷，岳飞正坐在中军帐伏案看图，韩世忠元帅、刘铸元帅走进来。岳飞起身相迎说："快快入座，今天请三位元帅齐到中军商议。我军已经破了金兀术的拐子马、铁浮屠，大炮铁浮屠也成了一堆废铁。他前几天不得不派人休战十天。我估计金兀术不会死心，一定玩什么鬼花招，于是派人侦察，不出所料，探子报，他们摆出金龙绞尾阵，要和我军决战。"三位元帅几乎异口同声地问："金龙绞尾阵？"岳飞捻须冷笑："金龙绞尾阵原系长蛇阵演化出来的，隋唐杨林征瓦岗寨时摆下的一字长蛇阵，阵法中不算复杂，讲究首尾相救。金龙绞尾阵由两条长蛇阵形成，头尾各有照应，攻进去后，长蛇犹如两个剪刀一般，一层一层围拢上来。杀了一层又出来一层。"三位元帅问："可有破阵妙方？"岳飞指着地图说："想我岳飞，久经沙场，岂能打不下此阵。三位元帅请看图。"三位元帅围上来伏案看图。岳飞说："我军如果硬冲进去，正中金兀术下怀。冲进去后，分不清南北东西，四面层层遇敌，很难冲出重围。如果我们将兵马分为四路，左路由我带着王横、张保、牛皋、赵云、施全这些战将攻打蛇头，张俊元帅率军截住蛇尾；右路由韩世忠元帅带着韩尚德、韩彦直、苏德等将攻打蛇头，刘锜元帅带着本部人马打蛇尾。中间由岳云、严成方、何元庆、余化龙、罗延庆等从正面杀进去，即可破阵。待金兀术败逃，刘元帅可率军埋伏在中途树林里，抄着小路进到树林，将树木钉桩，阻住金兀术去路，两边埋伏弓弩手。一声梆子响，令箭如飞蝗一般地射杀金兵。"刘锜点头。

过了十天，金兀术在营帐正要派人下战书，忽报："岳飞命牛皋来下战书。"牛皋走进来。牛皋抱拳道："金元帅，休战十天已到，我军已调齐全军，准备与你军决一胜负。何时交战，悉听尊便。"兀术笑问："岳元帅号称常胜之军，人都说'撼山易，撼岳家军难'，今日之战定叫他兵败如山倒。"

牛皋哈哈大笑道："四殿下的'拐子马''铁浮屠'还未走近，便被'钩连枪'、麻扎刀吓退，有什么脸面说岳元帅兵败如山倒？"

兀术冷笑道："胜败乃兵家常事。我想明日就和岳元帅战场相见，当不至于怪我太性急了吧？"

牛皋笑道："岳元帅连睡梦中都想和金兵一决存亡，蒙四殿下慷慨出战，欢迎之不暇，焉有见怪之理乎？明日便请发兵吧。"

一金将附耳悄悄对金兀术说："狼主，此人乃岳飞手下大将牛皋，不如把他杀了。"

金兀术大笑道："自古交战不斩来使是兵家规矩。岳飞命大将亲自下书，那牛皋单人独骑，连兵器都不带；来去从容，旁若无人，所说之话，不卑不亢。何其令人佩服，怎能杀掉？"

金兀术冷冷一笑，对牛皋说："我送走将军，便照你所说，与岳元帅战场相见了。"随起身以礼相送。牛皋把手一拱，从容出营去了。

兀术见牛皋已去，不禁叹道："岳飞部将若都是这样，岳飞不除，休说吞并东南，恐连两河燕云都难长保了。"

探子来报："狼主，宋营到处静悄悄，很少见到人马，岳飞似乎不知道我军摆下金龙绞尾阵。"

军师哈迷蚩献计道："狼主不必心焦，'金龙绞尾阵'已经摆好，趁岳飞不提防，诱那岳南蛮来打阵，必能擒他。大事可成也。"金兀术大喜道："马上派人约定来日决战。"

第二天，金兀术听见三声轰天炮响，出营远远望去，岳飞率领的宋兵人马业已布满，军容甚盛。这时金营将台上也一声号炮，左右营阵脚走动。金兀术看了，仔细想了一想。暗忖："宋军怎么不进攻？岳飞当我'铁浮屠''拐子马'易进难退，必是先放我军过去，再和以前一样，另出奇兵抄我后路，拦腰截击。要不，便是前面有埋伏，不可不防。"于是对哈密蚩说："军师，你看如何打？"哈密蚩说："先命噶噜带领一千'铁浮屠'、五千'拐子马'假装全力冲锋，诱敌来攻。但噶噜需照着宋军人马去路前进，以防陷阱。遇见丘陵起伏、草木多处，须防埋伏。遂将我全军分为五队，以梅花形阵势，准备包围进攻的宋军。"金兀术命："命噶噜带领一千'铁浮屠'五千'拐子马'假装全力冲锋，诱敌进入阵内。"

噶噜带领"铁浮屠""拐子马"前锋走出才七八里，便遇见宋军的骑兵，相隔还有十来丈，弓箭便像暴风雨一般射来。前军站住。噶噜大叫：
"我'铁浮屠''拐子马'均披重铠，箭头扎不进去，立即前进！"

宋军骑兵见射箭纷纷落地，立即拨马退回。噶噜大叫："金元帅多虑了，
宋军都是草包，大家全力追杀，一举歼灭！敌人都是骑兵，前面不会设有陷
阱，放心进攻。"

金兵追出十多里，听近侧兵将急呼："这一带恐有陷阱翻板，大家留
神！"跟着便是一片惊哗之声。前面"铁浮屠""拐子马"忽然一联接一联，
连人带马纷纷翻倒，急忙后退。噶噜仔细一看，到处都是一人来高的井形土
穴，翻板被人顶着，自己人过时，不放翻板，金兵过来，把翻板松开，内中
各藏有手持麻扎刀的宋军勇士，这时忽将上附泥土的木盖握在手里护住头脸，
由穴中纷纷暴起，用麻扎刀专砍马足。没有掉入陷阱的"拐子马"三马连环，
动弹不得。宋军的钩连枪开始钩马腿，一马倒地，另两马便不能行，后面的
马再往前一冲，便成了自相践踏之势。宋军乘机再将后来的马蹄斩断，马匹
越发惊蹿挤压，人仰马翻，不死必伤了。金兵还没看清怎么回事，就被打得
晕头转向，转眼尸横遍野，欲逃无路。噶噜的"铁浮屠""拐子马"莫名其
妙地被消灭。

岳飞大吼一声："开始进攻！"大队人马高举"岳"字旗向金龙绞尾阵
冲去。刚进阵，金营将台上一声号炮，"金龙绞尾阵"的两条"长蛇阵"包
围上来。韩元帅和刘元帅不慌不忙领兵攻打右边长蛇阵，岳元帅和张元帅有
条不紊攻打左边长蛇阵。

这日朱仙镇来了三个小英雄，分别是狄雷、樊成、关铃。原来那金门镇
的先行官狄雷，自从遇见岳元帅之后，每每要想投奔在他麾下去立功，却无
门可入。那日闻得兀术又犯中原，与岳帅在朱仙镇上交兵，便心下暗想道：
"我此时不去立功，更待何时？"遂披挂停当，拿了两柄镔铁锤，跨上青鬃
马，飞奔往朱仙镇而来，在路非止一日，到了朱仙镇，方知岳元帅杀了一日
一夜，尚未出来。正要打点杀进去，但见正南上一个少年英雄飞马而来。狄
雷定睛一看，那位小将不到二十岁纪年，骑着一匹红鬃马，使着一杆錾金枪。
狄雷就迎上一步问道："将军尊姓大名？到此何干？"那人道："小可樊成，
乃是岳元帅麾下统制官孟邦杰的妻舅。今闻得金兵在朱仙镇与岳元帅交战，

特地到此助他一臂之力。请问将军尊姓大名？因何问及小可？"狄雷道："我乃金门镇先行官是，姓狄名雷。因昔日岳元帅追杀金兵，小将一时误认，冒犯了元帅，惧罪潜逃。今闻兀术又犯中原，故此欲来立功赎罪。"樊成道："既如此，我二人就杀入阵去助战，何如？"狄雷道："虽然说得是也，但是番兵如此之多，不知岳元帅在何处，我们从哪一方杀入方好？"两个正在商议，只见前面一位将官飞马而来。二人抬头看时，只见那人生得面如重枣，丹凤眼，卧蚕眉；坐下黄源马，横提青龙偃月刀，年纪不到二十，宋将打扮。樊、狄二人催马上前来问道："将军且住马！将军贵姓，打听一事，我们去投奔岳元帅，前有金兵阻路，要从何处杀入？"那人道："在下姓关名铃，曾与岳元帅的公子八拜为交。闻得兀术与元帅交兵，故此特来帮助杀贼！请问二位尊姓大名？"樊成、狄雷各通了姓名。关铃喜道："如此甚好，我们一同杀入阵去便了。"樊成道："我二人本欲杀入阵去，因见番兵甚多，不知排的何阵，从哪一头杀入方好，故而在此商议。"关铃道："二位仁兄，自古大丈夫堂堂正正，既来助阵，不管他什么阵，我们只从正中间杀入，冲散其阵！"二人大喜，叫声："好！"就一齐拍马，往正中间杀将进去。

金兵哪里招架得住，慌忙报上将台："启上狼主，有三个小南蛮杀入阵中，十分骁勇，众平章不能抵挡，已杀进中心来。"金兀术正坐在将台，看军师指挥布阵，听了此报，提斧下台，跨马迎上去，正遇关铃等三人。金兀术大喊一声："呔！小南蛮是何等之人，擅敢冲入某家阵内来！"关铃喝道："我乃梁山伯大刀关胜爷爷的孙子关铃，你是何人，敢挡小爷爷的路。"金兀术叫道："某家乃是大金邦昌平王金兀术四太子，小小年纪，何苦送死，还不下马归降？"关铃笑道："也是我时来运转，出门就撞见个礼物，快拿头来，让俺给岳元帅送礼！"金兀术大怒，抢动金雀斧当头砍来，关铃举起青龙偃月刀，挡了一下，震得金兀术双臂发麻，金兀术大叫："小娃娃好厉害！"樊成、狄雷一杆枪，两柄锤，一起助战，金兀术哪里抵挡三个出林乳虎，直好抱头鼠窜。

岳云、何元庆等也杀进阵来，碰见狄雷道："好兄弟，不管他什么阵，我们只从正中间杀入去，冲散其阵！"何元庆道："兄弟们，此时不去冲阵，更待何时？"严成方道："我从南边堵住金兵，让金兀术插翅难逃。"狄雷道：

"我在后面接应，专打漏网之鱼。"

岳云正遇见金兀术，金兀术抡动金雀斧，和岳云得难解难分，不一会儿金兀术两膀发麻、汗流浃背、气喘吁吁。金兀术大惊，喝问："小将是何人？"岳云厉声说："俺乃岳飞之子岳云是也，今日一定要取尔狗头！"金兀术想："怪不得战他不下，原来他就是杀死金弹子的岳飞儿子岳云。"叫道："小南蛮，某家乃是大金邦昌平王兀术四太子是也。我看你小小年纪，何苦断送在此地！若肯归顺，某家封你一个王位，永享富贵，有何不美？"岳云听了笑道："咦！原来你就是金兀术！也是我小爷的时运好，出门就撞见个宝货。快拿头来，送我去做见面礼！"金兀术大怒，骂一声："不识抬举的小畜生！看某家的斧罢！"遂抡动金雀斧，当头砍来。岳云举起金锤，挡住斧头，用锤向金兀术劈面砸来。金兀术急忙招架，两人战了三十个回合。金兀术招架不住要逃，岳云大叫："金贼哪里跑！"金兀术恐他冲乱阵势，反自绕阵而走。几个小将把刚摆好的"金龙阵"冲得七零八落。只见岳云金锤摆动，何元庆银锤飞舞，严成方铜锤使开，狄雷铁锤并举。八大锤一起一落、起起落落，金光闪闪，银色飞舞，寒气缤纷，只听叮叮当当，稀里哗啦，杀得金兵人仰马翻，尸积如山，血流如注，只杀得天昏地暗，金银铜铁 8 柄大锤左挥右抡，上挡下砸，骁勇无比。金兀术挡不住这四个出林乳虎，只得转马逃跑。岳云冲上将台，举锤就打哈迷蚩、粘罕，二人只好逃跑。

严成方、何元庆、余化龙、罗延庆、关铃等从另一面杀进去，把金兵杀得晕头转向，自己乱了阵脚。

金军主力"铁浮屠""拐子马"，被钩连枪、麻扎刀砍得人倒马翻。左右两条长蛇只好后退。八大锤也在中间杀得天昏地暗，金龙绞尾阵脚大乱。

金兀术忙传急令："命左右两翼急速后撤，后军改作前军。我自领中军撤退。"宋军业已潮涌而来。喊杀之声，震得人耳鸣心悸！金兀术回马先逃，跟随金兀术的铁浮屠无法后退，纷纷倒地，狼狈已极。由于岳元帅指挥得当，金兀术企图利用金龙绞尾阵绞杀宋军的如意算盘化为乌有。

金兀术跑了很远，才勒马对随行的哈密蚩说："你不是说金龙绞尾阵无隙可乘，不料宋军突然杀来，竟将两支长蛇阵的左右'拐子马''铁浮屠'隔断。最出乎意料的是平日惯用奇兵偷袭的岳飞，竟以主力正面来攻，兵强将勇，锐不可当。未容我发令包围，自家前军先溃。"哈密蚩说："看起来岳南蛮对金龙绞尾阵很熟悉，早做准备，变被动为主动，原想包围宋军，不料反遭宋军挡住，来了个反包围。"

二人遥望"岳"字军旗。金兀术道："想不到我几十余万精锐之兵被杀得稀里哗啦，'拐子马'一骑不存，铁浮屠几乎不复存在，金龙绞尾阵也被破。某家遇到岳家军，简直寸步难行。"放声大哭。哈密蚩道："元帅不要难过，常言说，祸起萧墙。我们安插在宋军的秦桧还没有用上，下一步想方设法与秦桧联系，鼓动高宗杀了岳飞。岳飞不死，宋军难破。"金兀术说："自从海上起兵，拐子马、铁滑车、铁浮屠战无不胜，这次南进，却被岳飞杀得一败涂地，片骑不回，此仇岂可不报！"

金兀术突然听见宋军喊杀之声，震得心惊肉跳！吓得胆战心惊，回马就逃，金兵随后纷纷抱头鼠窜。

岳飞对各位元帅说："敌人阵脚散乱，各位元帅指挥众将冲进阵中。"大军顿时杀入金军，直杀得天昏地暗，日月无光，金兵不得不丢盔抛甲，狼狈逃窜。

金军中途遇见张宪、徐庆、李山等元帅截杀，又伤亡了六千人马。众营头见主将逃跑，也一齐弃寨而逃，一路乱窜，败走二十余里，进入一片树林，追兵喊杀声渐远。

金兀术大笑："那岳飞还是不如诸葛亮，如果在此埋下伏兵，我就跑不了了。"刚说完，不料前队败兵喊起来："前面有埋伏，截住逃路。"原来是刘锜元帅抄着小路到此，将树木钉桩，阻住去路，两边埋伏弓弩手。一声梆子响，箭如飞蝗一般地射来。金兀术传令转往左边路上逃走，又走了一二十里，前军又喊起来："元帅，路没法走了。"金兀术查问："为何？"四番将禀道："前面乃是金牛岭，山峰巉削，石壁危峦。单身尚且要攀藤附葛，方能上去，何况这些人马，如何过得？"金兀术下马走上前一看，果然危险，不能过去。欲待要再寻别路，又听得后边喊声震耳，追兵渐近，弄得进退两难，心中一想："某家统领大兵几十余万，想夺中原。今日兵败将亡，有何面目见大狼主！死于此地罢休！"遂大叫一声："罢！罢！罢！此乃天亡某家也！"遂撩衣往石壁上一头撞去，撞得头破血流。哈迷蚩、粘罕急忙将其救起，慌不择路逃窜，岳飞的大军已收复朱仙镇，离汴京只余四十五里。

岳飞和三位元帅正在营帐说话，跑进来军士报："报告元帅，两河豪杰李通、赵云、李进、董荣、牛显、张峪等起义军何止百万，已经投到岳家军部下，有的先将失地收复，派人来报捷，准备前后夹攻，收复中原，直取燕云。"

岳飞这次北伐中原，一口气收复了郑州、郾城、颖昌、蔡州、陈州、朱仙镇，消灭了金军许多有生力量，直逼汴京。收复失地，迎回二帝指日可待。突然传来宋高宗十二道金牌，命令岳飞撤军。

第六节 阴谋诡计

金兀术看到自己率领几十万大军进中原，如今被杀得七零八落望风而逃，没想到岳家军如此厉害，非但要收复中原，还要直捣燕京，一统中国。不觉泪如雨下，金兀术看出败亡在即，拔出宝剑连说："罢罢罢，我还有何面目去见老狼主，不如自尽了吧。"哈迷蚩急忙抱住他说："狼主，胜败乃兵家常事，何必轻生。"金兀术看到岳飞眼看要成功，心灰意懒，原准备弃了中原，欲引兵北还，忽有一书生叩马而谏曰："未见有奸臣在内，而大将能立功在外者，如果岳飞性命尚未自保，安望成功乎？"一句话，提醒金兀术，现我手里不是混入宋朝有个奸臣秦桧吗，何不利用起来。哈迷蚩道："狼主且暂住于此，待臣私入临安，去访秦桧，想办法害了岳飞，那时再整顿人马，杀进中原，以报此仇。"

金兀术转忧为喜道："待某家写信一封，军师带去见那秦桧。"当下就取出笔砚，写信一封，外用黄蜡包裹，做成一个蜡丸，递与哈迷蚩说："军师进京一定要小心谨慎。"哈迷蚩道："不消狼主吩咐，我会见机行事。"

且说哈迷蚩打扮成宋人模样，打听得秦桧与夫人在西湖游玩，急忙寻到湖上。见秦桧正在苏堤边泊下座船，与夫人对坐饮酒，便喊道："卖蜡丸，卖蜡丸！"故意在秦桧附近叫过东来又叫过西，被秦桧夫人看见说："相公，那个人很像军师哈迷蚩。"秦桧定睛一看忙说："不错不错，正是他。"吩咐家人说："去把那个卖蜡丸的喊来见我。"哈迷蚩被喊进船舱，二人拱手问候毕，哈迷蚩便将蜡丸递与秦桧说："蜡丸内有狼主亲笔信一封。"秦桧接过蜡丸，剥开一看："秦桧负盟，致我被岳飞杀得大败而归，现在岳飞进攻不已，他如将中原夺回，我定发动倾国之兵将赵构君臣杀光，并将你私通我国之事全数败露。若你能害得岳飞，方是报我国之恩，倘得了天下，情愿与汝平分疆界。"

秦桧得信，又急又怕，连忙回信："岳飞不死，终是后患。且喜赵构昏庸，只图苟安，又恐赵桓回朝，还可要挟。请赏给我一些限期，决不负殿下对我的大恩。"吩咐哈迷蚩："告诉狼主，不敢不从命。"随赏银十两，打发走。

秦桧即命粮饷官先去上奏皇上，说岳飞这样冒险轻进，一败便不可收拾。最好命他班师专守江淮，万不可失去求和机会。秦桧回来后又进朝亲自对赵构说："岳飞已收复中原邀买人心，现在带兵已达几十万以上，还在招收各地盗贼。两河群盗（指各地义军）和岳飞勾结的已有一二百万之多。眼看兵力越来越大，稍一叛变，这片江山便非宋室所有，归岳家所属。即使不然，他将赵桓迎回，挟以自重，朝廷废立，更全由他一言而决。留住金国，金人至多只想划淮为界，我方还能保住这半壁江山。岳飞一旦得志，却比金人威胁厉害得多。"宋高宗听后大惊。

以前入朝时岳飞见赵构仍然宠信秦桧，一味求和，越想越气愤，常说秦桧欺君误国。赵构听了当然不免刺心。秦桧本就恼恨岳飞，现又接兀术来信，催他下手。秦桧经常对赵构暗示说，兀术的意思，不杀岳飞，决谈不到和议。随后命何铸、罗汝楫、万俟卨等群起参奏，污蔑岳飞因去年班师怀恨，不肯再为国家出力，心存怨望。二人矛盾越来越深。岳飞回到鄂州，觉着费了许多军资民力，今天刚收复了失地，明天又把它弃去，养寇残民，实在痛心，又见皇上怀疑自己拥兵自重。为了解除皇上疑心，连上奏疏，请解兵权，辞职告退。赵构见岳飞威望日隆，却故意辞职，越加疑忌。非但不许告退，并以温语慰勉，定要岳飞入朝，商计国事。岳飞入见之后，想起前事，正在愤激，那绝不死心的敌人果又大举来攻。赵构只得叫岳飞接连出兵，又连打了几次胜仗。

当年十一月，金人北退，秦桧为了让岳飞退兵，用奸党范同之计，采取分化瓦解的办法。将当时兵权特重的韩世忠、张俊和兵力最强的岳飞等三个大帅，全任为枢密使，韩、张拜相，岳飞为枢密副使。企图各个击破，先想法使其离开军队，以便为所欲为。张俊猜出秦桧用意，先请将所部人马调归御前，一面极力赞成和议。双方本有勾结，这一来张俊也成了秦桧的死党。

对于赵构这个皇帝来说，武将太厉害功劳太大，就是一个威胁，岳飞组织的岳家军纪律严明，有"撼山易，撼岳家军难"的说法，这个不仅让金兀术闻风丧胆，而且绝对让赵构如芒在背。再就是岳飞口口声声说要迎回二圣，也让他心里不痛快，这个口号本来是赵构喊的，不过赵构并不是真心想要把徽、钦二宗迎回来，虽然父亲宋徽宗已经死了，不过他钦定的接班人钦宗还在，在他心里想的是岳飞你收复中原就好了，真把二圣迎回来，我赵构让不让位呀？毕竟人家钦宗才是钦定的皇帝。所以只求自保的赵构，因为秦桧理解自己的心思，回来就把他封为丞相，一方面让他奴颜婢膝去向敌人摇尾乞怜议和，保存他那偏安残局：另一方面竟听秦桧谗言，暗示他想方设法谋杀岳飞。虽然秦桧说过一句让赵构不高兴的话，主张："北方人回北方，南方人回南方。"难道朕是北方人，就必须回北方吗？于是免了他的丞相职务，但一年后，重新任命他为丞相。遭受此挫折的秦桧从此对赵构更加俯首帖耳。因张俊想夺岳飞的"背嵬军"，而韩世忠处处替岳飞说话，于是秦桧勾结张俊想连韩世忠一起害死，夺取兵权。有人密报岳飞其阴谋诡计，岳飞得信，忙命岳云连夜驰告韩世忠警惕。

世忠大惧，往见赵构，揭破秦桧阴谋。赵构因韩世忠比岳飞听话，觉着秦桧不应做得太过，一面否认害他的想法，一面暗中嘱咐秦桧，除岳飞外下余将帅不许妄杀。秦桧这个人是"顺我者昌逆我者亡"，他手下的副丞相稍不如意就换掉，短短时间竟然换了二十个副丞相。何况岳飞是自己仇敌？秦桧、张俊二贼见被识破，便只好集中精力绞尽脑汁把岳飞除掉。二人暗中密计多日，先寻访岳飞的部下，威胁利诱，使其诬告岳飞谋反，以便陷害。结果费了许多心力，谁也不肯答应。后来打听出王贵因守颍昌怯战和暗掠民间财物，被岳云数说了一阵，后被岳飞知道，几乎要斩杀。王贵的亲兵又偷取老百姓的东西，被岳飞知道，当时打了王贵一百鞭。秦桧认为王贵必恨岳飞父子，暗中命人引诱，许以重利。王贵先拒绝道："相公（指岳）身为大将，自然有赏有罚。如果因此怀恨，谁也难以当大将了。"秦桧、张俊二贼又查访出王贵曾经贪赃，将由敌人手中夺取的珍贵珠宝私自留下，不肯献公，论律当斩，便以此要挟王贵诬告岳飞。王贵方始害怕，只好答应。另外一个名叫王俊的，外号王雕儿，原是张宪部下，因犯军规，曾受刑责。加以久战无功，不得升官，心中怀恨，被秦桧、张俊二贼也找了去，先把阴谋想好，命王贵把张宪骗到张俊的镇江行枢密府，再以王俊做证，准备屈打成招。堂吏王应求向张俊力说："枢密府从来不曾审问过犯人，恐乱朝廷法度，请相公慎重。"张俊执意不听，等张宪一拿到，便亲自坐堂审问，毒刑拷打，要他承认和岳飞一同谋反。张宪遍体鳞伤，体无完肤，已成了一个血人，始终不肯屈服。张俊无奈，只得自己写上一篇口供，趁张宪昏迷，拿手画了假押，亲往临安密送秦桧。

对于赵构而言，赶走金兵，当然是理想的结局，是战是和赵构开始也犹豫不决。原来以前张俊是主战派大臣，有过赶走金兵的想法，被秦桧陷害拉拢，张俊被逼无奈投靠秦桧，开始制造岳飞谋反的假证据。秦桧接到张俊的密信急忙转告赵构，说岳飞的女婿张宪揭发岳飞谋反，赵构方才相信岳飞企图造反，恍然大悟，忙问："宰相有何主意？"

秦桧说："我大宋朝平日大将待遇最优，但统兵极少，连韩世忠在抗敌之时，本军都未超过三万人。岳飞虽号常胜之军，先前地位在当时诸将帅之下，所统人马又少。即使所见与朝廷相反，想他不敢犯上作乱。自从持节封侯、成了大元帅，平了杨幺等以后，渐渐兵多将广，军容日盛。还创造了一套非常厉害的心意六合拳拳术，日夜教岳家军习练，一旦心生异念，皇上位置不保矣。"平时这奸臣常进岳飞谗言，不由得使赵构生出顾虑。一听秦桧今日说法，除怕钦宗回来夺他的地位以外，又多了一桩心病，当时吓得汗流浃背，连说："丞相真个老成谋国，考虑得极是。"其实宋高宗一心议和，还有一段牵肠挂肚的心思，希望金兀术放了自己的亲生母亲。贪婪凶悍的金国人不仅带走二帝，还把汴梁城内的金银财货席卷一空，甚至掳走了大量宋朝人口。其中包括大批战俘、民夫、工匠，宋朝的文武百官，徽、钦二帝的皇族宗亲等人。其中命运最为悲惨的莫过于宋朝的后宫妃嫔，金国人拿到了宋朝皇室宗亲、后宫妃嫔的宗牒玉谱，也就是花名册，按图索骥，一个都没能跑得了，全部被押入金国大营。整个宋朝皇族的女眷，只有一个人幸免于难，她就是宋哲宗的废后孟皇后。孟皇后被宋哲宗废掉后，蛰居京师瑶华观出家当尼姑，名字才被从皇室宗牒中抹去，因祸得福，躲过这次劫难。而其他的后宫妃嫔，则被一网打尽。在被掳走的这批皇族女眷中，有一个女人让宋高宗赵构牵肠挂肚，坐卧不安。她就是宋高宗的生母韦贤妃。靖康之变发生时，赵构正好在外地，躲过一劫。但他的母亲韦贤妃被金国人掳走，从此天各一方。南宋建立初期，宋金战争打得烽火连天，宋高宗赵构忙于军国大事，顾不上考虑其他。而到了绍兴十年（1140）前后，宋金之间形势趋于稳定。随着主战派名将岳飞、韩世忠、吴阶等人的崛起，南宋军事实力日益强大，金国想通过战争一举灭掉南宋的幻想也就此破灭。正当岳飞等人雄心勃勃要北伐中原、还于旧都、直捣黄龙之时，宋高宗的态度却发生了大变。赵构身居九五之尊的皇帝，锦衣玉食，但母亲韦贤妃却在金国沦为奴隶囚徒，受尽折磨。每念及此，赵构五内俱焚。他通过一切渠道，想方设法打探母亲韦贤妃的消息，尝试一切可能的途径想接回母亲韦贤妃。1135年，金国方面金熙宗上台，他是个温和的鸽派，也有意通过和谈解决宋金争端，两下一拍即合，开始和谈，"绍兴议和"拉开序幕。赵构不止一次私下说过和谈的目的："宣和皇后春秋高，朕思之不遑宁处，屈己请和，正为此耳"，"朕有天下，而养不及亲。徽宗无及矣！今立誓信，当明言归我太后，朕不耻和。不然，朕不惮用兵"，"太后果还，自当谨守誓约。如其未也，虽有誓约，徒为虚文"。充分证实，他和谈的目的之一就是迎回母后，再大的代价也在所不惜。狡黠的金国人看透了赵构的心思，把手中的韦贤妃当成一张王牌，提出各种苛刻条件，要求宋朝向金国称臣纳贡，每年上交岁币银25万两，绢25万匹，还要南宋割让河南的唐州、邓州，陕西商州、秦州等地送给金国。金国实力派完颜宗弼还加上一条："必杀飞而后和可成。"要求南宋杀掉力主抗金的主战派名将岳飞，岳飞也是宋金议和最积极的反对者，双方一拍即合，宋高宗为了向生母尽孝，决定杀害岳飞。今听了秦桧一面之词，正合心愿，于是忙传特旨，命岳飞急速班师！想削去其职务，夺回兵权，由秦桧对岳飞处之。

却说岳飞与各元帅营中议事，打点乘胜追击，直捣黄龙，迎还被掠二圣。不知为什么粮草不至，正准备遣人催粮，刻日扫北。忽接圣旨，命其班师，等粮草筹备好，再议发兵。岳飞知是奸臣卖国，暗助敌人的阴谋毒计。立时回奏："金人锐气已丧，尽弃辎重，疾走渡河。而我豪杰向风，士卒用命，时不再来，机难轻失……"不肯班师。

秦桧知岳飞志不可夺。又对赵构说："陛下只许臣便宜行事，臣定将岳飞召回。倘若叛变，斩臣以谢岳飞便了。"赵构将头微点，秦桧得了默许，大喜辞出。首先把张俊、刘铸、韩世忠、杨沂中等全军召回；再连发金牌诏旨，立逼岳飞班师。

各路金兵先后受到刘铸、吴磷、韩世忠等猛击和牵制，岳飞更是他的死对头，身怀心意六合拳术的岳家军兵强将勇，锐不可当。先占据的两河城邑，多被各地义军夺回，闹得金兵夜不安枕，前方士气更是消沉。连兀术那样素来刚愎自信的人，都时时刻刻准备逃亡。岳飞这面却是全军士气高昂，忠义奋发。只等一切准备停当，便要一举收复中原，直捣黄龙。双方优劣胜败之势，已成了极鲜明的对比，却不料形势大变。

第七节 十二道金牌

这日清早，岳飞召集众将指示机宜，准备全军出动。有几路奉命先行的将士，已然整装待发；一个个精神抖擞，勇气百倍。正在非常紧张兴奋之际，忽报朝廷降下诏旨，岳飞前数日又曾上过请命各路将帅一同进攻、一举收复中原的奏本，全军将士都以为是朝命犒军，并许出战的好音。等把钦使迎进，一宣读诏旨，竟是促令班师，不许迟延，不禁大失所望。岳飞还能强忍悲愤，将士们却愤激起来。来使正是秦桧心腹粮饷万俟卨，偏不知趣，开口"秦丞相"，闭口"秦丞相"，立逼岳飞要讨回话，问几时班师。张宪首先忍不住怒火，大声问道："钦使一句一个秦丞相，难道这诏旨是秦丞相下的吗？"万俟卨恼羞成怒喝问道："我奉圣旨而来，你是何人？也敢在旁多口！"张宪大声道："末将副都统制张宪。事关国家安危，有话自然要说。"

万俟卨先闻张宪英名，又见他身材高大，威风凛凛，说时，双目正注视自己，英气逼人。不由吃了一惊！还未及答，急性子牛皋喝问道："我等身经百战，出生入死，好容易把金兵杀得大败。眼看收复中原，为国雪耻，你偏一句一个秦丞相，要岳元帅退兵，难道此是秦桧的主意不成？快说！"

万俟卨见牛皋声如洪钟，须发皆张，旁立诸将都是满面怒容，不由得胆战心寒，只得强赔笑脸道："牛将军不可多疑。这样大事，若非出自圣命，谁敢妄为？不过秦丞相乃朝廷心腹重臣，他的意思也就是圣上的意思罢了。"

岳飞哈哈大笑道："钦使此言差矣！你只知当朝首相是朝廷重臣，可知君优臣劳，君辱臣死的道理吗？我奉的是朝廷诏旨，不是接了秦丞相的私书。如今十万大军与敌对峙；还有数百万百姓在此，都不能弃之而去。不论班师与否，均须有个安排，这不是儿戏的事。钦使请先回朝，我自行回奏好了。"

万俟卨不敢再说，只得告辞。岳飞仍以礼相送。万俟卨走到外面，见全军将士都以怒目相视，吓得连忙上马驰去。岳飞回与众将幕僚计议，众将纷纷开口，都说："胜而让敌，从古所无。此事不是奸臣矫诏，便是朝廷受了奸贼蛊惑。望元帅以国家百姓为重，乘着回奏的几天工夫，提前出战。先使金兵全军覆没，攻下汴京，生擒了兀术，再看朝廷有何话说。"

岳飞本就有此打算，刚说"这样也好"。跟着接连探报，张俊、刘光世、杨沂中等将帅首先撤兵，连刘锜、韩世忠也奉诏旨，不得不收兵退去，各路金兵因知兀术危急，都往汴京这面赶来。形势发生反转。陷入孤立的岳飞军队独自面对强大的金兵。

本来在抗金之战中，除岳飞外，还有韩世忠、张俊等许多名将相助，然刘光世、张俊却见风使舵，看到皇上一味求和，改变主意，尤其是张俊，不仅不再主张抗金，而且一心迎合圣意，极尽阿谀奉承，主动撤军上交兵权。由于岳飞的功劳远高于他，嫉贤妒能，开始帮助秦桧制造罪名陷害岳飞。刘锜、韩世忠虽支持岳飞抗金，但慑于皇威，不得不撤军。这一来，前线的抗金大军少了两翼。

一日，岳飞满面愁容，和众将一谈论，觉着虽然形势不利我方，但抢前出战还来得及。只要将兀术擒住，下余各路金兵不战自乱。于是忙命黄机密速写奏疏，一面升帐准备发兵。不料又有急诏到来，大意是说："我军粮饷不继，不耐久战，各地大军尽撤，金人已答应还我失地，送还两宫，严令即日班师，不许违诏。"

岳飞接到诏旨，感慨万千，不由得回忆起抗金往事：金女真贵族对宋发动大规模掠夺战争，深受压迫的汉族、契丹族、渤海、奚等各族人民，"仇怨金国，深入骨髓"，纷纷自动组织起来反抗。短短的数年，黄河南北、两淮之间，掀起了轰轰烈烈的抗金战争。岳飞与抗金名将宗泽、韩世忠等一道，浴血奋战在最前线。北宋宣和四年（1122），真定宣抚刘韐募敢战士，岳飞应募，但不久即因父亲岳和病故，回到家乡汤阴县。1126年冬，岳飞在相州城第三次投军，归刘浩军中。刘浩命岳飞招安吉青，岳飞不负众望，招降吉青及其部属三百八十人。岳飞因此补承信郎一职。靖康元年（1126）十二月，康王赵构接到宋钦宗的蜡书，在相州开河北兵马大元帅府。赵构为河北兵马大元帅，陈淬为元帅，汪伯彦、宗泽为副元帅。元帅府下编前、后、中、左、右五军，其中前军统制为刘浩。岳飞属刘浩前军。按徽宗蜡书的命令，康王元帅府的任务是火速赶往东京（今河南开封），解京师之围。岳飞奉命带领三百铁骑，前往李固渡侦察，与金兵相遇发生战斗，大败金兵。跟随刘浩解了东京之围。靖康二年（1127）四月，金灭北宋，掳徽宗赵佶、钦宗赵桓及皇家宗室北归。五月，康王赵构（宋高宗）于南京继位，建立南宋。初期，宋高宗主张收复失地，起用了大批主战将领，其中就有岳飞。岳飞坚决反对议和，主张抗战到底。建炎元年（1127），赵构即位，岳飞上书，大意为："陛下已登大宝，社稷有主，已足伐敌之谋，而勤王之师日集，彼方谓吾素弱，宜乘其怠击之。黄潜善、汪伯彦辈不能承圣意恢复，奉车驾日益南，恐不足系中原之望。臣愿陛下乘敌穴未固，亲率六军北渡，则将士作气，中原可复。"宋高宗并未采纳岳飞的建议，并以越职为由将岳飞罢官。之后岳飞北上，入河北招讨使张所军中，借补"正八品修武郎"，充中军统领。张所很赏识岳飞，很快升岳飞为"从七品武经郎"，任统制。建炎元年九月，张所命岳飞入王彦部，北上抗金。岳飞作战有勇有谋，数败金兵，声威大振。而王彦保守怯战，使得岳飞只能孤军奋战，岳飞缺军粮时又不肯相助。岳飞知道自己与王彦有隙，所以复归宗泽，为留守司统制。宗泽死后，杜充代之，岳飞官复原职。三年（1129），杜充将还建康，岳飞进言："中原地尺寸不可弃，今一举足，此地非我有，他日欲复取之，非数十万众不可。"杜充不听，岳飞也只能随军而归。杜充守建康，金军与叛贼李成在乌江会合，杜充闭门不出。岳飞泣谏请视师，杜充不出。金军遂由马家渡渡江，杜充遣岳飞等迎战，诸将皆溃，独岳飞力战。后杜充降金，诸将多行剽掠，唯岳家军秋毫无所犯。兀术趋杭州，岳飞要击至广德境中，六战皆捷，擒敌将王权，俘叛军首领四十余。岳飞劝服王权，是指为己所用。岳家军驻扎在钟村，军中缺粮，将士们宁愿挨饿，也绝不扰民。绍兴九年（1139），岳飞在鄂州（今湖北武昌）听说宋金和议将达成，立即上书表示反对，申言"金人不可信，和好不可恃"，并直接抨击了相国秦桧出谋划策、用心不良的投降活动，使"秦桧衔之"。和议达成后，高宗赵构下令大赦，对文武大臣大加爵赏。可是，诏书下了三次，岳飞都加以拒绝，不受开府仪同三司（一品官衔）的爵赏和三千五百户食邑的封赐。他在辞谢中，痛切地表示反对议和："今日之事，可危而不可安，可忧而不可贺。"后高宗对他好言相劝，岳飞方受。此后岳飞上表，"愿定谋于全胜，期收地于两河，唾手燕云，终欲复仇而报国"。高宗没有采纳。绍兴十年（1140）五月，金国撕毁绍兴和议，兀术等分四道来攻。由于没有防备，宋军节节败退，城池相继失陷。随后高宗命韩世忠、张俊、岳飞等出师迎击。很快，在东、西两线均取得对金大胜，失地相继收回。岳飞挥兵从长江中游挺进，实施势不可当的反击，他一直准备着的施展收复中原抱负的时机到来了。岳家军进入中原后，受到中原人民的热烈欢迎。这年七月，岳飞亲率一支轻骑驻守河南郾城，和金兀术一万五千精骑发生激战。岳飞亲率将士，向敌阵突击，大破金军"铁滑车"和"拐子马"，把金兀术打得大败。岳飞部将杨再兴进军临颍，单骑闯入敌阵，想活捉金兀术，可惜没有找到，手杀敌人数千，误入小商河，被金兵射到几十处箭伤，英勇无比。岳家军将士具有"守死无去"的战斗作风，敌人以排山倒海的大力，也不能把岳家军阵容撼动。郾城大捷后，岳飞乘胜向朱仙镇进军，此地离金军大本营汴京仅四十五里，金兀术集合了十万大军抵挡，又被岳飞打得落花流水。岳飞这次北伐中原，一口气收复了颍昌、蔡州、陈州、郑州、郾城、朱仙镇，消灭了金军有生力量，金军全军军心动摇，金兀术连夜准备从开封撤逃。南宋抗金斗争有了根本的转机，再向前跨出一步，沦陷十多年的中原就可望收复了。现在诏旨班师，岳飞明知这是权臣用事的乱命，但为了保存抗金实力，将不得不忍痛中止。岳飞愤慨地说："十年之功，废于一旦，所得州郡，一朝全休。社稷江山，难以中兴，乾坤世界，无由再复！"眼见抗金战斗大好形势，将毁于一旦。令岳飞怎不痛心疾首！

岳飞看出诏旨暗示各路宋军全撤，其已孤立，并还要断他的粮饷。再若抗命，甚而要以叛逆问罪，不禁慨叹道："我军十年苦战的心血，难道就废于一旦了吗？"来使当然也是一个粮饷，路遇万俟卨，已受了指教。只将诏旨宣读，一句话也不多说，便告辞而去。

岳飞刚忍住悲愤把人送走，还未回转；遥望前面尘头起处，有二十来骑飞驰而来。临近一看，一员神武禁军统制手举一面金牌，带着二十名盔甲鲜明的校尉，同骑快马，一窝蜂驰到，同声呼喝："岳飞速接金牌诏旨！"金牌上有"如朕亲临"的词句，命其立即班师。随行校尉都带有刑具枷锁，无论文武大臣，稍有违抗，来人便可将他当场斩首，或是锁拿问罪，死活凭来人一句话，丝毫没有商量。岳飞刚听来人面传圣旨，将金牌接过。前面尘头又起，又是一员统制带着二十名校尉，捧了金牌飞驰而来，除立逼班师外，别无话说。总算昏君奸贼还有顾虑，来人只是虚张声势，并未带刑具，校尉的刀也未亮出，只在营外喊了一阵，说"圣意已定，元帅三思"，便相继纵马驰回。

岳飞和众将自然万分愤慨。刚同回到营内，谈不到几句话，金牌又到。来使所说还是那一套，说完就走，更不停留。岳飞二次回营，还未坐定，马前张保忽报，前面尘土飞扬，朝廷不知发下多少金牌诏旨，就要到来。岳飞见众将都是满面怒容，有的甚至恨不能把金牌打碎！忙拦道："不可如此！且等接完金牌再作计较。好在方才回奏，只说容我三思而行，非到万不得已，仍照预计行事便了。"

话未说完，马后王横来报，第三次金牌相隔只有二里之遥。岳飞想了一想，命在营外设下香案接旨，索性接完金牌再说。刚率众将走到营外，遥望前面果然又来了好几起；都是一员统制带领二十名校尉，一队接一队走马灯似的飞驰而来。接旨时，双方问答仍和先前一样，当下又连接了四道金牌，等接过金牌，送往里面供起，又有金牌相继驰来。

这一天之内，先后接了十二道金牌。未了三道还带了刑具和刀斧手。不过来使为岳飞和全军将士正气英名所惧，只管耀武扬威，都是虚张声势。传完诏旨，交过金牌，便即驰去，谁也不敢作威作福。

岳飞接完金牌，天已入夜。休说无暇商计军机，连饭都没顾得吃。觉着费了无数军资民力和十年苦战的心血，忽然废于一旦，自是万分悲愤，忙召集众将和黄机密、于鹏等幕僚商计。牛皋、张宪等大将都说："'将在外，君命有所不受！'先把中原收复，夺回燕云，再向朝廷请罪，我等死而无怨。"岳飞夜不能寐，想现在处于要么"班师"、要么"丧师"的不利形势下，岳飞明知这是权臣用事的乱命，但为了保存抗金实力，可能不得不忍痛班师。岳飞愤慨地说："十年之功，废于一旦！所得诸郡，一朝全休！社稷江山，难以中兴！乾坤世界，无由再复！"

第八节 大局为重

谈到天亮，岳飞只听众人说话，时而低头沉思，时而起立往来走动，极少开口，忽然慨叹道："朝廷既连发下十二道金牌，已是无理可讲。若不奉命，非但军粮器械绝无后继，甚至要以叛逆的罪名加在我们身上。如今各路将帅已全撤兵，我们这一支孤军，外有强敌，内有权奸，岂不成了腹背受敌之势，以前兵少，还可取敌之粮以供军用。此时兵多，敌人又与奸臣勾结，知道军中缺粮，战时坚壁清野，攻少守多，退时纵兵焚掠，野无青草。中原百姓久在敌骑蹂躏之下，伪齐刘豫搜刮已空，他们只管心依故国，有如望岁，无奈力不从心，哪有余粮供应大军！以目前形势而论，后无援兵，尚不足虑；粮食缺少，却是致命一伤。还有最可虑的是两河百万忠义之士，每日引颈苦盼来归。视此忠义奋发，固是令人感佩，但那起义之处，多半近在他们乡土，地均分散，各自为谋。以前凭山据险，结寨自保，已不免于饱受饥寒；如今所占州郡，地方残破，无粮可取，又多成了一支饿军。新近来投的几支义军，均因敌人退时焚掠一空，实在不能存活，不得不将所得城邑舍去，转战来投。若非沿途百姓把勉强藏留度命的少数粮草倾囊相赠，不知途中要饿死多少！两河义军人数这样多，他们一面热望着与我军会合，收复中原，雪耻复仇；一面却又以为我军一到，一切都可如愿以偿。其所望于朝廷者甚大，而朝廷已与他们的想望背道而驰；其所望于我军者甚多，而我军则无以为应。一旦渡河北进，这百万义军定必纷纷来投，闻风继起者更不知有多少。有何良策妥为安置？他们大部分起自田间，能与敌人相抗，使其疲于奔命，全从多年苦战、出生入死中磨炼出来。攻坚袭敌，是其长所；军规营伍，多非素习。既不能因为内有一些乌合之众，丧其忠义之气，不令来归，又不能因为军资缺乏，使其枵腹杀敌，置之死地。一个处置不当，将要大失人望而贻无穷之患！使将来收复中原，更多艰难。

"我苦想了这一夜，只有收置义军这件事，比什么都难。我和诸位将军都是身经百战，出生入死，伤痕累累，几时怕过事来？便是朝廷屡次信任奸臣，专主求和，也都抗疏力争，遇到自期必胜之机，常是坚不奉诏，并未屈从。我岂不知'将在外，君命有所不受''民为贵，社稷次之，君为轻'的道理？无奈孤军深入，兵家之忌。收置这百万义军比和百万金兵对阵，还要难上十倍。

"目前能够抵御敌人的也只有我军，我军虽兵力较强，但缺少援军。与其只顾与敌拼命，使未来收复中原的主要兵力损失，甚而全军覆没，以只能壮敌人吞并我国的野心，考虑来考虑去，还不如退保襄汉，经划营田，助民耕种，养机待时，谋成而动。使我军粮有以自给，无朝廷筹运之烦，免却奸臣作梗之忧。一旦出兵，两河义军依然闻风响应，收复中原，一举而定呢！况且敌人绝无信义，必败和盟，内奸通敌阴谋终必败露。此时暂且奉诏班师，使朝中奸贼无可进之谗；将来准备齐全，更多必胜之算。不是比进则与敌同归于尽，退则一败涂地、不可收拾，强得多吗？"

众人先都愤慨叹息，或是垂头丧气，闻言觉得岳飞所说有理，又全点头称赞起来。话说众将退后，隔了半日，牛皋忽然来报：远近百姓闻十二道金牌召回的消息，大为愤慨。如今四面八方潮涌而来，口口声声要请元帅北进，不可回去。并说："我等陷敌已十二年，平日受尽苦难，好容易盼得'岳家军'来，将敌人打退，眼看要收复中原，为何忽要班师？我等以前顶盆焚香，欢迎岳家军，和久旱逢甘雨一样。大军退后，敌人绝不相容。今日情愿死在元帅马前，也绝不甘心去受敌人的残杀！"

牛皋话未说完，大营四外已是哭声震野，嘈杂一片。岳飞大惊道："由昨日起，我们只顾商计班师与否和未来破敌之计，怎会忘记了他们？差一点便铸成了大错！你快去请上几位父老来相见。"牛皋领命而去。众父老刚一走进，便跪伏在地，号哭起来。岳飞连忙还礼，命人扶起，开口就说："我决不丢下你们不管！请看这些诏旨和十二道金牌，怎敢违抗呢，我已准备除退军日期外，为诸父老百姓再多留五日。你们赶紧准备随军南去。我先派人马护送，将汉上六郡的田地分与你们可好？"

　　众父老见桌上除班师诏旨外，还供着十二道金光耀眼的金牌。上面都刻有"如朕亲临，违者立斩"鲜红的八个字。知道岳飞无法违抗，只得拜谢辞去。众父老走后，岳飞恐金兀术由后追袭，忙传急令，先把百姓送往南方，一面散布不日与兵渡河，收复中原的消息。久久渴望王师北定中原的父老兄弟，拦道恸哭。岳飞为了保护老百姓的生命财产，故意扬言明日渡河，吓得金兀术连夜弃城北窜，准备北渡黄河，使岳飞得以从容地组织河南大批人民群众南迁到襄汉一带，才撤离中原。金兀术闻报岳飞带领大军准备进击大惧，连夜逃走。忽报宋军全撤，岳飞自带一支人马断后，军容甚整。金兀术成了惊弓之鸟，怀疑有埋伏，竟不敢追。等各路宋军全数撤退，才率领残部进攻。宋军已收复的失地，又渐渐被金兵夺去了。

第九节 陷入牢笼

　　且说岳飞在朱仙镇摩拳擦掌、操练兵将，专等寻机扫北，不料秦桧在皇上面前搬弄是非，下了十二道金牌，命令他班师回朝，多年心思毁于一旦。岳飞对众将道："圣上命我回朝，我怎敢抗旨不归，但奸臣当道，此去凶多吉少。我且将大军不动，单身面君，陈诉独任扫北之事。圣上不听，必有不测。众兄弟务要齐心协力，为国家报仇雪恨，迎接二圣还朝，则岳飞死而无怨矣。"

　　催岳飞速速起身的内使说："圣上命岳元帅速即起身，若再迟延，即是违逆圣旨了！"岳飞默默无语，走进帐内，把施全、牛皋喊来说："二位贤弟，看来我不去不行了。我把帅印交给二位，暂帮我执掌中营。此乃大事，须严法度和规矩，不可骚扰老百姓。"二人频频点头。岳飞又说："我苦心孤诣写的心意六合拳拳谱是我一生的心血，本来打算训练新兵使用，但秦桧听张俊说后，居然说我是为夺取皇位做准备，冤枉死人也，他们千方百计想拿到拳谱。你们派人星夜送到岳家庄保护起来，不遇贤人轻易不要泄露。"二人说："元帅放心，只要我等在，以生命做担保，一定保护好拳谱，使它世世代代流传下去。"

　　说罢，点四名家将，同马后王横起身。众统制等，齐出大营跪送，岳飞又好言好语安慰一番，上马便行。但见朱仙镇的父老乡亲，依依不舍，送了一程又一程，异口同声要挽留元帅。岳飞挥泪告别说："无奈君命不可违，我不久复来，扫清金兵，尔等自得安宁也。"

　　且说在路非止一日，已到平江，忽见对面来了锦衣卫指挥冯忠、冯孝，带领校尉二十名。冯忠便问："前面可是岳元帅？"王横上前答道："正是帅爷，你们问他做甚？"冯忠道："有圣旨在此。"岳飞慌忙下马俯伏在地。冯忠将圣旨展开读道："岳飞官封显赫，不思报国，反而按兵不动，克扣军粮，纵兵抢夺，有负君恩。着锦衣卫扭解进京，候旨定夺。钦此。"

　　岳飞躬身谢恩。王横怒目圆睁，双眉倒竖，抢起熟铁棍，大喝一声："俺马后王横随元帅南征北战，元帅爱兵如子，什么时候见元帅克扣军粮了？！元帅身先士卒，把金兵杀得体无完肤，屁滚尿流，什么时候按兵不动了？！你们要拿元帅，问俺的铁棍答应不答应？"岳飞道："王横，此乃旨意，你怎敢陷我于不忠。罢罢罢，竟如此，不如自刎了吧。"遂拔剑欲自刎，慌得四名家将立即将他抱住，夺下宝剑。王横跪下哭道："老爷难道任凭随意诬陷不成？"冯忠趁他不备，提腰刀就砍伤王横头部，大喊："逆贼，竟敢违抗圣旨。把他斩首示众！"王横想起身还手，岳飞喝道："还不认罪！"众校尉一拥而上，不由分说竟乱刀将王横砍死。可怜半世豪杰，今日竟惨死刀下。

　　冯忠喊道："把岳飞手下拿下！"四名家将急忙跳上马，飞奔而去报信。岳飞泪如雨下："这王横曾与朝廷出力，今日触犯圣旨，命不该绝。望贵钦差施他一口棺木盛殓。"冯忠答应，命地方官备棺盛殓。一面暗暗将秦桧的文书传递地方官，不许走漏风声；一面押着岳飞解往临安。

　　这天，离京城临安不远了，突然对面来了几个校尉拦住说："圣上有旨，命岳飞城外寺院安歇，没有圣旨，不得进城。"晚上，岳飞心中郁闷，夜不能寐，在寺院内踱步，望着满天星斗，唉声叹气。回到屋内，见墙上挂着一张古琴，伸手取下来，定了定音，伏案弹奏起来。

　　再说秦桧害怕岳飞到来说理，高宗心一软，赦免岳飞，想趁他没有进城，神不知鬼不觉派人把岳飞杀害。他从狱中提出一个身强力壮的郾城死囚，告诉他去城外寺院偷偷刺杀金国派的奸细，事成之后，不仅赦免死罪，还要重金嘉奖，并把岳飞的长相告诉囚犯。实际上，刺死岳飞后，再把囚犯抓住斩首，这样岳飞手下的大将就不会移祸于他。杀人灭口的事，囚犯如何知道。

　　夜里，刺客来到寺院，躲在一棵老槐树后，听见岳飞叹气，透过窗户一看，正是秦桧说的奸细。在岳飞转身摘古琴时，闪身进屋，躲在屏风后，提着气，踮着脚，向前慢慢移去，准备趁岳飞聚精会神弹琴时下手。这时熟悉琴声响了，他一愣，垂下手中刀。原来此犯是河南省郾城人，爹爹是个有名的弹琴艺人，因为对金兵胡作非为不满，家家户户送子从军，反抗金兵，特谱曲一首，名《送军行》，岳飞弹的就是此曲。随着牛角琴拨的快慢，琴声如泣如诉，或柔或刚，或紧或慢。时而高亢，时而低沉，高亢时如千军万马驰骋疆场，冲向金兵；低沉时如忧国忧民，长叹不已。郾城人想，金国的奸细怎么会弹爹爹的曲子？而且满怀激情。这明明是爱国人士才能奏出的情调。又一想，自己的爹爹被秦桧抓去，献给金兀术，助他寻欢作乐，爹爹怎会为贼人效劳，宁折不弯，抱琴跳河而死。郾城人为了替爹爹报仇，进京准备刺杀秦桧，不料事情败露，被秦桧手下抓住，判了死刑。

郾城人又退到屏风后面，从缝隙中打量了一下弹琴人，从衣着打扮上看，分明是中原人。这时忽听岳飞长叹一声说："唉，何时收复旧河山呀。"他突然想起当年金兀术曾短暂占领郾城，举行庆功宴，把爹爹抓去弹琴助兴，爹爹不弹不奏，怒目而视。金兀术命令他弹，不然就杀掉他。爹爹无奈，硬生生把琴弦拨断。金兀术大怒，把爹爹抓起来，关进监狱。后来岳家军赶走了金兵，把爹爹救出监狱。此人很像是救出爹爹的人呀。爹爹为了感谢岳家军，作了首《从军行》曲子，歌颂岳家军的丰功伟绩。

岳飞弹到激烈时，"砰"的一声，把琴弦拨断。默默站起来，自言自语道："我岳飞抗金大业未成，何以回报父老乡亲呀——"郾城人听后，扔掉钢刀，跑出来，扑通一声跪在地上说："岳元帅，我对不起你呀。"岳飞问他是谁，来干什么，他把前因后果说了一遍。岳飞知道秦桧派人来杀害他，义愤填膺。他对郾城人说："小伙子，幸亏你没有出手，否则先死的是你，你想我如果轻易被你杀死，还配当元帅吗？对秦桧你根本不可能杀掉他，秦桧出来前呼后拥，你恐怕无法近身，我劝你还是远走他乡躲起来吧，秦桧若知道你没有行刺成功，一定会杀掉你的。即使你行刺成功，也会被杀人灭口的。"郾城人连连点头，岳飞给了他几两银子，让他逃走了。

岳飞被押到城内，立即被关进大理寺监狱。秦桧知道赵构顾虑太多，既想除掉岳飞，又怕逼得岳家军造反，如果先与圣上商量，反使其为难。于是恶人先告状，说岳飞企图造反，不可久留。皇上命他快快审理岳飞。弄清后，将其斩首示众。

次日，秦桧又传一道假圣旨，命大理寺正卿周三畏勘问。三畏接了圣旨，供在公堂，随机在狱中提出岳飞审问。岳飞来到堂前，见中央供着圣旨，急忙跪下，口呼："犯臣岳飞朝见，愿吾皇万岁万岁万万岁！"然后与周三畏见礼道："犯臣有罪，只求大人秉公办事，依法审问。"三畏吩咐接过了圣旨，然后正中坐下，问道："岳飞，你官居显爵，手握军权，不思发兵扫北，以报国恩，反按兵不动，坐观成败，是何用心？且克扣军粮，罪上加罪，你有何话可说？"岳飞道："法台大人不知，若说岳飞按兵不动，怎会先后郾城大捷大破金兵，扫北成功？本想趁胜前进，忽奉圣旨大军暂于朱仙镇养精蓄锐，怎说我不思发兵扫北？现有元帅韩世忠、张信、刘锜可证。"周三畏点点头，说："有道理，这按兵不动你说过了，那克扣军粮之事是否有之？有何可辩？"岳飞说："大人听秉，岳飞一生爱惜军士，如父子关系，故人人敢冲锋陷阵。克扣军粮之说，从何说起？吾扣了谁的军粮，减了谁的马草？也要有人指实。"周三畏说："现有你手下军官王俊告帖在此，说你克扣他的军粮。"岳飞说："朱仙镇共有十三座大营，有三十余万人马，何独单单克扣王俊名下军粮？望大人明察。"周三畏听了，心中暗想："这些事无中生有，明明是秦桧这奸贼设计陷害他。我如今身为法司，怎肯以无辜屈判好人？"便道："元帅且暂请下狱，待下官奏明圣上，候旨定夺。"岳飞谢了，狱卒复将岳飞送入监狱监禁。

　　秦桧知道周三畏不是自己人，怕他不是真心审问，又遣自己的亲信御史中丞何铸审问。岳飞一上公堂，何铸便问："朝廷待你不薄，因何谋反？"岳飞哈哈一笑，双手抓住衣服，往两旁一分，道："你来看！""哧"的一声，内外衣服全裂。两臂抖处，转身现出脊背上岳母刺的"精忠报国"四个大字，红如朱砂，深入肌里。何铸虽曾任秦桧的粮饷，见到这样激昂壮烈的神气，也不由得心虚起来。本想动刑审问，周三畏私下曾暗告何铸："此乃千古奇冤，休看秦相势盛，将来必为公论所不容。万一冤狱平反，你我俱不保，还要骂名千载。千万动刑不得！"何铸越想越怕，但不能不问，问得也极详细。岳飞只是从容谈笑，慷慨回答，并说："皇天后土，实鉴此心！我岳飞百死不辞，绝不诬服！"何铸越想越寒，忙命退堂。和周三畏商计，想了又想，最后只得向秦桧汇报，并再三劝说："此事既失民心，便相公将来也有可虑。"秦桧听后先是大怒，后被何铸问得无话可答。遣走之后，觉着何铸虽是自己的党羽，以前还奏参过岳飞，都会这样说法，何况其他人？犹疑了两天，终觉擒虎容易放虎难，只有把岳飞害死，才能保全富贵。所以准备安排粮饷万俟卨、罗汝楫代替何铸、周三畏审问岳飞。

那周三畏回到家中，闷闷不乐，仰天长叹道："得宠思辱，居安思危。岳元帅有此等大功，今日反受奸臣诬陷，何况我不过是一名有名无权的大理寺，若从奸臣意思，屈勘岳飞，良心何在？况且朋恶相济，万年千载，被人唾骂。若不从秦桧之意，奸臣当道，我早晚必遭其谋害。真个是进退两难。不如弃了这官，隐姓埋名，全身而退，岂不为好。"想到此，暗暗吩咐家眷，收拾行囊细软，解下束带，脱下罗袍，将印信幞头象简，俱安放在案桌之上。五更之时，带着家眷和几个心腹家人，私出涌金门，潜身走脱。

到了次日，秦桧方知走了周三畏，知道他不肯顺从自己，杀害岳飞。一方面吩咐衙吏追拿周三畏，一方面奏明皇上，说周三畏与岳飞朋比为奸，不愿审岳飞，偷偷逃了，并向皇上推荐自己的亲信万俟卨和罗汝楫为大理寺官员。万原来是杭州一个通判，罗是个同知，这两人投靠秦桧，唯命是从。皇上视秦桧为心腹，事事从他。满朝文武哪个敢吭声。秦桧回府，召见万与罗说："只因老夫前日差大理寺周三畏审问岳飞罪案，不想那贼竟挂冠逃走。老夫已经奏明圣上将二位升为大理寺官员。万俟卨为大理寺御史中丞，罗汝楫为大理寺正卿。现委汝勘问此案。必须严刑拷问，审实他的罪行，害了他的性命。若成了此段大功，另有升赏。不可违了老夫之意。"万俟卨、罗汝楫因为贪污军粮受过岳飞责打，怀恨在心，时时想着报仇雪恨，此举正合心意，于是二人唯唯诺诺，齐道："太师爷的钧旨，卑职怎敢不遵？这岳飞的生命一定在我们手里断送了。"

第十节　残酷迫害

　　狱官倪完知道岳飞冤情，非常同情，正设一酒席款待岳飞，忽然有一狱卒慌慌张张地飞跑进来，刚一进门，便低声悄喝："快收！快收！"跟着便忙不迭收拾桌上的杯盘酒食。倪完知有变故，连忙唤至一边，便问何故。狱卒气喘吁吁答道："周三畏原审官都被秦相罢免，现派万俟卨为御史中丞、罗汝楫为大理寺正卿，接了朝命，当时上任。一到，便命连夜赶造刑具，恐怕今夜三更后便要提审呢！来的这两个官都是秦相心腹，比不得头一堂有理可讲。快请岳元帅睡上些时，准备过堂才好。"

　　倪完听了大吃一惊。还未开口，岳飞从容笑道："我早料奸贼与我势不两立，此事原在意料之中。请狱官不要为难，无论什么刑法，我都领受，决无话说。"倪完还在踌躇，跟着又有两起狱卒来报，说："新官甚是严厉，恐怕今晚还要亲自查监，请老爷早作打算。"倪完无法，只得把岳飞安排在小监房内住下。仗着白天堂上没有吩咐，也没给他上刑具。

　　刚刚安排停当，天已过了三鼓，忽然传令升堂，跟着便听外面厉声吆喝和脚步声走动。"砰"的一声，狱门启处，一伙如狼似虎的校尉衙役，手持锁链鞭棍，气势汹汹，冲将进来，刚喝得"带岳飞！"……倪完早已得信，心中忧急，一直陪侍在侧。见来这一伙校尉，倒有一半是生脸，知带来的是秦桧爪牙，料定岳飞绝无幸理，心正叫苦不迭。岳飞已从容起立，只说得一句"岳飞在此听命"。声音不大，不知怎的，自然有威，来人竟被镇住，当时清静下来。为两校尉先把脚步停住，作声不得。就这相对略一观望之际，岳飞已慨然笑问道："要过堂吗？我去好了。"

　　外面正下着雪，地上积雪已将二寸。忽然一阵寒风夹裹着一蓬雪花，迎面扑来。岳飞觉着冷气侵肌，不由得打了一个冷战。由当地到后堂，要经过好几排监牢和大小六七座院落，前半所过之处到处都是锁链拖地和犯人呻吟悲号之声。风雪深宵，听去分外悲惨。

等过完这几排监房，走向正堂驰道之上；前面先现出两行白纸灯笼，昏焰幢幢，似明还灭。人快走近，才看出灯下站着两列禁军，都是特选的彪形大汉。因天太冷，一个个缩头缩手，立在寒风中冷得直抖，非但显不出丝毫威风杀气，那特意用来示威、打磨得明光锃亮被这些人抱在怀中的大刀阔斧，也为雪花所掩，不到面前，简直看不出来。

大理寺后刑堂，是专审要犯的所在。万俟卨、罗汝楫二奸贼又都是秦桧的死党，一心一意想置岳飞于死地。事前便照秦桧所说，想了好些又阴又毒的主意，打算恐吓岳飞，屈打成招，逼他诬服。上来便命各牢头禁卒把所有监犯加以私刑虐待，使其惨痛悲号，故意在半夜里造成一幅悲惨景象，准备敲山震虎。

刑堂地势广大，上面供着圣旨。公案前面和两侧，由上到下，吊的、架的、铺在地上和手拿的，是大理寺原有的刑具，全都布满，另外还有许多新制的非刑。二百名手持刀斧枪戟的禁军，小半环卫在中、左、右三列公座之后；一百多名手持皮鞭棍棒的差役，两翼分列于前。

那先前一声接一声，后来再同声吆喝的堂威，宛如恶鬼厉啸变作一群野兽在那里张牙咆哮，似欲得人而噬。迎门两侧各站着八个彪形大汉，一个个面相狰狞，凶神恶煞一样。休说常人到此，便是惯犯滚过多次热堂的江洋大盗，见到这种威势，官法如炉，也不由得胆寒心悸，惊魂皆震。二奸贼由提审起直到刑堂，无一处不苦用心机。断定岳飞便是一个铁汉，也禁不住这样威吓凌逼。坐在公案之上，把名一点，正打算先来一个下马威，给岳飞受上一顿精神折磨，岳飞已在众声吆喝中昂头挺胸缓步走进。

那两旁十六个恶汉系秦桧精心挑选，无一善良之辈。原定岳飞一到，迎头先将衣冠剥去，连踢带打，尽量凌辱一番。然后拖到公案之前，再由二奸贼拷问。一个个早就横眉竖目，摩拳擦掌，端足了架子，准备一抓到岳飞袍带，立时一拥齐上，用力拷打。无奈岳飞英名神勇和他的为人，众恶汉全知道，平日都伸过大拇指。岳飞先在狱里，并未丝毫受屈，仍穿着一身公侯冠带，脚下锁链又被勒紧在棉裤腿上，不曾拖地。这时由外而背手走进，依然是英威凛凛，大将威仪。为首恶汉见了先怵。余众恶汉也和他一样，非但不敢按照预计抢扑上前，竟连平日沾满血污的双手，都不自觉地垂了下来，彼此不约而同，往后闪退了两步。就这互相观望缩退之际，岳飞已从容缓步走到公案前面。

万俟卨前因运粮误期，又有克扣，曾被岳飞鞭打，几乎斩首。后来传旨班师，闹了个无趣而回。心既怀恨，又想讨秦桧的好，真恨不能把岳飞凌迟碎剐。但是多么极恶穷凶之徒，也具有和常人一样的心理，虽然大权在握，可以任性迫害无辜，终不能不为对方的正气英名所慑。临事时的胆怯和心虚，特别是害怕自食其果，受到应有的制裁，成了他们精神上的重压，面对这一位英名盖世，并曾亲眼见到过他那军容军威之盛的非常人物，心里早就种下了一个畏惧的根子，自己反而心慌意乱。再见岳飞昂然走进，那一种严肃坚强的神态和飒爽的英姿，仍和自己当年犯法受审伏地哀求时所见的三军主帅一样，心先一震。

这时堂威早过，除岳飞脚步走动之声外，满堂三百多军校差役都和泥塑木雕一样，目瞪口呆，谁也没敢出口大气。两旁公案后，按规矩还坐着大理卿薛仁辅、寺丞李若朴、何彦猷等陪审官，并非秦桧爪牙。堂吏低喊了声："岳飞提到！"万俟卨竟似不曾听出，呆在座上，急切间开不出口来。

罗汝楫比他还要脓包，生得又极矮胖，堆坐在那又高又大的公座上面，心里老想着岳飞当时单骑陷阵，出入万军之中，所向披靡，那么厉害的金人竟被杀得闻名丧胆，望影而逃，何况刑堂上这区区三百多个兵差爪牙？万一岳飞反抗，一个制他不住，自己命都难保。

岳飞人还不曾提到，罗汝楫先就胆怯犹疑，打好让万俟卨先做恶人，然后相机行事的主意。没料到万俟卨先前口狂，认定岳飞是他俎上之肉，可以随意宰割。谁知见了岳飞，竟会呆在座上。他一着急，便多看了岳飞一眼。双方目光正对，罗汝楫瞥见岳飞一双精光炯炯的眼睛注视自己，英威逼人之气势，心里又是一震！身不由己，往下一缩，矮下了半个头。这一来，只剩下半张猪脸和一双倒挂着的狗眼露在公案之后，哪点像人！

刑堂被布置得和阎罗殿一样，地又深广，虽然挂有八个极大的灯笼，都是红色油纸所制，十分晦暗。公案上的两对大蜡烛被寒风一吹，蜡泪从一边倒挂下来，有的已熔去了半截，残烛摇焰，直冒黑气。俩奸贼怕冷，又在公案两侧升起两大盆炭火，火升得很旺。火焰熊熊，红中带绿，把满堂官差兵校的脸都映成了惨绿色，仿佛一片愁云惨雾，笼罩着一堂泥塑的恶鬼，这分明是地狱的阎罗殿呀。

万俟卨生得又瘦又长，一张吊客脸，下面支着一节细长的头颈，坐在又高又大的公座上面，送丧的纸人似的。再配上一个臃肿猥琐的罗汝楫，更显得形态丑恶，不似人样。

岳飞看了又好气，又好笑，也不由得朝俩奸贼多看了一眼。罗汝楫竟被吓了一大跳！他这里往下一缩，座椅一响，万俟卨立时惊觉过来；忙把心神一镇，张口便结结巴巴地问：“你、你、你为什么要谋反？还不从实招来！”

岳飞高声答道：“我岳飞自从当兵到领兵，每日只想收复中原，迎还二圣，扫平虎穴，复仇雪耻。上安宗庙社稷之灵，下慰举国全民之望。如说我反抗金人，与仇敌不共戴天，致招内奸谗贼之忌，则是有之，有什么证据说我谋反？似此阴谋诬害，我岳飞宁死不服！”说时，长眉高举，目射精光，声容既极壮烈，又当深夜广堂，繁嚣尽息，最寂静的时候，越显得声如霹雳，满堂皆震！

万俟卨正在心头震动，非常紧张之际，问得又慌了些，语声有点吞吐，本来就不自然，闻好似当头挨了一棒，只觉两耳嗡嗡乱响。一眼瞥见大堂外雪花飞舞，起伏如潮，仿佛天空中的风雪也在和岳飞助威，怒吼起来。不知怎的看了心慌，忙命左右把刑堂大门关上，跟着问岳飞：“你、你、你——”连说了三个“你”字，底下竟又开不出口来。罗汝楫见他又僵在那里，心正急得发抖。屏风后忽然转出一名校尉，报说：“大人让提的证人已到！”又听岳飞脚底“当啷”一响，好似锁链坠地之声。偷眼一看，岳飞双手倒背，始终挺立未动，腿上正滑下来一条锁链。再一侧头，瞥见两旁二十来个身强力大手持挠钩、套锁的差役，听到响声，以为岳飞要动手，吓得瑟瑟发抖，各把眉头皱紧，一动不动地正朝着岳飞呆看。猛想起岳飞戴有特制的镣铐，刑堂上戒备森严，罗网稠密，便是有三头六臂，肋生双翅，也不怕他反上天去，这样怕他做甚？念头一转，恶胆立壮。万俟卨抓起惊堂木往桌上一拍，厉声嘶喝：“岳飞！如今人证俱全，你还说不谋反？快些从实招来，免得皮肉受苦。"

岳飞哈哈大笑道："好！你把人证拿来我看。"这一来，连万俟卨也被提醒，立命快传证人上堂对质。岳飞一见当晚的局势，问官万俟卨、罗汝楫又是秦桧的死党，早就料定凶多吉少，绝无幸理。后想平日治军、临民、对国家，全都无愧于心，虽然万俟卨因为粮饷的事阴谋陷害，多少也得有点因由，似此捕风捉影，适见其作伪心劳，并无用处。念头一转，不知贼人耍什么阴谋。及听说是人证俱全，并要传来当面对质，忽想起带兵多年，最重的是纪律，虽然从来谨细，不曾屈过一人，既然明申赏罚，哪有不结怨于人之理？何况秦贼这样重的威权，买也买出人证来。倒要看看来者是谁？如真是偏听错罚所造成的对头，今日平白受此奇冤，也就是平日断事不明的恶果了。心正寻思，目光到处，屏风后已有一名校尉领着一员将官走来。定睛一看，那被奸贼传来的证人，正是同门好友，又曾同抗金兵、共过多年患难的发小王贵。事出意料，不禁又惊又怒，暗忖王贵尚且如此，余人可知。王贵已到了公案旁边。万俟卨故意喝问道："你告岳飞令幕僚于鹏、孙革密写私书，命你和张宪虚张声势，假说金兵大举来攻，借此兵谋反；又命张宪先据襄阳造反，意图篡位。现在已将岳飞拿到，快去当面对质，看这反贼有何话说。"

岳飞这才听出案由，暗骂奸贼真个无耻，既拿这样大的题目诬陷人，怎么上得堂来，连句整话都说不出？先想听王贵说些什么，偏生王贵语声甚低，吞吞吐吐得一句也听不出，全不似平日那么粗豪。岳飞心正不耐，忽又听万俟卨狞笑道："你自告岳飞谋反，反贼张宪又是你设计诱擒归案后张宪立功被放。此事关系你一生祸福，切莫自误呢！"王贵低头不语。

隔了一会儿，忽然转身走来。岳飞方想，难怪岳云等平时都说他膏粱子弟，贪逸畏险，心志不定，难共危难，果然一点不差吗？忽听罗汝楫在上发话道："王将军不顾私交，除此大害，功劳不小。"说时，王贵已然走近。岳飞只朝他看了一眼，并未开口。王贵受了两个奸贼的威胁利诱，本来板着一张脸，看上去意思很坚决。刚和岳飞一对面，不知怎的，面色突转灰败，嘴唇不住乱抖，两眼里泪花乱转。望着岳飞，仿佛有一肚委屈说不出来的神气。

两个奸贼看出王贵心虚胆怯，同声大喝："王贵，你要放明白些！这时候你有天大本事也顾他不得了。"旁座陪审官薛仁辅、李若朴、何彦猷等早就看不下去。见此景，李若朴先起立，把手朝两个奸贼一拱，开口道："大人，人证本系自愿，不得威吓。"王贵忽向岳飞扑地跪倒，颤声哭喊道："岳大哥！岳元帅！我不该昧着良心冤枉了你！这不是我的本心。秦丞相和你作对，就没有我，你也活不了。我实在没脸见人，我愿陪你一起死！受逼诬告你的不止我一个。"说时，神态激昂，连珠炮似的，使人没法插口，说到末句便放声大哭起来。岳飞笑说："是非公道自在人心。我不怪你，你快起来。"王贵仍哭个不住，只说："我实在是比猪狗都不如，太对不起你了。"

两个奸贼做梦也没想到业已收买得好好的帮凶王贵，当此众目睽睽之下，竟会翻腔，被陷害的又是功在国家、官居少保枢密副使武昌公的元戎重臣，不是寻常的百姓，如果翻案，怎生了得。这一急真非同小可，吓得心都乱抖。忙不迭同声喝道："你你你——"只把惊堂木乱拍，不知如何是好。满堂三百多人都被这一个紧张动人的场面吸引着。休说原有大理寺官差军校，便是两个奸贼带来的爪牙恶奴也都看出了神。一个个全神贯注视着岳飞、王贵，两个奸贼只管嘶声哑叫，为王贵号哭之声所掩，大家竟如未闻两贼叫喊的什么。后有两名爪牙惊觉过来，抢着下来要拉王贵，陪审官薛仁辅已实在忍耐不住，拍案大喝道："把原被告先带下去，等弄清楚了真假再审！"旁立众差役见两个奸贼坐在位上，气得直喘，说不出话来，对薛大人的命令忙即应诺。

王贵和岳飞是从小光屁股玩大的兄弟，而且在周侗的培养下，他的能力也的确超群。所以在抗金的过程中，王贵也是一路扶摇直上，最后成了岳飞军中的中军统制。他和当时的前军统制张宪一直都是岳飞身边的两个大将。岳飞每次有战斗计划的时候，首先就是和他们俩商议。从1127年开始起兵到1140年进行北伐，十三年的时间里王贵也的的确确奉献着自己的力量。不断地在抗金战场上奋力拼杀。但是人终究还是有胆怯这一关的，在1140年抗金的主要战争郾城大战时，金兀术率兵攻击颍昌，为了对付王贵，金兀术率领着十三万人马来征讨。面对数量如此庞大的军队，王贵当时有些许胆怯，想退军。但是岳飞的公子岳云却制止了他，并且亲自率军左突右进。最后在外围的增援下，打败了金军的入侵。当时岳飞知道了王贵的怯战心理后，恨铁不成钢地训斥了王贵一番。王贵虽然也很自责，但是在心中开始对岳飞有着一丝不满。后来在 1141 年，由于宋金之间的合约达成，宋高宗唆使秦桧十二道金牌下令岳飞班师。诱骗岳飞成功后，马上就剥夺了岳飞的兵权，开始迫害岳飞。秦桧为了搜集岳飞的罪状，就找到了曾经受过岳飞处罚的王贵，王贵一开始知道秦桧的为人，并不屑于和他合作，而且还是去害对自己有恩的兄弟元帅，更无法做出。但是当秦桧拿王贵曾经的私事来胁迫时，王贵慌了，最后也只能胡编乱造，将和张宪共同接受岳飞谋反的书信的事"和盘托出"。

万俟卨、罗汝楫两个奸贼虽然依附秦桧，凶险狡诈，无恶不作，到底初任刑堂，好些法度还不明白。薛仁辅等三人都是在职多年，颇有风骨声望，官也仅在两个奸贼之下。王贵临场变卦，又成了致命一伤，当时只能干着急，无计可施。

万俟卨、罗汝楫两个奸贼眼睁睁望着原被告走了出去，正在急怒交加，无法下台。不料堂门开处，一阵狂风带着大片雪花猛扑进来。正面公案上两对残烛，立刻被刮灭了一对半；只剩下半支，残焰如豆，摇曳寒风之中，和阴磷鬼火相似，转眼也快熄灭。

两旁差役忙不迭把堂门关好，换上新烛，薛仁辅喊话退堂，不料两个奸贼两旁炭火太旺，身上穿得又多，方才关门之后，便觉烤得难受，再加上出现意外，连惊带急，越觉烦热难耐。正没法下台，被寒风一吹，当时虽打了一个冷战，人却惊醒过来。

万俟卨用那一双吊客眼斜视着薛仁辅，阴恻恻冷笑道："有圣旨在此，非追究此案不可。怎么能随便退堂。"薛仁辅说："那也不能罗织罪名。"两贼大叫："什么叫作罗织罪名？岳飞自己谋逆，难道是我二人冤枉他不成？秦丞相再三叮嘱，此是钦命叛逆要犯，还有人证王俊不曾对质，贵大理寺卿就随便叫退堂了吗？"

旁座寺丞何彦猷见万俟卨说时，罗汝楫朝身后爪牙耳语了几句，即有数校尉往屏风后疾驰而去。知道当晚冤狱已成既定之局，无理可讲，不由激动义愤，把心一横，不等薛仁辅开口，抢先起立，高声说道："万大人！话不是这样讲。立法之道，重慎刑。便是常人犯罪，也应详查人证，审度理，不应屈在无辜。何况岳飞屡抗强敌，保障江淮，身经百战，功在国家，今已出将入相，并非常人之可比。如其随便罗织罪名，我们纵不顾千秋万世的唾骂，将何以安人心而服天下？"薛仁辅冷笑道："岳飞谋反，并无实据，就说有人告他，现王贵已经翻案，说岳飞造反，现在也只一面之词。二位大人今天一上任，先命赶造镣铐刑具；并由秦相府调来许多校尉，又加上许多奇怪的布置，做出如临大敌之状。审问的是岳飞，却在深更半夜，严命牢头禁卒把全监人犯，不问罪刑轻重是否定案，无故加以毒打虐待，使那惨痛悲号之声响彻内外。而新添设的非刑，有的非人所能以想象。对这样一个功在国家的元勋，即使真罪实，也须问个水落石出才能动刑。何况事涉嫌疑，未经仔细推求，就这样劳师动众，大张声势，有意威逼，用重刑威吓！请问这也是圣上的特旨，还是另外有人要这样做呢？仁辅因见王贵上堂翻供，众目之下，非但我们久在刑曹的人感觉难堪，也是自太祖立国以来，从所未有的怪现象。实在看不下去，才命退堂，想等查明缘由，改日再审，免得一个不妙，大家都受天下人的唾骂，原是一番好意。二位大人既怪仁辅擅专，仁辅实不敢在法求荣，只好避席待罪了。"万俟卨见薛仁辅义正词严，声色俱厉，不禁有些慌，忙喊："薛大人不要过意！"薛仁辅已拂袖而起，往堂后从容走去，头也未回。李若朴跟着起立拱手道："这样大审，我等从所未见。二位大人既奉有秦丞相之命，若朴不肖，不敢紊乱国家法纪，也只好告退了。"话未说完，何彦猷跟着起立，冷笑了一声，便随同李若朴向两个奸贼一揖而退。这三个素有人望的老刑官一走，余下还有五个陪审官，也觉此事如若参与，必为公论所不容，将来还有杀身之祸。内中三人相继起立，异口同声道："二位大人奉有特旨，小官不敢参与。"各自长揖而退。余下二人因惧秦桧威势，还在踌躇，及见这三人跟着一走，也觉再留下去不是意思，在此碍眼，也许还要招到两个奸贼的忌恨，还不如与薛、李、何三人同其进退比较好些。念头一转，也同向两个奸贼拱手道："薛大人和诸位陪审官都退，我二人也不便再留，请二位大人做主，等定案后，我等署名画押便了。"说罢，一同退去。万俟卨、罗汝楫本想发怒，又找不到理由，只好罢了。

次日，二人在狱中提出岳飞。岳飞来到滴水檐前，抬头一看，见堂上坐着万俟卨和罗汝楫，却不见了薛仁辅等大人，问狱卒："怎不见了薛老爷他们？"狱卒说："薛老爷不肯勘问你的案子，也似周老爷挂冠走了。秦丞相命万老爷和罗老爷坐了大理寺，其他人不许过问，以后你的案子就归他二人管了。"岳飞大惊道："吾命休矣，姓万的曾经因为解粮故意拖延，有贪污军粮之罪，本应斩首，因为是秦丞相的心腹，加之苦苦哀求，只被我打了四十棍，他肯定记恨在心。不料今日落到万俟卨的手里。后悔晚矣。"就走上公堂抱拳道："大人在上，恕岳飞不着公服，无法施礼了。"万一拍惊堂木喝道："大胆死囚，我奉旨勘问你这个叛国之贼，见到本老爷，怎敢不跪！"岳飞理直气壮地说："我有功于国家，无罪于朝廷，怎么骂我死囚？"罗汝楫道："你部下军官告你按兵不动，虚运粮草，诈称无粮，怎么无罪？"岳飞振振有词："现朱仙镇有十三座大营，三十万人马，没有粮草，岂能存活？"罗汝楫说："部下告你私藏心意拳谱，偷偷练兵，为你造反打根基。"岳飞慷慨陈词："官兵练心意拳是为了打败金兵，人人皆知，怎么说是偷偷练兵，我家拳谱由我家收藏理所应当，难道有罪吗？"罗汝楫顿时哑口无言。万俟卨说："你不用无理狡辩，现有人证，快将你私通金兵，按兵不动的理由招来！不然，大刑伺候！"岳飞说："既有人证，请当面对质。"万俟卨一惊，就害怕岳飞提出当面对质，一个王贵临场变卦，已被打入大牢。本想叫王俊对质，怕又出意外，因为死无对证，已将王俊杀人灭口，如何传来证人，于是撒谎说："那王俊因水土不服，多吃了海蜇撑死了。人人说你是英雄，英雄敢做敢当，这小小的罪名你就招了吧。"岳飞喝道："这叛逆之罪是杀头之罪，怎能说是小小的罪名？"万俟卨大怒："左右，先与我重打八十大板，看他招也不招！"左右将岳飞按倒，重重打了八十大板，直打得鲜血迸流，死去活来，昏迷不醒，被泼了冷水，才醒来。两个奸贼喝道："大胆的死囚，铁证如山，招也不招！"岳飞忍痛说："岳飞无罪。"两个奸贼喝道："用檀木拶指，用仗敲打，看他招也不招！"岳飞被此刑折磨得要死要活，指骨尽碎，疼入心扉，但只是呼天抢地，哪里肯招。天色已晚，两个奸贼无奈，只好暂时收监，另想办法。

两个奸贼退到私宅，商议一番，想出一个"披麻问""剥皮拷"的办法。连夜将麻皮揉得粉碎，鱼胶熬得烂熟。次日，又提出岳飞审问。万俟卨说："岳飞，你好好将按兵不动，克扣军粮，勾结金兵，私藏拳谱，图谋造反，痛痛快快招了，倒也罢了，不然我让你生不如死。"岳飞说："我一生立志恢复中原，为国雪耻。现在朱仙镇同着韩、张、刘众元帅，力扫金兵六十万。若再宽几日，正好进兵燕山，直捣黄龙，迎取二圣还朝。不意圣旨促回兵歇马，连用金牌十二道召我回来。哪有按兵不动之说？十三座兵营，三十多万人马，若克扣军粮怎会安然无事？学习心意拳，军力大增，金兵被打得望风而逃，怎能说造反？岳飞一片忠心，唯天可表，叫我招什么？"万俟卨说："既然不招，先夹起来，重打四十大板。"岳飞受伤之体哪经得起严刑拷打，大叫："既要我招，取纸笔来，待我亲写招状。"两个奸贼大喜，叫典吏与他笔墨纸砚。岳飞接过来，义愤填膺，一气呵成，写了招状，递于两个奸贼。两个奸贼闪目观看，只见上面写道：

武胜定国军节度使、神武后军都统制、湖北京西路宣抚使兼营田大使、节度河北诸路招讨使、开府仪同三司、太尉、武昌郡开国公岳飞招状：飞生于河南，长居河北。幼年日攻习诗书，壮年掌握军兵。正值权奸板荡艺祖之鸿基，复遇靖康丧败皇都之大业。三千粉黛，一旦遭殃；八百胭脂，霎时被掳。君臣北狩，百姓流离。万民切齿，群宰相依。幸而圣主龙飞淮甸，虎踞金陵：帝世未绝，乾坤再造。不思二帝埋没于沙漠，乃纵幸臣弄权于庙廊。丞相虽主通和，将军必争用武。飞折矢为誓，与众会期。东连海岛，学李勤跨海征东；南及滇池，仿诸葛渡泸深入。羡班超辟土开疆，慕平仲添城立堡。经郾城大战正欲直捣黄龙，迎回二圣，平吞鸭绿，一统中原，方满飞心，始全予志。昔者群雄并起，寇盗纵横，区区奋身田野，注籍戎行。戚方本国家大盗，鞭指狼烟自息；王善乃太行巨寇，旗挥即便剿除。除刘豫一贼之功，缚苗、刘二将之力；收杨虎、何元庆军中之助，服曹成、杨再兴帐下之雄。斩杨么于洞庭湖，败兀术于黄天荡。牛头山杀敌，尸积如山；汴水河创金，血深似海。北方闻我兵进，人人胆破，南岭见我旗至，个个心寒。郾城大捷，临颍之战使铁甲兵屁滚尿流，心意六合，金兀术闻风丧胆，小商桥上，杨再兴所向披靡，朱仙镇北，八大锤金兵命丧。虎将麾前，十二金牌召转。前则奉旨屯兵，今乃奉征见帝。有贼权奸，谋诛忠直。设计陷害我谋反，将飞赚入监牢。千般拷打，并无抱怨朝廷，万种严刑，岂自出于圣主？飞今死去，阎罗殿下，知我忠心，速报司前，明无反意。天公无私，必诛相府奸臣以分皂白，地府有灵，定取大理寺共证是非。天理昭昭，报应不爽。岳飞所供是实，如虚，甘罪无辞。

第十一节 英勇就义

　　两个奸贼看了，怒不可遏，喝叫左右将岳飞衣服剥去，把鱼胶敷上一层，将麻皮搭上。不一会儿，将岳飞浑身上下敷满。万俟卨喝问："反贼岳飞，勾结金兵！私藏拳谱，罪不可赦。再问一遍，招也不招！"岳飞怒道："你误了军粮，被我打了四十棍，睚眦必报，今日欲陷我于死地。我死必为厉鬼，杀汝二贼！"两个奸贼怒不可遏吩咐左右："与我扯麻皮！"左右一声答应，用力一扯，连皮带肉扯去一块。疼得岳飞大叫："疼煞我也！"霎时昏迷。两个奸贼命令用水喷醒。万俟卨又叫："你若不招，叫左右再扯。"岳飞声泪俱下，心想："我今必死，死也不能坏了名声。可是我儿岳云、女婿张宪闻我屈死，必然发兵报复，岳家军落个反名，如何是好？"不由得叫出声来："我儿岳云、张宪千万不要报怨圣上。"两个奸贼听了汗流浃背，心想："那岳云、张宪俱有万夫不当之勇，如果造反，恐怕先杀我们。不如把二人骗来，和岳飞一起除掉。"两个奸贼假意起身，请岳飞坐了，说道："下官看元帅的供词，尽是大功。我二人本欲上本保留元帅，委屈元帅奈是秦相爷的主意，此本决难到圣前，何不请公子岳云并部下张宪到此，请他们直接上一道辩冤状。下官再从中帮助，不知元帅意下如何？"岳飞想："或许圣上不知情，即使圣上不准辩冤状，我亦情愿与儿同死于此，方全得我岳家忠孝之名。以免他们真的造反，落个不忠不孝之名，违背了母亲的'精忠报国'的嘱咐。"于是挥笔给岳云写了封信，吩咐他们速速到京。交与万俟卨。他吩咐狱卒将岳飞押进监狱。

　　两个奸贼带着岳飞供状和给岳云的亲笔信，到相府通报。秦桧看了供状，大怒："那反贼如此无礼，何不结果了他？"万俟卨道："正想打杀他，突然听他说起岳云和张宪，二人何等了得，若闻岳飞被杀，一定率兵造反，别说咱们，恐怕朝廷也难保了。于是我二人计上心头，假意说，让岳云和张宪进京上书救他，没想到那岳飞中了计，居然写信交二人进京。到时候，将三人一网打尽，根除祸根，岂不妙哉。"

这几日秦桧正烦躁，那薛仁辅、李若朴、何彦猷首上奏疏，说岳飞有功无罪，不应听人诬陷，兴此冤狱。还有一些朝臣也纷纷上疏保奏，到处都听到替岳飞呼冤之声。秦桧等奸贼听了，心中更自发寒；总算赵构为他撑腰，竟将这些主持公道的人先后罢免。

布衣刘允升伏阙上书，为岳飞喊冤，被秦桧下在大理寺狱内，活活打死。齐安王赵士㒟，因救岳飞向赵构力争，请以满门百口保岳飞无罪，也被放逐建州安置。

韩世忠越想越不平，找寻秦桧质问："岳飞父子与张宪谋反，有何凭证？"秦桧强颜答说："张宪、王贵虽未招，此事'莫须（也许）有'！"世忠大怒道："'莫须有'三字何以服天下？"说罢，拂袖而去。

秦桧赶紧出送，人已上马走去。回来呆坐室内，半晌作声不得。想了三日没奈何又向赵构连进谗言，虽将世忠官职免去，每日想起岳飞之事，心便急得乱跳。万俟卨偏又用尽非刑，问不出岳飞父子口供！闹得秦桧两个多月寝食不安。又怕岳飞部下知信，岂能善罢甘休。

现在闻二人之言，可以除去祸根，秦桧大喜道："二位真乃大才也。"又看了岳飞的家信，认为岳飞只说叫二人进京，没说原因，怕引起二人怀疑。于是叫人模仿岳飞笔迹，另写一封言道："吾儿岳云，我奉旨召回面圣，奏了你们大功，朝廷甚喜，下旨让汝和张宪，速进京城领赏。"

当时在岳家庄的岳云和张宪接信，喜不自禁，急忙收拾行装上路。快到京城，一名将军带领锦衣卫拥了过来。将军宣旨："岳云、张宪听旨，你二人未听圣上呼唤，擅自离岗进京，图谋不轨。立即拿下！"岳云、张宪莫名其妙，未见父亲，不知就里，只好束手就擒。

岳云和张宪被押进了大牢，同样终日被万俟卨之流审问折磨，企图让二人诬陷岳飞。但二人宁可打死，怎能无辜栽赃陷害岳飞。岳云更是怒发冲天，目眦欲裂。若不是岳飞喝止，又被锁铐绑紧，几乎暴跳起来。说到愤激之处，将足一顿，脚下大砖立成粉碎。吓得万、罗两个奸贼心惊肉跳。一次岳飞忽听隔壁稀里哗啦和众人惊呼急叫倒地之声，乱成一片。立有数名校尉，拉了倪完，赶将出去。岳飞知是另一起校尉往隔室折磨岳云，岳云不服，打倒了几个。忙喝："云儿不得无礼！"语声才住，倪完已拉了岳云连同先去的校尉走进。岳云怒吼道："我死活都要和爹爹在一起！这班猪狗想给我戴上刑具凌辱我，不行！"岳飞方喝："云儿不可如此。"为首两校尉赔笑道："没有元帅和少将军不圣明的。我们绝不敢狐假虎威，欺心大胆，不过堂上有话，非戴刑具不可。请二位应个景儿，我们也好交代，以免到了堂上彼此不便。"岳飞笑道："我父子死且不惧，何惧上刑？你们只管动手，不必害怕。"随后将手往后一背。岳云只得照样，也把手向后一搭。为首二校尉互看了一眼，再向两旁使一眼色，立有四名校尉抢向岳飞父子身后，把暗藏的特制锁铐取出，冷不防咔嚓一声，把二人铐上，跟着又给戴上一副重脚镣。内一校尉刚说得一声："岳元帅、少将军请走。"先在隔室打骂岳云、遭到反击的两名粮饷爪牙，正由人丛中挤进。见岳飞父子上了特制的重镣铐，以为可欺，意图报复，各把手中皮鞭一扬，大骂："死囚！"照准岳云迎头便打。岳云早就愤极，见对头行凶欺人，一声怒吼，避开来势，腾身而起；左肩上虽被扫着了一鞭，那打人的却被他一脚端中，"哎呀"一声惨叫，倒地不起。身后的同党也被撞倒了两三个，当时又是一阵大乱。岳飞忙喝住岳云，对众话道："我父子不论有罪无罪，既到这里，必守法度。你们如擅用私刑凌辱，我儿子年纪轻，恐怕他忍耐不下呢。"说罢，双臂微微一振，身后铁铐轧轧乱响，仿佛要断开。吓得这班恶奴面面相觑，哪里还敢多嘴！为首二校尉赔着一脸苦笑，连声应"是"，先把动手的同党故意喝骂了几句，再朝岳飞父子说了几句好话，然后起身。倪完已不知何往，岳飞父子便随着这班恶奴走了出来。岳飞本来民望所归，连岳云、张宪也是英名远播，妇孺皆知。这父子两位英雄都是身经百战的人物。为首二校尉已当先往前跑去。跟着便听呼喝堂威，一递一声，远近相应，凄厉刺耳。刚走进大堂台阶，便听有人大喝："叛贼岳飞、岳云带到！"跟着问官便点岳飞。

岳飞父子在大理寺同堂审问还是头一次，虽被下到狱内，但从狱官倪完起到牢头禁卒，都是争先恐后，以礼相待，全为他父子和张宪抱屈。有几个会做针线的，便抢着把岳飞撕裂的衣袍缝补好。岳飞微笑称谢。一天，倪完乘夜间暗送酒食进去给岳飞父子。岳飞看出脸色不对，才问："张宪何在？"倪完先是满面愁容，语多支吾。后经岳飞父子再三追问，才低声悄答："张将军屡受毒刑拷打，不肯屈服，已被打入死囚牢了。"岳云闻知，越加悲愤，欲往探看。岳飞低喝道："此事明是奸臣阴谋暗害。你若看望，休说禁网周密，势所不能；即使能去，也是有损无益。万一被人看破，更使奸贼有了话说，还要连累好人。如何去得！莫看前日问官被我问住，不曾动刑，秦桧等奸贼爪牙，非把我们害死绝不甘休。人生终有尽日，到了紧要关头，我儿必须学你张大哥的榜样，不可丝毫气馁呢！"

秦桧审了两个月，也无实供，终日闷闷不悦。夫人王氏见了问："相公为何默默不语？难道有什么心思？"秦桧双眉紧皱说："我因诈传圣旨，将岳飞父子拿来监在狱中，着心腹人严刑拷问，逼其招认反判罪，报皇上结果了三人性命，不料用尽酷刑，三人至死不招，民间俱说岳飞是冤情，这样下去，难免暴露真相，如之奈何？"王氏说："你没听人常说，缚虎容易纵虎难，无毒不丈夫。趁皇上怀疑岳飞屯兵造反，说他已招供，让人偷偷杀害他父子。万一有人识破真相，悔之晚矣。"秦桧连连点头说："夫人高见，我就大胆提前下手，岳飞一死，他们有理难辩了。可是我无法公开叫狱卒结果了他，那样太明显了。万一有人告我报复，皇上岂不借口杀我，以平民愤。"

二人正说之间，内童从院了走来禀道："万俟卨老爷送来黄橘在此，与太爷解酒。"秦桧收了。王氏道："相公可知黄橘何用？"秦桧说："这黄橘最能败火，可叫丫鬟剥来下酒。"王氏笑道："不要剥了，这黄橘乃是杀岳飞的刽子手。"秦桧莫名其妙："此言何意？"王氏说："相公可将黄橘掏空了，写一纸条藏在里面，叫人转送给你的心腹勘官，半夜三更将岳飞三个就在风波亭结果了，神不知鬼不觉。你与任何人无来往，谁知是你杀害的他。"秦桧拍手称快："妙哉妙哉。"忙写假圣旨，命丫鬟将黄橘瓢刨空，将信密封在里面，把万俟卨喊来耳语，说是把黄橘一盘送给勘官享用，那个黄橘里密藏一道假圣旨。

当日除夕夜，狱官倪完备了三席酒，一席送到岳飞处，两席分送岳云、张宪。倪狱官亲陪岳飞说："今天是除夕，小官特备水酒一席与帅爷封岁。"岳飞说："蒙恩公费心。"二人饮过数杯。岳飞说："恩公请便罢，恩公一家想也有封岁的酒席，省得尊嫂全家等候。"倪狱官长叹一声道："大人不必记挂。大人功盖天下，谁人不知，今夜却如此凄凉，何况我倪完一家。愿陪大人在此吃酒。"岳飞道："如此多谢了。恩公请借笔纸一用。"倪完取来纸笔，岳飞修书一封，递给倪完，说："请恩公收下此书，我早晚必死，倘我死后，拜烦恩公前往朱仙镇。我那大营里，是我的好友施全、牛皋护着帅印；还有一班好汉，倘兄弟们闻我凶信，必然反上朝来，岂不坏了岳家的名声，负了我的忠心。恩公可将此书投下，一则救了朝廷；二来全了我岳飞的名节。我有一本《岳穆王拳谱》，记录我多年征战南北岳家拳体会与招数，交与夫人保存，不要遗失。"倪完流泪道："小官已看破世情，若帅爷安然出狱便罢了。若果有什么三长两短，小官也不恋这一点俸禄，带了家人回乡下做个安逸人。小官家离朱仙镇不远，随便将这封信捎到便了。"

　　正说话，忽见禁子走来，轻轻地对倪完耳语。倪完大吃一惊，面色大变。岳飞见异常，知道不好，忙问："为何这等惊慌？"倪完泪流满面，急忙跪下说："现有圣旨下了。"岳飞明白说："敢是要取我命了。"倪完磕头如捣蒜："果是此圣旨，但小人怎敢取大人性命。小人只好以死相抗了，大人赶快逃走吧。"岳飞捻须道："我知道一定有今天，朝廷有令，怎敢违背。快把我绑起来。"勘官已带着士兵押着岳云和张宪过来，喝道："岳飞还不快快受绑听旨。"岳飞说："到哪里听旨？"勘官说："到风波亭。"岳飞哪里知道是假圣旨，仰天长叹道："罢了，罢了，不想我三人今日要死在风波亭。"伸出双手叫两个士兵上前把自己捆起来。岳云、张宪异口同声叫道："我们血战有功，不封赏倒也罢了，为何反遭杀害？反了吧。"岳飞说："胡说！自古忠臣无二心，圣上叫咱今日死，怎能违抗到天明。大丈夫视死如归，何足惧哉！且在冥冥之中看奸臣受用到几时？精忠报国一辈子，最后落了个反名，生不如死。"就大步走向风波亭，岳云、张宪闭上眼睛，任其所为。几个士兵不由分说，拿起麻绳将岳飞勒死于亭上。爱国英雄岳飞，就在"莫须有"的罪名下，含冤而死。临死前，他在供状上写下"天日昭昭，天日昭昭"八个大字。这是悲愤的呼喊！

　　时年岳飞三十九岁，公子岳云、女婿张宪也相继被杀害。呜呼哀哉，一代忠臣竟然冤死在小人手里，天理昭昭，黑白颠倒，纵曲枉直，日月无光！

叹芸芸众生，皆有本源！衔冤负屈，活天冤枉！善恶到头，终会有报！老天爷呀，几时才能沉冤得雪？

有七律叹咏：

钱塘风波亭

风刀霜剑绕苍凉，铁血凝成壮士肠。

孝女井中魂梦瘦，钱塘门外水天长。

十年功绩成尘土，千里风波啸国殇。

亘古奇冤莫须有，昭昭天日散流芳。

当时，倪完痛哭一场。暗暗买了三口棺木，与贴心狱卒抬到墙外，然后将三人的尸体从墙上吊出，连夜入棺盛殓，刻上记号，悄悄抬出城，到西湖扒开螺蛳壳，将棺埋在里面，插上记号，有朝一日，待亲人来认。倪完做完后，知道自己一旦被发现，必死无疑。于是连夜收拾行囊，带着家眷，走出城门而去。欲知后事如何，且听下回分解。

第九回
岳家英魂何处寻 满门忠烈史册存

第一节 祸及家人

话说秦桧知道岳飞死了，去掉一块心病，喜不自禁，哪里还在乎尸体何在。万俟卨对他说："太师爷，岳飞虽死，岳家军尚在，岳飞的后代大有人在，如果知道真相，一定会报复。太师爷何不借皇上名义传一道圣旨，差人前往汤阴，捉拿岳飞全家，诛尽杀绝，一网打尽，以绝后患。然后搜出《岳穆王拳谱》归秦家所有，那拳谱是武术精华，把它改成秦家拳谱，岂不美哉。"秦桧拍拍脑袋说："哎呀，只顾高兴，忘了如此大事，就烦你嘱咐大将，带上人马，起身速往相州，捉拿岳飞家眷，拿到拳谱。一个不许漏掉！"万俟卨领命前去安排。

且说岳夫人这日与媳妇、女儿聊天，夫人道："自从岳云奉父命往京城去已月余，至今杳无音讯，使我日夜不安，连做噩梦，不知吉凶？"岳云媳妇巩氏说："母亲不必担心，岳云不是接父亲信说，因为大有功劳，去京城加官晋爵吗？"银瓶小姐也安慰母亲说："不久就会有消息的，母亲不必过虑。"忽见儿子岳雷、岳霆、岳霖、岳震，同着岳云的儿子岳申、岳甫一齐走来。五公子岳震说："母亲，今日是元宵佳节，怎不叫家人把灯来挂上，到晚上母亲好与嫂嫂、姐姐赏灯过节？"夫人道："你这娃子好不知晓，你父亲进京，又叫了你哥哥同张将军也去，至今不知消息，前些日派张保总兵打探消息，也无音信。还有什么心绪观灯？"二公子岳雷走向前说："母亲放心，待孩儿明天到京城，找爹爹讨个信就是了。"夫人道："张总兵尚无音信，你一个十六岁娃子，如何去得？"

夫人正和大家在后堂闲聊，忽见家人岳安进来，禀道："外面有个道人，说是有机密大事，必须面见夫人。小人再三推迟，道人不肯离去。"夫人听了，好生不解，吩咐岳雷出去看看。岳雷到门首，见了道人问道："师父到此何事？"道人竟不搭话，双手打躬说："足下何人？"岳雷说："弟子岳雷。"道人说："你对岳飞元帅是何称呼？"岳雷说："是家父。"道人说："既是令尊，可以说得，我这里有岳元帅的消息。"岳雷急忙让进大厅，众人听说，来告知岳飞消息，都上前来听，内眷俱躲在屏风后。道人急忙说："我非道人也，原是大理寺正卿周三畏。因秦桧着我勘问令尊，必要谋陷令尊生命，我不忍陷害忠良，连夜挂冠逃跑。后来秦桧换作心腹万俟卨之流，对岳元帅百般折磨，叫令尊招供，岳元帅不肯。听狱官倪完说，后来张保进京闻知元帅身陷冤狱，前去探监。见元帅披头散发，被折磨得奄奄一息，公子、张将军也九死一生。张保看望双膝跪倒，哭着问，老爷，为何如此？岳飞将实情告知，张保大哭说，今日何忍见老爷受刑，不如先到阴司，等候老爷来了再服侍罢。说完竟对着墙一头撞死。"说到此，在屏风后面听着的张保夫人哭起来。周三畏又说："后来又听说，去年腊月二十九，岳元帅竟被该千刀万剐的秦桧勒死在风波亭上，岳云和张将军也被杀害，何其惨烈。"这一句如晴天霹雳，震得一家号啕大哭起来。周三畏说："后面尊夫人、小姐莫哭，我非为报信而来，乃是为岳元帅后裔而来。快快逃难！钦差不久便来捉拿家眷，休被他一网打尽。贫道去也。"夫人们听了，连忙走出来道："恩公留步，待妾等拜谢。"夫人和公子一起跪下拜谢。周三畏也急忙跪下答谢，起来道："夫人快快打发公子逃往他乡，以存岳氏香火。贫道不易久留，被坏人发现，你我都危险矣。"公子们一起送出大门，回到里面痛哭。

夫人们叫媳妇到里面去，将人家所欠账目和家人们的身契尽行烧掉，对家人道："我家大老爷已升天，你们俱是外姓之人，何苦连累？着你们早带家小，给予盘费，各自逃生去吧。我和家人要进京料理亲人后事。"说吧，泪流不止。众公子、媳妇、女儿、洪氏母子，一齐哭声震天。那岳安、岳成、岳定、岳保四个老家人，对众人道："列位兄弟姐妹，我们四人情愿保夫人小姐一同进京尽义。你们有愿意去的，早些讲来；不愿者，另行逃难。"只听众家人道："我们已是岳家人，和岳家生死与共，为了让老爷入土为安，我等情愿随夫人一同进京料理后事。然后任凭那奸贼要杀要剐，也让外人看看老爷家的用人何等骨气。"岳安道："难得难得。"便道："夫人不必顾小人，小人们都是情愿与岳家争光的，虽死无憾。只有一件大事，刚才道人说，要与岳家留一根苗，不能让奸臣诛尽杀绝。请夫人定夺。"夫人道："奸臣肯定会四处诛杀，逃到何处方好？"岳安说："老爷岂无一二亲戚好友，只消夫人写封信，打发那位公子去投奔他，岂有不留之理。"夫人哭着问："孩子们，你们年纪小都去逃难吧。"岳雷道："我们如果都逃，坏人越发不会放过，肯定要到处搜查，到时恐怕一个也保不住。我看叫其他兄弟逃难吧，我随母亲进京。"夫人无奈说："岳云儿媳身怀六甲，要保她出逃，只有岳雷你十六岁，尚有一身武功，其他兄弟尚小。岳雷，你保嫂嫂出逃好了。"岳雷说："孩儿想和母亲进京料理父亲后事。"岳安叫道："岳公子不要推三阻四，须速行，奸臣一到，一个也逃不了。难道当真被坏人诛尽杀绝吗？须走脱一位，保着少夫人逃难，给岳家留条根。依我看，除了岳公子，别人难当此任。岳雷保着少夫人速速离开。"岳雷无奈，只好收拾行装，拜辞了母亲、嫂嫂，别了众兄弟、妹子，大家痛哭。众公子送出大门，回进里边静候圣旨。

第二节 舍生取义

再说临安大理寺狱官倪完，自从岳爷归天后，心中好生惨切。过了新年，悄悄收拾行李，带了家小，逃出了临安，竟往朱仙镇而来。不止一日，到了朱仙镇上，将家小安置在客寓内。自己拿着岳元帅的遗书，走到营门，对传宣官道："相烦通报，说岳元帅有书投上。"传宣官急忙进帐禀知。施全道："快着他进来。"传宣官出来道："投书人呢？老爷唤你进去。"倪完跟传宣官进来，到帐前跪下，将书呈上。施全接书，拆开观看毕，大哭道："牛兄不好了！元帅与公子、张将军三人俱被秦桧陷害，死于狱中了！"牛皋听了，大叫起来道："把这下书人绑去砍了！"吓得倪完连声叫屈。施全连忙止住道："这是元帅的恩公，为何反要杀他起来？"牛皋道："纯粹胡说八道，元帅是奉诏进京，怎么可能被害？我看是奸臣叫他来下书的。"施全道："待我问清再说。"又问倪完道："元帅怎生被奸臣陷害的？"倪完将往事一五一十，细细说来，直说到十二月二十九日屈死在风波亭上。施全、牛皋和众兵将等一齐痛哭，声震山岳。牛皋大叫："不知道是元帅的恩人，得罪了！得罪了！"上前施礼。施全叫左右取过五百两银子，送与倪完。倪完再三推辞，施全再三相送。倪完只得收了，他把岳元帅托付他的岳飞拳谱交与岳母，拜谢出营，到寓中携家小，自回家乡去避难了。

且说牛皋对众兄弟道："大哥被奸臣陷害，我等杀上临安，拿住奸贼，将他们碎尸万段，与大哥报仇！"众人齐声道："有理！有理！"当时吩咐连夜赶造白盔白甲。不数日造完。众将带领兵卒，三声炮响，浩浩荡荡，杀奔临安而来。朱仙镇上众百姓闻知岳元帅被害，哭声震野，如丧考妣一般，莫不携酒载肉，一路犒军，人人切齿，个个咬牙，俱要替岳爷报仇。大兵不日行至大江，取齐船只，众兵将一齐下船渡江。这一日，真正风清日朗。兵船方至江心，施全做了一梦，梦中忽然狂风大作，云雾迷漫。空中现出两面绣旗，上有"精忠报国"四个大字。但见岳爷站立云端，左首岳云，右首张宪。施全见了，在船头上哭拜道："哥哥阴灵不远，兄弟们今日与哥哥报仇雪恨，望哥哥保佑！"岳爷在云端内把手数摇道："岳家军一世忠君保国，不能最后落个叛国逆臣，皇上一时受奸臣蒙蔽，你等速速返回。"这是叫施全回兵，不许报仇之意。第二天施全把岳爷托梦告诉牛皋等，牛皋不信，令速速开船，众兵卒将船摇动。只见顿时白浪滔天，浪头掀翻三四只兵船，余船不能前进。牛皋方信，命立即停船。余化龙大叫道："大哥不许小弟们报仇，何颜立于人世！"大吼一声，拔出宝剑，自刎而亡。何元庆也叫一声："余兄既去，小弟也追随大哥来了！"举起银锤，向自己头上噗的一声，将头颅打碎归天去了。牛皋见二人自尽，大哭一场，说："大哥既去，小弟不能杀掉奸臣，替大哥雪恨，何颜面对众人。"望着长江里扑通的一声响，跳下去了。众兵将哭祭一番。施全道："元帅既不许我等报仇，只好寻机会为岳帅报仇雪恨，我们不能无辜死去，让奸臣称心如意，现可将兵船回岸，一齐回乡去，卧薪尝胆。早晚除掉奸臣，精忠报国好了。"于是便命把风篷掉转来，把船靠了岸，众人纷纷散去。只剩了施全、张显、赵云、梁兴、周青、吉青等人，还有三千八百个岳家常胜军不动。施全道："你们为何不散？"众兵士道："我等受大老爷莫大之恩，难以抛撒。目今虽遭陷害，我们想那奸臣少不得有个败坏之日，那时我们得到大老爷坟墓之前拜奠拜奠，也见我等一点真心。如今情愿跟随众位将军做些事业，如果散去，以后聚拢不易，所以不散。"施全道："只是我等无处安身，怎生是好？"吉青道："不如依旧往太行山去驻扎，差人探听夫人及岳家家人的消息，再图报仇如何？"众英雄齐道："此言有理。"七位英雄带领三千八百常胜军，竟奔太行山而去。

再说牛皋跳下长江，随着波浪滚去，性命将危。忽然一阵狂风大浪，将牛皋刮在一个山脚之下，耳中听得叫声："牛皋醒来！"牛皋悠悠醒转，吐了几口白沫。睁眼看时，却原来是一位白发老祖，背后一个小道童，手中拿着一套干衣。牛皋见是老祖，慌忙跪下磕头。老祖道："牛皋，你的禄寿还未应绝，快把干衣换了。"牛皋痛哭道："弟子虽蒙师父救了性命，只是我不报大哥之仇，有何颜面立于人世！"老祖道："岳飞被害，自有一段因果，以后皇上明白，岳穆王阴魂会有封赠，奸臣自然也会有报应。你也不必过伤，可速往太行山去！有施全等在那里，你可去同他们暂为目前之计。日后朝廷尚要你等出力时，既可报岳穆王杀身之仇，也不枉存身精忠报国！"说罢，飘然而去。牛皋只得将干衣换了，往太行山去寻施全等。

第三节　生离死别

且说那钦差冯忠、冯孝，带了校尉离了临安，望相州一路进发。不一日，到了汤阴岳府门首，传令把岳府团团围住，高声喊："圣旨到！"岳安慌忙禀知夫人。夫人正待出来接旨，那张保的儿子张英，年纪虽只得十三四岁，生得身长力大，满身尽是疙瘩，人称"花斑小豹"，上前对夫人道："夫人且慢，待我出去问个明白。"就几步走到门口。那些校尉乱糟糟的，正要打进来。张英大喝一声："住着！"这一声，犹如半空中起了个霹雳，吓得众人俱住了手。冯忠道："你是什么人？"张英道："我乃马前张保之子张英！若犯了我的脾气，莫说你这几个毛贼，就是二三千兵马，也不在话下！但可惜我家太老爷一门俱是忠孝之人，不肯坏了名节，故来问你一声。"冯忠道："原来如此！有圣旨在此，但不知张某有何话说？"张英道："你们此来，我明知是奸臣差你们来拿捉家属。但不知你们要文拿呢，还是要武拿？"冯忠道："文拿便怎么？武拿又怎么？"张英道："若是文拿，只许一人进府，将圣旨开读，整备车马，候俺家太夫人、夫人及小人等一门家属起身。若说武拿，定然用囚车镣铐，我却先把你这几个狗头活活打死，然后自上临安面圣。随你主意，有不怕死的就来！"说罢，就在旁边取过一根门闩，有一二尺粗细，向膝盖上这一磕，磕成两段，怒冲冲地立住在门中间。众人吃了一惊！俱吐出了舌头缩不进去。冯忠看来不搭对，便道："张掌家息怒！我们不过奉公差遣，只要有人进京去便罢了！难道有什么冤仇吗？相烦张掌家进去禀知夫人，出来接旨。我们一面着人到地方官处，叫他整备车马便了。"张英听了，就将断闩丢在一边，转身入内，将钦差的话禀明夫人。夫人道："也难得他们肯用情，可端正三百两银子与他。我们也多带几百两，一路去好做盘缠。"夫人出来接了圣旨，到厅上开读过了，将家中收拾一番，府门内外重重封锁。夫人道："既然有圣旨，我们岂能违圣，除遣岳霆去寻哥哥岳雷外，举家老小一起去临安吧。"岳家一门老少共有三百多人，一齐起程，收拾行装，坐上马车，往临安出发，岳霆和大家分手，去寻哥哥，混乱中四公子岳霖走失。

那汤阴县官按秦桧指示，将封皮把岳府府门封好，并搜出《岳武穆拳谱》。

出发时看那些老少乡民，男男女女，哭送之声，惊天动地！岳氏一家家属自此日进京，不知存亡。岳家人刚离开，冯忠、冯孝就让地方官对他家翻箱倒柜，抄没他的全部家产。但翻来翻去，也只有朝廷所赐玉带数条、铠甲兵器若干，米数斗，书几千册。大家想：以岳飞枢密副史的官职，光俸禄每月至少300贯，各种补贴数不胜数，打一次胜仗赏赐几十万。怎么就这一点家产？他们哪里知道：他已把赏赐尽数分给了立功的官兵，还常常拿出家产补贴军用。

再说冯忠、冯孝，解了岳家家属，到了临安，安顿驿中，即来报知秦桧。秦桧为了霸占岳家拳谱，假传一道旨意出来，把岳家一门人口一齐拿往西郊处斩，以防止造反为名没收《岳穆王拳谱》，名义上防止落入民间，利用岳家拳造反，实际上企图据为己有。《岳穆王拳谱》居然落到秦桧手中。

其时韩元帅正同夫人梁红玉进京朝见了高宗，尚未回镇。家将来报知此事，梁夫人就请韩元帅速去阻住假旨，校尉不许动手。自己忙忙地披挂上马，带领了二十名女将跟随，一直跟至相府，不等通报，直至大堂下马。守门官见来得凶，慌忙通报。王氏出来接进私衙，见礼坐下。梁夫人道："快请丞相相见，本帅有话问他！"王氏见梁夫人怒容满面，披挂而来，谅来有些尴尬，假意问道："夫君奉旨进宫去，尚未回来。不知夫人有何见教？"梁夫人道："非为别事，只因岳元帅一事，人人生愤，个个不平。闻得今日又要将他家属斩首，所以本帅亲自前来，同丞相进宫去，与圣上讲话。"王氏道："我家相公听说要斩岳家，正为此事着急，入宫保奏去了，谅必就回，请夫人少待片时。"一面吩咐丫鬟送上茶来，一面暗暗叫女使，到书房去通知秦桧，叫他只可如此如此。秦桧也惧怕梁夫人，只得连忙收转行刑圣旨，假意打从外边进来，见了梁夫人。梁夫人大怒道："秦丞相！你将'莫须有'

三字，屈杀了岳家父子三人还自不甘，又要把他一家斩首，是何缘故？本帅与你到圣上面前讲讲去。"秦桧连忙赔笑道："夫人请息怒！圣上传旨，要斩岳氏一门。下官连忙入朝，在圣上面前再三保奏，方蒙圣恩赦免，同意流发云南为民了。"梁夫人道："如此说来，倒亏你了。"也不作别，竟在大堂上了马，一直出府去了。这就是：从空伸出拿云手，救拔天罗地网人。秦桧听夫人说梁夫人来了，吓出一身臭汗。设法骗走梁夫人，心中方把这块石头放下。王氏道："相公，难道真个把岳家一门都免死了吗？倘他们后来报仇，怎么办！"秦桧道："这梁红玉是个女中豪杰，武艺高强，再也惹她不得。倘若行凶起来，我二人的性命先不保了！我如今将计就计，将岳家发配云南，我只消写一封书来送与柴王，就在那边把他一门尽行结果，有何难哉！"王氏赞道："相公此计甚妙！"

　　不言夫妻计定。却说梁夫人出了相府，来至驿中，与岳夫人见礼坐下，叙了一会儿寒温。梁夫人道："秦贼欲害夫人一门性命，贱妾得知，到奸贼府中要扭他去面圣，所以免死，发在云南安置。夫人且请安心住下，待妾明日进朝见驾，奏请皇上保留不去。"岳夫人听了，慌忙拜谢道："多感夫人盛情！但先夫、小儿既已精忠报国，妾又安敢违抗圣旨？况奸臣在朝，终生他变，不如远去，再图别计。但有一件大事，要求夫人保留妾等耽延一月，然后起身，乃莫大之恩也！"梁夫人道："却为何事？"岳夫人道："别无牵挂，只是先夫、小儿辈既已身亡，不知尸骨在于何处？欲待寻着了安葬入土，方得如愿。"梁夫人道："这个不难！待妾在此相伴夫人住在驿中，解差也不敢来催促起身。元帅归天，乃是腊月除夕之事，所以无人知道。不如写一招纸贴在驿门首，如有人知得尸首下落前来报信者，谢银一百两；收藏者，谢银三百两。出了赏格，必有下落。"岳夫人道："如此也好，但是屈了夫人，如何做得！"梁夫人道："这又何妨？"随即写了招纸，叫人贴了。梁夫人当夜就陪伴岳夫人歇在驿中。说得投机，两个就结为姊妹。梁夫人年长为姊，岳夫人为妹。过得一夜，那王能、李直已写了一张，贴在招纸旁边。早有驿卒出来开门，见了就来与岳夫人讨赏，说："元帅尸首在螺蛳壳内。"梁夫人道："这狗才！大老爷的尸首既是你等藏过，就该早说，为何迟延？"驿卒道："不是小人藏的，但小人知情。小人适才开门，看见门上贴着一张报条，所以晓得。小人揭得在此，请夫人观看。"夫人接来一看，只见上面写着："欲觅忠臣骨，螺蛳壳堆寻。"岳夫人流泪道："我先夫为国为民，死后还有人来嘲笑。"梁夫人道："报条上写得明白，绝非奸人嘲笑，必是仗义之人见元帅尽忠，故将尸骨藏在什么螺蛳壳堆内，怕被奸贼发现，毁尸灭体，贤妹可差人寻访。"岳夫人即差岳安等四处去查问。有一个老者道："西湖上螺蛳壳堆积如山，须往那里去看。"岳安回来禀知岳夫人。梁夫人道："我同贤妹去看，或者在内，亦未可知。"岳夫人道："只是有劳姐姐不当。"遂一同上马，带领一众家人出城，来到西湖上，果然有一处堆积着许多螺蛳壳，有几处插有标记。即令家人扒开来看，只见有一口棺木在内。岳安上前看时，但见棺头上写着"濠梁总兵张保公柩"。岳夫人道："既有了张保的棺木，大老爷三人也必在内了。"叫众家丁再扒。众家丁一齐动手，霎时间将螺蛳壳尽行扒开，果然露出三口棺木，俱有记号。遂连忙雇人搭起篷来，摆下祭礼，合家痛哭！后人有诗吊之曰：无辜父子抱奇冤，飘零母女泪如泉。堪怜大梦归蝴蝶，忍听啼魂泣杜鹃！岳夫人哭得声嘶力竭，痛不欲生。想丈夫与自己举案齐眉，心心相念。做了元帅，有人劝他纳妾，他严词拒绝。宋士大夫多养纳歌儿舞二以作乐，唯岳飞是个例外。一次元帅吴玠派属官来访，岳飞设宴招待。令属官惊异的是，直到宴会结束，没看到一个侍宴的女人。属官告知吴玠，他不信，千挑万选一个倾国倾城的名家美女，配以丰厚妆奁，送给岳飞为妾。岳飞婉拒吴玠，送回美女。吴玠赞叹道："这是我见到少有不近女色、不纳妾的官员。难能可贵呀！"受岳飞的影响，李氏侍奉婆婆至孝，亲自操持家务，没有一点大帅夫人的架子。每逢清明，她要去挨家探访烈士家属，亲自到墓前祭奠。没想到与自己心心相印的丈夫已天壤相别，永世难见，何不让她撕心裂肺！

　　奠祭已毕。那女儿银瓶小姐想道："我是个女孩子，不能为父兄报仇，在世何为？千休万休，不如死休。"回头见路旁有一口大井，趁众人不妨，遂走至井边，纵身一跳。夫人听得声响，回转头来见了，忙叫家人搭救起来，已气绝了。有诗叹：

　　断送落花三月雨，摧残杨柳九月霜，
　　焚香愁雾明鉴宇，凝想乘鸾孝女装。

玉箫哀哀何时绝，竹笛凄凄泣血响，

山青青兮水潺潺，风萧萧兮唱荣光。

却说岳夫人见银瓶小姐投井身亡，痛哭不止，也要投井而去，岳安急忙拉住道："现在合家老小，全指望太太拿主意，太太如果寻短见，这几百口子人还有活路吗？"儿子岳霆、岳霖、岳震和孙子岳申、岳甫也眼泪汪汪跪在她面前。岳夫人看着这老老小小，于心不忍，只好收起死去的心思。梁夫人亦甚悲伤，阖家无不哀痛。就是那些来来往往行路之人，无一个不赞叹小姐孝烈！梁夫人含泪劝道："令爱既死，不能复活，且料理后事要紧。"岳夫人即吩咐岳安，速去置备衣衾棺椁，当时收殓已毕。岳夫人对梁夫人道："现今这五口棺木将如何处置？必须寻得一块坟地安葬，方可放心。望姊姊索性再待几日，感恩无尽！"梁夫人道："这个自然。愚姊要全始全终，岂肯半途而废？可命家人即于近处寻觅便了。"当时岳夫人即命四个家人在篷下看守，自同梁夫人并众家属仍回驿内安歇。过了两日，岳安来禀道："这里栖霞岭下有一块坟地，乃是本城一位财主李官人的。他说岳元帅一门俱是忠臣孝子，情愿送与岳元帅，不论价钱。只要夫人看得中，即可成交。"岳夫人听了，即邀梁夫人一同出城，来至栖霞岭下，看了那块坟地，十分满意。回转驿中，即命岳安去请李官人来成交。去不多时，李官人同了岳安来见岳夫人，送了文契，不肯收价。韩夫人道："虽是官人仗义，但没有个空契之理，请略收些，少表微意。"李官人领命，收下二十金，告辞回去。岳夫人择取吉日，安葬已毕。

梁夫人送回驿中，已见那四个解官、二十四名解差催促岳家。岳夫人就检点行李，择于明日起身。梁夫人又着人去通知韩元帅，点了有力家将四名护送。梁夫人亲送出城，岳夫人再三辞谢，只得洒泪而别。梁夫人自回公寓，岳夫人一家自上路去，只是担心岳飞拳谱落入贼人之手，毁于一旦。

这里秦桧又差冯忠带领三百名兵卒，守住在岳坟近处巡察，如有来祭扫者，即时拿下。一面行下文书，四处捉拿岳雷；一面又差冯孝前往汤阴，抄没岳元帅家产。并传假诏，将他们充发云南，秦桧见在临安难以杀害岳飞全家，就写一封书来送与云南柴王，说就在那边把他一门尽行结果。

第四节 生死相依

　　再说那二公子岳雷离了汤阴，一路上凄凄凉凉。一日，行到一个村坊上，地名七宝镇，甚是热闹。岳雷走进一个店中坐定，小二就上来问道："客人待客，还是自饮？"岳雷道："我是过路的，酒菜胡乱吃一碗就去。索性拿来，一总算账。"那小二应声："晓得！"就去暖了一壶酒来，摆上几色菜，连饭一总搬来放在桌子上。公子独自一个吃得饱了，走到柜上，打开银包，放在柜上，叫声："店家，该多少，你自称去！"主人家取过一锭银子。不想对门门首站着一个人，看见岳雷年纪幼小，身上虽不甚华丽，却也齐整，将这二三十两银子摊在柜上，心里想道："这后生是不惯出门的，若是路近还好，若是路远，遇到坏人，岂不要把性命送了！"岳雷还了酒饭钱，收了银包，背了包裹将行。却见对门那个人走上前来，叫声："客官且慢行！在下就住在前面，转弯几步就是。乞到小庄奉茶，有言语相告。"岳雷抬头一看，但见那人生得面如炭火，细目长眉，额下微微几根髭须，身上穿得十分齐整，即忙答道："小子前途有事，容他日来领教。"店主人道："小客人！这位员外是此地有名的财主，最是好客的。到他府上去坐坐不妨。"岳雷道："只是不当轻造！"员外道："好说！四海之内皆兄弟也，在下就此引道。"当时员外在前，岳雷在后，走过七宝镇，转弯来到了一所大庄院，一同进了庄门。到得大厅上，岳雷把包裹放下，上前见礼毕，分宾主坐下。员外便问："贤第尊姓大名？仙乡何处？今欲何往？"岳雷答道："小子姓张名龙，汤阴人氏，要往宁夏探亲。不敢动问员外尊姓贵表？有何见谕？"员外道："在下姓韩名起龙，就在此七宝镇居住，方才见贤弟露了财帛，恐到前途去被人暗算，故此相招。适闻贤弟贵处汤阴，可晓得岳元帅家的消息吗？"岳雷见问，便答道："小子乃寒素之家，与帅府不相闻问，不知什么消息？"一面说，不觉眼中流下泪来。起龙见了，便道："贤弟不必瞒我！若与岳家有甚瓜葛，但请放心！当年我父亲曾为宗留守稗将，失机犯事，幸得岳元帅援救。今已亡过三年，再三遗嘱，休忘了元帅恩德！你看，上面供的，不是岳元帅的长生禄位吗？"岳雷抬头一看，果然供的是岳公牌位，连忙立起身来道："待二小子拜了先父牌位，然后奉告。"起龙道："如此说来，是二公子了！"岳雷拜罢起来，讲过姓名，又说："周三畏来报信，家父、大兄与张将军尽丧于奸臣之手，又来捉拿家属，为此逃难出来。"言毕，放声大哭。起龙咬牙大怒道："公子且不要悲伤！如今不必往宁夏去，且在我庄上居住，打听京中消息再处。"岳雷道："既承盛情，敢不从命！欲与员外结为兄弟，未知允否？"起龙大喜道："正欲如此，不敢启齿。"当时员外叫庄丁杀鸡宰肉，点起香烛，两人结为异姓弟兄。收拾书房，留岳二公子住上不表。

且说藕塘关牛皋的夫人所生一子，年已十五，取名牛通。生得身面俱黑，满脸黄毛，连头发俱黄，故此人取他个绰号，叫作"金毛太岁"。生得来千斤膂力，身材雄伟。那日正月初十，正值金总兵生日，牛夫人就领了牛通来到后堂。牛夫人先拜过了姐夫、姐姐，然后命牛通来拜姨爹、姨母的寿。牛皋丈人金爷就命他母子二人坐了。少顷摆上家宴来，一同吃着庆春寿酒。闲叙之间，金总兵道："我看内侄年纪长成，武艺也将就看得过。近闻得岳元帅钦召进京，将帅印托付他父亲掌管。贤内侄该到那边走走，挣个出身。但是我昨日有细作来报，说是岳元帅被秦桧陷于谋反大罪，去年腊月二十九日已死于狱中。因未知真假，已命人又去打听。待他回来，便知真实也。"牛夫人吃惊道："呀！若是谋反逆臣，必然抄尽杀绝，岳氏一门休矣！何不使牛通前往相州，叫他儿子到此避难，以留岳氏一脉？未知姐夫允否？"金总兵道："此事甚好！且等探听回来，果有此事，就着侄儿去便了。"牛夫人道："姐夫差矣！相州离此八九百里，若等细作探回，岂不误事？"牛通接口道："既如此说，事不宜迟，孩儿今日连夜往汤阴去，若是无事，只算望望伯母。倘若有变，孩儿就接了岳家一个兄弟来，可不是好？"金节道："也等明日准备行李马匹，叫个家丁跟去方是。"牛通道："姨爹，亏你做了官，也不晓事！这是偷鸡盗狗的事，哪要张皇？我这两只脚怕不会走路，要什么马匹家丁！"牛夫人喝道："畜生！姨爹面前敢放肆大声叫喊吗！就是明日着你去便了。"当时吃了一会酒，各自散去。牛通回到书房，心中暗想："急惊风，偏撞着慢郎中！倘若岳家兄弟俱被他们拿去，岂不绝了岳氏后代！"等到了黄昏时，悄悄收拾了一个小包裹背着，提了一条短棒，走出府门，对守门军士道："你可进去禀上老爷，说我去探个亲眷，不久便回，夫人们不要挂念。"说罢，大踏步去了。那守门军士哪里敢阻挡他，只得进来禀知金总兵。金总兵忙与牛夫人说知，连忙端整些衣服银两，连夜着家人赶上，哪里赶得着，家人只得回来复命，说："不知从哪条路去了！"全节也只得罢了。

那牛通晓行夜宿，一路问信来到汤阴。直至岳府，与门公说知，不等通报，竟往里边走。到大厅上，正值大夫人一家准备进京，正在厅上说事。牛通拜毕，通了姓名。太夫人大哭道："贤侄呀，难得你来望我！你伯父与大哥被奸臣所害，俱死在狱中了！"牛通道："老伯母不要啼哭！我母亲因为有细作探知此事，放心不下，叫侄儿来接一位兄弟，到我那边去避难。大哥既死，快叫二兄弟来同我去。倘圣旨一到，就不能走脱了！"夫人道："我已打发你二兄弟岳雷往宁夏，投宗公子去了。"牛通道："老伯母不该叫兄弟到那里去，这边路程遥远，哪里放心得下！不知二兄弟几时出门的？"夫人道："是今日早上去的。"牛通道："这还不打紧，侄儿走得快，待侄儿去赶着他，就同他到藕塘关去，小侄也不回来了。"说罢，就辞别了夫人。出府门来，问众家人道："二公子往哪一条路去的？"家人道："往东去的。"牛通听了，竟也投东追赶。

且说牛通追赶岳雷，两三日不曾住脚。赶到一个镇上，跑得饿了，看见一座酒店，便走将进来，坐在一副座头上，拍着桌子乱喊。小二连忙上前赔着笑脸，问道："小爷吃些什么？"牛通道："你这个狗头！你店中卖的什么？反来问我？"小二道："不是呀！小爷喜吃甚的，问问方好拿来。"牛通道："拣可口的便拿来，管什么！"小二出来，只拣大鱼大肉好酒送来。牛通本是饿了，一上手吃个精光。再叫小二去添来，又吃了十来碗。肚中已饱，抹抹嘴，立起身来，背着包裹，提着短棒，往外就走。小二上前拦住道："小爷结了账好去。"牛通道："太岁爷因赶兄弟，不曾带得银子。权记一回账，转来还你罢！"小二道："我又不认得你，怎么说要转来还我？快快拿出来！"牛通道："偏要转来还你，你怎奈何了我！若惹得我小爷性起，把你这鸟店打得粉碎。"店主人听得，便走来说道："你这人好没道理！吃了人家东西不给钱，还要撒野！快拿出银子来便罢，牙缝内迸半个'不'字，连筋都抽断你的！"牛通骂道："老奴才！我偏没有银子，看你怎样抽我的筋。"店主人大怒，一掌打去。牛通动也不动，反哈哈大笑起来："你这样气力，好像几日不曾吃饭的，只当替我拍灰。"店主人大怒，再一拳，早把自己的手打得生疼。便招呼走堂的、烧火的，众人一齐上前，拳头巴掌，噼里噼啪，乱打将来。牛通只是不动，笑道："太岁爷赶路辛苦，正待要人捶背。你们重重地捶，若是轻了，恼起太岁爷的性子，叫你这班狗头一个个看打！"那些走堂、火工并小二，也有手打痛的，也有脚踢肿的。正在无法可处，只见二三十个家丁，簇拥着一位员外坐在马上，正从店门口经过。店主人看见了，便走出店来，叫声："员外来得正好，请住马！"员外把马勒住，问道："你们为何将这个人乱打？"店主人道："他吃了酒饭不肯还钱，反要在此撒野，把家伙打坏。小人领的是员外的本钱，故请员外看看。"员外听了一番言语，就下马走进店来，喝道："你这人吃了酒饭不还钱，反在此行凶，是何道理？"牛通道："扯淡！又不曾吃你的，干你鸟事？"员外大怒，喝令众人："与我打这厮！"二三十个家丁听了主人之命，七手八脚一齐上前。牛通将右手一格，跌了六七个；左手一格，又倒了三四个。员外见了，自己走上前来，将牛通一连七八拳。却不知他皮糙肉厚，这些拳头哪里在他心上。打得有些不耐烦了，拦腰将员外抱住，走到店门首望街上一丢道："这样脓包，也要来打人！"员外爬起来，指着牛通道："叫你不要慌！"家丁簇拥着往西去了。牛通哈哈大笑，背了包裹，提了短棒，出了店门大踏步竟走了。店家打又打他不过，也不敢来追。牛通走不到二三十家人家门面，横巷里一下涌四五十个人来，手中各执棍棒，叫道："黄毛小贼！今番走到哪里去！"牛通举目一看，为头这人却是方才马上这位员外，手中拿着两条竹节钢鞭。牛通挺起短棒，正待跑上前厮打，不期两边家人丢下两条板凳来。牛通一脚踹着，绊了一跤，众人上前按住，用绳索捆了。员外道："且带他到庄上去，细细地拷问。"却说员外命众人将牛通捆了，抬回庄上，绑在廊柱上。员外掇把椅子坐下，叫人取过一捆荆条来，慢慢地打这厮。那家人提起一根荆条，将牛通腿上打过二三十，又换过一个来打。牛通只叫："好打！

好打！"接连过了三四个人，打了也有百余下。牛通大叫起来道："你们这班狗头！打得太岁不疼不痒，好不耐烦！"那牛通的声音响亮，这一声喊，早惊动了隔壁一位员外，却是韩起龙。这打牛通的员外是起龙的兄弟，叫作韩起凤。那日起龙正在书房同岳雷闲讲，听得隔壁声喊，岳雷问道："隔壁是何人家？为何喧嚷？"韩起龙道："隔壁就是舍弟起凤，人见他生得面黑身高，江湖上起他一个诨名，叫作'赛张飞'。不瞒二弟说，我弟兄两个是水浒寨中百胜将军韩滔的孙子。当初我祖公公同宋公明受了招安，为朝廷出力，立下多少功劳，不曾受得封赏，反被奸臣害了性命。我父亲在宗留守帐下立功，又失机犯罪，几乎送了性命，幸得恩公救了。所以我兄弟两个不想功名，只守着田庄过活，倒也安闲。只是我那兄弟不守本分，养着一班闲汉，常常惹祸。今日，又不知做甚勾当。二弟请少坐，待愚兄去看来。"岳雷道："既是令弟，同去何妨？"起龙道："甚妙！"二人一同到隔壁，起凤见了，慌忙迎下来道："正待要请哥哥来审这人！不知此位何人？"起龙道："这是岳元帅的二公子岳雷，快来相见！"起凤忙道："不知公子到此，有失迎接。得罪，得罪！"二公子连称："不敢！"那牛通绑在柱上，听见说是岳二公子，便乱喊道："你可是岳雷兄弟吗？我乃牛通，是牛皋之子。"岳雷听了，失惊道："果是牛哥！却从何处来？到这里做什么？"牛通道："我从藕塘关来，奉母亲之命，特来寻你的。"韩起凤听了，叫声："啊呀！不知是牛兄，多多得罪了！"连忙解下绳索，取过衣服来，替他穿了。请上厅来，一齐见礼，坐定。起凤道："牛兄何不早通姓名，使小弟多多得罪！勿怪，勿怪！"牛通道："不知者不罪！但是方才打得不甚煞痒。"众人一齐大笑起来。牛通道："小弟已先到汤阴，见过伯母，故而追寻到此。既已寻着，不必到宁夏去了，就同俺到藕塘关去罢！"起龙道："且慢！我已差人往临安打听夫人、公子的消息去了，且等他回来，再为商议。"起凤就吩咐整备筵席，四人一直吃到更深方散。牛通就同岳雷在韩家庄住下。

第五节　岳雷逃难

这一日，正同在后堂闲谈，庄丁进来报说："关帝庙的住持，要见员外。"员外道："请他进来。"庄丁出去不多时，领了一个和尚来到堂前。众人俱见了礼，坐定，和尚道："贫僧此来，非为别事，这关帝庙原是清静道场，蒙员外护法，近来十分兴旺。不想到半月前，地方上一众游手好闲之人，接一位教师住在庙中，教的许多徒弟，终日使枪弄棍，吵闹不堪。恐日后弄出事来，带累贫僧。贫僧是个弱门，又不敢得罪他，为此特来求两位员外，设个计策打发他去了，免得是非。"员外道："这个镇上有我们在此，哪个敢胡为？师父先请回去，我们随后就来。"和尚作谢，别了先去。起龙便对起凤道："兄弟，我同你去看看是何等人！他好好去了便罢，若不然，就给他个下马威。"牛通道："也带挈我去看看。"起龙道："这个何妨。"岳雷道："小弟也一同去走走。"牛通大叫："我也去！"起凤道："更妙，更妙！"四个人高高兴兴，带了七八个有力的庄客，出了庄门，径直到关帝庙来。众人进庙来，不见什么，一直到大殿上，也无动静。再走到后殿一望，只见一个人坐在上面，生得面如纸灰，赤发黄须，身长九尺，巨眼獠牙。两边站着二三十个，却都是从他学习武艺的了。起龙叫庄丁且在大殿上伺候，自己却同三个弟兄走进后殿来。那些徒弟都有认得韩员外的，走去悄悄地向教师耳边说了几句。那教师跳下座来说道："小可至此行教半个多月，这个有名的七宝镇上，却未曾遇见有个本事的好汉。若有不惧的，可上来见个高下。"韩起龙走上一步道："小弟特来请教。"说话未毕，牛通便喊道："让我来打倒这厮。"就把衣裳脱下，上前就要动手。那教师道："且慢！既要比武，还是长拳，还是短拳？"牛通道："什么长拳短拳，只要打得赢就是。"抢上来，就是一拳。那教师侧身一闪，把牛通左手一扯。

牛通扑地一跤便倒，连忙爬起来，睁着眼道："我不曾防备，这个不算。"抢将去，又是一拳。那教师使个"狮子大翻身"，将两手在牛通肩背上一捺。牛通站不住，一个独蹲，又跌倒在地下。那教师道："你们会武艺的怎不上来，叫这样莽汉子来吃跌？"岳雷大怒，就脱下上盖衣服，走上前来道："小弟来了。"教师道："甚好。"就摆开门户，使个"金鸡独立"。岳雷大喝一声，如雷贯耳，蛰龙未起雷先至，就使个"大鹏展翅"，风吹大树百枝摇。岳雷手起似落扑，脚起似箭钻，来来往往，那人也非等闲之辈，脚打七分手打三，五行四梢都齐全，气动意动随时用，硬打硬进无遮拦。岳二爷见他来得凶，便往外收步，那教师直一步赶上。岳雷回转身，将右手拦开了他的双手，那左手向前心一捺，一个横拳打过去。那教师吃了一惊，连忙侧身躲过，喝住："住手！这是'岳家的心意六合拳'，在下用的也是心意六合拳。你是何人？哪里学得来？乞道姓名！"韩起龙道："教师既识得'岳家拳'，那绝非庸流之辈。此地亦非说话之所，请同到小庄细谈如何？"教师道："正要拜识，只是轻造不当！"员外道："好说。"旁边众徒弟一齐道："这位韩员外极是好客的！师父正好去请教请教，小徒辈暂别。"俱各自散去。于是员外等一共五个人，带了庄丁出了庙门，拐弯抹角，到了韩家庄。进入大厅上，各各行礼坐定。岳雷先开口道："请问教师尊姓大名？何以晓得'心意六合拳'？"教师道："不瞒兄长说，先祖是东京留守宗泽，家父是宁夏留守宗方，小弟叫作宗良。因我脸色生得淡黑，江湖上都叫小弟'鬼脸太爷'。我家与岳家三代世交，岳元帅在郾城大战中创下这六合拳，并常与家父讲论拳法，见你'出手横拳无敌甲，转身挑领甚可夸，上步鹰追加斩手，鹰追收势雷声发'。故此识得这'黑虎偷心'是岳家心意六合拳拳法。目下老父打听得岳老伯被奸臣陷害，叫小弟到汤阴探听。不料岳氏一门俱已拿捉进京，只走了一位二公子，现在限期缉获。故此小弟各处寻访，要同他到宁夏去。只因盘缠用尽，故此在这庙中教几个徒弟，觅些盘缠，以便前去寻访。不想得遇列位，乞道尊姓大名！"岳雷道："兄既是宗留守的公子，请少坐，待小弟取了书来。"岳雷起身进去。这里四人各通姓名。岳雷已取了书出来，递与宗良。宗良接书观看，大喜道："原来就是岳家二弟！愚兄各处访问，不意在此相会！正叫作有意种花花不发，无心插柳柳成荫。

既已天幸相遇，便请二弟同回宁夏，以免老父悬望。"牛通道："我也是来寻二弟的，难道藕塘关近些不走，反走远路，到你宁夏去吗？"起龙道："二位老弟休要争论！且同住在此，待我的家人探了！临安实信回来，再议也未迟。"三人俱说："有理。"韩起龙就差人到庙中去，取了宗公子的行李来。一面摆下酒席，五人坐下，叙谈心曲。直饮到月转花梢，方各安歇。

再说韩起龙一日正与岳雷等坐在后厅闲话，那上临安去的家人打听得明明白白，回来见了员外，将秦桧如何谋害，梁夫人如何寻棺、如何安葬，银瓶小姐投井身亡，岳氏一门已经解往云南、现在差官抄没家私、四下行文捕捉二公子的话，细细说了一遍。岳雷听了，不觉伤心痛哭，晕倒在地。众人连忙将姜汤灌醒。醒来，只是哀哀地哭："爹爹呀！你一生忠孝，为国为民，不能封赏，反被奸臣残害！一家骨肉，充发云南！此仇此恨，何日得报！"正是：路隔三千里，肠回十二时。思亲无尽日，痛哭泪沾衣。起龙道："事已至此，二弟不可过伤。你坏了身子，难以报仇！"岳雷道："多承相劝。只是兄弟欲往临安，到坟前去祭奠一番，少尽为子之心，然后往云南去探望母亲。"起龙道："二弟，你不听见说奸臣差人在坟上巡察，凡有人祭奠的，必是叛臣一党，即要拿去问罪？况且行文画影，有你面貌花甲，如何去得？"牛通道："怕他什么！有人看守，偏要去！若有人来拿你，我自抵挡。"宗良道："不如我们五个人同去，就有千军万马，也拿我不住。"众人齐声拍手道："妙，妙！我们一齐去。"韩起龙就吩咐收拾行李，明日一同起身。

且说诸葛英自长江分散回家，听说岳飞被害，朝夕思念岳飞，郁郁不乐，染成一病而死。其子诸葛锦在家守孝，忽一夜睡到三更时分，梦中见父亲走进房来，叫声："孩儿，快快去保岳二公子上坟，不可有误！"诸葛锦道："爹爹原来在此！叫孩儿想得好苦！"上前一把扯住衣袂。诸葛英将诸葛锦一推，倒在床上，醒来却是一梦。到次日，将夜间之梦告诉母亲。诸葛夫人道："我久有心叫你往汤阴去探望岳夫人消息，既是你爹爹托梦，孩儿可速速前往。"诸葛锦领命，收拾行李，辞别母亲，离了南阳，望相州进发。不想人生路不熟，这一日贪赶路程，又错过了客店，无处栖身，天色又黑将下来。又走了一程，只见一带茂林，朦胧月色，照见一所冷庙，心中方定，暗想："且向这庙内去蹲一夜再处。"走上几步，来到庙门首，两扇旧门不关。上边虽有匾额，字迹已剥落得看不出了。诸葛锦走进去一看，四面并无什物，黑影两边立着两个皂隶，上头坐个土地老儿。一张破桌，缺了一只脚，已斜摊在一边。诸葛锦无奈，只得就拜台上放下包裹，打开行李，将就睡下。行路辛苦，竟蒙眬地睡着了。第二天，为了便于打听岳家人，拉起携带的帐篷相面。那一日，岳雷同着牛通、宗良、韩起龙、韩起凤五个人，一路行至江都，从诸葛锦帐篷前走过。牛通看见聚着一簇人不知是做什么的，便叫："哥哥们慢走，待我看看。"就向人从里分开众人，上前一看，说道："是个相面的，什么稀罕，聚这许多人！"岳雷听见，便道："我们何不相一相，看他怎么说？"岳雷就走进帐篷，众人也一齐跟进去。不道看相的人多，牛通就大喝道："你们这班鸟人！要相就相，不相的，却挤在这里做什么？快快与我走他娘，不要惹我老爷动手！"那看相的人见牛通是个野蛮人，况这五个人都是异样，怕惹事，都一哄散了。岳雷上前把手一拱，说道："先生，求与在下相一相。"那诸葛锦抬头将岳雷一看，说道："足下的尊相，非等闲可比！等小子收拾了帐篷，一同到敝寓细细地相罢。"岳雷道："如此甚好。"那道人即去把招牌放下，卷起帐篷，一同众人来到马王庙中，各各见礼坐下。诸葛锦道："看面相，足下与岳飞模样无异，莫非就是岳二公子吗？"岳雷吃了一惊，便问："小弟姓张，先生休要错认了！"诸葛锦道："二兄弟，休得瞒我！我非别人，乃诸葛英之子也。因先父托梦，叫我来扶助你去上坟的。"岳雷大喜道："大哥从未识面，哪里就认得小弟？"诸葛锦道："我一路来到关津，俱有追拿你的榜文张挂，那面貌相似，所以认得。"众人大喜道："今番上坟，有了诸葛兄就不妨事了。"牛通道："既有了军师，我们何不杀上临安，拿住昏君，杀了众奸臣？二兄弟就做了皇帝，我们都做了大将军，岂不是好？"岳雷道："牛兄休得乱道！恐人家听见了，不是当耍的！"当时诸葛锦一一问了姓名，就在庙中住了一夜。到次日收拾行李，离了马王庙，六个人同往临安上路。

行了一日，到瓜州已是日落西山，天已晚了，不好过江，且在近处拣一个清净歇店住了一夜。天明起身，吃饱了离了店门，一齐出了瓜州城门，见有一个金龙大王庙，诸葛锦道："我们且把行李歇在庙中坐坐，哪一位兄弟先到江边叫定了船，我们好一齐过江去。"又说，"这细活还是交岳雷去合适，他有心思。牛通粗心大意，脾气又不好。"岳雷道："待小弟去，众位可进庙中等着。"说罢，竟独自一个来到江边。恰好有只船泊在岸边，岳雷叫声："驾长，我要雇你的船过江，要多少船钱？"那船家走出舱来，定睛一看，满面堆下笑来道："客人请坐了，我上去叫我伙计来讲船钱。"岳雷便跳上船，进舱坐下，那船家上岸飞跑去了。岳雷正坐在船中，等一会儿，只见船家后边跟了两个人，一同上船来道："我的伙计就来了。这两个客人也要过江的，带他一带也好。"岳雷道："这个何妨。不知二位过江到何处去公干？"二人流泪道："我二人要往临安去上坟的。"岳雷听了"上坟"两字，打动他的心事，便问："二位远途到临安，不知上何人之坟？"二人道："我看你是外路人，谅说也不妨。我们要去上岳爷之坟的。"岳雷听了，不知不觉就哭将起来，问道："二位与先父有何相与？敢劳前去上坟？实不相瞒，小弟即是岳雷。二公要去，同行正好。"二人道："你既是岳雷，我二人也不敢相瞒，乃是本州公差，奉秦太师钧旨来拿你的。"二人即在身边取出铁链，将公子锁了上岸，进城解往知州衙门里去。那知州姓王名炳文，正值升堂理事。两个公差将岳雷雇船拿住之事禀明。知州大喜道："带进来！"两边一声吆喝，将岳雷推至堂上。知州大喝道："你是叛臣之子，见了本州为何不跪？"岳雷道："我乃忠臣之子，虽被奸臣害了，又不犯法，为何跪你？"知州道："且把这厮监禁了，明日备文书起解。"左右答应，就将岳雷推入监中。且说那岳雷众弟兄在大王庙中，等了半日，不见岳雷转来，韩起龙道："待我去寻寻看，为何这半日还不来？大江边又是死路，走向哪里去了？"起凤道："我同哥哥去。"弟兄两个出了庙门，来至江口，只听得三三两两传说："知州拿住了岳雷，明日解上临安去，倒是一件大功劳！"也有的说："可怜岳元帅一生尽忠，不得好报！"又有的说："秦太师大约是前世与他有甚仇冤。"韩起龙弟兄两个听得明白，慌慌张张回转庙中，报知众人。牛通便对诸葛锦道："都是你这牛鼻子，叫他去叫船，如今被人捉去。快快还我二兄弟来便罢，不然我就与你拼了命罢！"诸葛锦也慌了手脚。宗良便道："牛兄弟且莫着急，事已如此，我们且商量一计，救他方好。"诸葛锦道："我有个好兄弟复姓欧阳名从善，绰号叫作'五方太岁'，也被监禁在狱，本领高强，数次越狱，又被拿，狱里有吃有喝，他反而在狱里住起来。我托人告诉他和岳雷半夜逃出，你们各请放心！包管三更时分，还你岳家兄弟见面便了。"众人道："如今现被知州监禁在狱，我们若不去劫牢，今晚怎得出来？"诸葛锦道："不要紧，欧阳从善不是一次逃狱了。有救星在内，保证在西亥二时出城。我们都往城边守候就是了。"众人无奈，只得由他。

且说岳雷在牢中放声大哭，大骂："秦桧奸臣！我父亲聚众兄弟在牛头山保驾，郾城大捷杀退金兵，朱仙镇直捣黄龙，才保得这半壁江山。你将我父兄三个害死风波亭上，又将我满门充发云南！今日虽被你拿住，我死后必为厉鬼，将你满门杀绝，以泄此恨！"带哭带骂，唠叨不住。谁知惊动了间壁一个人听得明明白白，便大喝一声："你这现世宝！你老子岳飞是个好汉，怎么生出你这个脓包来，这样怕死！哭哭啼啼的来烦恼咱老子！"那禁子便道："老爷不要理他，过了今日一晚，明日就要解往临安去的。他不晓得老爷在此，待我们去打他，不许他哭就是了。"你道此人是谁？原来他就是欧阳从善，绰号叫"五方太岁"。只因他力大无穷，官兵不敢奈何他。又且为人率直，逢凶不怕，见善不欺。昔日渡张保过江的就是此人。因一日吃醉了酒，在街坊与人厮打，被官兵捉住，送往州里。州官将他监在狱中，那牢子奉承他，便赏他些银钱。倘若得罪了他，非打即骂。那些禁子怕他打出狱去，尽皆害怕，所以称他叫"老爷"，十分趋奉他。他倒安安稳稳坐在监房里。那日好友诸葛锦托人传信，让他救出岳雷。听得岳雷啼哭，假意发怒，便对禁子道："今日是我生日，被这现世宝吵得我不耐烦。"就在床头取出一包银子，约有二十两，说道："你拿去，替我买些鸡鹅鱼肉酒曲果子进来，庆个寿，也分些众人吃吃。"禁子接了银子，到外边买了许多酒菜。收拾端正，已是下午。禁子将那些东西，搬到从善面前摆着。从善叫分派众人，又指着岳雷道："这一个现世宝，也拿些与他吃吃。"众牢子各各分派了，回到房中坐定。欧阳从善与这些牢头禁子猜拳行令，直吃到夜深，大家都已吃得东倒西歪，尽皆睡着。从善见众人俱醉了，立起身，拿了几根索子束在腰间，走过隔壁来，轻轻地对岳雷道："我乃欧阳从善，日间听见你被捉，故设此计救你！"公子称谢不尽。从善便从醉倒的狱卒身上拿了钥匙，将公子镣铐去了，便道："快随我来！"二人悄悄来至监门首，从善将锁轻轻打落。两个逃出监来，如飞似的来至城头。欧阳从善解下腰间的索子，拴在岳雷腰里，从城上放将下去。这诸葛锦预先算定时辰，同众弟兄在城脚下接应，见岳雷在城上坠下，尽皆欢喜。牛通道："这个人算算果然不差！"忽然见城上高喊一声："下边是什么人，走开些！"这一声喊里，欧阳从善即趋势一纵，已跳下城来。与众弟兄相见了，各通姓名。岳雷将从善在监中相救之事说了一遍。众弟兄十分感激，称谢不尽。诸葛锦道："我等不可迟延，速速寻觅船只过江！恐城中知觉，起兵追来，就费手脚了。"众弟兄各各称"是"，一齐到江口，却见日里那只船还泊在江边。韩起龙跳上船头，喝声："艄公快起来，本州太爷解犯人过江。"那艄公在睡梦里听见吆喝，连忙披了衣服，钻出舱来。众兄弟齐上船来，架起橹桨，一径摇过江去了。正是：鳌鱼脱了金钩钓，摆尾摇头再不来。

且说瓜州城里那狱中这些牢头禁子酒醒来，不见了欧阳从善，慌慌地到各处查看，众犯俱在，单单不见了岳雷。又看到监门首，但见监门大开。这一吓真个是魂飞天外，魄散九霄，忙去州里报知。知州闻报是越了狱，即刻升堂，急急点起弓兵民壮，先在城内各处搜寻，哪里有一点影子，空闲了半夜。天色将明，开了城门，赶到江口，一望绝无踪迹。无可奈何，只得回衙，将众禁子各打了四十棍。一面差人四处张贴悬赏捉拿岳雷。

且说众弟兄渡过了长江，到京日上岸，把船弃了，雇了牲口，往临安武林门一路进发。不一日，到了北新关外，见一招牌上写着"王老店安寓客商"。众弟兄正在观望，早有人出店来招手道："众位相公要歇，小店尽有洁净房子。"众弟兄一齐走进店内。小二早把行李接了，搬到后边三间屋内安放。众人举眼看时，两边两间卧房，安排着三四张床铺。中间却是一个客座。影壁上贴着一副朱砂红纸对，联上写着：人生未许全无事，世态何须定认真？中间一只天然几上供着一个牌位。诸葛锦定睛看时，却写着"都督大元帅岳公之灵位"。众弟兄吃惊，因为情况不明，没有声张。少停，店主人做好酒饭，同了小二搬进来。诸葛锦便请问主人家："这岳公牌位为甚设在此间？"主人道："不瞒诸位相公，相公是外路客人不避忌讳，这里本地人却不与他得知。小可原是大理寺禁子王德。因岳爷为奸臣陷害，倪狱官也看破世情回乡去了。小可想在狱中勾当，赚的都是欺心钱，怕没有报应的日子？因此也弃了这行业，帮着我兄弟在此开个歇店。因岳爷归天，小子也在那里相帮，想他是个忠臣，故此设这牌位，早晚烧一炷香，愿他早升天界。"诸葛锦道："原来是一家人，决不走漏风声的。"指着岳雷道："这位就是岳元帅的二公子，特来上坟的。"王德道："如此，小人失敬了！小可因做过衙门生意，熟识得多，再无人来探察，众位相公尽可安身。但是坟前左右，秦桧着人在彼巡察，恐怕难去上坟，只好待半夜里，悄悄前去。"诸葛锦道："且再作商量。"当日，弟兄七个在店中宿了一夜。天明起来梳洗，吃了早饭。诸葛锦取出三四两银子来，对着主人家道："烦你把祭礼替我们端正好了，我们先进城去探探消息，晚间回来，好去上坟。"王德道："祭礼小事，待小的备了就是，何必又要相公们破钞！"岳雷接口道："岂有此理？劳动已是不当了！不能再让你破费。"说罢，就一齐出了店门。

第六节 失而复得

话说兄弟几人进城来，一路东看西看，闯了半日。日已过午，来到一座酒楼门首经过，牛通道："诸葛哥，我肚中饥渴了，买碗酒吃了去。"众人道："我们也用得着了。"七个人一齐走进店门，小二道："各位相公，可是用酒的？请上楼去坐。"众人上了楼，拣一个干净座头占了。小二铺摆下下酒肉、鱼，烫上酒来。七个人猜拳行令，直吃到红日西沉。下楼来算还了酒钱，为办祭礼，一路往武林门而来。恰恰打从丞相府前经过，诸葛锦悄悄地对众人说道："这里是奸贼秦桧门首。不要多言，快快走过去。"众人依言，俱轻轻地向前走去。独有那牛通听了此言，暗暗自想道："我正要杀这个奸贼，与岳伯父报仇。今日在此贼门首经过，反悄悄而行，岂有此理？待我进去，除了此贼，有何不可？"想定了主意，趁大家不注意，挨近秦桧头门旁。此时天色已晚，衙役人等尽皆散去，无人盘问。远远望见那门公点火出来上灯，牛通连忙往弄堂内去躲。看见搁着一乘大轿在那里，牛通就钻进轿中坐着。直至更深人静，牛通钻出轿来，走至里边。门户俱已关上，无处可入。抬头一看，对面房子不甚高大，凑着墙边一棵大树，遂盘将上去。爬上了屋，望下一看，屋内却有灯光。便轻轻地将瓦来揭开，撬去椽子，溜将下来，只见一个人睡在床上，以为是秦桧，正要上前杀贼。此人被牛通惊醒，正待要喊，牛通上前，照着他兜心一拳。那人疼了，一骨碌滚下床来，被牛通趁势一脚踹住胸膛，一连三四拳，早已呜呼了！回头看那桌上，却有好些爆竹，牛通道："待我拿些去坟上放也好。"就捞了几十个揣在怀里。将桌上灯剔亮了，四下观看，满房俱是流星花炮烟火之物。原来是秦桧的花炮火药房，叫那人在此做造，施放作乐的。牛通骂一声："秦桧奸贼！万代忘八！你在家中这般快活！我那岳伯父拼身舍命与金人厮杀，才保全得这半壁江山，你方得如此快活。蓦地里将他害了性命，弄得他家破人亡，连坟都不许上！你若撞在我太岁手里，活剥了你的皮，方泄我恨！"突然发现桌子上一本书和一盏灯，他想管它什么书，说不定交给岳雷兄弟有用。一面一手将灯煤一弹，正弹在火药中。登时烈焰冲天，乒乒乓乓，竟自烧将起来。牛通大惊，欲寻出路，却被火烟迷住了眼，正在走投无路，十分着急。忽然一阵冷风，火中走出一个人来，叫声："牛公子休要惊慌，我来救你。"牛通道："你是何人？"那人道："别管我是谁，我认识你是牛通，岳飞含冤而死，我早有杀贼之心，但秦桧防范严密，急切不得下手。你跟我走好了。"

那秦桧在睡梦之中听得火烧，惊醒起来。说是花炮房失火，急喊起家丁众人连忙救灭，说赶快把屋里的一本书抢救出来，虽只烧了他两间小房。只道是做花炮的遗漏了火，但岳家拳拳谱却不见了，急得秦桧抓耳挠腮，心急火燎，哪里晓得被牛通拿走。

且说后边岳雷、诸葛锦一班小弟兄，黑夜出城上坟，却不见了牛通，岳雷大惊道："牛哥不知哪里去了，如何是好！"诸葛锦道："无妨！牛通肯定也会去坟上，我们且去坟上等他便了。"店主人便将三牲祭礼搬将出来，众弟兄收拾齐备，着两个伙计抬了，一齐出门，往栖霞岭而来。到得坟前，不见牛通，众人个个慌张。诸葛锦道："你们不必心焦，等刻时辰到了他肯定就来。"众人正在不信，只见慌慌张张跑来一人。众人上前观看，果然是牛通。众人齐道："诸葛兄果然好神算！"岳雷问道："牛兄，你往何处去了？使我们好着急！慌慌张张不知何故？"牛通大叫："俺准备杀掉秦桧老儿！"将私入相府、误烧火药房、有人暗中相救之事细细说了一遍，并从怀中取出一本书，说："俺不识字，你们看看是否有用？"岳雷接过来一看，喜出望外，原来是《岳穆王拳谱》。韩起龙道："也好，也好！虽未杀死秦桧，却找到了岳家拳拳谱，如此珍贵的拳谱失而复得，物归原主，实在难得，也算先给秦桧送个信，企图霸占拳谱，痴心妄想！"众人就将祭礼摆下。岳雷等哭奠一番，然后一个个拜奠。岳雷跪在旁边与大家回礼，十分悲苦，一阵心酸，不觉晕倒在地。宗良正在焚化纸钱，牛通心中想起："我方才在奸贼家里拿得些爆竹在怀里，何不放了？"便向胸前去摸将出来。欧阳从善一手接过来，点上药线就放。起龙、起凤俱是后生心性，各人取来放起。一时间震天价响起来。

　　那秦桧原差冯忠领三百名军兵，在岳爷坟附近左右巡察。如有人来私祭者，即便拿去究问。那冯忠在坟上守了许多日子，并不见有人来祭奠，因此把人马扎住在昭庆寺前。这一晚，听得花炮震响，连忙点起人马，迎着风呼哨而来。听到动静，诸葛锦道："有兵来了，快快走罢！"众弟兄俱往后山逃走！慌忙之间，黑暗中却忘了岳雷还睡在坟上。那冯忠赶到坟上，并无一人，但见摆着祭礼。再将灯火照着，却见地下睡着一人，上前细认，与画上面貌一般无异。冯忠大喜，便用绳捆了，放在马鞍上，好不欢喜。吩咐三军回营，离了岳坟，往昭庆寺而来。来至湖塘上，岳雷已悠悠醒转，开眼看时，满身绳索，已知被人拿住，吃了一惊，不敢作声。那冯忠得意扬扬，坐在马上，从湖边一棵大树旁边经过，因树枝繁茂，低遮碍路，把头一低，在树底下钻过去。岳雷顿生一计，把双脚钩在树上，用力一蹬，冯忠、岳雷连人带马一齐跌下湖中。众军士见主人跌下水去，一齐上前捞救。忽然一阵冷风，将灯球火把尽皆吹灭。众军士毛骨悚然，乌天黑地，哪里去捞得，却往四下里去寻火。那岳雷跌入湖中，因为自小游泳，在黑暗中拼命向湖岸游去，到了岸上，睁开眼一看，已在平地上，但罕无人迹。在黑暗里，一步挨一步，来到一家门首，门儿半掩，里面透出灯光。岳雷走上前去，把门一推，原来是老夫妇二人在那里磨豆腐。岳雷叫声："老丈，望乞方便，搭救则个！"那老者出来，见岳雷浑身透湿，便问："小客人为何这般光景？"岳雷道："小子是异乡人。因遇着强盗，劫了行囊，跌入河中逃得性命！有火借烘烘衣服。"那老者道："可怜，可怜！如此青年，也不该独自一个人出门。快进来，灶内有的是火，可坐那边去。"又叫婆子："你可去取件旧衣服，与他换了，脱下来好烘。"那婆子就取出干衣来，与岳雷换了。岳雷感恩不尽，一面烘衣，一面问道："老丈尊姓大名？"老者道："老汉姓张，本是湖州府城里人氏。今年五十六岁，没了儿子，我两口儿将就在这乌镇市上做些豆腐过活。不知小客人从何处来？因何遇了强盗？"岳雷假说道："小子也姓张，汤阴人。因往临安探亲，在船上遇着强盗。"张老道："汤阴有个岳元帅算得是个大英雄，亏他保全了当今皇帝，可惜被奸臣害了！如今还在拿他的子孙哩！"两人说着话，不觉天已大明。张老舀了一碗豆腐浆，递与岳雷道："小客人，可先吃些挡寒。"岳雷谢了，接过来正吃，只见两个人推门进来，叫声："张老儿，有豆腐浆舀两碗来吃！"张老举眼看时，却是本镇巡检司内的两个弓兵，一个赵大，一个钱二。张老连忙舀两碗豆腐浆递去，掇条凳子，说："请二位坐下。"二人一面吃，却看见岳雷，便问张老道："这个后生，是哪里来的？"张老暗想："衙门中人，与他缠什么账？"就随口答道："是我的外甥。"赵、钱二人吃了豆腐浆，丢了两个钱，走出门来。赵大对钱二道："从未见老张有什么亲眷来往。我看这个人正与榜上岳雷图形无异，我们何不转去盘问他个底细？倘若是岳雷，将他解上去，岂不得了这场富贵？"钱二道："有理。"两个转进店中，问道："你这外甥，却是何处人？姓甚名谁？为甚往常从不提起？"张老道："他叫作张小三，因他住得远了，所以不能常来看我。"赵大大喝道："放你的驴子屁！你姓张，哪有外甥也姓张！明明是岳雷，还要赖到哪里去？"岳雷不愿连累老汉道："既被你们识破，任凭你拿我去请功何妨。"赵、钱十分大喜，上前拿住，就叫拢地方左右邻居俱到。赵大、钱二道："这个是朝廷要犯，在此拿住。你们俱要护送，若有疏失，你们都有干系！"众人道："自然自然，我们相帮解去。"赵大道："这张老儿窝藏钦犯，假说外甥，也要带到衙门去的。"张老道："他就是被盗落水，到此借烘烘衣服，实是不知情的。"钱二道："不相干，你自到当官去讲。"不由分说，拖了他就走。张老着了急，便叫道："二位不要罗唣。我家中银子实没有分文，只养得一窝小猪在后头，拿来奉送与二位。不要我到官，感恩不尽！"赵大、钱二还要装腔作势。地方邻舍俱来替他讨情，二人方才应允，叫张老把小猪赶到他们家里去。遂同地方等将岳雷解到巡检司来。巡检是个苏州人，如吕名柏青，最是贪赃刁恶之人，听说捉住了钦犯，连忙坐堂。赵大、钱二同着地方等一齐跪下，说是："岳雷在那里买豆腐浆吃，被小的们盘倒，故此协同地保邻里一齐擒获。"巡检道："既是岳雷，自认不讳，不必审问，且将他锁在后堂。连夜打起一辆囚车来，明日备文起解，你二人再来领赏。"又吩咐衙役去传谕各镇百姓："说我老爷拿了岳雷，十分功劳，朝廷必然加官封爵。你们众百姓须家家送礼物庆贺。"衙役领命，忙忙地去做囚车，将岳雷囚了。又分头去传谕百姓，俱不得不敢来送礼。

再说众弟兄那晚上坟听得人喊马嘶，连忙往后山逃走，到僻静处不见了岳二公子，众人大惊道："方才二兄弟哭倒在墓旁，必然被人马拿去了！如何是好！"诸葛锦道："列位不必着忙，我等且到店里去看看，如果岳雷未来，我们再想法救他。"众弟兄将信将疑，但都已佩服诸葛锦神机妙算，只得一齐回转店中看到包裹，未见岳雷，估计被官家拿去，于是取了行李，辞别了王德，连夜往乌镇搭救岳雷。到得镇上，已是申牌时分。众人腹中饥饿，走进一个饭店来吃饭。但见市镇上来来往往，也有拿着盒子的，也有捧着酒果的，甚是热闹。诸葛锦便问店小二道："今日这镇上有甚事情，这等热闹？"小二答道："只因本镇巡检吕老爷拿住了一个钦犯，叫作岳雷，要镇上人家送礼庆贺，故此热闹。"诸葛锦道："原来为此！那巡检是我们的乡亲，也该去贺贺才是。"便摸出了五六锭银子，替店家回了一个封筒封好了，算还了饭钱，跟着众人来到巡检衙门。那巡检正坐在堂上，看着两个书吏收礼登簿。诸葛锦等六人跟了百姓竟到堂上，见了巡检，深深作揖，送上贺礼。诸葛锦道："我们六人俱是外路商人，在此经过。听得老爷捉了岳雷，解上京师，老爷定然荣升，故此凑得些贺礼，特来叩贺叩贺。但是商人们听路人传闻，说是那个岳雷脑后有一只眼睛，不知果然否？"那巡检一眼见那礼物沉重，好生欢喜，便道："难得你们好意！一个人哪里脑后有眼的？岂不是妖怪？就绑在后堂囚车，你何不过去看看！"六个人七嘴八舌道："既是老爷叫我们看，也让我们见识见识，极好的了。"巡检就叫衙役："领他六位进去，看看就出来，不许其他人进去罗唕。"那六个弟兄哪里等他说完，遂一齐拥到后堂囚车旁，叫声："岳雷在哪里？"岳雷看见众弟兄俱来，便高声道："在这里！"便把双足一蹭，囚车已散，将手铐扭断！众好汉各去抢根排棍竹片，乱打出堂来。只见：双拳起处云雷吼，飞脚来时风雨惊。那吕巡检见不是头，慌忙要躲时，早被欧阳从善提起案上签筒，往他头上一下，可怜吕巡检贺礼不曾收用分文，早已脑浆迸裂，死于地下。众书办衙役，只恨爷娘少生了两只脚，四散飞跑！

众弟兄打出巡检衙门来，那些市镇上人哪个肯出头惹祸，况又正恨着吕巡检贪污，不愿替他出力。趁着天已黑将下来，家家把门关上，由他七个人毫无阻挡，安然冲出市镇逃走。兄弟七人逃出后，商量到云南去找岳夫人。

第七节 岳霆打擂

再说那三公子岳霆按照母亲吩咐去找哥哥岳雷，直到宁夏。问到宗留守府中，传宣官进去通报，宗方吩咐讲请进相见。三公子进内见了宗方，双膝跪下，将岳大夫人书札呈上。宗方接书，拆开观看，就用手扶起三公子，便问："贤侄，令堂一向好吗？"岳霆即将前后事情细诉了一遍。宗方道："你哥哥并不曾来此，我因心下也十分惦记，故此叫我孩儿宗良前去寻访，至今也无音信回来。前日有细作来报，说你哥哥在临安上坟，到乌镇杀了巡检，共有六七个人可能往云南找岳夫人去了！我已差人前去打听。贤侄且在我这里住几日，等打探人回来，得了实信再回去禀复令堂便了。"岳霆道："多感老伯父盛情！但侄儿提起上坟，意欲也往临安去祭奠一番，稍尽孝子之心。"宗方道："贤侄要去上坟，乃是孝心，怎好阻挡你？但奸臣正罗网密布追拿你们，如何去得！也罢，你可假装我的孩儿，方可放心前去。"公子应允。当日设宴款待，过了一夜。次日，宗方点了四名家将，跟三公子同上临安，嘱咐道："路上倘有人盘问，只说是我的公子便了。"岳霆拜谢。宗方又再三嘱咐："路上须小心！"三公子拜别，出街上马，四个家将骑马跟随上路。一日，来至一座山前，但见大松树下，拴着两匹马，石上坐着两位好汉。一个旁边地上插着一杆鏨金枪，生得面如重枣，头戴大红包巾，身穿猩红袍，年纪不上二十岁。一个面如蓝靛，发似朱砂，膀大腰圆，头戴蓝包巾，身穿蓝战袍，年纪二十三四光景，旁边石壁上倚着一柄开山大斧。岳霆刚走到面前，那二人把手一招，说道："朋友！何不在此坐坐？"岳霆见那二人相貌雄伟，料不是常人，便下马道："如此甚好。"二人立起身来见礼。三个俱在石上坐定，岳霆便请问："二位尊姓大名？今欲何往？"那红脸的道："在下姓罗名鸿，因我生得脸红，没有髭须，那些人就起弟一个诨名，叫'火烧灵宫'，乃湖广人氏。"那蓝脸的道："在下姓吉名成亮，乃河南人氏。人见我生得脸青发红，多顺口儿叫我作'红毛狮子'。今要往临安去上坟的。"岳霆道："罗兄贵处湖广，吉兄又是河南，为何坟墓反在临安？"那二人道："兄长有所不知，家父叫作罗延庆，吉兄令尊叫作吉青，皆是岳元帅的好友。只因岳老伯在朱仙镇上，被奸臣秦桧连发十二道金牌，召回临安，将他父子三个害了性命。家父同了众位叔父，提兵上临安去报仇，来至长江内，岳伯父显圣，不许前去，所以众人尽皆散去。家父回家，气愤身亡。吉叔叔不知去向。今我二人奉母亲之命，往临安去上岳伯父的坟。"岳霆听了，大哭道："原来是罗、吉二位兄长！待小弟拜谢。"二人问道："兄长是他家何人？"三公子道："小弟乃岳霆是也。"就把流到云南、奉母命往宁夏访问二哥岳雷，见过了宗叔父，今要往临安去上坟之事，细细说了一遍，道："今日天遣相逢，实乃万幸！如今同了二位哥哥前往临安，可保无事。"三人大喜，遂即撮土为香，拜为弟兄，便一路同行。一日，三人来至一片大树林中，只见一个人面如火神，发似朱砂，身长体壮，手提大砍刀，立在树林前。见了岳霆等三人，便迎上前来，把手中刀摆一摆，大叫道："快拿买路钱来！"罗鸿上前道："你有什么本事？竟敢要我们的买路钱？"那人道："不用多讲，若无买路钱送爷爷，休想过去！"岳霆听了大怒，把手中枪紧一紧，劈心刺来。那人用手中大刀招架。来来往往，战有三四十个回合。罗鸿上前，把手中鏒金枪架住二人的兵器。那人说道："朋友，你的枪术这么厉害，好像是岳家的心意六合枪。"罗鸿说："既然识得心意六合枪，可见是自己人。山寨在于何处？我们一路行来，实在肚中饥饿了，你也该留我们吃顿酒饭，再与你战。"那人道："我哪里有什么山寨？只因要往一个地方去做祭礼，身边没有了盘费，故在此收些买路钱做盘费，哪有酒饭与你们吃？"吉成亮道："你说要往哪里去，且与我们说知。"那人道："我因要往临安去，上岳元帅的坟。你们身边若有银钱，快快借些与我，省得我来动手。"岳霆忙叫道："好汉！你与岳家是何亲戚？要去上他的坟？"那人道："我就说与你听何妨！我姓王名英，绰号叫'火神'。先父王贵，乃是岳元帅的好朋友。我奉了母亲之命，到岳伯父坟上走走。"岳霆听说，慌忙下马道："原来是王家哥哥！小弟不知，多多得罪！"王英亦拱手问道："兄是他家何人？"岳霆道："小弟乃岳元帅第三子岳霆。"王英道："呀！原来就是岳家三弟，正乃天遣相逢。不知这二位高姓大名？"罗、吉二人亦下马相见，各通了姓名。家将就让了匹马，与王英坐了。同行了数日，已到了海塘上。远远望见一个大汉，身长丈二，摇摇摆摆地走来。吉成亮叫声："罗哥，你看那边有个长子来了，我们将马冲他下塘去，耍他一耍。"罗鸿道："有理。"二人遂将马一逼，加上两鞭，跑将上去。那大汉见马冲到面前，便将双手一拦，那两匹马一齐倒退了十余步。那人就向腰边取出两柄铁锤来，摆一摆，喝声："谁人敢来尝我铁锤！"二人见那人力能倒退双马，手中铁锤足有巴斗大，甚是心慌！那岳霆就下马来，上前一步，叫道："老兄息怒！我们因有些急事，故此误犯虎威，真正得罪了，请勿见怪！"那人便收了锤，说道："你这位朋友，还有些礼数，看你面上罢了。我对你说，我如今要往临安去，代一个人报仇。他那里千军万马的地方，我尚且不惧，何况你这几个毛人？"岳霆道："如此说来，是位好汉了！请教尊姓大名？"那人道："我姓余名雷。因我生得脸上不清不白，人都顺口儿叫我作'烟熏太岁'。"岳霆听了，便道："兄长的令尊，莫非是余化龙吗？"余雷道："先父正是余化龙，朋友何以认得？"岳霆道："小弟就是岳霆，这位是罗兄，那位是吉兄，此位是王兄，都是各位叔父之子。"余雷大喜，岳霆就招呼三弟兄下马，各各相见行礼。余雷便问："三弟要往何处去？"岳霆将父兄被秦桧陷害，听人说母亲流徙云南，如今奉母命，往宁夏探望二哥。谁知二哥未曾到彼，同了好几个朋友，往临安上了坟，同时打听一下岳家拳谱的下落，我哥哥想是去往化外了。小弟不曾会着，所以不知实信。如今同这三位弟兄，也要到临安去上坟说了一遍。余雷道："伯父被奸臣害了，先父因报仇不遂，自刎而亡。我今欲到临安觑个方便，将这些奸臣刺杀，替伯父、父亲报仇。今日幸遇三弟，正好同行。"一众大喜，遂到驿马行内，雇了一口脚力，同余雷一路而行。行了数日，已到武林门外，拣一个素饭店歇下。吩咐家将打发了雇来的牲口，将自己的马匹牵在后边园内养了。店主人送夜膳进来，便问道："客官们到此，想必是来看打擂台的了？"余雷问道："我们俱是江湖上贩卖杂货的客商，却不晓得这里什么'打擂台'？倒要请教请教！"那店主人言无数句，话不一席，说出那打擂台的缘故来，有分教：昭庆寺前，聚几个英雄好汉；万花楼上，显一番义魄忠魂。

真叫：双拳打倒擒龙汉，一脚踢翻捉虎人。

话说当时余雷问那店主人道："我等俱是做买卖的客人，却不晓得什么是'打擂台'。请主人与我们说说。"那店主人道："我这里临安郡中，有个后军都督叫作张俊。他的公子张国乾，最喜欢武艺。数月前，来了两个教师，一个叫作戚光祖，一个叫作戚继祖。他弟兄两人，本是岳元帅麾下统制宫戚方的儿子。说他本事高强，张公子请了他来，学成武艺。在昭庆寺前，搭起一座大擂台，要打尽天下英雄。已经二十余日，并无敌手。客官们来得凑巧，这样盛会，也该去看看。"那店主人指手画脚，正说得高兴，只听得小二来叫，说："有客人来安寓，快去招接。"店主人听得，慌忙地去了。不多时，只见小二搬进行李，店主人引将三个人来，就在对门房内安顿着。听得那三人问道："店家，这里的擂台搭在哪里？"店主人答道："就搭在昭庆寺前，客官可是要去看吗？"那三个人道："什么看！我们特地来与他比比手段的。"店主人道："客官若是打得过他，倒是有官做的！"内中一人道："哪个要什么官做！冲着他夸海口，打倒了他，也叫众人笑笑。"店主人笑着自去了。

余雷道："我们都有本事打倒他，哪个该去会他们一会？"岳霆道："我学的父亲心意六合拳，很少试过，待小弟去。"忽听对门房内也喊着去打擂，岳霆走过去，把手一拱，说道："仁兄们贵处哪里？"那人道："请坐。在下都是湖广潭州人。"岳霆又问："各位尊姓大名？"那人道："小弟姓伍名连，这位姓何名凤，那位姓郑名世宝，俱是好弟兄。"岳霆道："既是潭州，有一位姓伍的，叫作伍尚志，不知可是盛族吗？"伍连道："就是先父。我兄何以认得？"岳霆道："如此说来，你是我的表兄弟了。"伍连道："兄是何人？"岳霆道了姓名，二人大哭起来。伍连道："母舅、大哥被奸臣陷害，我爸爸自朱仙镇撤兵回家，终朝思念母舅，染病而亡。小弟奉母亲之命，来此祭奠娘舅一番。这何兄是何元庆叔父之子，郑兄乃郑怀叔父之子，一同到此上坟的。小弟一路上来，听说奸臣之子，搭一座擂台，要与天下英雄比武。小弟欲借此由，要与岳伯父报仇！表兄为何到此？"岳霆将奉母命到宁夏去寻二哥不遇，也来此上坟，同时寻找岳家拳谱，路上遇见罗鸿等，细说了一遍。伍连道："诸兄既然在此，何不请来相见？"岳霆起身出房，邀了罗鸿、吉成亮、王英、余雷四人，来与伍连相见。礼毕坐定，商议去打擂台。店主人送进夜膳来，八位英雄就一同畅饮。谈至更深，众人各自安歇。次日，吃了早饭，八个人一齐出店，看了路径。回转店中，岳霆拿出两锭银子递与店家，说道："烦你与我买些三牲福礼，再买四个大筐篮装好，明日早间要用的。"主人家答应，收了银子，当晚整各端正。次早，众人吃了早饭，一齐上马。先着罗鸿、吉成亮、王英带了四个家将，一应行李马匹，并四筐篮祭礼，先到栖霞岭边等候。

岳霆同着伍连、余雷、何凤、郑世宝，共是五人，去看打擂台。来到昭庆寺前，但见人山人海，果然热闹。寺门口高高地搭着一座擂台，两旁边一带帐房，都是张家虞候、家将。少停了一刻，只见张国乾扎缚得花拳绣腿，戚光祖、戚继祖两个教师在后面跟着，走上台来，两边坐定。张国乾就打了一套花拳，去正中间坐下。戚光祖起身，对着台下高叫道："台下众军民听者，张公子在此识瞻天下英雄，二十余日，并没个对手，再有三日就圆满了。你们若有本事高强的，可上台来比试。倘能胜得公子者，张大爷即保奏，封他的官职，不要惧怕！"叫声未绝，忽然人丛里跳出一个人来，年纪三十多岁，生得豹头圆眼，叫一声："我来也！"涌身跳上台去。张国乾立起身来问道："你是何方人氏？快通名来！"那人道："我乃有名的好汉，叫作'翻山虎'赵武臣的便是。且来试试爷的拳看。"说罢，就一拳打来，张国乾将身一闪，劈面还一拳去。两个走了三五路，张国乾卖了破绽，将赵武臣兜屁股一脚，骨碌碌地滚下台来。看得众人喝一声彩。那赵武臣满面羞惭，飞跑去了！戚继祖哈哈大笑，向台下道："再有人敢上台来吗？"连叫数声，并无人答应。伍连方欲开口，岳霆将伍连手上捏了一把道："哥哥且缓，让小弟上去试试看，若然打输了，哥哥再去拿个赢。"岳霆便钻出人丛，纵身一跳，已到台上。张国乾见是个瘦小后生，不放心上，叫声："小后生，你姓甚名谁？"岳霆道："先比武，后通名。"张公子露出锦缎紧身蟒龙袄，摆个门户，叫作"单鞭立马势"，等着岳霆。岳霆虽然瘦小，但得了岳家拳——心意六合拳的真传，基本拳法都以三体式、五行拳（劈、崩、钻、炮、横）、十二形（龙、虎、猴、马、鼍、鸡、鹞、燕、蛇、骀、鹰、熊）为主。岳霆平时练习注意要领：一塌腰，二缩肩，三扣胸，四要顶，五要提，六横顺，七钻落翻分明。练拳时塌腰，即尾闾上提；缩肩，即两肩向回抽劲；扣胸，即开胸顺气；顶，即头顶、舌顶、手顶；提者，即颈道内提，横，即起也，顺，即落；起，即钻也；落者，即翻。起亦为横，落亦为顺。此时只见他心与意合，意与气合，气与力合，手与足合，肘与膝合，肩与胯合，表面上缩手缩脚，显得更矮小。实际上在运气，积蓄内功，突然打出劈拳，劈拳不用看，两脚一条线。前手出拳后手跟，掩肘摩肋打中心。前脚进后脚蹬，起落钻翻用内功，对准对方心胸"出马一支枪"。张国乾猝不及防，但也非凡人，于是转个"太极大扭腰"，闪躲过去；岳霆又打出崩拳，如利箭穿物，拳击有力，发力威猛如山崩地裂，张国乾见势不妙，飞身跳起，又躲过一击。岳霆接着打出钻拳，其气势如将海上之物抛向空中的钻天之势，张国乾只好步步后退，没想到对方一记炮拳，刚劲猛烈、气势逼人，追了上来。张国乾毫无还手之力，眼看要掉下台，只好凌空一翻，躲到岳霆身后。心意六合拳虽属于内家拳，但在三大内家拳中，属于交手就咄咄逼人，以气势压倒对方，让对方心生怯意，无还手之机，然后见机行事。岳霆见多击不成，就扭身摆个"童子拜观音"，以静待动，寻机再击。两个一来一往，又走了十余步。岳霆故意露出破绽，张国乾以为找到机会，一个"黑虎偷心"，照着岳霆当胸打来。就在这间不容发的瞬间，却见岳霆身体似长了眼睛一般，侧移一步，险之又险地避开这一拳。岳霆同时一手探出，迎着张国乾收势不及的身躯，把身子一蹲，借力发力，顺势反钻在张国乾背后，一手扯住他左脚，一手揪住他背领，一搭一扯，一甩一掼，提起来往台下扑通地掼将下去。"砰！"一声巨响，张被掼摔在了地上，直将他摔成了一摊烂泥，整个人在地上不住抽搐着，眼泪鼻涕混合这灰尘糊了一脸，看起来分外凄惨。台下众人也齐齐地喝一声彩，没想到瘦小的后生居然把个彪形大汉扔下台。张国乾正跌得头昏眼花，爬不起来。岳霆正是：肘打去意占胸膛，起势好比虎扑羊，或左或右两边走，后手只在肋下藏。张国乾正想爬起来，火暴脾气的伍连走上去，当心口一脚，踹得他口中鲜血直喷，死于地下。说时迟，那时快，戚光祖弟兄立起身来，正待来拿岳霆，岳霆已经跳下台去了。余雷取出双锤，将擂台打倒。两边帐房内，众家将各执兵器来杀岳霆。郑世宝已将腰刀递与岳霆。五位好汉一齐动手，已杀了几个。戚光祖举刀来砍，被余雷一锤打在刀柄上，震开虎口。戚继祖一枪刺来，何凤举鞭架开枪，复一鞭打来，闪得快，削去了一只耳朵。弟兄两人见不是头路，回去又怕张俊见罪，趁着闹里，一溜风不知逃往何处去了。那五位好汉逢人便打。张公子带来的家将，俱逃回府去报信。这些看的人见来得凶，也各自逃散！那五人飞奔来到栖霞岭下，罗鸿等三人已在等候，齐到坟前。四个家将将祭礼摆下，哭奠了一番，焚化了纸钱。将福礼摆下，吃得饱了。打发那四个家将自回宁夏去，复宗留守。八个好汉从后山寻路，同往云南一路而去。

岳霆、伍连等八人自闹了擂台，祭了岳坟，从后山盘上小路。夜宿晓行，一路无话，早已到了云南。来至王府，三公子先进去通报了，然后出来迎接。七位小英雄进府，见了柴王，各通姓名。那柴王听了岳飞的冤情后，不仅没有按秦桧的吩咐，陷害岳夫人等，而且相敬如宾。岳霆进内见了岳夫人，把前事细细述了一遍。岳雷等先到了云南，见到母亲。兄弟相见，又痛哭一场。柴王请各位少爷进来，相见岳夫人行礼。又叩见了柴老娘娘，俱道："岳家伯母皆亏老娘娘千岁的大恩照看，方得如此。"柴老娘娘道："众位公子何出此言！我看众公子皆是孝义之人，甚为可敬，欲命小儿与列位公子结为异姓兄弟，幸勿推却！"众人齐称："只是不敢仰攀。"柴王道："什么说话！"即命摆下香案，与众少爷一同结拜为弟兄。柴排福年长居首，以下韩起龙、韩起凤、诸葛锦、宗良、欧阳从善、牛通、汤英、施凤、罗鸿、王英、吉成亮、余雷、伍连、何凤、郑世宝、岳雷、岳霆、岳霖、岳震，共是二十位小英雄。是日结为兄弟，终日讲文习武，十分爱敬，赛过同胞，看看到了八月十五，大摆筵席，共赏中秋。柴王道："今日过了中秋佳节，明日我们各向山前去打围，如有拿得虎豹者，为大功；拿了麝鹿者，为次功；拿得兔狐者，为下功，罚冷酒三壶。"韩起龙道："大哥之言，甚是有兴，我们明日就去。"当晚酒散，各自安歇。次日，众少爷各拿兵器，带领人马，向山前结下营寨，各去搜寻野兽。

第八节 岳霖招赘

父亲岳飞被害的时候岳霖才十几岁。岳飞被害后，与岳飞有着莫逆之交的大将贡祖文像是岳霖的父亲一样照顾他。这天贡祖文接到了上级一个密令，让他去缉拿岳霖。贡祖文一直对岳飞敬佩万分，虽然他没有像韩世忠那样为岳飞喊冤，但是他知道是秦桧在千方百计将岳飞的后代灭门，他也一直在想法尽自己所能保护岳飞的后代。所以，贡祖文在接到命令后，知道岳霖走失，赶紧派人南下寻找岳霖，以免他被秦桧的人带走，惨遭毒手。当时，贡祖文为了找到岳霖的下落还特意询问了岳飞的妻子李氏，但是当时李氏不敢轻信他人，就没有说出岳霖的去向。但贡祖文没有失去信心，派了许多人四处寻找，终于在一个荒郊野岭的草丛里找到了生病的岳霖。他立马命令将岳霖带到军中，请了最好的郎中为他医治。在岳霖康复后，贡祖文还给岳飞妻子李氏写了一封信，告诉了他岳霖的下落，现在自己秘密藏匿在军营养病。在贡祖文的心里，他无论如何也要保全岳飞一脉，因为怕军中人多口杂，惹来杀身之祸，待岳霖病好些，贡祖文就赶紧带着岳霖离开军营回到了杭州。为了防止秦桧对岳霖的迫害，贡祖文很快上书辞官带着岳霖归隐到徽州宣城老家，此后辗转搬家到曲阿县柳塘。随着岳霖年龄的不断增长，贡祖文倾尽所能教他武功绝学，还传授他各种天文地理知识，完全就是将岳霖当作自己的儿子培养。贡祖文希望岳家得到平反后，岳霖能有机会向他父亲一样上阵杀敌，报效国家。所以，四公子岳霖长大后，贡祖文将军又派人千方百计把他送到岳家亲人旁。岳母见到四公子，高兴得热泪盈眶，对岳家后继有人、报仇雪恨更有信心了。

却说这一日四公子岳霖，一心要寻大样的走兽，把马加上一鞭，跑过两个山头。只见前面一只金钱大豹奔来，岳霖大喜，左手拈弓，右手搭箭，一箭射去，正中豹身。那豹中了一箭，滚倒在地。岳霖飞马赶上，又是一枪，将豹搠倒。后边军士正想赶上拿回献功，不道前面来了一员苗将，后边跟着十多个苗兵，赶来大喝道："你们休要动手！这豹是俺家追来的。"岳霖道："胡说！我打寻了半日，方才遇着这豹，是我一箭射中，方才搠死的，怎么说是你追来的？"那苗将道："就是你射中的，如今我要，也不怕你不把它给我。"岳霖道："你要这豹也不难，只要赢得我手中这枪，就给了你。倘若被我搠死，只当你自己命短，不要怨我。"苗将听了大怒道："你这个小毛虫，好生无理，先吃我一刀罢！"抢起大刀砍来。岳霖经常习练心意六合拳和枪，武艺大长，他把手中枪紧一紧，架开刀，分心就刺。两个交手，不到十个回合，岳霖卖个破绽，拦开刀，拍马就走。苗将在后追来。岳霖回马一枪，将苗将刺下马来。那些跟来的苗兵慌忙转马飞跑，回去报信了。岳霖取着豹，慢慢地坐马回营。走不到一二十步，忽听后面大叫道："小毛虫不要走，我来取你的命也！"岳霖回头一看，但见一个苗将来，生得：面如蓝靛，眼似红灯。獠牙赛利箭，脸似青松口血盆，虬髯像铜针。身长丈二，穿一副象皮锁子甲，红袍外罩；头如笆斗，戴一顶盘龙赤金盔，雉尾双分。狮蛮带腰间紧束，牛皮靴足下牢蹬。一丈高的红砂马，奔来如掣电；碗口粗的镏金锏，舞动似飞云。远望去，只道是龙须虎；近前来，恰似个魔鬼临。那苗将声如霹雳，飞马赶来。岳霖见如此模样，不由不心慌，回马问道："小将何处得罪大王，如此发怒？"苗王大喝一声："小毛虫，你把我先锋赤利刺伤，怎肯饶你！"便一锏打来。岳霖举枪架住，觉道沉重，好不惊慌。二人大战三十个回合，岳霆饥饿难忍，刚才一战，勉强取胜，如今毫无力气，渐渐落了下风，只觉头一晕，被苗王拦开枪，轻舒猿臂，将岳霖勒甲绦一把擒过马去。众苗兵将受伤的赤利带回去。这岳霖被苗王擒进苗洞里面去。

话说那苗王将岳霖擒进苗洞，喝叫苗兵："将这小毛虫绑过来！"苗兵即将岳霖绑起，推上银安殿来。苗王喝道："你是何处来的毛虫，敢将我先锋杀伤？今日被我擒来，还敢不跪吗？"岳霖道："我乃堂堂元帅之子，焉肯跪你化外苗人？要杀就杀，不必多言。"苗王道："你父是什么元帅，就如此大样，见我王不跪。"岳霖道："我父乃太子少保武昌开国公岳元帅，哪个不知，谁人不晓？"苗王道："莫不是在河南郾城、临颍大战金兀术的岳飞吗？"岳霖道："然也。"苗王道："你是岳元帅第几个儿子？因何到此？"公子道："我排行第四，名唤岳霖。父亲、哥哥俱被奸臣秦桧陷害，同母亲流徙到此。我被贡祖文将军搭救到此。"苗王听了道："原来就是恩人岳元帅的公子，怪不得你的枪术如此厉害，如果不是你头昏，我也拿不下你，四公子如此受惊了！"遂亲自下座来，放了绑，与四公子见礼，坐下。苗王问道："令尊怎么被奸臣陷害的？"公子就将在朱仙镇上十二道金牌召回、直到风波亭尽忠的事说了一遍，不觉放声大哭。苗王见岳霆长得英俊便道："公子，俺非别人，乃化外苗王李述甫是也。昔日在朱仙镇上，曾会过令尊，许我在皇帝面前保奏了，来到化外封王，不想恩人被奸臣害了，令人可恼！你今既到此间，俺家只有一女，貌美如花，招你做个女婿罢。"也不管岳霖同意不同意，吩咐左右："将岳公子送到里面，与娘娘说知，端正今夜与公主成亲，俺就想要恩人的儿子做女婿。"岳霖闻言，哀求道："蒙大王垂爱，只是我父兄之仇未报，待小侄回去禀过母亲同意，再来成亲方可。"苗王道："你们兄弟多，只当过继与俺呗，省得受那奸臣之气。"岳霖再三不肯依从。苗王不由分说，叫人送到里面。苗后看见岳霖长得英俊，十分欢喜，便对公子说道："大王当年到朱仙镇时，我外甥黑蛮龙曾与你的哥哥岳云结为兄弟。我外甥回来，无日不思想你父亲、哥哥，今日才得知你家遭此大变。天遣你到此，只当你父亲遣了你在此罢！今有小女，长得俊俏，正愁无人般配，你就做了俺女婿吧。"公子无奈，只得依允回了母亲成亲。

且说众弟兄打猎俱已到齐，单单不见四公子回来。正在盼望，忽见那些逃回军士，气急败坏，跑回营来报道："不好了！四公子被一个蛮王生擒去了！"柴王大惊失色，便对弟兄道："我们快去救他，不可迟误！"众少爷听了，一齐上马，飞奔来至苗洞门首，大叫道："快快将岳家公子送出，万事全休。迟了片刻，踏平你这洞穴，寸草不留！"苗兵忙进来报知苗王。苗王道："这一定是柴王，待我出去见他。"便坐马提铛出洞而来。众人见他生得相貌凶恶，俱吃惊。柴王上前道："你乃苗王？为何把我岳家兄弟拿了？"苗王道："俺乃化外苗王李述甫。你那岳公子把我先锋赤利杀伤，是我拿的！你待怎么？"柴王道："此乃失误，若肯放了他，我等情愿一同请罪。"苗王道："既讲情理，且请到洞中少叙。"众弟兄就一同进了洞门。来到王府，行礼已毕，坐定，左右送上酪浆来，吃罢。苗王道："众位是岳家何人？"众人各通姓名，说明俱是拜盟弟兄。苗王喜道："如此说，俱是一家了。俺家向日曾在朱仙镇会过岳元帅，我外甥黑蛮龙也曾与岳大公子结拜。今难得众位在此，俺只有一女，要将四公子入赘为婿，望众位助成！"岳雷道："极承大王美意！但我兄弟大仇未报，待报了大仇之后，即送兄弟来成亲便了。"苗王道："二公子，不是这等说。你弟兄甚多，只当把令弟过继与我了。况且你们在此化外，又无亲戚，就与俺家结了这门亲，也不为过，何必推辞？若有放回乡里之日，俺家就听凭令弟同小女归宗便了。俺家在深山中有处寨子，你兄弟暂在那里落户，传宗接代好了。"岳雷、岳霆众兄弟见苗王执意，只得应允。苗王大喜，吩咐安排酒席。

正欲上席，苗兵上来禀到："黑王爷到了。"李大王道："请进来。"黑蛮龙进来，见过了舅舅李述甫，又与众弟兄见过了礼。李述甫便把岳元帅被害之事，细细对黑蛮龙说了一遍。黑蛮龙听了，不觉腮边火冒，毛发尽竖，大怒道："只因路遥，不知元帅与哥哥被奸贼陷害，不能前去相救，不由人不恼恨！"牛通道："黑哥，你若肯去报仇，倒是不妨碍的。况且王爷是化外之人，不曾受过昏君的官职。若是杀进关去，百姓人等皆感激岳伯父的恩德，总肯资助粮草的。到了太行山，约我父亲那里起了大兵，一同杀上临安，岂不是好？"黑蛮龙听了，心中大喜，也不回言，暗地叫一个心腹苗兵，假报李王爷道："今有窑洞贼兵，前来犯界。"苗王闻报大怒，就命黑蛮龙领兵三千征剿。黑蛮龙性急别了众人，竟领了人马，杀进三关，与岳元帅报仇去了。

再说李述甫一边饮酒，一边心中想："外甥方才回来，怎么说就有洞犯界？事有可疑。"即差苗兵前去打听。不多时，那苗兵回来报道："小的探得小大王带了兵马，杀进中原去了。"苗王道："不出我所料。"因向众弟兄说道："俺家并无侄子，只有这个外甥。他如今杀进中原，与岳元帅报仇，路远迢迢，无人相助，倘有不虞，只好存一点忠义之名罢了。众位公子且请回，只留女婿一人在此相伴俺家，待外甥回来时，再作道理。"岳雷见黑蛮龙如此义气，只得应允，将岳霖留下，众公子辞别回去。岳霖道："二哥回家，代我安慰母亲，料我在此无碍。"岳雷道："晓得！"遂别了苗王。

　　岳雷等众人回来，见了岳夫人，将岳霖招赘之事细细说了一遍。岳夫人道："难得苗王如此美意！我欲亲去谢亲。"柴娘道："贤妹若去，愚姊奉陪。"次日，柴娘同岳夫人来到苗王府中，苗后出来迎接进内。岳霖同公主云蛮，出来见过礼。当下就摆酒席款待。岳夫人见了云蛮如此美丽，有沉鱼落雁之美、闭月羞花之貌，十分喜爱。到晚作别回来。岳夫人结了这门亲，并在深山寨中住下来。

第九节 秦桧归阴

话说那黑蛮龙领兵杀过三关。一路声称说是要拿秦桧，与岳元帅报仇。各关首领俱同情岳飞，故在路并无阻挡，反各馈送粮草。那些地方官飞本进京。奸臣张俊、万俟卨、罗汝楫看了本章大惊，一同来见秦桧。到了相府，直至书房，只见秦桧发背沉重，卧床不起。三人将黑蛮龙杀进三关与岳家报仇，声言要朝廷献出太师方才回兵："那黑蛮龙武艺高强，过关斩将，今告急本章雪片一般，小官们不敢轻自奏闻，故特来请命。"秦桧听了，大叫一声，背疮迸裂，昏迷无语。三人见秦桧这般光景，只得辞回商议：黑蛮龙十分凶狠，料难取胜。且假传圣旨，差官往云南去，将罪名都推在岳夫人身上，说她唆使黑蛮龙造反，叫她写书撤回苗兵，她对皇上忠心，自然听允。一面吩咐地方官紧守关隘，添兵设备，以防攻击。

次日，众奸臣进朝启奏："秦丞相病在危急，请旨另册宰辅，以理朝政。"高宗闻奏，即传旨摆驾亲往相府看问。那秦桧过继的儿子秦熹，忙同着王氏夫人，一齐出府接驾。高宗来至书房，直至床前坐下，但见秦桧睡在床上，昏迷不醒。秦熹叫声："父亲大人！圣驾在此。"秦桧微微睁开眼来，手足不能动，带喘道："何劳圣驾亲临！赦臣万死！臣因罪孽深重，致受阴愆，愿陛下善保龙体。臣被岳飞索命，击了一锤，背脊生疮疼痛，料不能再瞻天颜也！"言毕，又发昏晕去。高宗命太医用心调治，朝事暂由万俟卨、罗汝楫协办。遂传旨摆驾回宫。

再说黑蛮龙一路杀来，势如破竹，遇州得州，逢县得县，一径杀到临安范村地方。但见：盔甲鲜明如绣簇，喊声威震着山崩。天王乘势离宫阙，下界凡夫孰敢凌？张俊闻报，急命总兵王武领兵五千，出城擒拿洞蛮。王武得令，即带了人马，来到范村，安下营寨。黑蛮龙提锤出马，直至营前喊叫道：

"宋朝将官，晓事的快把秦桧献出，万事全休。稍有迟延，杀进城来，将你们那昏君一齐了命！"军士慌忙报知王武。王武随即提刀上马，出营大喝道："你等洞蛮，为何不遵王化，擅敢兴兵，来犯天朝？罪在不赦！本帅特来拿你，碎尸万段。"黑蛮龙大怒，骂声："你这班奸党逆贼，快快把秦桧首恶献出，饶你这班助奸为恶的多活几天。不然，杀进来，玉石不分，那时鸡犬不留，休要后悔！"王武大怒，喝声："洞蛮，休得胡说！看刀罢！"便一刀砍来，黑蛮龙把锤桌开刀，还一锤打来。两马相交，刀锤并举。战不上五六个回合，这黑蛮龙的锤十分沉重，王武哪里是他的对手，招架不住，着了忙，早被黑蛮龙一锤打个正着，头颅粉碎，死于马下。黑蛮龙招呼人马，冲将过来。王武的五千人马自相践踏，伤了一半。那些败残兵马，逃进城去了。黑蛮龙引兵至栖霞岭下寨。随命军士备下祭礼，亲到岳王坟上哭祭了一番。

次日，那张俊自己带领人马出城，来到净慈寺前，安下营寨。两旁道路，皆把石车塞断。张俊与御前总兵吴伦、陈琦、王得胜、李必显四人商议道："那洞蛮十分骁勇，只可智取，不可力敌。"王得胜道："小将有一计在此，今夜可将桌子数百张，四足朝天，放在湖内。将草人绑于桌脚之上，各执火球。元帅带领人马，乘着竹排，将桌子放过湖去。小将前去劫营寨，那厮决来迎战。小将料贼到河边，黑夜之中不知水旱，决然跌下水去，那时擒之易如反掌也。"张俊大喜道："妙计，妙计！"遂暗暗吩咐军士，依计而行。待至天晚，领了人马，来到黑蛮龙营前呐喊。那黑蛮龙正在睡梦之中，听得有人来劫营，慌忙披挂，提锤上马，冲出营门。王得胜看见黑蛮龙出营，连忙带转马头便走，走到湖边，往别条小路上去了。黑蛮龙追至湖边，不见了王得胜，但见湖内有人手执灯球。因黑夜里看不明白，便将双膝一催，拍马往湖内追来，扑通一声响，跌下水去。张俊在对岸见黑蛮龙跌入水中，心中大喜，众军士一齐呐喊，用挠钩把黑蛮龙搭起用绳索绑了。命总兵张坤带领了三百人马，连两柄铁锤与坐骑，由六条桥解进城来。正行进间，只见前面来了一小将，白马银枪，拍马上来，一枪把张坤刺死，救了黑蛮龙，将那些护送人马尽皆杀散。黑蛮龙道："将军尊姓大名？多蒙救俺的性命！"那将答道："小弟姓韩名彦直，家父乃大元帅韩世忠。因岳元帅父子被害，心中气闷，不愿为官，隐居于此。今闻将军起兵与岳元帅报仇，大快人心。今晚闻将军与张俊交兵，家父恐将军不熟地形，被奸贼暗算，特着小弟来探听消息，不想正遇将军被擒。"黑蛮龙道："小弟多蒙将军救了性命，如不嫌化外之人，愿与结为兄弟。"韩彦直听了大喜，二人就在六条桥上，撮土为香，拜为兄弟。黑蛮龙年长韩彦直两岁，遂为兄长。彦直道："哥哥！小弟要告别了。若再迟延，恐奸臣知觉，深为不便。"黑蛮龙道："贤弟若得空闲，可到化外来见愚兄一面。"二人依依不忍分手。彦直仍回家中，黑蛮龙仍旧到湖边下寨。次日，领了人马，直至城门下讨战。军士报与张俊，张俊好生烦闷："好好的已擒住了，又被他走脱！"遂与众将等商议道："黑蛮龙骁勇难挡，不如用缓兵之计，只说圣上生病，待圣体稍安，便送出秦桧，与他报仇。目下先送粮草与他犒劳三军，彼必停兵。待云南岳夫人消息一到，必然回兵，那时再调人马拿他。"商议定妥，就上城说与黑蛮龙。黑蛮龙道："也罢，限你十日之内，将奸臣秦桧献出。若再迟延，便杀进城来，休想要活一个！"随命军士，仍旧退回栖霞岭下安营。这里张俊一面端正粮草犒赏之物，差人送到黑蛮龙营中；一面发文书去调各处人马，火速助王。不意那云南岳老夫人接到朝廷旨意，知道黑蛮龙兵犯临安，忙令岳雷写书一封，即命张英星夜兼程，来到临安，直至黑蛮龙营内。黑蛮龙接进寨中，取书开看，上写道：大宋罪妇岳氏，致书于黑蛮龙将军麾下：先夫遭罹国典，老妇待罪云南。倘奸邪有败露之日，必子孙有冤白之年。今将军虽具雄心义胆，但奋一愤之私，兴兵犯阙，朝廷震惊，本意为岳氏报仇雪恨，实坏父子一生忠义之名。故特差张英捧呈尺素，乞鉴我心！望即星夜班师回国，勿累老妇万世骂名，实有望焉！蛮龙看毕，不觉感愤，垂泪对张英道："小弟自进三关，一路百姓无不为岳老伯悲惜。今岳伯母又坚持忠义之心，要小弟回兵。但是便宜了这奸贼，实不甘心！"张英道："昔日牛将军等，亦为岳太老爷兴兵报仇。兵至长江，岳太老爷显圣作浪，不许渡江。可见他一生忠义，绝不肯坏了名节。那奸臣罪恶满盈，少不得有报应之日，我与你只看他后来结果罢了！"黑蛮龙无奈，吩咐军士整备丰盛祭礼，同了张英到岳穆王坟上再哭奠了一番，化了纸钱。回转营中，安歇了一夜。次日，拔寨起程，自回化外。正是：满腔义愤兴师旅，一封尺素便回兵。

　　却说张俊已得了下书人回报，又见探子来报："洞蛮已拔寨退兵去了。"

才放下了心。遂进朝来假奏："微臣杀退洞蛮，追赶不着，已逃窜远去，特此奏闻。"高宗大喜，加封张俊为镇远大都督，赏赐黄金彩缎。随征将士，各皆升赏。张俊谢恩出朝，一直来到相府，看候秦桧。秦熺接进书房。张俊到床前，见秦桧面色黄瘦，牙根紧咬，十分危险，便问："太师病体如何？连日曾服药否？"秦熺答道："太医进药，总无效验。推日夜呼喊岳爷饶命，不时昏晕，谅不济事的了！"张俊轻轻叫声："太师，保重贵体！黑蛮龙已被小弟杀退，特来报知。"秦桧睁开双眼，见了张俊，似看见岳飞来索魂，大叫一声："岳爷饶命！拳谱被盗，无法还你。"张俊看见这般光景，心下疑惑，只得别去。秦熺送出府门，复身转来，方至书房门口，但听得里边有铁索之声。慌忙走进到床前来看，但见秦桧看了秦熺，把头摇了两摇，分明要对秦熺说什么话，却是说不出来。霎时把舌头吐将出来，咬得粉碎，呕血不止而死！诗曰：宋祖明良享太平，高宗南渡起胡尘。奸邪幸进忠贤退，报国将军枉用兵！排斥朝臣居别墅，暗通金虏误苍生。请看临死神人击，咬舌谁怜痛楚声！当时秦熺哭了一场。一面打点丧事，一面写本入朝奏闻，发丧埋葬。这正是：运乖金失色，时退玉无光。

　　话说秦桧夫人王氏，自从丈夫死后，日夜心神恍惚，坐卧不安。一日，独自一个在房中，傍着桌儿，手托香腮，进入梦中。忽有丫鬟进来禀道："适才有张元帅差人来报，说金邦四太子又起大兵五十万，杀进中原，势如破竹，十分厉害，将近朱仙镇了。"王氏听了，心中暗想："岳飞已死，无人迎敌，宋室江山，决然难保。我何不同了孩儿、家属，悄悄逃往金邦，决有封赠，也会了自己的老情人金兀术，莫待他得了天下，落人之后。"正在暗想，昏昏睡去，梦中忽然一阵阴风，吹得毛发皆竖。举眼一看，却见牛头马面，引着一班鬼卒，赤发獠牙，各执锤棍，将秦桧牵着，披枷戴锁，走近前来，对王氏道："我好苦呀！"王氏惊得魂飞魄散，索落落地抖个不住，冷汗直流。秦桧只说得一声："东窗事发了！"王氏吓得只大叫一声，就跌倒在地。众婢女听得房内声响，俱赶进来，看见王氏倒在地下，慌忙扶上床去，口口声声只叫："饶命！"众婢女慌到外边报知秦熺。秦熺忙赶进来看视，但见王氏舌头拖出二三寸，两眼爆出，已死在床上！秦熺悲伤，大哭一场，只好办理丧事，与父亲合葬。

第十节 英魂永生

一日高宗升殿，文武百官朝参已毕，分班站立。只见黄门官手持本章，来至金殿，俯伏奏道："边关告急本章，进呈御览。"近侍接本，摆在龙案之上。高宗举目一观，上写着"金国四太子完颜兀术领兵五十万，来犯中原，十分危急，请速发救兵"等事。高宗看罢大惊，便问两班文武："哪位贤卿，领兵去退金兵？"大家面面相觑，无可奈何，奸臣罗汝楫一时昏迷，跪下奏道："臣岳飞愿往！"高宗听了"岳飞"二字，吓得魂不附体，大声一叫，跌下龙床。众大臣连忙扶起。回宫得病，服药无效，不多几日，高宗驾崩。众大臣议立太子登位，乃高宗之侄，是为孝宗。红白诏书，颁行天下，在朝文武，尽皆加职。那时有南朝元帅张信，闻得高宗驾崩，新君即位，来到临安朝贺。孝宗宣召张信进宫。张信进内，朝见已毕，奏道："陛下即位未久，今值金兵又犯中原，未知圣裁如何？"孝宗道："朕年幼无知，老卿有何良策，可退金兵？"张信道："臣有五事：第一要拿各奸臣下狱治罪，以泄民怨；第二命官起造岳王坟，建立忠祠，以表忠义；第三差官往云南赦回岳家一门子孙，应袭父职，就命岳雷去退番兵；第四招安太行山牛皋众将，协同剿灭兀术；第五复还旧臣原职。陛下若能依此五件行事，不愁金兵不败，社稷不安也！"孝宗闻言大喜道："就烦老柱国捉拿各奸臣家眷，下狱治罪。"又命吏部差官一员往云南，赦回岳氏一门，应袭父职。又命大学士李文升往太行山，招安牛皋众将。又差张九思建造岳王坟祠。颁诏天下，旧时老臣，被秦桧所贬者，复还原职起用。张信谢恩，领旨出宫，带了校尉，往拿罗汝楫、万俟卨、张俊以及各家家属，尽行下在天牢内。张九思领了圣旨，即在栖霞岭下起造岳王祠庙并众忠臣殿宇，竖立碑记，增塑神像。吏部大堂承旨，即差行人司陈宗义，捧诏往云南去赦回岳氏一门。又颁发诏书，凡因岳氏波累诸人在逃者，俱各赦罪，入朝受职。其时周三畏得了此信，遂将岳爷前后被秦桧排害，并将昔年勘问招状写成冤本，进朝来替岳爷鸣冤。孝宗准本，即复三畏旧职，命复推勘各奸复旨。

且先说那李文升奉旨往太行山招安牛皋等众，行了月余，方到得太行山下，与喽啰说知。喽啰上山报知牛皋。牛皋道："叫他上山来。"喽啰下山说道："大王唤你上山去相见。"李文升无奈，只得上山，来到分金亭，见了牛皋，便道："牛将军，快排香案接旨。"牛皋道："接你娘的鸟旨！这个昏君，当初在牛头山的时节，我等同岳大哥如何救他，立下这许多的功劳。反听了奸臣之言，将我岳大哥害了，又把他一门流往云南。这昏君想是又要来害我们了！"李文升道："将军原来尚不知道，如今高宗圣驾已崩了！"牛皋道："这个昏君既死就罢了，你又到此做什么？又说什么接旨！"李文升道："如今皇太子即位，称为孝宗皇帝。将朝内奸臣尽行下狱；又差官往云南赦回岳氏一门，应袭父职；还命张九思建设岳王坟庙；命下官前来，招安将军回京起用。"牛皋道："大凡做了皇帝，尽是无情义的。我牛皋不受皇帝的骗，不受招安！"李文升激道："敢是将军知道兀术又犯中原，必定惧怕，故此不受招安吗？"牛皋大怒道："放你娘的狗屁！我牛皋岂是怕兀术的？就受招安，待我前去杀退了兀术，再回太行山便了。"吉青道："牛哥不可造次，这些话不知真假。牛哥可先往云南去见过了嫂嫂，若果然赦了他们，我等便一同进京。"牛皋道："吉兄弟说得有理。"一面打发李文升回京复旨去了。牛皋带了人马，自往云南而来。再说岳夫人与柴娘正在闲话，只见军士进来禀道："圣旨下了。"岳夫人闻报，慌忙带了众公子出来，迎接圣旨到堂上。陈宗义宣诏已毕，夫人率领众公子叩头谢恩，设宴款待钦差。次日，钦差作别，回京复旨。亲家苗王李述甫闻知此事，带了女婿岳霖并自己女儿云蛮，前来贺喜。岳夫人出来相见已毕，李述甫道："某家闻知亲家奉旨还朝，特送令郎、小女归宗。"岳夫人再三称谢。当日备酒款待，吃至黄昏方散。次日，收拾行李起身，李述甫与女儿大哭而别。柴老娘与柴王亲送众公子与岳家眷属，往三关上路。行了数日，到了平南关。岳夫人择日与岳雷、韩起龙、韩起凤、牛通四人也娶亲结了花烛。过了三朝，带了新人，一齐往临安上路。

到得广西南宁，与众人拜别，各回王府。岳夫人过了铁炉关，一路行来，恰好遇着牛皋的人马。那牛皋问道："前面是何处人马？"军士禀道："是岳家奉旨还朝的。"牛皋道："快与我通报，说牛皋要见夫人。"众军慌忙报知岳夫人。岳夫人叫军士就此安营，命众公子："快去请牛叔叔相见！"众公子领命出来见了牛皋，接进营中。牛皋拜见了岳夫人，又与众公子重新见礼毕。岳夫人道："牛叔叔！如今我们奉旨进京，既已赦罪，牛叔叔亦该弃了山寨，一同去朝见新君，仍与国家出力，以全忠义为是！"牛皋连声道："嫂嫂之言，甚是有理。小叔就带领人马，仍回太行山去，收拾了山寨，同了众弟兄一齐在前途等候便了。"当下别了众公子，星夜回转太行山，收拾去了。

且说岳家人马，在路又行了几日，见牛皋和赵云、梁兴、吉青、周青五人，带领合山人马，已在前途等候。各各相见了，遂合兵同行。在路非止一日，已到临安。

岳夫人率领牛皋并各位公子一齐来到午门候旨。黄门官启奏，孝宗即宣岳夫人等上殿，众臣俯伏谢恩。孝宗道："先帝误听奸臣之言，以致忠良受屈。今特封李氏为一品鄂国夫人，四子俱封侯爵。牛皋、吉青五人俱封为灭虏将军。韩起龙、宗良等俱封御前都统制。岳雷承袭父职，赐第暂居。亡过诸臣，俟朕明日亲临致祭褒封。"众人一齐谢恩出朝。次日，孝宗带领文武各官，传旨摆驾，出了钱塘门，来到岳王坟前，排了御祭。命大学士李文升代祭。后人有诗曰：一着戎衣破逆腥，漫陈肴醴吊亡灵。君臣义重敦三节，父子恩深殉九京。累累白骨埋岭畔，隐隐封丘绕江滨。人生自古谁无死？留得丹心照汗青。

李文升祭奠毕。孝宗传旨封岳飞为鄂国公，岳云为忠烈侯，银瓶小姐为孝和夫人，张宪为成义将军，施全为众安桥土地，王横为平江驿土地，张保为义勇尉，汤怀为忠义将军，杨再兴为忠勇将军，董先等五人俱封为革忠尉。其余阵亡诸将，俱各追封，建立祠庙，春秋祭祖。又命周三畏协同牛皋，勘问秦熺、万俟卨、罗汝楫、张俊等，和各家家属，依律定罪。岳夫人率领众人谢恩。天子排驾回宫，众臣进驾已毕，然后各又上祭。

正在热闹之际，只见两个人身穿孝服，走到坟前祭奠，放声大哭。祭毕起来，脱了孝衣。众公子因在回礼，却不认得。岳雷上前："请问二位尊姓大名？"二人道："小生王能，此位李直系献地埋葬岳爷之人，向慕岳爷忠义。被奸臣假传圣旨，召进京来，小生二人虽曾料理监中诸事，但奸臣决意要谋害岳爷，小生亦无法可救。只得买嘱狱官牢子，将各位尸首从墙上吊出，收敛入棺，藏于螺蛳壳内。自从那年戴孝至今，天开眼现报，故到此间来祭奠。"说罢，转身就走。

公子忙叫家将："请他两位转来！"家将忙走出坟门来，已不知往哪里走了。岳夫人与众公子无不感激赞叹。次日，着人寻访，说是二人向时俱住在箭桥边，数年前，将回房产业尽行变卖，东一日，西一日，并无定处。家人寻了数日，并无下落。直至后来岳雷扫北回来之后，有人传说二人在云栖出家。岳雷亲往拜谢向日之情，赠以黄金布帛，二人亦不肯受，就布施在常住公用。二人活到九十多岁，得道坐化。

再说那日牛皋来到大理寺衙门，周三畏接到大堂上。中间供着圣旨，二人左右坐定。监中去提出张俊、秦熹等一干人犯，来到阶前，唱名跪下。周三畏先叫秦熹上去问道："你父亲身为一品，你又僭入翰苑，受了朝廷厚禄，不思报国也罢，反去私通兀术，假传圣旨，谋害忠良，欺君误国，有何理说？"秦熹吓得不敢作声。牛皋道："不必问他，先打四十嘴巴，然后定罪。"左右"呀"的一声，将秦熹打了四十巴掌。可怜小时受用到今，何曾受此刑法！打得脸如屁股一般。周三畏又问张俊："你的罪名，也讲不得这许多。只问你身为大将，但知依附权奸，杀害忠良，当得何罪？"张俊哼哼无言，低着头只不作声。牛皋道："问他怎的！也打四十嘴巴，然后定罪。"左右将张俊也重重地打了四十巴掌。周三畏又问万俟卨："你怎么说？"万俟卨道："犯官不过是听秦太师差遣，非关犯官之事。"周三畏又问罗汝楫："你身为法司大臣，怎么屈害岳家父子？"罗汝楫道："都是秦桧吩咐了万俟卨所为，犯官如何敢违拗？实是他二人专主，与犯官无涉。"牛皋大喝一声："放你娘的屁！这样狗官，问他做什么！"叫左右："拿下去，先打他二人四十大板，然后定罪。"左右答应一声，鹰拿燕雀一般，将二人拖翻，每人四十大板，打得鲜血淋漓，死而复醒。周三畏便提笔判拟："秦桧夫妻，私通兀术，卖国欺君，残害忠良，法应斩棺戮尸。其子秦熹，营谋编修，妄修国史，颠倒是非。张俊身为大将，不思报效，专权乱政，误国害民。万俟卨、罗汝楫，依附权奸，夤缘大位，残害忠良，贪婪误国。并拟立斩决不枉。其各奸妻孥家属，并发岭南充军。"

　　后来岳雷挂帅，果然大败金兵。传兀术受伤慌不择路逃命时，迎面遇着牛皋，兀术回马便跑。牛皋大叫道："兀术！今番你待往哪里去！"拍马来赶。兀术大怒道："牛皋！你也来欺负我吗？"回马举斧来战牛皋。不上三四个回合，兀术受伤的左臂疼痛难忍，只得用右手勉强举斧砍来。牛皋一手接住斧柄，便撇了铜，双手来夺斧。只一扯，兀术身体重，往前一冲，跌下马来。牛皋也是一跤跌下，恰恰跌在兀术身上，跌了个头搭尾。番兵正待上前来救，这里宋军接住乱杀。牛皋趁势翻身，骑在兀术背上，大笑道："兀术！你也有被俺擒住之日吗？"兀术回转头来，看了牛皋，圆睁两眼，大吼一声："气死我也！"怒气填胸，口中喷出鲜血不止而死。牛皋哈哈大笑，快活极了，一口气不接，竟笑死于兀术身上。这是民间流传的故事，叫作"虎骑龙背，气死兀术，笑杀牛皋"。

尾声
郾城大捷光辉闪 心意六合漯河传

  岳老爷子用了一个月的时间，陆陆续续将岳家军的英雄事迹给姬际可讲了一遍。姬际可听了，对秦桧丧心病狂地以"莫须有"的罪名陷害岳飞恨之入骨；对岳飞大义凛然，义薄云天的气概、义不容辞的精忠报国佩服至极，对他最后竟然落个为国捐躯感到义愤填膺，对拳谱失而复得感到高兴。他觉得当年金兀术犯境与今天清军入关何异，自己不也像岳飞那样想精忠报国而不得志吗？同病相怜，自己感到应该为岳家贡献点什么，其心方安。

  听了岳飞创造心意六合拳的来历后，对岳飞的英雄气概既钦佩又惋惜。钦佩的是岳飞为了战胜侵略者识大局、顾大体，公而忘私，以德报怨，心力交瘁下仍不忘精忠报国。也为岳飞在南征北战的间隙创出一套至柔至刚的拳术，佩服得五体投地，可惜的是壮怀激烈的英雄居然惨死在小人手下。

  老爷子正惋惜岳穆王拳谱被藏在人迹罕至的深山老林，担心无法传承下去。武林中虽然有不少高手隐士操练心意六合拳，但由于都未见到岳飞拳谱，故真正掌握其拳内涵的人恐怕寥寥无几。

  老爷子见姬际可是块好料，又知道他有爱国之心。岳穆王老祖宗曾留下遗言，遇到合适人物，可将拳谱传授给他，让他世世代代传授下去，使这套拳法发扬光大。老爷子决心传授给姬际可，把这一宝贵财富传承下去。

  他们开始根据拳谱的秘诀系统学习岳家拳。

  这套六合拳自古讲究"拳打卧牛之地"，有个能挪步的地方就可以练，当然到开阔地打拳更好。他们找了一块平坦的地方，开始习练。

岳老爷子讲：此拳有相生之理，故横拳能生劈拳，劈拳能生钻拳，钻拳能生崩拳，崩拳能生炮拳，炮拳能生横拳。如万物之于土，故横拳能生各拳。

他们找个开阔地带开始练劈拳，习练时姬际可犹如登上高山，视野一开，禁不住地长呼一口气。气息不由得放开。

老爷子传授拳技术时，为了能使姬际可专心致志，选在一个四面有墙的院子里，因为只有两个人，避免了众目睽睽分散注意力，精力就会集中于习拳，不跑神。为了养眼神，他们常常在夜里练习。岳老爷子告诉他："心意六合拳主要桩法有浑圆桩、三体式、降龙桩、伏虎桩。站桩要站出这份生机，如虫子复苏般萌动，身上就有了精力。站桩有无穷益处，是练功。其实打拳也是练功，手部动作激发了全身，渐渐感到气息鼓荡，全身毛孔开合。要学会呼吸。呼吸的妙处在打劈拳时可以体会到。六合练法和打法，和其他拳迥然不同。比如，练法要以身推肩，以肩推肘，以肘推手，直至练到川流不息挥洒自如。而打法则先要将手像鞭子一样地甩出去，再以肘追手，以肩追肘，以身追肩，用身子拍手，拍一巴掌很响，就入门了。"他们边练边对照拳谱。如拳谱上有"打法定勿先上身"的话是指初练时，一旦有一定功夫，打法可以先上身。老爷子说比武之前，先要练身子拍手的技巧，将浑身的劲改了，否则比武时光有功夫，没有速度，不干脆，必败。但身上没有内功，就妄自练打法，会震伤关节和后脑，所以习拳之初是"打法定勿先上身"。老爷子还说由于心意六合拳动作单一，容易生厌烦之心，故勿求速效，务要有恒，始终不要认为自己功成名就，要把练拳作为自己一生始终修身之功课，不管效验不效验，要坚持练下去，功夫自然水到渠成。如劈拳的姿势是手的一探一回，犹如人的一呼一吸。一趟四五百米地打下去，气息越来越绵长，越来越深远，精力便充沛了，功夫慢慢就会上身。

三年来，在岳老爷子的指导下，姬际可勤学苦练，他的心意六合拳日臻成熟。一日，姬际可说："当年清兵追赶自己时，幸亏两个徒弟张进华、赵保明相助，我才逃脱。如今两个徒弟命运如何？我日夜牵挂。"岳老爷子说："既如此，壮士不如找到两个徒弟，来蔽舍居住。"姬际可抱拳称谢说："感谢爷爷理解。"姬际可开始收拾行装，岳老爷子把《岳穆王拳谱》亲手授给他，并给足盘费，让他进山寻自己爱徒。

第二天,姬际可拜别岳老爷子,离开岳家庄。朝行夜宿,匆匆赶路。这时春寒料峭,却走得大汗淋漓,真是心急如焚,恨不得马上见到爱徒。因为害怕官兵发现,不敢走大路,便选择西南偏僻山路急行,天色微明,已经奔跑了几十里。这里岗阜纵横,树木丛杂,便于隐蔽,这才松了一口气,坐在林中略事休息。

不到两天,已过了郑州辖境,进入山区。不料,天公偏不作美,阴云四起,又断断续续下起了蒙蒙春雨。山间小道,不仅泥泞难行,而且加重了春寒。他离开岳家,身边虽还有几两碎散银子,却无替换衣服,最怕被雨淋湿。这天,他已绕过西都洛阳,来到一个叫周桥的小镇,看看雨点更大,便走入一个小酒馆避雨。因为地方偏僻,又不是中饭时候,酒馆中却无一人。他坐了下来,要了两碟小菜,一壶热酒,自酌自饮,驱寒气。不多时,只听门帘响处,走进一个人来。姬际可抬头一看,只见那人年纪四十开外,头戴一项僧帽,身穿佛袍,身长七尺,腰系丝绦,脸色黑中透红,虽然称不上俊美,却神情飘逸,很有点儿山林隐士风范。姬际可看得眼熟,却一时想不起来在何处曾经会过。那人进得门来,一眼望见姬际可,不由一愣,立定脚步,端详一下,满面含笑地走上前来,躬身一揖,说道:"幸会,幸会,最难风雨故人来,在这荒村野店,风雨交加之时,不意得会贵客,真乃一大乐事,不知可允许贫僧同坐,一谈心曲吗?"

姬际可本是个豪爽的人,且又见僧人谈吐不俗,也慌忙立起,拱手为礼,说道:"四海之内皆兄弟,萍水相逢也是缘分,坐下来谈谈,以消寂寞,有何不可!"那人道:"难得贵人应许,贫僧无比荣幸。"随即,又是一揖,然后在对面座位上坐定,望了桌上一眼,只见酒菜简单,即唤店小二加二荤二素,四样热炒,再烫两壶热酒来,又说:"连同这位客官的酒菜,一并算在我账上,由我一总付账。"小二答应,入内准备。姬际可连忙道:"这怎么可以叨扰。"那人笑道:"你不是说四海之内,皆兄弟也,萍水相逢,也是缘分,何必客气!而且贫僧与贵人也算是老相识了。"姬际可听后,不由愕然道:"恕在下眼拙,竟想不起来,在何处会过佛面?"和尚道:"贫僧曾在东京以化缘为名,寻找过公子。"他说着,又压低声音道:"贵人可是姬际可?当年贫僧曾给公子算过命,不知贵人还能记得吗?"经他一提，这才想起来，忙又站起重新见礼，说道："原来是少林寺释信法师，久闻大师大名，今得相会，真乃三生有幸。在下一时未想起来，还望恕罪。"释信低声对姬际可道："公子反清复明作为，贫僧早有耳闻。不知公子今后打算投奔何处？"姬际可道："目前清军登堂入室，明朝难复，空有一身本领，难以抵御外族。只好苦练功夫，拭目以待。碰巧遇到岳穆王后代指教，并授予《岳武穆拳谱》，我朝夕研练，尽得其妙，功夫已日臻成熟，以后如何，见机而作吧。"释信听后点头道："公子虽有济世之功和抵抗侵略巩固国土之心，不过大丈夫胸有韬略，应该以逸待劳。公子还是不要四处流落为好。我少林寺历来义薄云天，对英雄豪杰敬佩有加，望公子暂栖少林寺，与武僧切磋武艺，不知是否合适？"姬际可叹道："大师分析精辟，深合吾心，目前在下急需寻个立脚之处，一方面按岳穆王拳谱继续习练功夫，一方面寻找徒弟，闲暇之时，按岳家意愿，传授心意六合拳。但我不想长期住在贵寺，只求帮助在附近寻一地方暂栖如何？"释信点头道："我少林寺在附近有一闲屋，可供公子安身，由我寺提供食宿。公子可以习练岳家心意六合拳，闲暇时我们可以互相切磋，不知公子意下如何？"际可抱拳道："贵寺如此慷慨大方，我姬某感谢不尽。"释信道："一言为定。"际可谢道："那就多有打扰了。"释信道："公子暂栖少林寺如潜龙入泽，唯此为利，将来龙虎际会，前途方可光明，以后去留由你决定。"姬际可点头。

从此因反清复明，被清军通缉的姬际可，隐居于少林寺深山老林十年之久。后洛阳人马学礼在山中放羊歇脚，忽见一老者身高六尺、长髯飘飘，目朗神健，习练拳术，刚猛狠快，目不暇接，于是拜师求学，老者见他体貌非凡，与之交谈，对答如流，决定收其为徒。姬际可为了使他尽快掌握岳家心意六合拳的奥秘，还传授他口诀：肘打去意占胸膛，起手好似虎扑羊，或在里波一旁走，后手只在肋下藏；头打落意随足走，起而未起站中央，脚踏中门抢地位，就是神仙亦难防；脚打踩意不落空，消息全凭后脚蹬，与人较勇无虚备，去意好似卷地风；臀打起落不见形，猛虎坐卧藏洞中，背尾全凭精灵气，起落二字要分明；打法定勿先上身，手脚齐到方为真，拳如炮形龙折身，遭敌好似火烧神。

马学礼学拳心领神会，勤学苦练，尽得其妙。但老者隐姓埋名，见他掌握了其中的要诀，仍然不透露自己的姓名。只对他说练拳十年后，你可到少林寺见释信方丈试功。说完飘然而去，不知所终。练了十年后，马学礼面见释信方丈，方丈笑言，你师父我认识，是清政府缉捕的姬际可老先生。马学礼试功时，居然打出少林寺山门，释信方丈赞不绝口，说你可以收徒传艺了。后马学礼传临颍繁城镇人马三元，马三元传孙河、传丁四、传吕金梁、传吕青魁、传舞阳北午渡人吕瑞芳。这一支在漯河传了将近 400 年。

心意六合拳第七代传人吕瑞芳是舞阳北午渡人，一生广收门徒，但收徒标准极严，他不仅在国内传授，并把心意六合拳传授到日本、美国、新加坡等地。他见漯河三中李洳波虽个子不高，但作风正派，谦虚谨慎，淡泊名利，勤学苦练，就毅然决然地收为弟子，悉心传授。此一支在国内漯河、洛阳、郑州、商丘和国外的日本、美国等地都有传承。但仅限于少数人，之所以难以广为流传，一是历代择徒慎严，有"宁可失传，不可乱传"之说，有句打油诗说："心意六合无双传，劝君莫传无义汉"，又道："精养灵根气养神，养功养道见天真，丹田养就长生宝，万两黄金不予人。"二是随着岳飞的被害，由于习练此拳要求极严，习者寥寥，看似销声匿迹，鲜有所传。实际上统治阶级视老百姓如洪水猛兽，唯恐习武造反，因此民间组织不敢明目张胆地练拳，它的流传只局限于深山僻野中隐姓埋名的隐士高手。

恰逢新时代，岳飞创造的心意六合拳在漯河市迎来了发展的重要契机，它得到了市领导的高度肯定和重视，市委、市政府已把心意六合拳作为漯河市城市名片之一大力推广，心意六合拳已被漯河市政府定为由市政府主办的六大比赛项目之一，并力争做强做大，以举办国际赛事为目标。心意六合拳还被定被漯河市全民健身及体育赛事的必选项目。2008 年，在漯河市政府的努力下，心意六合拳被国务院批准列入第二批国家级非物质文化遗产名录，李洳波为授予国家级心意六合拳传承人。爱国英雄岳飞如果地下有知，可以放心了，岳飞独树一帜的岳家拳——心意六合拳一定会在中国世世代代流传下去了。